Delegado Federal

Administrativo e Constitucional

Matheus Carvalho
Flavia Bahia

Delegado Federal

Administrativo e Constitucional

2ª edição
Revista e atualizada

2021

EDITORA
JusPODIVM
www.editorajuspodivm.com.br

EDITORA *Jus*PODIVM
www.editorajuspodivm.com.br

Rua Território Rio Branco, 87 – Pituba – CEP: 41830-530 – Salvador – Bahia
Tel: (71) 3045.9051
• Contato: https://www.editorajuspodivm.com.br/sac

Diagramação: Futura *(rogerio@futuraeditoracao.com)*

Capa: Ana Caquetti

ISBN: 978-65-5680-361-6

APRESENTAÇÃO

A Editora Juspodivm, em sua incessante busca pelo melhor material de preparação para concursos públicos, com grande satisfação, apresenta a obra *Delegado Federal – Administrativo e Constitucional.*

Seu diferencial é a organização e a estruturação do conteúdo com base nos temas especificados no edital das disciplinas de Direito Administrativo e Direito Constitucional, matérias com maior incidência nas provas do concurso da Polícia Federal.

É uma verdadeira revisão do conteúdo, ponto a ponto. Essa preparação direcionada garante a otimização do estudo e a revisão completa das matérias, com destaques aos pontos mais relevantes que costumam ser cobrados nos certames. Tudo isso para oferecer uma revisão de qualidade, que facilitará muito o planejamento e o percurso rumo à sua aprovação.

Tendo em vista oferecer uma preparação completa, didática e atualizada àquele que pretende ingressar na carreira pública, sem qualquer dúvida, acreditamos que os autores chegaram ao melhor material para o estudo e aprendizado para aprovação no concurso de Delegado Federal. Esta obra, definitivamente, vai aprimorar os estudos das matérias de Administrativo e Constitucional.

A Editora

SUMÁRIO

PARTE I • DIREITO ADMINISTRATIVO

Matheus Carvalho

PARTE II • DIREITO CONSTITUCIONAL

Flavia Bahia

Parte I

DIREITO ADMINISTRATIVO

MATHEUS CARVALHO

1

PRINCÍPIOS

É fundamental o estudo dos princípios de Direito Administrativo, porque eles trazem a lógica do sistema. Assim como todos os outros ramos do direito, o direito administrativo é lógico e a lógica deste sistema se encontra no estudo de seus princípios. Em suma, os princípios são a forma de raciocinar direito administrativo.

O estudo destes princípios é o estudo do chamado REGIME JURÍDICO ADMINISTRATIVO.

1.1. PRINCÍPIOS BÁSICOS

1.1.1. Princípio da Supremacia do Interesse Público Sobre o Privado

O interesse público é supremo sobre o interesse particular. A administração goza de supremacia decorrente deste princípio, razão pela qual vige a presunção de legalidade dos atos praticados pela Administração, a possibilidade de desapropriação de bens privados, entre outras prerrogativas.

1.1.2. Princípio da Indisponibilidade do Interesse Público

O limite deste princípio é a indisponibilidade do interesse público que estabelece que o administrador não pode deixar de atuar quando o interesse público assim o exigir. O administrador não é titular do interesse público, portanto não tem poder de disposição sobre ele.

Nesse sentido, inclusive, não se admite a aplicação do princípio da insignificância quando se tratar de crimes contra a Administração Pública, por estarmos diante de bem jurídico indisponível. Com efeito, assim dispõe a Súmula 599 do STJ, vejamos:

Súmula 599-STJ: O princípio da insignificância é inaplicável aos crimes contra a Administração Pública.

Esses dois princípios embasam o sistema administrativo que se resume nas prerrogativas que o Estado goza x limitações a que o Estado se submete. A administração só pode atuar dentro do limite do interesse público, não obstante goze de vantagens amparadas no próprio interesse coletivo.

Por exemplo, o contrato administrativo possui cláusulas exorbitantes (prerrogativas), mas deve ser realizado mediante licitação e se submeter a prazo determinado de duração (limitações).

Nesse sentido, pode-se definir que o Regime jurídico administrativo é a lógica que se baseia na ideia de limitações e prerrogativas em face do interesse público.

Desses dois princípios acima referidos decorrem todos os demais. De acordo com a doutrina mais moderna, todos os princípios de direito administrativo são constitucionais, sendo alguns implícitos e outros explícitos, mas todos decorrentes da Constituição Federal.

1.2. PRINCÍPIOS EXPRESSOS NA CONSTITUIÇÃO FEDERAL

No artigo 37 da Constituição Federal, estão expressos cinco princípios. Ei-los:

L	**egalidade**
I	**mpessoalidade**
M	**oralidade**
P	**ublicidade**
E	**ficiência**

1.2.1. Princípio da Legalidade

O administrador só pode atuar conforme determina a lei. Fala-se, em princípio, da subordinação à lei. Não havendo previsão legal, está proibida a atuação do ente público.

Tal princípio decorre da indisponibilidade do interesse público. Afinal, a lógica é que o administrador não pode atuar de forma a dispor do interesse público e, portanto, sua atuação fica dependendo da autorização do titular do interesse público (que é o povo), responsável pela elaboração das leis, por meio de seus representantes legitimamente escolhidos.

Logo, a atuação administrativa se limita à vontade legal = vontade do povo.

Este princípio difere do princípio da legalidade na esfera privada, na qual vige a autonomia privada. No que tange à atuação do direito privado, aos particulares, tudo que não está proibido está juridicamente permitido. É o chamado princípio da **não contradição à lei**.

1.2.2. Princípio da Impessoalidade

Significa não discriminação. Reflete uma atuação que não discrimina as pessoas, seja para benefício ou para prejuízo. Ao Estado é irrelevante conhecer quem será atingido pelo ato, pois sua atuação é impessoal. Não haverá mudança de comportamento em razão da pessoa a ser beneficiada ou prejudicada pelo ato administrativo.

Maria Sylvia Di Pietro, seguida por outros doutrinadores modernos, acrescenta à doutrina tradicional uma nova perspectiva do princípio da impessoalidade. Para a referida autora, a impessoalidade deve ser enxergada também sob a ótica do agente.

Nesse sentido, quando o agente atua, não é a pessoa do agente quem pratica o ato, mas o Estado – órgão que ele representa. Corresponde, portanto, à já conhecida teoria do órgão (ou teoria da imputação), utilizada pelo direito brasileiro.

Fiquemos, então, com estes dois aspectos do princípio da impessoalidade – a prova pode tratar esse tema sob ambos os enfoques.

1.2.3. Princípio da Moralidade: honestidade, boa-fé de conduta, atuação não corrupta

Costuma-se chamar essa moralidade de "Moralidade Jurídica". Quer dizer, moralidade no trato com a coisa pública. Não se confunde com a "moral social".

Portanto, a aplicação da penalidade de demissão de um servidor público que é encontrado fazendo "sexo" na repartição não decorre do princípio da moralidade (no sentido de moralidade jurídica trazido pela norma), mas sim da moralidade pública (moral social).

Em suma, pode-se definir que a moralidade diz respeito à lealdade de conduta do agente no exercício da função pública.

1.2.4. Princípio da Publicidade

Significa a proibição de edição de atos secretos, consubstanciando a ideia de que a Administração deve atuar de forma transparente, dando à sociedade conhecimento dos atos por ela praticados.

O princípio não é absoluto, porquanto a própria Constituição Federal ressalva que devem ser resguardados a segurança nacional e o relevante interesse coletivo, o que poderá, de forma fundamentada, excepcionalizar o princípio da publicidade. Da mesma forma, se admite a edição de atos sigilosos quando a publicidade puder causar prejuízos à intimidade, honra e vida privada.

Ademais, a publicidade sempre foi vista pelos estudiosos da matéria como forma de controle da administração pelos cidadãos. A sociedade só poderá controlar os atos administrativos se estes forem devidamente publicizados.

Hoje se fala também em publicidade como requisito de eficácia dos atos administrativos.

Portanto, no momento em que o gestor público assina determinado ato na repartição proibindo, por exemplo, que se estacione em determinada via, tal ato, quando de sua assinatura, é perfeito e válido, mas sua eficácia depende de sua publicação, para que se torne de conhecimento dos particulares sujeitos à referida norma.

> Atenção! A eficácia dos atos depende da sua publicidade, mas não a sua validade: a publicidade é imprescindível diante da necessidade de a população ter conhecimento dos atos.

1.2.5. Princípio da Eficiência

Este princípio se tornou expresso com o advento da EC 19/98. Eficiência é produzir bem, com qualidade e com menos gastos.

Inicialmente, quando da alteração constitucional, a doutrina tratava deste princípio como sendo muito fluido, configurando um verdadeiro desabafo do constituinte derivado.

O entendimento mais moderno é o de que a própria CF concretiza este princípio, sendo ele uma norma de aplicabilidade imediata, ou seja, uma norma de eficácia plena.

Por exemplo, a Emenda Constitucional 19/98 alterou o art. 41, criando a avaliação periódica de desempenho dos seus servidores, mesmo depois da aquisição da estabilidade, como clara concretização do princípio da eficiência.

1.2.6. Artigo 5º, LV, CF: Princípios do Contraditório e da Ampla Defesa

Resumidamente, é o direito de saber o que acontece no processo, bem como o direito de se manifestar na relação processual.

Quando se fala em ampla defesa, a doutrina processual analisa a presença de três aspectos:

A) defesa prévia;

B) defesa técnica;

C) direito ao duplo grau.

Esses aspectos foram importados para o direito administrativo? No direito administrativo, a ampla defesa abarca todos os aspectos acima elencados?

A) O direito à defesa prévia é indiscutivelmente aplicado no âmbito administrativo. É o direito de se manifestar antes de uma decisão administrativa. Abrange esse princípio o direito à ampla produção probatória, não havendo restrição à utilização de qualquer prova, desde que obtida licitamente, mesmo que se trate de prova emprestada (Súmula 591 do STJ);

B) Da mesma sorte, a defesa técnica também é garantida. Entretanto, há dever de ser assistido por advogado? Primeiramente, veja-se a Súmula 343/STJ: *"É obrigatória a presença de advogado em todas as fases do processo administrativo disciplinar"*. Por outro lado, a Súmula Vinculante 5 STF estabelece: *"A falta de defesa técnica por advogado no processo administrativo disciplinar não ofende a Constituição"*.

O entendimento mais correto é o de que a Súmula do STJ sobrevive. Entende-se que, se a parte constituir advogado e este não puder participar de alguma fase do processo, esse procedimento será nulo por violar a ampla defesa. Mas, se não constituir advogado, o particular pode postular, defendendo interesse próprio sem a presença de advogado (Súmula Vinculante 5 STF).

C) Existe direito ao duplo grau na esfera administrativa? A Súmula Vinculante 21 estabelece que *"É inconstitucional a exigência de depósito ou arrolamento prévios de dinheiro ou bens para admissibilidade de recurso administrativo."*. Analisando-se este dispositivo, interpreta-se que tal exigência seria inconstitucional por restringir o direito ao duplo grau.

Desta forma, STF deixou claro, ao editar a referida súmula, que entende ser inerente à ampla defesa no âmbito administrativo o direito ao duplo grau.

1.3. PRINCÍPIOS IMPLÍCITOS

A doutrina é muito rica na adoção de princípios implícitos no direito administrativo. A intenção neste momento é de tratar somente daqueles mais correntes em provas de concursos.

1) Princípio da Continuidade: traduz a ideia da prestação ininterrupta da atividade administrativa. Neste sentido, pode-se determinar que a atividade do Estado é contínua, não se podendo parar a prestação dos serviços. Tal princípio está expresso na Lei 8987/95 e implícito no texto constitucional.

Deste princípio, decorrem alguns questionamentos. Vejamos:

O servidor público tem direito de greve?

Inicialmente, cumpre ressaltar que os militares não têm direito de greve nem de sindicalização, por expressa vedação constitucional (Art. 142, §3º, IV da Carta Magna).

Por sua vez, quando se trata de servidor público em sentido estrito, sim, há o direito de greve. Com efeito, nos moldes do art. 37, VII da Constituição Federal, o servidor público civil tem direito de greve que será exercido nos termos de lei específica.

Acerca deste dispositivo, o Supremo Tribunal Federal já se posicionou, no sentido de se tratar de norma constitucional de eficácia limitada, ou seja, não obstante o servidor tenha direito de greve, o exercício do direito fica limitado à edição de lei específica.

Ainda acerca do tema, no entanto, o Supremo Tribunal Federal determinou, ao julgar Mandado de Injunção referente à matéria, que, enquanto não houver lei específica a regulamentar a greve dos servidores públicos, será utilizada a lei geral de greve (Lei 7.783/89) para o exercício deste direito. Tal entendimento visa a garantir que a omissão legislativa não cause prejuízos a direito constitucional.

Recentemente o Superior Tribunal de Justiça decidiu que, se o servidor exercer o direito de greve de forma legal, embora não tenha direito à remuneração pelos dias parados, não deve sofrer o corte da remuneração durante o exercício deste direito, desde que a greve seja legal. Nestes casos, o servidor, ao terminar a greve, ficará sujeito à compensação pelos dias parados, sob pena de ressarcimento ao erário.

SERVIDORES PÚBLICOS. GREVE. LEGITIMIDADE. PAGAMENTO. DIAS PARADOS.

É cediço que a lei de greve do serviço público ainda não foi regulamentada, mas, após o julgamento no STF do mandado de injunção 708-DF, DJe 30/10/2008, determinou-se a aplicação das Leis ns. 7.701/1988 e 7.783/1989 enquanto persistir essa omissão quanto à existência de lei específica, nos termos previstos no art. 37, VII, da CF/1988. Este Superior Tribunal, consequentemente, passou a ter competência para apreciar os processos relativos à declaração sobre a paralisação do trabalho decorrente de greve de servidores públicos civis, bem como às respectivas medidas acautelatórias, quando as greves forem nacionais ou abrangerem mais de uma unidade da Federação. Também no citado mandado de injunção, o STF, ao interpretar o art. 7º da Lei n. 7.783/1989, entendeu que com a deflagração da greve ocorre a suspensão do contrato de trabalho. Assim, não devem ser pagos os salários dos dias de paralisação, a não ser que a greve tenha sido provocada por atraso no pagamento ou por outras situações excepcionais as quais possam justificar essa suspensão do contrato de trabalho. Anotou-se que, reiteradas vezes, em casos análogos, o STF tem decidido no mesmo sentido. Na hipótese dos autos, os servidores em greve pertencentes à carreira da Previdência, da Saúde e do Trabalho buscam a criação de carreira exclusiva para o Ministério do Trabalho, disciplinada pela Lei

n. 11.357/2006. Consta que os servidores somente deflagraram a greve após ter sido frustrado o cumprimento do termo de acordo firmado, em 25/3/2008, entre as entidades sindicais representativas da classe e o Governo Federal, este representado por secretários. Para não ser considerada ilegal a greve, antes de deflagrarem o movimento, expediram a comunicação e a devida notificação extrajudicial ao Ministro de Estado do Planejamento, Orçamento e Gestão. Neste Superior Tribunal, em relação a essa greve, foi interposta medida cautelar preparatória a dissídio coletivo sobre a paralisação do trabalho decorrente de greve e petição que cuida de dissídio coletivo, ambas ajuizadas pela Confederação dos Trabalhadores no Serviço Público Federal (CONDSEF) e pela Confederação Nacional dos Trabalhadores em Seguridade Social da Central Única dos Trabalhadores (CNTSS/CUT) e outra petição (ação declaratória) ajuizada pela União. O Min. Relator considerou legal a greve, fazendo uma análise do ordenamento jurídico, da interdependência dos Poderes, do direito de greve e do princípio da dignidade humana. Assim, afirmou que, embora o termo de acordo firmado não configure acordo ou convenção coletiva de trabalho, não tenha força vinculante, nem seja ato jurídico perfeito em razão dos princípios da separação dos Poderes e da reserva legal (arts. 2º, 61, § 1º, II, **a** e **c**, e 165 da CF/1988), constitui causa legal de exclusão da alegada natureza abusiva da greve, nos termos do inciso I do parágrafo único do art. 14 da Lei n. 7.783/1989. Quanto ao pagamento dos vencimentos durante o período de paralisação, o Min. Relator ressalvou ponto de vista quanto à natureza da disciplina legal e constitucional do servidor público, a exigir um mínimo de regramento para a criação de um fundo destinado a fazer frente à não percepção de vencimentos durante a suspensão do vínculo funcional, o que, pela sua excepcionalidade, poderia justificar a não suspensão do pagamento. Entretanto, assevera que não há como ignorar a jurisprudência do STF e a natureza particular de necessidade da formação desse fundo devido à suspensão do vínculo funcional no período de greve. Diante desses argumentos, entre outros, a Seção declarou a legalidade da paralisação do trabalho, determinando que a União se abstenha de promover qualquer ato que possa acarretar prejuízo administrativo funcional e financeiro aos grevistas, mas que haja regular compensação dos dias paralisados sob pena de reposição ao erário dos vencimentos pagos, nos termos do art. 46 da Lei n. 8.112/1990. Precedentes citados do STF: AI 799.041-MG, DJe 31/5/2010; RE 456.530-SC, DJe 31/5/2010; RE 480.989-RS, DJe 11/5/2010; RE 538.923-PA, DJe 16/3/2010, e MI 3.085-DF, DJe 1º/9/2010. **MC 16.774-DF, Pet 7.920-DF, e Pet 7.884-DF, Rel. Min. Hamilton Carvalhido, julgados em 22/9/2010 (ver Informativo nº 440).**

Em nova decisão, o Supremo Tribunal Federal, em 2016, na análise do Recurso Extraordinário nº 693.456, decidiu, apreciando o tema da repercussão geral, por unanimidade, na parte conhecida, fixar tese nos seguintes termos: ***"A administração pública deve proceder ao desconto dos dias de paralisação decorrentes do exercício do direito de greve pelos servidores públicos, em virtude da suspensão do vínculo***

funcional que dela decorre, permitida a compensação em caso de acordo. O desconto será, contudo, incabível se ficar demonstrado que a greve foi provocada por conduta ilícita do Poder Público".

Nota-se que, em comprovada a ilicitude do Poder Público como ensejadora do movimento paredista – como pode ocorrer, por exemplo, nas hipóteses em que o ente estatal descumpre acordos firmados com a categoria – o corte da remuneração não será admitido.

É possível interromper a prestação de um serviço público em virtude do inadimplemento por parte do usuário?

A Lei 8.987/95, em seu art. 6, §3º, diz que é possível a interrupção nos seguintes termos:

*§ 3º Não se caracteriza como descontinuidade do serviço a sua interrupção em **situação de emergência** ou após **prévio aviso**, quando:*

*I – motivada por **razões de ordem técnica** ou de **segurança das instalações**; e,*

*II – por **inadimplemento do usuário**, considerado o interesse da coletividade.*

Acerca da interrupção por motivos de ordem técnica, não há discussão doutrinária. No que tange ao inadimplemento, a interrupção também é constitucional, bastando que o usuário seja previamente avisado, nos moldes exigidos pela legislação. Esse é o entendimento majoritário da doutrina e jurisprudência.

De qualquer forma, será ilegal a paralisação por inadimplemento se ensejar a interrupção de um serviço essencial à coletividade.

A exceção de contrato não cumprido pode ser aplicada em contratos com a administração?

Exceptio non adimpleti contractus é o direito de suspender a execução do contrato em face do inadimplemento da outra parte. De acordo com a Lei 8.666, art. 78, XV o particular tem direito de invocar a exceção do contrato não cumprido, desde que a administração seja inadimplente por mais de 90 dias – Exceção diferida. Para tanto, não precisa de autorização judicial.

1.4. PRINCÍPIO DA AUTOTUTELA

Poder que a administração tem de rever seus próprios atos: anulá-los ou revogá-los. Acerca do tema, o Supremo Tribunal Federal já editou a Súmula 473 que se transcreve abaixo:

> ***SÚMULA Nº 473*** *A ADMINISTRAÇÃO PODE ANULAR SEUS PRÓPRIOS ATOS, QUANDO EIVADOS DE VÍCIOS QUE OS TORNAM ILEGAIS, PORQUE DELES NÃO SE ORIGINAM DIREITOS; OU REVOGÁ-LOS, POR MOTIVO DE*

CONVENIÊNCIA OU OPORTUNIDADE, RESPEITADOS OS DIREITOS ADQUIRIDOS, E RESSALVADA, EM TODOS OS CASOS, A APRECIAÇÃO JUDICIAL.

Pode-se perceber que a autotutela deve ser exercida pela Administração Pública em relação aos seus atos, independentemente de provocação do particular interessado. Ademais, em caso de ilegalidade do ato administrativo, os efeitos desse ato nulo que gerem direitos são mantidos aos terceiros, se estavam de boa-fé.

1.5. SÚMULAS DE JURISPRUDÊNCIA

1.5.1. Súmulas Vinculantes

SÚMULA VINCULANTE N. 3. NOS PROCESSOS PERANTE O TRIBUNAL DE CONTAS DA UNIÃO, ASSEGURAM-SE O CONTRADITÓRIO E A AMPLA DEFESA QUANDO DA DECISÃO PUDER RESULTAR ANULAÇÃO OU REVOGAÇÃO DE ATO ADMINISTRATIVO QUE BENEFICIE O INTERESSADO, EXCETUADA A APRECIAÇÃO DA LEGALIDADE DO ATO DE CONCESSÃO INICIAL DE APOSENTADORIA, REFORMA E PENSÃO.

SÚMULA VINCULANTE N. 5. A FALTA DE DEFESA TÉCNICA POR ADVOGADO NO PROCESSO ADMINISTRATIVO DISCIPLINAR NÃO OFENDE A CONSTITUIÇÃO.

SÚMULA VINCULANTE N. 14. É DIREITO DO DEFENSOR, NO INTERESSE DO REPRESENTADO, TER ACESSO AMPLO AOS ELEMENTOS DE PROVA QUE, JÁ DOCUMENTADOS EM PROCEDIMENTO INVESTIGATÓRIO REALIZADO POR ÓRGÃO COM COMPETÊNCIA DE POLÍCIA JUDICIÁRIA, DIGAM RESPEITO AO EXERCÍCIO DO DIREITO DE DEFESA.

SÚMULA VINCULANTE N. 21. É INCONSTITUCIONAL A EXIGÊNCIA DE DEPÓSITO OU ARROLAMENTO PRÉVIOS DE DINHEIRO OU BENS PARA ADMISSIBILIDADE DE RECURSO ADMINISTRATIVO.

1.5.2. Supremo Tribunal Federal

SÚMULA N. 20. É NECESSÁRIO PROCESSO ADMINISTRATIVO COM AMPLA DEFESA, PARA DEMISSÃO DE FUNCIONÁRIO ADMITIDO POR CONCURSO.

SÚMULA N. 346. – A ADMINISTRAÇÃO PÚBLICA PODE DECLARAR A NULIDADE DOS SEUS PRÓPRIOS ATOS.

SÚMULA N. 473. – A ADMINISTRAÇÃO PODE ANULAR SEUS PRÓPRIOS ATOS, QUANDO EIVADOS DE VÍCIOS QUE OS TORNAM ILEGAIS, PORQUE DELES NÃO SE ORIGINAM DIREITOS; OU REVOGÁ-LOS, POR MOTIVO DE CONVENIÊNCIA OU OPORTUNIDADE,

RESPEITADOS OS DIREITOS ADQUIRIDOS, E RESSALVADA, EM TODOS OS CASOS, A APRECIAÇÃO JUDICIAL.

1.5.3. Superior Tribunal de Justiça

SÚMULA N. 312. NO PROCESSO ADMINISTRATIVO PARA IMPOSIÇÃO DE MULTA DE TRÂNSITO, SÃO NECESSÁRIAS AS NOTIFICAÇÕES DA AUTUAÇÃO E DA APLICAÇÃO DA PENA DECORRENTE DA INFRAÇÃO.

SÚMULA N. 611. DESDE QUE DEVIDAMENTE MOTIVADA E COM AMPARO EM INVESTIGAÇÃO OU SINDICÂNCIA, É PERMITIDA A INSTAURAÇÃO DE PROCESSO ADMINISTRATIVO DISCIPLINAR COM BASE EM DENÚNCIA ANÔNIMA, EM FACE DO PODER-DEVER DE AUTOTUTELA IMPOSTO À ADMINISTRAÇÃO. (SÚMULA 611, PRIMEIRA SEÇÃO, JULGADO EM 09/05/2018, DJE 14/05/2018)

2

PODERES ADMINISTRATIVOS

Inicialmente, cumpre ressaltar que, ao se tratar de prerrogativas concedidas à Administração Pública, pode-se definir que todo poder corresponde a um dever. A administração não só pode como deve atuar em nome do interesse público, sob pena de omissão ilícita.

Neste sentido, a doutrina costuma estipular que os poderes da Administração são Poderes-deveres instrumentais — não são poderes em si mesmos; são somente o instrumento pelo qual o Estado busca o interesse público. Só existem enquanto instrumento na busca do interesse público.

Se o exercício destes poderes ultrapassar o limite da instrumentalidade, sendo praticado além dos limites do estritamente necessário à busca do interesse público, ocorrerá abuso de poder.

Abuso de poder se divide em:

- **excesso de poder**: aparece toda vez que o administrador ultrapassa os limites de sua competência. É um vício que atinge a competência. O administrador público extrapola o limite da competência estabelecido na lei.
- **desvio de poder**: ocorre quando o agente atua nos limites da competência legalmente definida, mas visando a uma finalidade diversa daquela que estava prevista inicialmente.

2.1. DISCRICIONARIEDADE E VINCULAÇÃO

A fim de entender acerca dos Poderes da Administração Pública, é indispensável definir os conceitos de Poder Discricionário e Poder Vinculado. É a lei quem determina se a atuação administrativa será vinculada ou discricionária.

- **Poder Vinculado:** a lei cria um ato administrativo estabelecendo todos os elementos do ato de forma objetiva. O administrador está limitado a essas regras, porquanto a lei não dá margem de escolha na atuação.

- **Poder Discricionário:** situações nas quais a lei dá margem de opção ao administrador. Nestes casos, o texto legal confere poder de escolha do agente, dentro dos limites postos em lei, na busca pelo interesse público.

Este poder de escolha é o mérito administrativo – nos limites da lei, o administrador deve definir a melhor situação do caso concreto. Desde que restrito aos limites estipulados legalmente, a atuação será lícita. Dessa forma, o administrador deverá buscar a solução mais oportuna e conveniente ao interesse público.

Ex.: administrador pode alienar bem imóvel adquirido por meio de decisão judicial através de concorrência ou leilão. Cabe ao administrador, no caso concreto, se valer de um ou outro instrumento.

Em alguns momentos, a lei não é tão clara no que tange à existência de discricionariedade, haja vista se valer de conceitos jurídicos vagos (ou indeterminados) a fim de dar margem de escolha ao administrador. Mesmo nesses casos, o administrador deverá efetivar uma escolha, ao definir a melhor forma de atuação em cada caso concreto.

Ex.: administração pode dissolver passeata se houver tumulto. O que é tumulto? A conceituação deste termo é feita com base no juízo de conveniência e oportunidade do agente público.

A margem de escolha é poder conferido ao administrador, aplicador da lei; é poder administrativo e não jurisdicional. Nesse sentido, o Poder Judiciário não pode substituir a decisão do administrador, não pode fazer análise de oportunidade e conveniência, não pode analisar o mérito de um ato administrativo.

> Importante ressaltar que o judiciário apenas pode analisar os atos administrativos no que tange aos aspectos da legalidade. Ainda que o ato administrativo seja discricionário, ele fica sujeito a controle jurisdicional no que diz respeito à sua adequação com a lei – nunca na análise meritória.

Todo ato pode ser analisado no âmbito legal e do interesse público, entretanto, o juiz fica adstrito à análise da legalidade.

> Importante observar, ainda, que o juiz pode analisar os limites do mérito administrativo, uma vez que são impostos pela lei. De fato, a análise dos limites do mérito não é mérito, mas sim legalidade. Por exemplo, quando se trata de conceitos jurídicos vagos. Há uma zona de incerteza na qual o administrador decide dentro do interesse público. Ocorre que a interpretação destes conceitos deve ser feita dentro dos limites da razoabilidade.

2.2. PODERES ADMINISTRATIVOS

- **Poder Normativo:** é o poder de editar normas gerais, atos administrativos gerais e abstratos. Não é poder de edição de lei, não é poder legislativo, mas sim poder de editar ato administrativo limitado pela lei.

O poder normativo se apresenta por meio de atos expedidos com o intuito de facilitar o entendimento da lei; seus atos são sempre inferiores à lei, facilitam a execução da lei.

Há diversos atos normativos, mas trataremos especialmente, neste capítulo, do Regulamento.

REGULAMENTO: "Regulamento" e "Decreto" são referências ao mesmo ato. Regulamento é o ato; Decreto é a forma deste ato.

Os regulamentos são atos privativos do chefe do Poder Executivo (presidente, governador e prefeito). A doutrina comparada diferencia os regulamentos em duas espécies:

A) **Regulamentos executivos**: aquele editado para a fiel execução da lei, minudenciando os aspectos legais.

B) **Regulamentos autônomos:** atuam substituindo a lei. São substitutos da lei e não facilitadores da lei.

A Constituição Federal, em seu art. 84, inciso VI, estabelece a competência do Presidente da República para extinção de cargo público vago e para tratar da organização administrativa, desde que não implique em aumento de despesas e não crie órgãos:

Art. 84. Compete privativamente ao Presidente da República:

VI – dispor, mediante decreto, sobre: (Redação dada pela Emenda Constitucional nº 32, de 2001)

A) organização e funcionamento da administração federal, quando não implicar aumento de despesa nem criação ou extinção de órgãos públicos;

B) extinção de funções ou cargos públicos, quando vagos;

A doutrina majoritária vem-se posicionando no sentido de que, com a inserção desta norma, existem, no Brasil, regulamentos autônomos constitucionalmente admitidos. São exceções à regra geral de que o chefe do Poder Executivo edita decretos para fiel execução da lei.

Importa ressalvar posicionamento doutrinário contrário que, por sua vez, entende serem decretos executivos que regulamentam diretamente texto constitucional, não criando direito ou obrigação a ninguém, não inovando o ordenamento. Este entendimento não prevalece em provas objetivas. Mas, sim, o primeiro.

- **Poder Hierárquico:** poder que a Administração tem de se estruturar internamente.

Poder de estruturação INTERNA. Não existe hierarquia externa, entre pessoas jurídicas diferentes. A hierarquia só se manifesta dentro de uma mesma PJ.

Importante ressaltar, portanto, a ausência de hierarquia entre União, Estados e Municípios, ou entre os entes da administração direta e os entes da administração indireta.

O poder hierárquico fundamenta a possibilidade de delegação e avocação de competências estampada no artigo 12 da lei 9784/99, senão vejamos.

Art. 12. Um órgão administrativo e seu titular poderão, se não houver impedimento legal, delegar parte da sua competência a outros órgãos ou titulares, ainda que estes não lhe sejam hierarquicamente subordinados, quando for conveniente, em razão de circunstâncias de índole técnica, social, econômica, jurídica ou territorial.

> Importante relembrar sempre a vedação legal para delegação de competência e, consequentemente, de avocação de competência para edição de atos de caráter normativo – a decisão de recursos administrativos, as matérias de competência exclusiva do órgão ou autoridade.

- **Poder Disciplinar:** poder de aplicar sanções, penalidades. Entretanto, não é qualquer sanção.

Em verdade, pode-se dizer que se trata de poder de aplicar sanção decorrente de um vínculo especial entre a administração pública e o sujeito que está sendo penalizado.

Ex.: estacionar em local proibido. A multa aplicada neste caso é penalidade, porém, não se trata de manifestação do poder disciplinar. Não há vínculo especial entre a administração e o particular infrator. Esta multa decorre do poder geral da administração.

Tradicionalmente se diz que o poder disciplinar decorre do poder hierárquico.

A doutrina mais moderna acrescenta que também pode decorrer de contratos, sempre, porém, em situação de um vínculo especial.

Logo, o poder disciplinar do Estado é o poder de aplicação de sanções por parte do poder público, sendo que estas sanções decorrem de vinculação especial entre o sancionado e o Estado – notadamente, a relação hierárquica e a relação contratual.

- **Poder de Polícia:** decorre da supremacia geral da administração pública. Ressalte-se, a princípio, que se trata de poder de polícia de caráter administrativo, uma vez que o poder de polícia judiciária não interessa ao direito administrativo. A polícia judiciária é o poder de repressão a ilícitos penais, estudada pelo direito processual penal.

Conceito de Polícia Administrativa: poder que a administração tem de restringir o exercício de liberdades individuais e de restringir o uso, gozo e disposição da propriedade privada, sempre na busca do interesse público à supremacia do interesse público sobre o privado aplicado no caso concreto.

Em suma, trata-se da restrição do exercício de garantias privadas na busca do interesse coletivo, adequação do exercício da liberdade e da propriedade ao bem comum.

Ex.: Placas com nome de rua no muro da propriedade privada.

Ex.: Gabarito de prédios, estabelecendo que uma construção não pode ultrapassar "x" andares.

Ex.: Autorização para o porte de armas.

Ex.: Semáforo de trânsito.

Esse poder pode ser repressivo ou preventivo e pode se manifestar por atos discricionários ou vinculados.

> Obs.: Hely Lopes Meirelles: uma das características do poder de polícia é a discricionariedade

De fato, a doutrina tradicional entende que a discricionariedade é a regra do poder de polícia. A maioria das bancas de concursos adota a ideia da discricionariedade como característica do poder de polícia.

Logo, não se pode dizer que o poder de polícia é sempre discricionário, porque ele também pode-se manifestar por atos vinculados, como, por exemplo, licenças para construção. Todavia, pode-se dizer, para fins de provas objetivas, que a discricionariedade é característica geral do poder de polícia.

No que tange à possibilidade de delegação, o Supremo Tribunal Federal, ao julgar a ADIn 1717, declarou que os conselhos reguladores de profissão têm natureza de autarquia, uma vez que o exercício do poder de polícia é indelegável a particulares.

Radar de controle de velocidade: poder de polícia. Discute-se acerca da possibilidade de contratação de uma empresa que colocaria o radar e expediria as multas. A doutrina entende que é possível a delegação destas atividades de mera execução do poder de polícia. São os chamados aspectos materiais do poder de polícia que podem ser delegados aos particulares. Em suma, delega-se apenas a execução, mas não o poder de polícia em si.

Nesse sentido, a jurisprudência do Supremo Tribunal Federal vem admitindo a delegação do poder de polícia a empresas estatais que exploram atividade econômica.

2.3. SÚMULAS DE JURISPRUDÊNCIA

2.3.1. Súmulas do Supremo Tribunal Federal

SÚMULA N. 419. OS MUNICÍPIOS TÊM COMPETÊNCIA PARA REGULAR O HORÁRIO DO COMÉRCIO LOCAL, DESDE QUE NÃO INFRINJAM LEIS ESTADUAIS OU FEDERAIS VÁLIDAS.

SÚMULA N. 645. É COMPETENTE O MUNICÍPIO PARA FIXAR O HORÁRIO DE FUNCIONAMENTO DE ESTABELECIMENTO COMERCIAL.

3

ORGANIZAÇÃO ADMINISTRATIVA

3.1. INTRODUÇÃO

O estudo da organização administrativa é o conhecimento acerca das pessoas que fazem parte do Estado, da estrutura da administração pública.

Isso porque, alguns serviços são prestados diretamente pelos entes federativos, sem que seja transferida a execução a outrem, mas, em determinadas situações, as pessoas políticas transferem a prestação dos serviços a outros entes.

A prestação direta – feita pelos próprios entes políticos da administração – é designada prestação centralizada do serviço. Por sua vez, estas entidades se denominam entes da **administração direta** ou **administração centralizada.**

Considerando a necessidade de especialização dos serviços, o Estado cria pessoas especializadas e transfere a elas a prestação dos serviços. Esta transferência na prestação do serviço a outras pessoas jurídicas denomina-se **descentralização**. Isso é feito porque a transferência à pessoa especializada na prestação de determinado serviço garante uma maior eficiência na prestação da atividade administrativa.

A descentralização pode ocorrer de duas formas:

A) para a própria administração (pessoas criadas para esse fim): entes da administração indireta ou descentralizada.

B) para particulares: mediante contratos administrativos de concessão e permissão.

São entes da administração indireta (ou administração descentralizada):

1) Autarquias, inclusive as associações públicas;

2) Fundações públicas;

3) Empresas públicas;

4) Sociedade de economia mista.

3.2. ADMINISTRAÇÃO DIRETA

Mesmo quando o Estado não descentraliza a prestação do serviço, ele deve prestar este serviço de forma eficiente e, para tanto, se especializa internamente. A distribuição interna se dá por meio da divisão de competência entre os órgãos de uma mesma pessoa jurídica e recebe, na doutrina, o nome de **desconcentração**.

Ex. O serviço de Saúde é prestado por meio do Ministério da Saúde, hierarquicamente superior ao SUS, que controla os postos de saúde e assim por diante.

A desconcentração de serviços decorre do poder hierárquico (uma vez que se trata de distribuição interna), diferentemente da descentralização, haja vista o fato de que, entre pessoas jurídicas diversas, não há hierarquia.

Ressalte-se que o órgão público não tem personalidade jurídica. Em verdade, é parte integrante de uma pessoa jurídica. Todavia, determinados órgãos gozam de capacidade processual ativa (órgãos independentes e autônomos).

> Obs.: alguns órgãos têm CNPJ próprio apenas para organização interna, inclusive para fins tributários.

Classificação dos órgãos:

I. Quanto à hierarquia:

A) independentes: não estão hierarquicamente subordinados a ninguém. São o topo da hierarquia daquele poder. São aqueles que representam o poder.

Ex.: Presidência da República, Governadoria (âmbito estadual).

B) autônomos: são subordinados imediatamente aos órgãos independentes. Têm autonomia administrativa e financeira, têm orçamento próprio para gerir o exercício da sua atividade.

Ex.: Ministério da Fazenda, Secretaria de Segurança Pública.

C) superiores: não têm autonomia, não têm independência, mas ainda conservam o poder de decisão.

Ex.: Secretaria da Receita Federal do Brasil, Polícias.

D) subalternos: órgãos de mera execução.

> Obs.: MP, embora não seja um poder, para fins de organização hierárquica é um poder. Logo, um órgão independente. Hoje, a Lei 8.112 coloca o MP como poder separado, independente.

II. Quanto à atuação funcional:

A) Singular: aquele que atua por um único agente. Ex. Presidência da República.

B) colegiado: atua por um colegiado de agentes. Ex. Assembleia Legislativa.

III. Quanto à estrutura:

A) órgãos simples: estrutura formada por um único órgão. Ex. Presidência da República.

B) órgãos compostos: mais de um órgão compondo a estrutura de um órgão. Ex. Congresso Nacional – que é formado pelo Senado Federal e pela Câmara dos Deputados.

IV. Quanto ao âmbito de atuação:

A) central: atua em toda a extensão da PJ da qual ele é parte.

Ex.: Secretaria de Segurança Pública

Ex.: TJMG: órgão central – órgão do estado que exerce competência em todo o estado de MG.

B) local: apenas atua em determinado ponto da PJ.

Ex.: Delegacia do Bairro de Santo Antônio – competência na região daquele bairro.

Ex.: TRT da 3ª Região: órgão local – órgão da união que não exerce competência em toda a União.

3.3. ADMINISTRAÇÃO INDIRETA

São entes da Administração Indireta:

A) Autarquias, inclusive as associações públicas;

B) Fundações públicas;

C) Empresas públicas;

D) Sociedades de economia mista.

Há regras que valem para todos os entes da administração indireta:

I. Devem gozar de **personalidade jurídica**: ou seja, não se confundem com os entes da administração direta que os criou. Cada um desses entes é uma pessoa jurídica titular de direitos e obrigações.

Assim, em caso de eventual processo judicial, a ação deverá ser proposta contra a Pessoa Jurídica da administração indireta e não em face do ente federativo.

II. A **criação** de qualquer ente da administração indireta depende de **lei específica**.

> Importante! A lei CRIA as autarquias e a lei AUTORIZA A CRIAÇÃO dos demais entes da administração indireta, sendo necessária autorização legal para criação das subsidiárias das empresas estatais, conforme expressamente disposto na Constituição Federal, *in verbis*:

Art. 37: *XIX – somente por lei específica poderá ser criada autarquia e autorizada a instituição de empresa pública, de sociedade de economia mista e de fundação, cabendo à lei complementar, neste último caso, definir as áreas de sua atuação; (Redação dada pela Emenda Constitucional nº 19, de 1998).*

XX – depende de autorização legislativa, em cada caso, a criação de subsidiárias das entidades mencionadas no inciso anterior, assim como a participação de qualquer delas em empresa privada.

III. Finalidade: os entes têm finalidade especificada na própria lei responsável pela sua criação.

Quando a lei específica cria determinado ente, estabelece a sua finalidade. Ou seja, o ente já é criado com sua finalidade especificada pela lei, sempre orientada na busca pelo interesse público.

IV. Controle: os entes da administração indireta são submetidos a controle pela administração direta da pessoa política à qual são vinculados.

Este controle pode ser denominado "controle finalístico" (porque não é ilimitado e diz respeito à finalidade da entidade). Também pode ser designado como vinculação, tutela administrativa ou supervisão ministerial.

Conforme leciona José dos Santos Carvalho Filho, a forma pela qual os órgãos governamentais exercem o controle pode variar conforme a lei de organização administrativa federal, estadual, distrital ou municipal.

A União adotou a sistemática da supervisão ministerial, de acordo com a qual, conforme dispõe o art. 19 do DL 200/67, *"todo e qualquer órgão da Administração Federal, direta ou indireta, está sujeito à supervisão do Ministro de Estado competente, excetuados unicamente os órgãos mencionados no art. 32, que estão submetidos à supervisão direta do Presidente da República"*.

Pode-se dizer que o controle é hierárquico ou que se trata de subordinação? Não, não há hierarquia porque o poder hierárquico só se manifesta internamente. Dessa forma, a doutrina trata deste controle como tutela administrativa.

Nesse sentido, imagine a seguinte situação hipotética.

Particular requer um benefício perante um agente do INSS. O pedido é negado. É interposto recurso para o dirigente do INSS — **recurso hierárquico próprio**, uma vez que se trata de recurso interposto no âmbito da mesma entidade.

Se nesta decisão houver ilegalidade ou abuso de poder, será apresentado recurso para o Ministério supervisor (administração direta) apesar de não decorrer da hierarquia, a lei chama de recurso hierárquico. Por esta razão denomina-se **recurso hierárquico impróprio**. Aqui há controle restrito dentro do controle de finalidade.

3.3.1. Autarquias

As autarquias são criadas por lei como Pessoas Jurídicas de Direito Público. Isso significa que esses entes têm o mesmo regime aplicável à Fazenda Pública. Portanto, o mesmo regime aplicável ao Estado se estende às entidades autárquicas.

Neste caso, tudo que foi e ainda será estudado quanto aos entes da administração direta se aplica às autarquias. Administrativamente, o regime jurídico é o mesmo aplicável aos entes políticos (embora não tenha a autarquia poder político), uma vez que exercem atividades típicas de Estado.

Não se trata de delegação de serviço. As autarquias são o Estado exercendo atividade típica do Estado e, para tanto, precisam ter certas prerrogativas públicas.

Ter regime de estado significa ter certos privilégios. Confira:

Privilégios processuais: prazo em dobro para todas as manifestações processuais (art. 183. CPC).

> Obs.: A súmula 620 do STF estabelece que não gozam do direito ao reexame necessário, mas o próprio texto do CPC afasta a aplicação desta súmula. Portanto, **também têm a garantia do duplo grau obrigatório.**

Seus créditos são cobrados por execução fiscal.

Débitos judiciais são pagos por meio da ordem cronológica dos precatórios, conforme estabelecido no art. 100 da CF. Cada ente da administração indireta terá sua própria fila.

Privilégios fiscais: São beneficiadas pela imunidade recíproca, de acordo com o §2º do art. 150 da CF:

§ 2º – A vedação do inciso VI, "a", é extensiva às autarquias e às fundações instituídas e mantidas pelo Poder Público, no que se refere ao patrimônio, à renda e aos serviços, vinculados a suas finalidades essenciais ou às delas decorrentes.

Responsabilidade civil: Se submetem à responsabilidade civil objetiva, estampada no artigo 37 §6º da Constituição Federal:

§ 6º – As pessoas jurídicas de direito público e as de direito privado prestadoras de serviços públicos responderão pelos danos que seus agentes, nessa qualidade, causarem a terceiros, assegurado o direito de regresso contra o responsável nos casos de dolo ou culpa.

Licitações e contratos: Os contratos firmados pelas autarquias são administrativos e dependem de prévia licitação

Nomeação de servidores: Servidores estatutários e aprovados mediante concurso.

Obs.: Diante da concessão da medida cautelar proferida na ADI 2135, o STF suspendeu a eficácia do art. 39, *caput*, da CF, com a redação dada pela EC 19/98, o que rendeu ensejo ao retorno da redação anterior, na qual havia sido instituído o regime jurídico único para os servidores da administração direta, das autarquias e fundações públicas.

Ressalte-se novamente que todas as regras aplicáveis à administração direta são também aplicáveis às entidades autárquicas.

Algumas autarquias se diferenciam das autarquias comuns, em virtude de seu regime diferenciado. São as chamadas autarquias em regime especial. Vejamos:

Autarquias em regime especial:

A) Universidades públicas:

As universidades públicas têm uma forma peculiar de escolha dos seus dirigentes. É importante lembrar que a escolha de dirigentes dos entes da administração indireta é uma das formas de maior exercício de controle, sendo a regra que esta escolha seja feita pelo ente ao qual a autarquia está vinculada.

No caso das universidades públicas, a escolha do dirigente é feita por indicação de seus próprios membros, o que lhes dá mais autonomia.

Ademais, essas universidades gozam de autonomia pedagógica, não só escolhem seus dirigentes, como também têm poder de escolha quanto à pedagogia a ser adotada no exercício da atividade educacional.

B) Agência reguladora:

Trata-se da autarquia criada em regime especial para fiscalizar, regular, normatizar a prestação de serviços públicos por particulares, evitando, assim, a busca desenfreada pelo lucro dentro do serviço público.

O que esta autarquia tem de especial?

Tem poder normativo, deve editar atos (Resoluções) que obriguem os prestadores de serviços, a fim de adequar a prestação do serviço ao interesse público.

Deve-se atentar para o alcance do poder normativo. Não é poder legislativo; o poder normativo é poder de criar obrigações dentro dos limites da lei.

Quanto à amplitude, importa saber quem se submete à força normativa das agências reguladoras. O poder normativo destas entidades só obriga o prestador do serviço. Agências reguladoras não podem editar atos que obriguem particulares que não têm relação com a prestação do serviço; só a lei pode obrigar a atuação do particular usuário do serviço.

Nomeação diferenciada dos dirigentes: são nomeados pelo Presidente da República com aprovação prévia pelo Senado Federal (art. 52, CF), para cumprir um mandato certo.

O mandato do dirigente tem prazo fixo, que variará de acordo com a lei de cada agência reguladora.

Cumprir mandato certo significa que o dirigente não será exonerado *ad nutum*. Isso faz com que a agência tenha mais liberdade de atuação e esteja menos dependente da administração direta.

De acordo com a Lei 9.986/00, art. 9º – Norma Geral das Agências Reguladoras – os dirigentes somente perderão seus cargos mediante:

- Renúncia;
- Processo Administrativo Disciplinar ou Condenação judicial transitada em julgado;
- Prática de alguma dessas infrações previstas na lei:

I - receber, a qualquer título e sob qualquer pretexto, honorários, percentagens ou custas;

II - exercer qualquer outra atividade profissional, ressalvado o exercício do magistério, havendo compatibilidade de horários;

III - participar de sociedade simples ou empresária ou de empresa de qualquer espécie, na forma de controlador, diretor, administrador, gerente, membro de conselho de administração ou conselho fiscal, preposto ou mandatário;

IV - emitir parecer sobre matéria de sua especialização, ainda que em tese, ou atuar como consultor de qualquer tipo de empresa;

V - exercer atividade sindical;

VI - exercer atividade político-partidária;

VII - estar em situação de conflito de interesse

O dirigente, ao deixar a agência reguladora, deve cumprir um período de quarentena. Durante este período precisa respeitar a proibição de exercer atividade na iniciativa privada dentro do setor ao qual estava vinculado.

O prazo de quarentena normalmente é de 6 (seis) meses, conforme previsão na lei 9986/00, podendo variar, se houver disposição diversa na lei específica que criou a autarquia.

Obs. 1: As agências Reguladoras não se confundem com as **Agências Executivas.**

Agência Executiva é autarquia comum que está ineficiente e, em virtude desta ineficiência, celebra contrato de gestão com o Ministério supervisor. Ao celebrar o contrato de gestão, a autarquia comum ganha status de agência executiva adquirindo vantagens especiais (concessão de mais independência e mais orçamento para execução de suas atividades institucionais), no entanto, em troca, terá que cumprir um plano estratégico de reestruturação definido no próprio contrato de gestão. Ou seja, ficará obediente ao contrato de gestão para que volte a ser eficiente. Acabando o contrato de gestão, volta a ser autarquia comum. Trata-se, portanto, de qualificação contratual e temporária.

Neste sentido, dispõe os art. 51 e 52 da lei 9.649/98, que tratam da criação destas entidades.

Críticas: o contrato de gestão é um benefício a uma autarquia que é ineficiente. Ademais, por meio de contrato serão estabelecidos benefícios que deveriam ser estipulados por meio de lei.

> Obs. 2: **Conselhos profissionais**: surgiram com natureza de autarquia. Contudo, a lei 9.649/98 reconheceu essas entidades como PJ de direito privado, dizendo se tratarem de particulares que prestam serviço público por delegação.

Os conselhos de classe exercem poder de polícia. Essa matéria foi objeto da ADI 1717 no STF, que decidiu não ser possível conceder poder de polícia a particulares.

Assim, os conselhos de classe voltaram a ter natureza de autarquia. Atualmente têm, na doutrina, a denominação de **Autarquias Corporativas ou Autarquias de Controle.**

3.3.2. Fundações Públicas

A Fundação é regulamentada pelo Código Civil Brasileiro como uma pessoa jurídica formada pela destinação de um patrimônio. As Fundações privadas são matéria de estudo do direito civil e são fiscalizadas pelo Ministério Público Estadual.

Quando a Fundação é formada pela destinação de um patrimônio público, então estamos diante de uma fundação pública. Várias são as situações nas quais o Poder Público destina parcela de seu patrimônio à criação de uma pessoa jurídica para defesa do índio (FUNAI), proteção à saúde (FUNASA), etc.

Quanto ao seu regime jurídico, há divergência na doutrina. Celso Antônio Bandeira de Melo entende que as fundações públicas só podem ser de direito público, nos termos da CF. Por outro lado, José dos Santos Carvalho Filho diz que só podem ser de direito privado. Finalmente, adotando o entendimento majoritário, Maria Sylvia di Pietro leciona que pode ser um ou outro.

Ou seja, as fundações públicas podem ser de direito público ou privado, o que vai definir esse ponto é a lei específica que autoriza a sua criação.

Se for criada sob o regime de direito público, terá natureza jurídica de autarquia e recebe o nome de **autarquia fundacional**. Portanto, tudo que foi estipulado às autarquias no tópico anterior se aplica às fundações públicas de direito público. Essas fundações podem, por exemplo, celebrar contrato de gestão e se tornarem agência executiva, gozam de imunidade tributária e assim por diante.

O texto constitucional diz que a sua criação é autorizada por lei. No entanto, a doutrina e as provas objetivas vêm considerando que são criadas por lei e por serem verdadeiras autarquias, e gozarem do regime autárquico, inclusive no que tange à sua forma de criação.

As fundações públicas de direito privado são nominadas **Fundações Governamentais**, recebendo o mesmo regime das empresas estatais. Este regime será tratado no tópico que segue.

3.3.3. Empresas estatais

Englobam as empresas públicas e as sociedades de economia mista.

São pessoas jurídicas de direito privado as empresas estatais criadas sob a forma de direito privado. Existe uma única nomenclatura que abarca as duas espécies porque o regime jurídico é o mesmo. Há apenas três diferenças pontuais.

Diferenças entre as Empresas públicas e as Sociedades de economia mista, inclusive apontadas pela Lei 13.303/16 que trata do Estatuto das empresas estatais:

A) Capital:

Empresa pública: capital 100% público. Capital integralmente público. Ressalte-se que podem participar do capital de uma empresa pública os entes da administração indireta.

Sociedade de Economia Mista: capital misto, parte público e parte privado, devendo a maioria do capital votante estar nas mãos do poder público.

B) Forma societária:

Empresa pública: pode ter qualquer forma societária.

Sociedade de Economia Mista: tem forma definida em lei: sociedade anônima. As SEM necessariamente deverão ser constituídas pela forma de S/A.

C) Deslocamento de competência:

Empresa pública Federal: competência da justiça federal. O art. 109, inciso I, da CF determina que na competência da JF estão incluídos todos os entes, exceto a Sociedade de Economia Mista.

Sociedade de Economia Mista Federal: competência da justiça comum.

Ex. de Empresa pública: Empresa de Correios e Telégrafos, CEF, Casa da Moeda, BNDS.

Ex. de Sociedade de economia mista: Banco do Brasil, gráficas oficiais do estado.

Características comuns das Empresas Estatais (EP e SEM):

São pessoas de direito privado da administração pública, mas seguem regime misto: não podem gozar de prerrogativas de estado, submetendo-se, entretanto às limitações do Estado que configuram princípios administrativos.

Quando o Estado cria empresas estatais, não lhes pode conceder benefícios fiscais além daqueles igualmente concedidos aos particulares. Portanto, por serem de direito privado, não gozam das vantagens que o Estado possui.

CR/88. Art. 173. § 2º - As empresas públicas e as sociedades de economia mista não poderão gozar de privilégios fiscais não extensivos às do setor privado.

Entretanto, se forem prestadoras de serviço público, aplica-se o art. 150, §3º da CR/88, que admite privilégios tributários às SEM e EP, desde que o valor do tributo não esteja embutido no valor do serviço:

§ 3º - As vedações do inciso VI, "a", e do parágrafo anterior não se aplicam ao patrimônio, à renda e aos serviços, relacionados com exploração de atividades econômicas regidas pelas normas aplicáveis a empreendimentos privados, ou em que haja contraprestação ou pagamento de preços ou tarifas pelo usuário, nem exonera o promitente comprador da obrigação de pagar imposto relativamente ao bem imóvel.

Por outro lado, apesar de serem de direito privado, submetem-se às limitações públicas, razão pela qual se depreende serem de regime híbrido ou misto: regime que mescla normas de direito público com regras de direito privado.

As empresas estatais se submetem à licitação, a concurso e às regras de indisponibilidade como um todo.

Podem ser criadas com duas finalidades:

A) **prestação de serviço público** — aproxima-se mais do regime público;

B) **exploração de atividade econômica** — aproxima-se mais do regime privado.

Há diferenciação de regime de acordo com a atividade que a empresa estatal exerce.

Ressalte-se que Empresas públicas e sociedades de economia mista não estão sujeitas à falência, apesar da discussão acerca da possibilidade de falência das exploradoras de atividade econômica, o que não deve ser considerado para fins de provas de delegado de polícia, conforme determina a Lei 11.101/05, em seu art. 2º:

Art. 2º Esta Lei não se aplica a:

I - empresa pública e sociedade de economia mista;

> Atenção! Tudo que foi ensinado até aqui não se aplica à **Empresa Brasileira de Correios e Telégrafos**, porquanto goza de regime de Fazenda Pública, como impenhorabilidade de bens, regime de precatórios, etc. Exceção trazida pela jurisprudência do STF por prestar serviços públicos indelegáveis e exclusivos de Estado (serviço postal e correio aéreo nacional).

3.3.3.1. Estrutura das Empresas Estatais

Em 30 de junho de 2016, foi publicada a Lei 13.303/16, que dispõe sobre o estatuto das empresas públicas e sociedades de economia mista e suas subsidiárias, mantendo as regras anteriormente aplicáveis a essas entidades, no que tange à formação societária, organização do capital e finalidades precípuas e criando novas disposições detalhadas. A referida lei foi regulamentada pelo Decreto 8.945/16.

Com efeito, as empresas públicas, conforme art. 3º, são criadas com capital 100% do Estado, admitindo-se a participação societária de qualquer entidade da Administração Pública Direta ou Indireta, mas vedando a participação de particulares e, por seu turno, as sociedades de economia mista, previstas no art. 4º da referida lei, devem ser criadas também sob o regime de direito privado, permitindo-se a participação societária de particulares desde que o controle acionário se mantenha nas mãos das entidades integrantes do Estado.

Seguindo o art. 173 da Constituição Federal, o art. 2º, §1º, determina que a lei que autorizar a criação da empresa estatal deverá indicar, de forma clara, a existência de relevante interesse coletivo ou o imperativo da segurança nacional.

Todavia, a lei minudencia a forma de estruturação dessas entidades, assim como as regras de licitações e contratos a elas aplicadas.

3.3.3.1.1. Requisitos de transparência

Consoante disposição legal, as empresas públicas e as sociedades de economia mista deverão observar, no mínimo, os seguintes requisitos de transparência:

A) elaboração de carta anual, subscrita pelos membros do Conselho de Administração, com a explicitação dos compromissos de consecução de objetivos de políticas públicas pela empresa pública, pela sociedade de economia mista e por suas subsidiárias, em atendimento ao interesse coletivo ou ao imperativo de segurança nacional que justificou a autorização para suas respectivas criações, com definição clara dos recursos a serem empregados para esse fim, bem como dos impactos econômico-financeiros da consecução desses objetivos, mensuráveis por meio de indicadores objetivos e sua ampla divulgação anual;

B) adequação de seu estatuto social à autorização legislativa de sua criação;

C) divulgação tempestiva e atualizada de informações relevantes, em especial as relativas a atividades desenvolvidas, estrutura de controle, fatores de risco, dados econômico-financeiros, comentários dos administradores sobre o desempenho, políticas e práticas de governança corporativa e descrição da composição e da remuneração da administração, assim como a divulgação de política de divulgação de informações, em conformidade com a legislação em vigor e com as melhores práticas;

D) elaboração de política de distribuição de dividendos, à luz do interesse público que justificou a criação da empresa pública ou da sociedade de economia mista;

E) divulgação, em nota explicativa, às demonstrações financeiras, dos dados operacionais e financeiros das atividades relacionadas à consecução dos fins de interesse coletivo ou de segurança nacional;

F) elaboração e divulgação da política de transações com partes relacionadas, em conformidade com os requisitos de competitividade, conformidade, transparência, equidade e comutatividade, que deverá ser revista, no mínimo, anualmente e aprovada pelo Conselho de Administração;

G) divulgação anual de relatório integrado ou de sustentabilidade.

Ademais, a lei exige a criação de estrutura que viabilize o **controle interno** da entidade, inclusive com auditoria interna realizada pelo **Comitê de Auditoria Estatutário**, que será formado por, no mínimo, 3 e, no máximo, 5 membros, em sua maioria independentes, sendo que ao menos um desses membros deve ter experiência em assuntos de contabilidade societária.

Esse Comitê ficará responsável por opinar sobre a contratação e destituição de auditor independente, supervisionar as atividades dos auditores independentes e as atividades desenvolvidas nas áreas de controle interno, de auditoria interna e de elaboração das demonstrações financeiras da empresa pública ou da sociedade de economia mista, além de monitorar a qualidade e a integridade dos mecanismos de controle interno, entre outras atividades.

Ressalte-se, ainda, que o art. 12 da lei permite que as **controvérsias entre os acionistas poderão ser solucionadas por meio de arbitragem**, desde que haja previsão no estatuto social.

3.3.3.1.2. Conselho de Administração e Conselho Fiscal

A empresa estatal deverá organizar seu Conselho de Administração, que ficará responsável pela gestão da entidade e que deverá ser composto por, no mínimo, 7 e, no máximo, 11 membros.

Por seu turno, a diretoria deve ser composta por, ao menos, 3 membros.

Os membros do Conselho de Administração deverão demonstrar **experiência profissional, formação acadêmica compatível** e **não se enquadrar nas hipóteses de inelegibilidade**. Além disso, o diploma legal dispõe ser vedada a indicação para o referido Conselho ou Diretoria:

I – de representante do órgão regulador ao qual a empresa pública ou a sociedade de economia mista está sujeita, de Ministro de Estado, de Secretário de Estado, de Secretário Municipal, de titular de cargo, sem vínculo permanente com o serviço público, de natureza especial ou de direção e assessoramento superior na administração pública, de dirigente estatutário de partido político e de titular de mandato no Poder Legislativo de qualquer ente da federação, ainda que licenciados do cargo;

II – de pessoa que atuou, nos últimos 36 (trinta e seis) meses, como participante de estrutura decisória de partido político ou em trabalho vinculado a organização, estruturação e realização de campanha eleitoral;

III – de pessoa que exerça cargo em organização sindical;

IV – de pessoa que tenha firmado contrato ou parceria, como fornecedor ou comprador, demandante ou ofertante, de bens ou serviços de qualquer natureza, com a pessoa político-administrativa controladora da empresa pública ou da sociedade de economia mista ou com a própria empresa ou sociedade em período inferior a 3 (três) anos antes da data de nomeação;

V – de pessoa que tenha ou possa ter qualquer forma de conflito de interesse com a pessoa político-administrativa controladora da empresa pública ou da sociedade de economia mista ou com a própria empresa ou sociedade.

O Conselho de Administração ficará responsável pela gestão da empresa, devendo discutir, aprovar e monitorar decisões envolvendo práticas de governança corporativa, relacionamento com partes interessadas, política de gestão de pessoas e código de conduta dos agentes, assim como implementar e supervisionar os sistemas de gestão de riscos e de controle interno estabelecidos para a prevenção e mitigação dos principais riscos a que está exposta a empresa pública ou a sociedade de economia mista, inclusive os riscos relacionados à integridade das informações contábeis e financeiras e os relacionados à ocorrência de corrupção e fraude.

Da mesma forma, deverá estabelecer política de porta-vozes visando eliminar risco de contradição entre informações de diversas áreas e as dos executivos da empresa pública ou da sociedade de economia mista e avaliar os diretores da empresa pública ou da sociedade de economia mista, nos termos do controle interno, podendo contar com apoio metodológico e procedimental do comitê estatutário.

Ressalte-se, ainda, que o **Conselho deve ser composto, no mínimo, por 25% de membros independentes**, garantindo-se o mínimo de 1 membro nessa condição.

Esse **conselheiro independente** não terá qualquer vínculo com a empresa estatal, ressalvada a participação societária, e não poderá exercer função de direção nas entidades da Administração Direta, sendo, ainda, vedada a atuação dele como fornecedor ou comprador de bens e serviços da empresa.

O **Conselho Fiscal**, por sua vez, será composto por pessoas naturais, residentes no País, com formação acadêmica compatível com o exercício da função e que tenham exercido, por prazo mínimo de 3 (três) anos, cargo de direção ou assessoramento na administração pública ou cargo de conselheiro fiscal ou administrador em empresa.

3.4. ENTIDADES DO TERCEIRO SETOR (PARAESTATAIS)

Inicialmente, cumpre salientar que as entidades que fazem parte do terceiro setor (entes paraestatais) não integram a estrutura administrativa como entes da administração direta ou indireta.

Em verdade, são particulares em colaboração, sem fins lucrativos, que atuam ao lado do Estado na prestação de serviços públicos não exclusivos. Por atuarem na prestação de serviços, estas entidades recebem incentivos do Poder Público. São quatro as espécies de entes do terceiro setor tratados no direito brasileiro, a saber.

3.4.1. Serviço Social Autônomo

São as entidades criadas por autorização legal para realização de atividade de fomento e capacitação de determinadas categorias profissionais, seja a indústria ou o comércio. É o chamado sistema "s" e abarca entidades como o SESI, SESC, SENAI, etc...

Gozam de parafiscalidade, que é a transferência do poder de cobrar tributos, chamada capacidade tributária. Ressalte-se que a competência tributária – competência para criar tributos, é intransferível. Estas entidades cobram contribuições de seus associados que têm natureza de tributos.

Por receberem verba pública, através da cobrança de tributos, os entes do serviço social autônomo ficam sujeitos a controle pelo Tribunal de Contas e devem respeitar os princípios inerentes à licitação pública para suas contratações. A contratação de seus empregados não depende de concurso público.

3.4.2. Organizações Sociais (OS)

São particulares sem fins lucrativos, criados pela lei 9637/98, para prestação de serviços públicos não exclusivos de estado, tais como ensino, pesquisa científica, desenvolvimento tecnológico, proteção e preservação do meio ambiente, entre outros.

O vínculo com o Poder Público é efetivado mediante a celebração do **contrato de gestão.** Por meio deste contrato, a entidade se qualifica como organização social e poderá gozar de todos os privilégios referentes a esta qualificação como a dotação orçamentária, cessão de bens públicos e cessão de servidores públicos. Vejamos.

Art. 12. Às organizações sociais poderão ser destinados recursos orçamentários e bens públicos necessários ao cumprimento do contrato de gestão.

§ 1º São assegurados às organizações sociais os créditos previstos no orçamento e as respectivas liberações financeiras, de acordo com o cronograma de desembolso previsto no contrato de gestão.

§ 2º Poderá ser adicionada aos créditos orçamentários destinados ao custeio do contrato de gestão parcela de recursos para compensar desligamento de servidor cedido, desde que haja justificativa expressa da necessidade pela organização social.

§ 3º Os bens de que trata este artigo serão destinados às organizações sociais, dispensada licitação, mediante permissão de uso, consoante cláusula expressa do contrato de gestão.

Art. 13. Os bens móveis públicos permitidos para uso poderão ser permutados por outros de igual ou maior valor, condicionado a que os novos bens integrem o patrimônio da União.

Parágrafo único. A permuta de que trata este artigo dependerá de prévia avaliação do bem e de expressa autorização do Poder Público.

Art. 14. É facultado ao Poder Executivo a cessão especial de servidor para as organizações sociais, com ônus para a origem.

§ 1º Não será incorporada aos vencimentos ou à remuneração de origem do servidor cedido qualquer vantagem pecuniária que vier a ser paga pela organização social.

§ 2º Não será permitido o pagamento de vantagem pecuniária permanente por organização social a servidor cedido com recursos provenientes do contrato de gestão, ressalvada a hipótese de adicional relativo ao exercício de função temporária de direção e assessoria.

§ 3º O servidor cedido que não atua diretamente na unidade que exerce a atividade publicizada perceberá as vantagens do cargo a que fizer jus no órgão de origem quando for ocupante de primeiro ou segundo escalão na organização social. (Redação dada pela Medida Provisória nº 850, de 2018).

Não obstante todas as vantagens concedidas, as organizações sociais gozam de dispensa de licitar, consoante dispositivo expresso da lei 8666/93, abaixo transcrito.

Art. 24. É dispensável a licitação;

(...)

XXIV – para a celebração de contratos de prestação de serviços com as organizações sociais, qualificadas no âmbito das respectivas esferas de governo, para atividades contempladas no contrato de gestão. (Incluído pela Lei nº 9.648, de 1998)

São entidades que, apesar de previstas em lei, sofrem muitas críticas doutrinárias, em face dos benefícios a elas concedidos e, principalmente, em razão da dispensa de licitação.

3.4.3. Organização da Sociedade Civil de Interesse Público (OSCIP)

Também particulares sem fins lucrativos, criadas para prestação de serviços públicos não exclusivos, as OSCIP's foram previstas na lei 9790/99 e seguem uma sistemática muito similar à das Organizações Sociais.

O vínculo entre estas entidades e o Poder Público é obtido por meio da celebração de **termo de parceria**. O termo permite a destinação de valores públicos às instituições privadas, mas não estipulam a designação de rubrica orçamentária, ou cessão de servidores e bens públicos. Ademais, não há dispensa de licitação expressa em lei.

Para celebração do termo de parceria, devem-se respeitar os seguintes requisitos legais:

Art. 2º Não são passíveis de qualificação como Organizações da Sociedade Civil de Interesse Público, ainda que se dediquem de qualquer forma às atividades descritas no art. 3º desta Lei:

I – as sociedades comerciais;

II – os sindicatos, as associações de classe ou de representação de categoria profissional;

III – as instituições religiosas ou voltadas para a disseminação de credos, cultos, práticas e visões devocionais e confessionais;

IV – as organizações partidárias e assemelhadas, inclusive suas fundações;

V – as entidades de benefício mútuo destinadas a proporcionar bens ou serviços a um círculo restrito de associados ou sócios;

VI – as entidades e empresas que comercializam planos de saúde e assemelhados;

VII – as instituições hospitalares privadas não gratuitas e suas mantenedoras;

VIII – as escolas privadas dedicadas ao ensino formal não gratuito e suas mantenedoras;

IX – as organizações sociais;

X – as cooperativas;

XI – as fundações públicas;

XII – as fundações, sociedades civis ou associações de direito privado criadas por órgão público ou por fundações públicas;

XIII – as organizações creditícias que tenham quaisquer tipos de vinculação com o sistema financeiro nacional a que se refere o art. 192 da Constituição Federal.

3.4.4. Entidades de Apoio

São entidades que atuam ao lado de hospitais e Universidades Públicas, auxiliando no exercício da atividade destas entidades, por meio da realização de programas de pesquisa e extensão. O vínculo com o Poder Público decorre da assinatura de **convênio**, que lhe garante a destinação de valores públicos e cessão de bens.

Podem ser constituídas como fundações, associações e cooperativas, sempre sem finalidade lucrativa, atuando ao lado do órgão público.

Em virtude dos benefícios, estas entidades também devem prestar contas perante o Tribunal de Contas e se submetem a procedimento simplificado para celebração de seus contratos.

3.4.5. Organização da Sociedade Civil (OSC)

Em 1º de agosto de 2014, foi publicada a lei 13.019/14 que regulamenta duas novas espécies de parcerias que podem ser firmadas entre o poder público e entidades privadas sem fins lucrativos, quais sejam, o termo de colaboração e o termo de fomento, definindo regras específicas para as entidades que pretendam assumir este vínculo com o Estado. Tais entidades receberam a designação de Organizações da Sociedade Civil, devendo ser, necessariamente, uma pessoa jurídica de direito privado sem fins lucrativos que não distribui, entre os seus sócios ou associados, conselheiros, diretores, empregados ou doadores, eventuais resultados, sobras, excedentes operacionais, brutos ou líquidos, dividendos, bonificações, participações ou parcelas do seu patrimônio, auferidos mediante o exercício de suas atividades, e que os aplica integralmente na consecução do respectivo objeto social, de forma imediata ou por meio da constituição de fundo patrimonial ou fundo de reserva.

A celebração dos termos de colaboração ou de fomento será precedida de procedimento simplificado de escolha, denominado pelo diploma legal de chamamento público, como forma de garantia da impessoalidade e isonomia.

3.4.6. Do termo de colaboração, do termo de fomento e do acordo de cooperação

O **termo de colaboração** deve ser adotado pela administração pública em caso de transferências voluntárias de recursos para consecução **de planos de trabalho propostos pela administração pública**, em regime de mútua cooperação com organizações da sociedade civil, selecionadas por meio de chamamento público, enquanto que o **termo de fomento** é celebrado para consecução de **planos de trabalho propostos pelas organizações da sociedade civil**, também selecionadas por meio de chamamento público.

Sendo assim, pode-se verificar que, em ambos os casos, a atuação da OSC se dará na execução de atividades de interesse social, diferindo as espécies de parcerias com base na iniciativa para apresentação de planos de trabalho: caso o Estado sugira o trabalho a ser executado, celebrará termo de colaboração, devendo ser utilizado o termo de fomento quando a proposta de atuação for realizada pela entidade privada.

O **acordo de cooperação** é celebrado quando não há a transferência de recursos públicos para a entidade.

Nas três situações expostas, o plano de trabalho deverá conter o diagnóstico da realidade que será objeto das atividades da parceria, devendo ser demonstrado o nexo entre essa realidade e as atividades ou metas a serem atingidas, assim como a descrição pormenorizada de metas quantitativas e mensuráveis a serem atingidas e de atividades a serem executadas, devendo estar claro, preciso e detalhado o que se pretende realizar ou obter, bem como quais serão os meios utilizados para tanto e o prazo para a execução das atividades e o cumprimento das metas.

A lei dispõe, ainda que o plano de trabalho deverá definir os indicadores, qualitativos e quantitativos, a serem utilizados para a aferição do cumprimento das metas, contendo todos os elementos que demonstrem a compatibilidade dos custos com os preços praticados no mercado ou com outras parcerias da mesma natureza, devendo existir elementos indicativos da mensuração desses custos, tais como: cotações, tabelas de preços de associações profissionais, publicações especializadas ou quaisquer outras fontes de informação disponíveis ao público.

3.4.7. Procedimento de manifestação de interesse social

Haja vista a possibilidade de se firmar termos de fomento com entidades privadas que proponham planos de trabalho para execução de atividades de interesse público, a lei instituiu o Procedimento de Manifestação de Interesse Social como instrumento por meio do qual as organizações da sociedade civil, movimentos sociais e cidadãos poderão apresentar propostas ao poder público para que este avalie a possibilidade de realização de um chamamento público objetivando a celebração de parceria.

Nestes casos, qualquer cidadão poderá apresentar proposta, desde que seja feita com a identificação do subscritor da proposta, a indicação do interesse público envolvido e o diagnóstico da realidade que se quer modificar, aprimorar ou desenvolver e, quando possível, indicação da viabilidade, dos custos, dos benefícios e dos prazos de execução da ação pretendida.

Apresentada a proposta por qualquer particular, a administração pública deverá torná-la pública no *site* oficial do órgão, realizando-se, se entender pertinente uma audiência pública para discussão do tema com a sociedade.

3.4.8. Chamamento Público

O chamamento público é um procedimento seletivo simplificado, regulamentado pela Lei 13.019/14, com a intenção de garantir a impessoalidade do ente público na escolha da entidade privada que celebrará os termos de colaboração ou de fomento. Com efeito, busca, por meio do certame, evitar o favorecimento de particulares em razão de interesses políticos, familiares ou pessoais, em detrimento da finalidade pública.

O procedimento seguirá etapas a seguir postas:

Publicação do edital no *site* do órgão interessado

Classificação das propostas pela comissão de seleção

Habilitação da entidade

Encerramento

3.4.9. Dispensa e inexigibilidade do certame

A princípio, a realização do chamamento público é requisito indispensável para a celebração de termos de colaboração ou de termos de fomento pelo poder público com entidades privadas sem finalidade lucrativa. No entanto, em algumas situações, a lei prevê a possibilidade de se firmar o certame diretamente, por meio de dispensa ou inexigibilidade da seleção.

A **inexigibilidade** decorre de situação lógica na qual se demonstre a **inviabilidade de competição**, não havendo definição taxativa de suas hipóteses, uma vez que deve ser analisada a possibilidade ou não de se fazer a seleção em cada caso específico.

Por seu turno, a **dispensa** ocorre em casos nos quais a competição é viável e, portanto, exigível a realização do certame. Nestes casos, a lei define um **rol exaustivo** de hipóteses de dispensa que não pode ser ampliado por meio de atos concretos.

É dispensável o chamamento público:

1 - no caso de **urgência decorrente de paralisação ou iminência de paralisação de atividades de relevante interesse público** realizadas no âmbito de parceria já celebrada, limitada a vigência da nova parceria ao prazo de 180 dias.

2 - nos casos de **guerra ou grave perturbação da ordem pública** ou ameaça à paz social.

3 - quando se tratar da realização de programa **de proteção a pessoas ameaçadas** ou em situação que possa comprometer a sua segurança.

4 - no caso de atividades voltadas ou vinculadas a serviços de educação, saúde e assistência social, desde que executadas por organizações da sociedade civil previamente credenciadas pelo órgão gestor da respectiva política.

Em casos de dispensa ou inexigibilidade, deverá ser instaurado um processo administrativo no qual o ente público apresente uma justificativa dos motivos que ensejaram a celebração direta do termo, sendo que o extrato da justificativa deve ser publicado, pelo menos, 5 (cinco) dias antes da formalização da parceria, no *site* oficial da administração pública e, eventualmente, a critério do administrador público no Diário Oficial.

A lei regulamenta que é possível a impugnação à justificativa de dispensa ou inexigibilidade, desde que apresentada antes da celebração da parceria, cujo teor deve ser analisado pelo administrador público responsável, que terá competência para revogar ou anular o ato, determinando a abertura de chamamento público.

3.4.10. Prestação de Contas

Conforme explicitado anteriormente, haja vista o recebimento de verbas públicas por meio da celebração do termo de colaboração ou do termo de fomento, a Organização da Sociedade Civil deverá prestar contas à Administração dos valores percebidos e dos gastos efetivados, sem prejuízo do controle efetivado pelo Tribunal de Contas nos moldes da Constituição Federal, sendo que esta prestação de contas deve conter elementos que permitam ao gestor da parceria avaliar o andamento ou concluir que o seu objeto foi executado conforme pactuado, com a descrição pormenorizada das atividades realizadas e a comprovação do alcance das metas e dos resultados esperados, até o período de que trata a prestação de contas.

Neste sentido, será feita a análise dos documentos previstos no plano de trabalho, além dos seguintes relatórios:

1 - **Relatório de Execução do Objeto**: elaborado pela organização da sociedade civil, assinado pelo seu representante legal, contendo as atividades desenvolvidas para o cumprimento do objeto e o comparativo de metas propostas com os resultados alcançados, a partir do cronograma acordado, anexando-se documentos de comprovação da realização das ações, tais como listas de presença, fotos e vídeos, se for o caso;

2 - **Relatório de Execução Financeira**: assinado pelo seu representante legal e o contador responsável, com a descrição das despesas e receitas efetivamente realizadas.

A legislação determina que a organização da sociedade civil está obrigada a prestar as contas finais da boa e regular aplicação dos recursos recebidos no prazo de até 90 (noventa) dias a partir do término da vigência da parceria, prorrogáveis por mais 30 (trinta) dias, mediante justificativa, conforme estabelecido no respectivo instrumento. Verifica-se que a lei não define o prazo específico de prestação de contas, somente estipulando o prazo máximo que poderá ser estabelecido no termo de colaboração ou de fomento, que tomará como base a complexidade do objeto da parceria e integra a etapa de análise técnica da proposição e celebração do instrumento. Admite-se, ainda, que o instrumento de parceria estabeleça prestações de contas parciais, periódicas ou exigíveis, após a conclusão de etapas vinculadas às metas do objeto.

Constatada irregularidade ou omissão na prestação de contas, será concedido prazo de até 45(quarenta e cinco) dias prorrogável por igual período, para a organização da sociedade civil sanar a irregularidade ou cumprir a obrigação.

Transcorrido o prazo para saneamento da irregularidade ou da omissão, não havendo o saneamento, a autoridade administrativa competente, sob pena de responsabilidade solidária, deve adotar as providências para apuração dos fatos, identificação dos responsáveis, quantificação do dano e obtenção do ressarcimento, nos termos da legislação vigente.

A administração pública terá como objetivo apreciar a prestação final de contas apresentada, no prazo de 90 (noventa) a 150 (cento e cinquentA) dias, contado da data de seu recebimento, conforme estabelecido no instrumento da parceria. Entretanto, cumpre salientar que o transcurso do prazo sem que as contas tenham sido apreciadas não significa impossibilidade de apreciação em data posterior ou vedação a que se adotem medidas saneadoras, punitivas ou destinadas a ressarcir danos que possam ter sido causados aos cofres públicos.

3.4.11. Responsabilização da organização da sociedade civil e aplicação de penalidades

A lei estabelece que, pela execução da parceria em desacordo com o plano de trabalho e com as normas desta Lei e da legislação específica, a administração poderá, garantida a prévia defesa, aplicar à organização da sociedade civil parceira as seguintes sanções:

A) **advertência**: sempre, por escrito, configurando penalidade menos intensa, em razão do cometimento de infração mais leve.

B) **suspensão temporária da participação em chamamento público** e impedimento de celebrar termos de fomento, termos de colaboração e contratos com órgãos e entidades da esfera de governo da administração pública sancionadora, por prazo não superior a 2 (dois) anos.

C) **declaração de inidoneidade** para participar em chamamento público ou celebrar termos de fomento, termos de colaboração e contratos com órgãos e entidades de todas as esferas de governo, enquanto perdurarem os motivos determinantes da punição ou até que seja promovida a reabilitação perante a própria autoridade que aplicou a penalidade, que será concedida sempre que a organização da sociedade civil ressarcir a administração pelos prejuízos resultantes, e após decorrido o prazo de 2(dois) anos. Nestes casos, somente terá competência para aplicação da pena o Ministro de Estado ou do Secretário Estadual ou Municipal, conforme o caso, facultada a defesa do interessado no respectivo processo, no prazo de 10 (dez) dias da abertura de vista, podendo a reabilitação ser requerida após 2 (dois) anos de sua aplicação.

Em respeito aos princípios do devido processo legal e do contraditório e ampla defesa, estampados nos art. 5º, LIV e LV, da Constituição da República, sempre deverá ser dado ao sancionado a possibilidade de manifestação acerca da sanção a ser aplicada. Ademais, as penas não serão aplicadas de forma sucessiva, ou seja, a aplicação da punição mais grave não depende da demonstração de que a entidade já sofreu a sanção mais leve, sendo somente exigido a observância do princípio da razoabilidade na definição da penalidade pelo ente estatal.

Outrossim, a lei define que o responsável por parecer técnico que conclua indevidamente pela capacidade operacional e técnica de organização da sociedade civil para execução de determinada parceria responderá administrativa, penal e civilmente, caso tenha agido com dolo ou culpa, pela restituição aos cofres públicos dos valores repassados, sem prejuízo da responsabilidade do administrador público, do gestor, da organização da sociedade civil e de seus dirigentes.

3.5. SÚMULAS DE JURISPRUDÊNCIA

3.5.1. Supremo Tribunal Federal

SÚMULA N. 8. DIRETOR DE SOCIEDADE DE ECONOMIA MISTA PODE SER DESTITUÍDO NO CURSO DO MANDATO.

SÚMULA N. 25-A NOMEAÇÃO A TERMO NÃO IMPEDE A LIVRE DEMISSÃO PELO PRESIDENTE DA REPÚBLICA, DE OCUPANTE DE CARGO DIRIGENTE DE AUTARQUIA.

SÚMULA N. 33. A LEI 1741, DE 22/11/1952, É APLICÁVEL ÀS AUTARQUIAS FEDERAIS.

SÚMULA N. 47. REITOR DE UNIVERSIDADE NÃO É LIVREMENTE DEMISSÍVEL PELO PRESIDENTE DA REPÚBLICA DURANTE O PRAZO DE SUA INVESTIDURA.

SÚMULA N. 75. SENDO VENDEDORA UMA AUTARQUIA, A SUA IMUNIDADE FISCAL NÃO COMPREENDE O IMPOSTO DE TRANSMISSÃO "INTER VIVOS", QUE É ENCARGO DO COMPRADOR.

SÚMULA N. 76. AS SOCIEDADES DE ECONOMIA MISTA NÃO ESTÃO PROTEGIDAS PELA IMUNIDADE FISCAL DO ART. 31, V, "A", CONSTITUIÇÃO FEDERAL.

SÚMULA N. 236. EM AÇÃO DE ACIDENTE DO TRABALHO, A AUTARQUIA SEGURADORA NÃO TEM ISENÇÃO DE CUSTAS.

SÚMULA N. 238. EM CASO DE ACIDENTE DO TRABALHO, A MULTA PELO RETARDAMENTO DA LIQUIDAÇÃO É EXIGÍVEL DO SEGURADOR SUB-ROGADO, AINDA QUE AUTARQUIA.

SÚMULA N. 240. O DEPÓSITO PARA RECORRER, EM AÇÃO DE ACIDENTE DO TRABALHO, É EXIGÍVEL DO SEGURADOR SUB-ROGADO, AINDA QUE AUTARQUIA.

SÚMULA N. 336 A IMUNIDADE DA AUTARQUIA FINANCIADORA, QUANTO AO CONTRATO DE FINANCIAMENTO, NÃO SE ESTENDE À COMPRA E VENDA ENTRE PARTICULARES, EMBORA CONSTANTES OS DOIS ATOS DE UM SÓ INSTRUMENTO.

SÚMULA N.371 FERROVIÁRIO, QUE FOI ADMITIDO COMO SERVIDOR AUTÁRQUICO, NÃO TEM DIREITO A DUPLA APOSENTADORIA.

SÚMULA N. 508 COMPETE À JUSTIÇA ESTADUAL, EM AMBAS AS INSTÂNCIAS, PROCESSAR E JULGAR AS CAUSAS EM QUE FOR PARTE O BANCO DO BRASIL S.A.

SÚMULA N. 511 COMPETE À JUSTIÇA FEDERAL, EM AMBAS AS INSTÂNCIAS, PROCESSAR E JULGAR AS CAUSAS ENTRE AUTARQUIAS FEDERAIS E ENTIDADES PÚBLICAS LOCAIS, INCLUSIVE MANDADOS DE SEGURANÇA, RESSALVADA A AÇÃO FISCAL, NOS TERMOS DA CONSTITUIÇÃO FEDERAL DE 1967, ART. 119, § 3º.

SÚMULA N. 517 AS SOCIEDADES DE ECONOMIA MISTA SÓ TÊM FORO NA JUSTIÇA FEDERAL, QUANDO A UNIÃO INTERVÉM COMO ASSISTENTE OU OPOENTE.

SÚMULA N. 556 É COMPETENTE A JUSTIÇA COMUM PARA JULGAR AS CAUSAS EM QUE É PARTE SOCIEDADE DE ECONOMIA MISTA.

SÚMULA N. 583 PROMITENTE COMPRADOR DE IMÓVEL RESIDENCIAL TRANSCRITO EM NOME DE AUTARQUIA É CONTRIBUINTE DO IMPOSTO PREDIAL TERRITORIAL URBANO.

SÚMULA N. 644 AO TITULAR DO CARGO DE PROCURADOR DE AUTARQUIA NÃO SE EXIGE A APRESENTAÇÃO DE INSTRUMENTO DE MANDATO PARA REPRESENTÁ-LA EM JUÍZO.

3.5.2. Superior Tribunal de Justiça

SÚMULA 11. A PRESENÇA DA UNIÃO OU DE QUALQUER DE SEUS ENTES, NA AÇÃO DE USUCAPIÃO ESPECIAL, NÃO AFASTA A COMPETÊNCIA DO FORO DA SITUAÇÃO DO IMÓVEL.

SÚMULA 15. COMPETE À JUSTIÇA ESTADUAL PROCESSAR E JULGAR OS LITÍGIOS DECORRENTES DE ACIDENTE DO TRABALHO.

SÚMULA 19. A FIXAÇÃO DO HORÁRIO BANCÁRIO, PARA ATENDIMENTO AO PÚBLICO, É DA COMPETÊNCIA DA UNIÃO.

SÚMULA 38. COMPETE À JUSTIÇA ESTADUAL COMUM, NA VIGÊNCIA DA CONSTITUIÇÃO DE 1988, O PROCESSO POR CONTRAVENÇÃO PENAL, AINDA QUE PRATICADA EM DETRIMENTO DE BENS, SERVIÇOS OU INTERESSE DA UNIÃO OU DE SUAS ENTIDADES.

SÚMULA 42. COMPETE À JUSTIÇA COMUM ESTADUAL PROCESSAR E JULGAR AS CAUSAS CÍVEIS EM QUE É PARTE SOCIEDADE DE ECONOMIA MISTA E OS CRIMES PRATICADOS EM SEU DETRIMENTO.

SÚMULA 85 NAS RELAÇÕES JURÍDICAS DE TRATO SUCESSIVO EM QUE A FAZENDA PÚBLICA FIGURE COMO DEVEDORA, QUANDO NÃO TIVER SIDO NEGADO O PRÓPRIO DIREITO RECLAMADO, A PRESCRIÇÃO ATINGE APENAS AS PRESTAÇÕES VENCIDAS ANTES DO QUINQUÊNIO ANTERIOR À PROPOSITURA DA AÇÃO.

SÚMULA 150. COMPETE À JUSTIÇA FEDERAL DECIDIR SOBRE A EXISTÊNCIA DE INTERESSE JURÍDICO QUE JUSTIFIQUE A PRESENÇA, NO PROCESSO, DA UNIÃO, SUAS AUTARQUIAS OU EMPRESAS PÚBLICAS.

4

RESPONSABILIDADE CIVIL DO ESTADO

4.1. HISTÓRICO: EVOLUÇÃO DA RESPONSABILIDADE CIVIL DO ESTADO

Antes de analisarmos a responsabilidade do Estado nos dias atuais, mister se faz uma breve análise da evolução do tema ao longo da história. Trata-se de tema cobrado em provas de concursos.

Teoria da Irresponsabilidade do Estado – A primeira fase era da irresponsabilidade. O Estado não respondia por seus atos, era sujeito irresponsável. O monarca ditava as leis, logo o Estado não errava. Caracterização divina do chefe do estado.

No Brasil não tivemos fase da irresponsabilidade.

Estado Responsável – Previsão Legal – O primeiro caso de reconhecimento da responsabilidade estatal se deu na França, naqueles casos em que havia previsão legal específica. Ou seja, eram situações muito restritas. Foi a criação do estado de direito, Estado que cria o direito e se submete ao direito que ele mesmo cria.

Teoria da Responsabilidade Subjetiva – Houve uma evolução e começou-se a admitir a responsabilidade do estado sem a necessidade de expressão dicção legal. Responsabilidade do estado sempre que se comprovava a culpa ou dolo do agente. Foi o surgimento da responsabilidade subjetiva. É chamada de responsabilidade civilista.

Teoria da Culpa do Serviço ou *faute du service* – Evoluindo mais um pouco, chega-se à responsabilidade subjetiva baseada na culpa do serviço. Ainda é usada no Brasil em alguns casos. Não é preciso comprovar dolo e culpa do agente, basta comprovar a má prestação do serviço, seja porque foi prestado de forma ineficiente ou atrasado. Não se baseia na culpa do agente, mas do serviço como um todo, tanto que se chama de culpa anônima.

Teoria da Responsabilidade Objetiva – Chega-se à responsabilidade objetiva do Estado, aquela que independe de comprovação de dolo ou culpa. São os seguintes os elementos da responsabilidade objetiva:

- Conduta (lícita ou ilícita);
- Dano;
- Nexo de causalidade.

A responsabilidade do estado no Brasil é objetiva desde a Constituição de 1946, sendo que a CF/88 não inovou o ordenamento jurídico.

4.2. RESPONSABILIDADE CIVIL. PREVISÃO LEGAL

A CF regulamenta a responsabilidade civil no art. 37, §6º.

§ 6º – As pessoas jurídicas de direito público e as de direito privado prestadoras de serviços públicos responderão pelos danos que seus agentes, nessa qualidade, causarem a terceiros, assegurado o direito de regresso contra o responsável nos casos de dolo ou culpa.

No mesmo sentido o artigo 43 do Código Civil. Vejamos.

Art. 43. As pessoas jurídicas de direito público interno são civilmente responsáveis por atos dos seus agentes que nessa qualidade causem danos a terceiros, ressalvado direito regressivo contra os causadores do dano, se houver, por parte destes, culpa ou dolo.

Ressalte-se que a responsabilidade do Estado, estampada no texto constitucional, é objetiva, mas a responsabilização do agente é subjetiva, decorrendo de comprovação de dolo ou de culpa.

4.3. AGENTES DA RESPONSABILIDADE CIVIL

Não é apenas o Estado que responde com base no disposto na CF. As pessoas jurídicas de direito público da administração direta e indireta respondem de forma objetiva, assim como os particulares prestadores de serviço público por delegação e as empresas estatais prestadoras de serviços públicos. Nestes casos em que o particular prestador do serviço ou entidade da administração indireta causa o dano por conduta de seus agentes, a responsabilidade da concessionária (ou entidade da administração indireta) é objetiva e o Estado tem responsabilidade subsidiária por esta atuação.

Frise-se que a responsabilidade civil do Estado não abarca as empresas estatais que exploram atividade econômica. A responsabilidade, neste caso, será regulamentada pelo direito privado.

Ex.: ônibus – transporte público: passageiro sofre acidente dentro do ônibus e morre. A responsabilidade será objetiva. A responsabilidade do Estado é objetiva, porém subsidiária à da empresa prestadora do serviço.

> Obs.: O Supremo Tribunal Federal já decidiu que, ainda que o dano seja causado a terceiro, não usuário do serviço público, a responsabilidade também será objetiva, porquanto a própria CF não diferencia os danos causados a terceiros em virtude de serem ou não usuários do serviço.

4.4. ELEMENTOS DA RESPONSABILIDADE

Para que haja responsabilidade objetiva, nos moldes do texto constitucional, basta que se comprovem três elementos, quais sejam: a **conduta** de um agente público, o **dano** causado a terceiro (usuário ou não do serviço) e o **nexo de causalidade**. Nota-se que não há necessidade de comprovação do requisito subjetivo, ou seja, o dolo ou a culpa do agente público causador do dano.

Ainda que a atuação do estado seja lícita, irá gerar a responsabilidade objetiva do estado. Isso porque a doutrina costuma apontar que a responsabilidade decorrente de atos ilícitos dos agentes públicos decorre do princípio da legalidade.

Por sua vez, a responsabilidade civil decorrente de atos lícitos se fundamenta no princípio da isonomia. Afinal, não seria justo que uma única pessoa – ou grupo de pessoas – saia prejudicada para garantir o benefício de todos. Neste diapasão, entende-se que a responsabilidade por atos lícitos é possível, desde que a conduta cause um dano anormal e específico. Com efeito, a lesão ensejadora de responsabilização do Estado por atos lícitos tem que ser diferenciada, haja vista os danos corriqueiros, decorrentes da vida em sociedade não podem resultar na responsabilização do Poder Público.

Obviamente, se a responsabilização do Estado depende da comprovação do dano, conduta e nexo, diante da ausência de qualquer um desses elementos, estará excluída a responsabilidade.

A doutrina aponta como excludentes da responsabilidade do Estado as situações de caso fortuito, força maior e culpa exclusiva da vítima. Nestes casos, ficaria excluída a responsabilização do ente público em virtude da exclusão do nexo de causalidade entre a conduta estatal e o dano.

Teoria do Risco Administrativo – Admite a exclusão da responsabilidade em determinadas situações. (teoria adotada no Brasil)

Para se excluir a responsabilidade objetiva, deverá estar ausente pelo menos um dos seus elementos. Culpa exclusiva da vítima, caso fortuito e força maior são causas de exclusão do nexo de causalidade.

Teoria do Risco integral: não admite nenhuma das excludentes.

No direito brasileiro, a teoria do risco integral é utilizada em situações excepcionais e não há consenso doutrinário sobre sua real aplicação em todas as hipóteses. A princípio, a doutrina firmou o entendimento de que a teoria do risco integral é utilizada em algumas situações, a saber:

> Dano decorrente de atividade nuclear exercida pelo estado.

> Dano decorrente de avaria ou estrago ambiental.

> Crimes ocorridos a bordo de aeronaves que estejam sobrevoando o espaço aéreo brasileiro e danos decorrentes de ataques terroristas.

> Acidente de trânsito. Decorre do seguro obrigatório: DPVAT.

4.5. RESPONSABILIDADE POR OMISSÃO DO ESTADO

A maioria da doutrina entende que a conduta omissiva não está abarcada pelo art. 37, §6º, CF. Logo, a falta de atuação do Estado não geraria responsabilidade objetiva, respondendo, nestes casos, com base na responsabilidade subjetiva.

Ressalte-se que a Responsabilidade subjetiva aplicável neste caso, não é a teoria civilista, mas sim a da responsabilização decorrente da culpa anônima. Relembre-se que tal teoria entende que a má prestação do serviço ou a prestação ineficiente geraria a responsabilidade subjetiva do estado. Não precisa comprovar a culpa do agente, basta a comprovação da má prestação de serviço.

A administração pública, ao ser alertada da necessidade de prestação de certo serviço, havendo a reiteração do problema, isso comprovará a má prestação do serviço.

Ex.: segurança pública. Situação de uma pessoa que é assaltada em frente a uma delegacia, ou em uma rua onde os assaltos se tornaram frequentes.

A responsabilidade por omissão e Teoria do Risco Criado (Risco Suscitado): esta teoria estabelece que toda vez que o Estado cria uma situação de risco e, em virtude desse risco criado pelo ente público, decorre um dano a um particular, o Estado responde objetivamente por ele, ainda que não se demonstre conduta direta de um agente público.

Ex.: preso que mata outro. O estado cria risco ao construir um presídio e, por isso, deve ter um cuidado diferenciado em relação a ele.

Ex.: presídio. Preso foge e assalta a casa ao lado. Responsabilidade objetiva em razão do risco diferenciado causado à vizinhança.

A doutrina mais moderna diz que toda vez que o Estado tem alguém sob custodia, tem um risco diferenciado quanto à pessoa. Isso inclui presos que fogem e causam danos logo após a fuga, porque, neste caso, há a extensão da custódia. O risco criado gera responsabilidade objetiva do estado, pelos danos causados ao custodiado e pelo custodiado.

Nestas situações, a doutrina especializada entende que o Estado responderá ainda que haja uma situação de caso fortuito, bastando a comprovação de que este fortuito só foi possível em virtude da custódia do ente estatal, designado, fortuito interno. Logo, se, por exemplo, uma rebelião de presos causa a morte de um refém, o estado é responsável, não podendo alegar que se trata de caso fortuito. Em sentido contrário, se um preso é atingido por um raio dentro do presídio, a princípio, não haveria responsabilização do Estado, haja vista o dano decorrer de um fortuito externo, ou seja, totalmente alheio e independente da situação de custódia.

Assim, a responsabilização, nestes casos, dependerá somente da comprovação de que a custódia é uma condição sem a qual o dano não teria ocorrido, mesmo que situações supervenientes tenham contribuído para o dano. Trata-se da chamada teoria da *conditio sine qua non*, a responsabilizar o Estado em casos de custódia.

Nesse sentido, o Supremo Tribunal Federal começou a firmar entendimento no sentido de que o poder público tem o dever de indenizar ex-presidiário em razão da má prestação do serviço penitenciário que o manteve em condições indignas. Configura-se situação de indenização por danos morais razão da culpa do serviço.

Se o estado quiser se voltar contra o agente, mediante ação de regresso, haverá discussão de dolo e culpa, mesmo no caso do risco integral, porque a responsabilidade do agente será sempre subjetiva.

4.6. DANOS QUE GERAM A RESPONSABILIDADE

Os danos que geram responsabilidade do estado são os danos jurídicos, ou seja, o dano a um bem tutelado pelo direito, ainda que exclusivamente moral.

Frise-se que, nos casos de danos decorrentes de atos lícitos, a responsabilização do ente estatal depende da comprovação de que estes danos são anormais e específicos. Danos normais decorrem do chamado risco social, que todos se submetem para viver em sociedade. As restrições normais não geram responsabilidade do Estado. Se o dano é genérico, todo mundo tem que suportar.

Inclusive o mesmo ato pode ensejar um dano anormal a alguns e não a outros. Como exemplo, o da ferrovia desativada que causou um dano anormal a uma fábrica que deverá ter um gasto muito alto para escoar sua produção na via ferroviária. O fato de esta fábrica ter direito à indenização não significa que um morador da região possa ser indenizado, porque simpatizava com a ferrovia e não gosta de andar de ônibus.

Esta situação em que o mesmo ato gera o dever de indenizar determinadas pessoas, mas não enseja a reparação em relação a outras é o que a doutrina denominou Teoria do Duplo Efeito: o mesmo ato administrativo pode vir a causar um dano específico/anormal para determinada pessoa e para outra não causar dano passível de indenização. Ou seja, é o mesmo ato causando efeitos diversos em pessoas diversas.

4.7. PRAZO PRESCRICIONAL

A prescrição para reparação civil contra o estado é de 5 anos, conforme o Decreto 20.910/32 e art. 1°-c da lei 9.494/97. Esse decreto veio criar um benefício ao Estado, porquanto o Código Civil de 1916 estabelecia o prazo de 10 anos.

Em 2002 foi editado o novo CC, que estabeleceu que o prazo da reparação civil prescreve em 3 anos. Portanto, com a nova regra, o Estado ficou prejudicado em face do particular.

Parte da doutrina e da jurisprudência, então passou a defender que o prazo para propositura de ação de reparação civil contra o Estado seria de 3 anos, haja vista ser mais benéfico.

No entanto, foi pacificado na jurisprudência do Superior Tribunal de Justiça o contrário. **Com efeito, o entendimento a ser adotado atualmente é de que se mantém o prazo de 5 anos, uma vez que o Código Civil é lei geral e não poderia alterar lei especial.**

4.8. AÇÃO DE REGRESSO CONTRA O AGENTE PÚBLICO

Primeiramente, cumpre salientar que, para que a responsabilidade civil do Estado se configure, o agente público deve estar atuando nesta qualidade, ou então, deve-se aproveitar da condição de agente para praticar o ato danoso.

Vítima cobra do Estado — Estado cobra do agente

Resp. objetiva Resp. subjetiva

Questiona-se: a vítima pode deixar de cobrar do Estado e cobrar diretamente do agente? Segundo o STF, não. Quando a CF, em seu art. 37, §6°, estabeleceu a responsabilidade estatal, garantiu um direito ao particular lesado, mas também concedeu ao particular a garantia de só ser cobrado pelo Estado. É o que se convencionou chamar de **teoria da dupla garantia** – garantia à vítima e também ao agente:

> Art. 37. *§ 6° – As pessoas jurídicas de direito público e as de direito privado prestadoras de serviços públicos responderão pelos danos que seus agentes, nessa qualidade, causarem a terceiros, assegurado o direito de regresso contra o responsável nos casos de dolo ou culpa.*

Ademais, não seria possível a vítima cobrar do agente causador do dano, com base no princípio da impessoalidade, uma vez que não há qualquer relação entre o agente público e o particular prejudicado. Quando o agente causou o prejuízo, não o fez na condição de particular; fê-lo em nome do Estado.

Denunciação à lide:

Com efeito, a denunciação à lide consiste em uma forma de intervenção de terceiro, prevista no Direito Processual Civil, "*quando o autor ou réu de uma ação judicial, nesse caso a de indenização, chame um terceiro, denominado denunciado, para o processo*", como conceituou Fernanda Marinela[1]. É cediço que nas relações civis, a denunciação à lide enseja maior eficiência e economia processual, haja vista o fato de que se faz desnecessária a propositura de nova ação para cobrar do terceiro, que, *in casu*, seria denunciado a participar do processo originário.

Dispõe o mencionado art. 125 do Código de Processo Civil:

Art. 125. É admissível a denunciação da lide, promovida por qualquer das partes:

I – ao alienante imediato, no processo relativo à coisa cujo domínio foi transferido ao denunciante, a fim de que possa exercer os direitos que da evicção lhe resultam;

II – àquele que estiver obrigado, por lei ou pelo contrato, a indenizar, em ação regressiva, o prejuízo de quem for vencido no processo.

O Estado deve, com base neste artigo, denunciar da lide o agente? O entendimento majoritário, apontado pela doutrina, é de que não é possível essa intervenção. Isso porque a denunciação à lide geraria uma ampliação subjetiva do mérito da ação, acarretando ao autor-vítima manifesto prejuízo à celeridade na prestação jurisdicional.

4.9. RESPONSABILIDADE POR OBRA PÚBLICA

A) **Responsabilidade decorrente da má execução da obra:** é necessário saber quem estava executando a obra.

Sendo o Estado o executor da obra, a responsabilidade objetiva é indiscutível, uma vez que a conduta do agente público está ensejando um dano ao particular, em perfeita subsunção do dispositivo constitucional.

Porém, se a obra má executada foi realizada por um empreiteiro, de acordo com a corrente majoritária, ser-lhe-á atribuída responsabilidade subjetiva (importante saber que não se trata de prestação de serviço público pelo empreiteiro).

Conforme leciona José dos Santos Carvalho Filho, a ação deve ser movida somente contra o empreiteiro, sem participação do Estado no processo. A responsabilidade do ente público é subsidiária, se configurando apenas no caso de o executor-empreiteiro não reparar os prejuízos por ele causados.

Noutro sentido, Diogo de Figueiredo entende que a responsabilidade do Estado e do empreiteiro é objetiva e solidária, tornando o Estado garantidor. Esta posição,

1 MARINELA, Fernanda. *Direito Administrativo*. 6. ed. Niterói: Impetus. 2012.

com todo o respeito a quem a defende, está em desacordo com a Constituição Federal, uma vez que a doutrina não pode criar hipótese de responsabilidade objetiva.

B) **Responsabilidade pelo simples fato da obra:** neste caso a obra causa o dano sem que tenha havido culpa de alguém; o dano não decorre de sua má execução. Ou seja, pelo simples fato de a obra existir, poderá vir a causar um dano ao particular. Nestes casos é irrelevante saber quem está executando a obra. Ocorrendo o prejuízo, ter-se-á a responsabilidade objetiva do Estado. É o caso da construção de um viaduto que deixou determinada casa abaixo do nível da rua. O dano decorre do viaduto em si e não de sua má execução.

Afirmar que a responsabilidade por obra é objetiva está correto, com base nessa "responsabilidade pelo simples fato da obra".

4.10. RESPONSABILIDADE POR ATOS LEGISLATIVOS:

O conceito de Lei parte de dois sentidos:

- deve emanar do Poder Legislativo e ser sancionada pelo Poder Executivo – lei em sentido formal.
- deve ser geral, abstrata e impessoal – lei em sentido material.

Algumas leis ostentam a qualidade de lei em sentido formal, porém não o são em sentido material, configurando, em verdade, verdadeiros atos administrativos. São as chamadas **leis de efeitos concretos**. De tais leis decorre a responsabilidade civil do ente que a emanou, assegurado ao lesado o direito à reparação do dano, nos mesmos moldes da responsabilidade civil do Estado por atos administrativos.

Entretanto, regra geral, em se tratando de atos legislativos (sentidos material e formal), inexiste responsabilidade civil do Estado. Sendo a lei veículo de regras gerais, normalmente não causará dano específico a ninguém; o prejuízo eventualmente causado será geral à coletividade – segue a regra geral de responsabilidade dos atos administrativos.

Parte da doutrina entende que excepcionalmente é possível a responsabilidade por atos legislativos, se, cumulativamente, diretamente da lei decorrer dano específico a alguém e o ato normativo for declarado inconstitucional. Exigem o dano específico porque, do contrário, qualquer lei inconstitucional geraria a responsabilidade do Estado.

4.11. RESPONSABILIDADE POR ATOS JURISDICIONAIS

Os atos jurisdicionais, caracterizadores da função típica exercida pelo Poder Judiciário, via de regra, não acarretam a responsabilidade objetiva do Estado. De fato, a regra geral é a irresponsabilidade do Estado por atos jurisdicionais.

Às partes, no processo, é assegurado o direito de recorrer contra decisões que julguem contrárias ao Direito – além do direito de ação.

No entanto, há uma exceção expressa no texto constitucional:

Art. 5º. *LXXV – o Estado indenizará o condenado por **erro judiciário**, assim como o que ficar preso além do tempo fixado na sentença;*

Obs.: A prisão além do tempo da sentença não é ato jurisdicional; é ato administrativo. Logo, a única hipótese de responsabilidade do Estado por erro jurisdicional seria nos casos de prisão por erro judiciário.

RESSALVA PARA PROVAS SUBJETIVAS:

Responsabilidade por omissão do Estado: a responsabilidade do Estado, em se tratando de conduta omissiva, dependerá dos elementos caracterizadores da culpa.

Responsabilidade objetiva por culpa do serviço – o STF vem encampando a ideia de que a responsabilidade do Estado por omissão é objetiva. Na prática, essa doutrina não muda o que a doutrina anterior dizia. Isso porque a responsabilidade seria objetiva, mas é necessário comprovar a **omissão específica**.

Essa omissão específica é o que se chamava de "culpa do serviço". Como não falam em culpa, falando apenas em omissão específica, diz-se que a responsabilidade é objetiva.

4.12. SÚMULAS DE JURISPRUDÊNCIA

4.12.1. Súmulas Vinculantes

SÚMULA VINCULANTE N. 11– SÓ É LÍCITO O USO DE ALGEMAS EM CASOS DE RESISTÊNCIA E DE FUNDADO RECEIO DE FUGA OU DE PERIGO À INTEGRIDADE FÍSICA PRÓPRIA OU ALHEIA, POR PARTE DO PRESO OU DE TERCEIROS, JUSTIFICADA A EXCEPCIONALIDADE POR ESCRITO, SOB PENA DE RESPONSABILIDADE DISCIPLINAR, CIVIL E PENAL DO AGENTE OU DA AUTORIDADE E DE NULIDADE DA PRISÃO OU DO ATO PROCESSUAL A QUE SE REFERE, SEM PREJUÍZO DA RESPONSABILIDADE CIVIL DO ESTADO.

5

INTERVENÇÃO DO ESTADO NA PROPRIEDADE

A intervenção na propriedade é decorrência da supremacia estatal que permite ao ente público restringir o exercício do direito de propriedade, para adequá-lo aos interesses da coletividade. Há duas formas de intervenção do Estado na propriedade privada:

A) **Intervenção Supressiva** — o Estado transfere para si a propriedade de terceiro, suprimindo o direito de propriedade anteriormente existente.

B) **Intervenção Restritiva** — o Estado impõe restrições e condicionamentos ao uso da propriedade pelo terceiro, sem, contudo, lhe retirar o direito de propriedade.

Modalidades de intervenções restritivas:

- Servidão administrativa;
- Requisição;
- Ocupação temporária;
- Limitações administrativas; e
- Tombamento.

A princípio, a única intervenção supressiva no direito brasileiro é a desapropriação, uma vez que retira o direito de propriedade do particular em prol do interesse coletivo.

Por ser a intervenção mais corrente em provas de concurso, é por onde se inicia o estudo das intervenções.

5.1. DESAPROPRIAÇÃO - INTERVENÇÃO SUPRESSIVA NA PROPRIEDADE

Inicialmente, cumpre observar que a desapropriação é forma originária de aquisição da propriedade. Por esta razão, o bem chega ao acervo do Estado livre de quaisquer ônus. Qualquer direito real que recaía sobre o bem fica sub-rogado no valor da indenização.

Portanto, a expressão "transferência" de propriedade não é correta para tratar da desapropriação, embora venha sendo considerada certa nas provas objetivas de concurso. Isso porque, não há uma efetiva "transferência", mas sim a retirada da propriedade original e o surgimento de um novo direito de propriedade, novo, sem qualquer ônus real.

Dispõe o art. 5º, XXIV, da Constituição Federal:

XXIV - a lei estabelecerá o procedimento para desapropriação por ***necessidade*** *ou* ***utilidade pública****, ou por* ***interesse social****, mediante justa e prévia indenização em dinheiro,* ***ressalvados os casos previstos nesta Constituição****;*

Com base neste dispositivo, depreende-se que a desapropriação por parte do Estado depende da comprovação de dois requisitos cumulativos, quais sejam, a utilidade/necessidade pública do bem ou o interesse social, bem como o pagamento, por parte do expropriante, de prévia e justa indenização em dinheiro.

A doutrina costuma dividir da seguinte forma:

- Utilidade ou necessidade pública: quando o Estado utilizará o bem, seja para uma obra pública ou para a prestação de um determinado serviço — Decreto-lei 3.365/41.
- Interesse social: para garantir a função social da propriedade — Lei 4.132/62.

O final do dispositivo constitucional estabelece *"ressalvadas as exceções trazidas pela própria Constituição"*. Esta ressalva significa que algumas desapropriações não serão efetivadas com pagamento de indenização prévia, justa e em dinheiro. Entretanto, deixa claro também que estas situações excepcionais somente serão aceitas se previstas no corpo da própria Constituição Federal, ou seja, a legislação infraconstitucional pode regulamentar, mas não criar espécies de desapropriação que excetuem o disposto no artigo 5, XXIV da Carta Magna.

O próprio texto constitucional estabelece, em seu bojo, três hipóteses de desapropriações especiais. São formas de desapropriação especial:

I - Desapropriação urbana (art. 182, CF)

II - Desapropriação rural (art. 184, CF)

III - Desapropriação confisco (art. 243, CF)

Atenção! Desapropriação de bens públicos: é possível desapropriação entre entes da administração pública, desde que se dê do ente mais abrangente sobre o ente menos abrangente, nos termos do DL 3.365. Ou seja, a União pode desapropriar bens dos estados, Distrito Federal e municípios; e os estados podem desapropriar bens do município. Este é o entendimento que deve prevalecer em provas objetivas.

Obs.: A doutrina vem se posicionando contrariamente a esta norma. Isso porque as situações de intervenções de um ente no outro estão expressamente previstas no texto constitucional. A lei ou um Decreto não pode estabelecer outras hipóteses de intervenção entre entes federados. Neste ponto, o Decreto 3365/41 não teria sido recepcionado pela CF/88.

Para fins de prova, aplica-se o decreto, no sentido de que se admite a desapropriação de bens públicos, nos moldes determinados pelo diploma.

I. Desapropriação Especial Urbana:

Constituição Federal:

Art. 182. A política de desenvolvimento urbano, executada pelo Poder Público municipal, conforme diretrizes gerais fixadas em lei, tem por objetivo ordenar o pleno desenvolvimento das funções sociais da cidade e garantir o bem-estar de seus habitantes.

§ 1º – O plano diretor, aprovado pela Câmara Municipal, obrigatório para cidades com mais de vinte mil habitantes, é o instrumento básico da política de desenvolvimento e de expansão urbana.

§ 2º – A propriedade urbana cumpre sua função social quando atende às exigências fundamentais de ordenação da cidade expressas no plano diretor.

§ 3º – As desapropriações de imóveis urbanos serão feitas com prévia e justa indenização em dinheiro.

§ 4º – É facultado ao Poder Público municipal, mediante lei específica para área incluída no plano diretor, exigir, nos termos da lei federal, do proprietário do solo urbano não edificado, subutilizado ou não utilizado, que promova seu adequado aproveitamento, sob pena, sucessivamente, de:

I – parcelamento ou edificação compulsórios;

II – imposto sobre a propriedade predial e territorial urbana progressivo no tempo;

III – desapropriação com pagamento mediante títulos da dívida pública de emissão previamente aprovada pelo Senado Federal, com prazo de resgate de até dez anos,

em parcelas anuais, iguais e sucessivas, assegurados o valor real da indenização e os juros legais.

Esta desapropriação é regulamentada pelo Estatuto da Cidade, Lei 10.257/01 que minudencia as regras estampadas alhures. Vejamos.

Se a propriedade não estiver cumprindo a **função social** prevista no plano diretor da cidade, algumas restrições serão instituídas pelo poder público municipal. As medidas estabelecidas em lei (art. 5º e seguintes) são sucessivas e gradativas, ou seja, a ordem posta na lei deve ser obedecida:

1ª medida: o proprietário deve ser notificado para que faça o parcelamento, a edificação ou a utilização compulsória do terreno. Notificado, o proprietário terá 1 (um) ano para apresentar o projeto, e da apresentação do projeto terá 2 (dois) anos para começar as obras com vistas a conferir função social à propriedade (§4º do art. 5º).

2ª medida: IPTU progressivo no tempo. Esta medida busca coagir o sujeito a dar função social à propriedade. Trata-se de coação e sanção impostas em razão da inércia em face da notificação.

Nesta situação, o IPTU se configura como tributo de caráter extrafiscal, ou seja, sem interesse eminentemente arrecadatório. A alíquota será progressiva por 5 (cinco) anos e está limitada a 15%, não podendo, em nenhuma hipótese, ultrapassar este percentual. Ademais, de um ano para o outro, o máximo que se pode acrescentar na alíquota é 100% do valor anterior, ou seja, é possível a duplicação anual da alíquota, não mais do que isso.

A maioria dos doutrinadores entende que esses 5 (cinco) anos são para aumentar, não havendo restrição quanto ao tempo em que a alíquota máxima será aplicada. A CF proíbe que continue progredindo por mais que 5 (cinco) anos, mas não que se mantenha na alíquota máxima, mesmo após escoado este prazo. Ocorre que permitir uma alíquota tão alta por mais de 5 (cinco) anos seria confiscatório. O argumento mais interessante seria o de que, passados 5 (cinco) anos, o Estado estaria compelido a partir para a próxima medida, que se tratará a seguir.

3ª medida: desapropriação do bem com pagamento da indenização em Títulos da Dívida Pública, resgatáveis em até 10 anos — desapropriação sanção.

Dispõe o Estatuto da Cidade:

Art. 8º Decorridos cinco anos de cobrança do IPTU progressivo sem que o proprietário tenha cumprido a obrigação de parcelamento, edificação ou utilização, o Município poderá proceder à ***desapropriação do imóvel****, com pagamento em títulos da dívida pública.*

§ 1º Os ***títulos da dívida pública*** *terão prévia aprovação pelo Senado Federal e serão resgatados no prazo de até dez anos, em prestações anuais, iguais e sucessivas, assegurados o valor real da indenização e os juros legais de seis por cento ao ano.*

§ 2º O valor real da indenização:

I – refletirá o valor da base de cálculo do IPTU, descontado o montante incorporado em função de obras realizadas pelo Poder Público na área onde o mesmo se localiza após a notificação de que trata o § 2º do art. 5º desta Lei;

II – não computará expectativas de ganhos, lucros cessantes e juros compensatórios.

§ 3º Os títulos de que trata este artigo não terão poder liberatório para pagamento de tributos.

§ 4º O Município procederá ao adequado aproveitamento do imóvel no prazo máximo de cinco anos, contado a partir da sua incorporação ao patrimônio público.

§ 5º O aproveitamento do imóvel poderá ser efetivado diretamente pelo Poder Público ou por meio de alienação ou concessão a terceiros, observando-se, nesses casos, o devido procedimento licitatório.

§ 6º Ficam mantidas para o adquirente de imóvel nos termos do § 5º as mesmas obrigações de parcelamento, edificação ou utilização previstas no art. 5º desta Lei.

II. Desapropriação Especial Rural:

Estabelece a Constituição Federal:

Art. 184. Compete à União desapropriar por interesse social, para fins de reforma agrária, o imóvel rural que não esteja cumprindo sua função social, mediante prévia e justa indenização em títulos da dívida agrária, com cláusula de preservação do valor real, resgatáveis no prazo de até vinte anos, a partir do segundo ano de sua emissão, e cuja utilização será definida em lei.

§ 1º – As benfeitorias úteis e necessárias serão indenizadas em dinheiro.

§ 2º – O decreto que declarar o imóvel como de interesse social, para fins de reforma agrária, autoriza a União a propor a ação de desapropriação.

§ 3º – Cabe à lei complementar estabelecer procedimento contraditório especial, de rito sumário, para o processo judicial de desapropriação.

§ 4º – O orçamento fixará anualmente o volume total de títulos da dívida agrária, assim como o montante de recursos para atender ao programa de reforma agrária no exercício.

§ 5º – São isentas de impostos federais, estaduais e municipais as operações de transferência de imóveis desapropriados para fins de reforma agrária.

Desapropria-se terreno rural, para fins de reforma agrária, que não esteja cumprindo a sua função social.

O conceito de **função social da propriedade rural** está disposto no art. 186 da CF, do qual se extraem os requisitos necessários ao seu cumprimento:

Art. 186. A FUNÇÃO SOCIAL é cumprida quando a propriedade rural atende, simultaneamente, segundo critérios e graus de exigência estabelecidos em lei, aos seguintes requisitos:

I – aproveitamento racional e adequado;

II – utilização adequada dos recursos naturais disponíveis e preservação do meio ambiente;

III – observância das disposições que regulam as relações de trabalho;

IV – exploração que favoreça o bem-estar dos proprietários e dos trabalhadores.

Nota-se, portanto, que a produtividade do terreno não é o único requisito a ser observado para análise da função social da propriedade rural. Ou seja, é possível a situação de um terreno rural ser produtivo, mas ser descumpridor de sua função social, em virtude do descumprimento de algum dos outros requisitos postos na Constituição Federal.

Importante observar, todavia, que a própria CF excepciona os imóveis que NÃO poderão sofrer a desapropriação para fins de reforma agrária (art. 185) e inclui os terrenos produtivos juntamente com a pequena e média propriedade rural – desde que o proprietário não possua outra.

A desapropriação, quando feita desta situação, é paga em títulos da dívida agrária, resgatáveis em até 20 anos a partir do segundo ano da sua emissão.

Importante! As benfeitorias úteis e necessárias serão pagas em dinheiro.

III – Desapropriação Confisco – Expropriação:

Dispõe o art. 243 da Constituição Federal:

"As propriedades rurais e urbanas de qualquer região do País onde forem localizadas culturas ilegais de plantas psicotrópicas ou a exploração de trabalho escravo na forma da lei serão expropriadas e destinadas à reforma agrária e a programas de habitação popular, sem qualquer indenização ao proprietário e sem prejuízo de outras sanções previstas em lei, observado, no que couber, o disposto no art. 5º. (Redação dada pela Emenda Constitucional nº 81, de 2014)

Parágrafo único. Todo e qualquer bem de valor econômico apreendido em decorrência do tráfico ilícito de entorpecentes e drogas afins e da exploração de trabalho escravo será confiscado e reverterá a fundo especial com destinação específica, na forma da lei." (Redação dada pela Emenda Constitucional nº 81, de 2014)

Esta desapropriação **NÃO É INDENIZÁVEL.** Por isso, parte da doutrina designa esta retirada da propriedade do particular de expropriação, diferenciando das desapropriações propriamente ditas que seriam sempre para mediante indenização.

A norma constitucional estabelece que serão expropriados os bens móveis utilizados para o tráfico de drogas e os bens imóveis utilizados para plantação de psicotrópicos, assim como aqueles utilizados para exploração de trabalho escravo, na forma da lei, determinando o seu destino (utilização para fins de reforma agrária ou programas de habitação popular), ou seja, vedando totalmente a incorporação destes bens ao patrimônio público.

Ressalte-se ainda que, caso haja a plantação de psicotrópicos, todo a propriedade será desapropriada, ainda que a plantação se restrinja a uma parcela da mesma.

5.1.1. Procedimento da Desapropriação:

A) **Competência para desapropriar:** divide-se em três – competência legislativa, declaratória e executória.

Competência para legislar: a produção normativa acerca da matéria é privativa da União Federal (art. 22, inciso II, CRFB). Lei complementar poderá autorizar os estados a legislar sobre questões específicas.

Competência declaratória: competência concorrente para declarar a utilidade ou necessidade pública e o interesse social de todos os entes federativos, de acordo com o interesse. Somente os entes políticos e não as entidades da administração indireta têm competência para declaração de utilidade pública ou de interesse social.

Exceções:

NAS DESAPROPRIAÇÕES COMUNS:	NAS DESAPROPRIAÇÕES ESPECIAIS:
DNIT (Departamento Nacional de Infraestrutura de Transportes – autarquia federal): pode promover declaração de utilidade pública visando à implantação do Sistema Nacional de Viação;	**Desapropriação urbana: a competência, neste caso, se restringe ao Município, não sendo possível que qualquer ente federativo declare o interesse social;**
ANEEL (Agência Nacional de Energia Elétrica – autarquia em regime especial da União): para fins de instalação de empresas concessionárias e permissionárias do serviço energia elétrica.	**Desapropriação rural e confisco: no mesmo sentido, somente à União compete efetivar estas espécies expropriatórias.**

Competência para executar: qualquer pessoa que integre a Administração Direta ou que atue por delegação. A atribuição para promover a desapropriação será de quem a declarou ou daquele a quem a competência executória foi delegada. Nestes termos, o art. 3º do DL 3365/41 atribui legitimidade de promover a desapropriação até mesmo a entidades privadas concessionárias de serviços públicos.

Ex. A União declara o interesse social de um terreno para fins de reforma agrária e a execução da desapropriação é feita pelo INCRA (Instituto Nacional da Colonização e Reforma Agrária) – autarquia federal.

5.1.2. Fases do Procedimento:

A) Fase Declaratória:

Por meio da Declaração de Utilidade Pública, o Poder Público manifesta o seu interesse na futura desapropriação.

A declaração pode ser feita de duas formas, por meio de Decreto (Decreto expropriatório) ou por lei de efeitos concretos. Ou seja, pode ser feita tanto por ato do Poder Legislativo como pelo chefe do Poder Executivo dos entes federados.

Quando o Estado declara a utilidade ou interesse público, o bem continua nas mãos do particular, entretanto o Poder Público poderá ingressar no bem para fazer avaliações, medições, ficando sujeito à força expropriatória do Estado.

Com a Declaração Expropriatória, ocorrerá também a fixação do estado do bem. Isso significa que o Poder Público fixa o estado em que o bem se encontra no momento da declaração e, por isso, qualquer melhoria ou construção realizada no bem após a declaração não será abarcada pela indenização. A lei ressalva as benfeitorias necessárias e úteis; estas últimas, somente se forem autorizadas pelo Estado. Não serão indenizáveis as benfeitorias voluptuárias feitas após a declaração, bem como as benfeitorias úteis não autorizadas.

Nesse sentido, a doutrina e jurisprudência vêm reiterando que construções feitas após a declaração de interesse público não serão indenizadas pelo ente expropriante. Veja-se o que dispõe a Súmula da jurisprudência dominante do STF:

Súmula 23: *VERIFICADOS OS PRESSUPOSTOS LEGAIS PARA O LICENCIAMENTO DA OBRA, NÃO O IMPEDE A DECLARAÇÃO DE UTILIDADE PÚBLICA PARA DESAPROPRIAÇÃO DO IMÓVEL, MAS O VALOR DA OBRA NÃO SE INCLUIRÁ NA INDENIZAÇÃO, QUANDO A DESAPROPRIAÇÃO FOR EFETIVADA.*

Ressalte-se, entretanto, que o cidadão não pode ficar, por prazo indeterminado, sujeito à força expropriatória do Estado, pelo que a legislação prevê um prazo de Caducidade do ato declaratório. Ultrapassado o referido prazo, ocorre a perda dos efeitos do ato declaratório em razão do decurso do tempo sem que seja efetivada a desapropriação. A caducidade é contada a partir da data da expedição de decreto (art.

10 do DL 3.365/41). Tal prazo varia de acordo com a natureza da declaração expropriatória:

- desapropriação por necessidade ou utilidade pública: prazo de **5 anos**.
- desapropriação por interesse social (incluídas neste prazo as desapropriações urbana e rural, que também ocorrem por interesse social): **2 anos**.

Decorrido este prazo, a desapropriação não poderá ser executada. No entanto, o Estado poderá realizar nova declaração, em havendo utilidade pública ou interesse social, decorrido o prazo de 1 ano (prazo de carência).

B) Fase executória:

Declarado o interesse na desapropriação, o Estado deverá adotar as providências necessárias à sua efetivação, com a transferência do bem após pagamento do valor justo. Em suma, executar é pagar o valor da indenização para entrar no bem.

A execução pode ser feita na via administrativa, mediante acordo entre o Poder Público e o proprietário quanto ao valor da indenização. Ou seja, havendo aceitação pelo particular do valor ofertado pelo Estado a título de indenização, a desapropriação é efetivada administrativamente.

A execução, na via judicial, se dá por meio da **Ação de Desapropriação**, que será proposta pelo Poder Público, sempre que não houver acordo em relação ao *quantum* indenizatório, ou se o ente expropriante não souber quem ostenta a qualidade de proprietário do bem (quando se fará a citação por edital).

A ação segue rito especial no qual a matéria de contestação é restrita. No mérito, apenas pode-se discutir o valor indenizatório (art. 20 do DL 3.365). Vícios processuais também poderão ser analisados como matéria de defesa. Dessa forma, não se admite nenhuma outra matéria de defesa, no bojo da ação de desapropriação, além das estipuladas em lei, seja a alegação de nulidade ou vício formal do ato de desapropriação.

Ocorrendo vício de legalidade no ato de desapropriação, o judiciário poderá analisar, porém não no bojo da Ação de Desapropriação, mas sim em uma ação autônoma. Em outros termos, qualquer discussão de mérito que não diga respeito ao valor da indenização será realizada por meio de **ação direta**.

Como na Ação de Desapropriação, a matéria discutida se restringe ao valor da indenização. Se o resultado da ação for favorável ao particular, ter-lhe-á sido estipulado um valor indenizatório superior àquele ofertado pelo Estado.

Em virtude dessa situação, a lei permite que o ente expropriante tenha a posse provisória do bem antes de finalizada a Ação de Desapropriação. Para tanto, o Estado precisa alegar a urgência da imissão e, posteriormente, deve depositar o valor que julgar justo. De fato, são requisitos para a imissão provisória na posse:

- Declaração de urgência por parte do expropriante.
- Depósito do valor incontroverso da indenização, em juízo.

Ressalte-se que, declarada a urgência, o Estado terá o prazo de 120 dias para requerer ao juízo a imissão provisória, fazendo o depósito do valor incontroverso em juízo, sob pena de decair a declaração de urgência. Esta declaração de urgência, se perdido o prazo, não pode ser renovada, por sua própria natureza.

O proprietário do bem tem direito de levantar parte do valor depositado pelo Estado, equivalente a até 80% do depósito (arts. 33 e 34 do Decreto-lei). O valor restante garantirá o juízo e poderá ser levantado somente com a sentença.

> Obs. 1: O Superior Tribunal de Justiça já decidiu no sentido de que a sentença pode estabelecer indenização em valor inferior ao depósito prévio realizado pelo Estado.
>
> Obs. 2: Caso o expropriado levante a integralidade do depósito (ao invés de levantar somente 80%), presume-se que o valor depositado foi aceito e o juiz homologará o acordo, por sentença.

Sentença: estabelecerá a indenização devida ao expropriado. O valor acrescido na sentença, em relação ao anteriormente depositado, decorre de decisão judicial e, como tal, será pago por meio de precatório (art. 100, CF).

Sobre o valor incidirá: correção monetária, juros compensatórios, juros moratórios e honorários advocatícios.

Ex. Ação de Desapropriação – Estado deposita R$100.000,00. Particular pode levantar R$80.000,00. A sentença entende que justo seria o valor de R$200.000,00. – Com a prolação da sentença o particular, que já havia levantado R$ 80.000,00, pode levantar o R$ 20.000,00 restantes. – Os R$100.000,00 acrescidos serão pagos por meio de precatório, por se tratar de decisão judicial.

- **CORREÇÃO MONETÁRIA:** atualização da moeda. A correção incidirá sobre o valor que não foi levantado pelo particular, a partir do trânsito em julgado da sentença, sendo que o Art. 100, § 12º da CRFB, determina que na correção seja utilizado o índice oficial de remuneração básica utilizado para a caderneta de poupança. Ocorre que o Supremo Tribunal Federal, em 2013, declarou a inconstitucionalidade deste dispositivo, uma vez que a taxa não corresponde à real desatualização da moeda. Sendo assim, atualmente, a jurisprudência determina que a correção seja feita com base em índices oficiais de inflação do período.

(no exemplo, incidirá correção monetária, nos índices estipulados, sobre R$100.000,00)

- **JUROS COMPENSATÓRIOS:** compensam o fato de o particular ter perdido o bem antes de receber a indenização. Os juros compensatórios começam a incidir a partir do momento em que o particular perde a posse do bem, *in casu*, a partir da data de imissão provisória na posse efetivada pelo ente estatal. O percentual de juros é de 6% ao ano, conforme entendimento do Supremo Tribunal Federal. Isso, porque, a Súmula 618 do Supremo Tribunal Federal dispõe que "Na desapropriação, direta ou indireta, a taxa dos juros compensatórios é de 12% (doze por cento) ao ano". Todavia o STF em decisão proferida em 2018 na ADI 2332, determinou a inaplicabilidade dessa súmula.

(No exemplo, quando da imissão na posse, o particular perdeu o bem levantando somente R$ 80.000,00 e, posteriormente, o juiz determinou que seria justo o pagamento de R$ 200.000,00 a título de indenização. Dessa forma, os juros compensatórios incidirão sobre R$120.000,00, desde a imissão provisória na posse).

- **JUROS DE MORA:** são devidos pela demora no pagamento por parte do Estado. Começam a incidir a partir de 1º de janeiro do ano seguinte àquele em que o precatório deveria ter sido pago, não incidindo durante o prazo constitucional para pagamento de precatórios. Este é o entendimento estampado na Súmula vinculante nº 17 do Supremo Tribunal Federal e no art. 15-B do Decreto-lei 3.365/41. Os juros de mora incidem no percentual de 6% ao ano, de acordo com a jurisprudência e incidem sobre aquele valor que o proprietário do bem não levanta automaticamente, com a decisão final do processo.

(No exemplo, R$100.000,00)

HONORÁRIOS: incidirão sobre o valor fixado na sentença menos o valor depositado, que é efetivamente, o valor da sucumbência.

Súmula 617/STF: a base de cálculo dos honorários de advogado em desapropriação é a diferença entre a oferta e a indenização, corrigidas ambas monetariamente.

O valor dos honorários pode variar entre 0,5% e 5% do valor da sucumbência.

Frise-se que não há limita de valor estipulado como teto de horários na ação de desapropriação. Isso porque a eficácia do §1º do art. 27, que estabelecia o valor de R$ 151.000,00 como teto para pagamento de honorários, foi suspensa por meio de liminar em ADIn).

5.1.3. Desapropriação indireta

A desapropriação indireta ocorre quando o Estado invade o bem sem respeitar os critérios de desapropriação. Configura verdadeiro esbulho ao direito de propriedade do particular perpetrado pelo ente público.

Nesses casos, dada a destinação pública ao bem, o proprietário não pode mais reverter a situação, buscando o bem para si, restando pleitear o pagamento de justa indenização através da **Ação de Indenização por Desapropriação Indireta**. Nesses casos, o proprietário requer ao juízo que reconheça a desapropriação e defina um valor indenizatório justo.

É comum acontecer quando o Estado disfarça a desapropriação sob a alegação de estar incidindo intervenções restritivas no bem. Isso porque, se a intervenção restritiva impede o uso do bem pelo particular, ela configura verdadeira desapropriação.

Ex.: desapropriação disfarçada de tombamento ou de servidão administrativa.

A indenização fixada pelo juiz será paga por meio de precatório. Os juros compensatórios vão começar a correr a partir do esbulho e incidirá sobre todo o valor do bem, haja vista o não pagamento de qualquer indenização prévia.

Prazo de prescrição: a súmula 119/STJ fixava o prazo de 20 anos. Ocorre que esta súmula é contemporânea ao Código Civil de 1916, quando era de 20 anos o prazo de usucapião extraordinária. Hoje não se aplica esta súmula, em sua literalidade, mas o raciocínio aplicado a ela continua vigendo. Logo, é de 10 anos o prazo de prescrição da ação de desapropriação indireta, uma vez que este é o prazo para usucapião ordinária do Código Civil atual. Este é o entendimento mais recente do Superior Tribunal de Justiça.

5.1.4. Direito de extensão

Existe a possibilidade de a desapropriação recair sobre parte de um bem. Ocorre que, nos casos em que o Estado desapropria um bem deixando apenas uma área remanescente inaproveitável isoladamente, surge ao proprietário o direito de extensão. Nessas situações o poder público deverá desapropriar o bem inteiro e indenizará tudo.

Há entendimento doutrinário de que, em se tratando de imóveis rurais, é considerado inaproveitável qualquer terreno menor que um "módulo fiscal".

Esse requerimento não precisará ser feito pelo particular por meio de ação ordinária, podendo ser discutido no bojo da ação de desapropriação.

5.1.5. Desapropriação por zona

Efetiva-se em razão da realização de uma obra:

Decreto-lei 3.365: *Art. 4º A desapropriação poderá abranger a área contígua necessária ao desenvolvimento da obra a que se destina, e as zonas que se valorizarem extraordinariamente, em consequência da realização do serviço. Em qualquer caso, a declaração de utilidade pública deverá compreendê-las, mencionando-se quais as indispensáveis à continuação da obra e as que se destinam à revenda.*

Ou seja, a desapropriação ocorre em terreno além do necessário para a realização da obra, sendo que a lei exige que o decreto expressamente disponha sobre sua razão, discriminando, inclusive, que parcela da desapropriação é feita para a obra e qual a parcela do terreno em que a desapropriação ocorre por zona.

Pode acontecer:

A) para posterior extensão da obra.

B) se o Estado entender que haverá uma supervalorização dos terrenos vizinhos.

Críticas: a segunda hipótese (letra B) nada mais é que especulação imobiliária. O CF criou o tributo Contribuição de Melhoria justamente para abarcar esses casos, de onde se depreende que o ordenamento jurídico não autoriza a indenização do Estado por outros meios além daquele estabelecido. Dessa forma, o decreto lei 3365/41 não teria sido recepcionado, neste ponto, pela Constituição Federal de 1988 e a desapropriação por zona, somente será possível, a partir dele, nos casos de necessidade de posterior extensão da obra.

Para fins de prova objetiva, o Supremo Tribunal Federal admite a desapropriação por zona, nas duas modalidades trazidas pela legislação.

5.1.6. Tredestinação e Retrocessão

Desapropriado um bem com determinado fim, esse ato de desapropriação é um ato administrativo como outro qualquer. Todo ato tem uma finalidade genérica (interesse público) e uma finalidade específica. A finalidade específica é o fim para o qual houve a desapropriação.

Por exemplo: desapropriação para construção de uma escola tem como finalidade genérica o interesse público e, como finalidade específica, a construção da escola.

Alterada a destinação do bem, ocorre o desvio de finalidade que, no ato de desapropriação, recebe o nome de **tredestinação**. Entretanto, se houver uma mudança de destinação específica, somente, mantendo-se a finalidade genérica, a tredestinação será lícita. No exemplo, anterior, ao invés de construir uma escola, o Poder Público, justificadamente, resolve efetivar a construção de um hospital no terreno construído.

Tredestinação ilícita ou adestinação: ocorre quando o Estado não dá destino algum ao bem, gerando o direito à retrocessão ao proprietário. A discussão doutrinária ao vigente é acerca da natureza da retrocessão. Isso porque parte da doutrina entende que o proprietário tem direito a reaver o bem, mesmo que alienado a terceiros (dando, ao instituto, caráter de direito real), enquanto o remanescente entende que a situação se resolveria em perdas e danos (direito pessoal).

Há ainda posicionamento como o da eminente Maria Sylvia di Pietro que defende se tratar de direito real ou pessoal (natureza mista da retrocessão), dependendo da preferência do particular em reaver o bem ou em requerer perdas e danos.

Apesar de a doutrina majoritária se posicionar no sentido de se tratar de direito real, em prova objetiva, deve-se seguir a letra da lei, isso porque, o Código Civil inseriu o direito de retrocessão no capítulo que trata dos direitos pessoais, conforme abaixo transcrito:

> Art. 519. Se a coisa expropriada para fins de necessidade ou utilidade pública, ou por interesse social, não tiver o destino para que se desapropriou, ou não for utilizada em obras ou serviços públicos, caberá ao expropriado direito de preferência, pelo preço atual da coisa.

Dessa forma, prevalece, para provas de delegado de polícia, a natureza pessoal do direito de retrocessão.

5.2. INTERVENÇÕES RESTRITIVAS NA PROPRIEDADE

5.2.1. Limitação administrativa

Restrição de caráter geral, esta imposição não atinge um bem especificamente; atinge todos os proprietários que estiverem na situação descrita na norma.

José dos Santos Carvalho Filho leciona que *limitações administrativas são determinações de caráter geral, através das quais o Poder Público impõe a proprietários indeterminados obrigações positivas, negativas ou permissivas, para o fim de condicionar as propriedades ao atendimento da função social.*

Por ter caráter normativo e geral, as limitações administrativas, a princípio, não geram danos específicos; logo, não geram dever de indenização do proprietário do bem. Porém, nada obsta que, excepcionalmente, uma determinada pessoa seja indenizada caso sofra prejuízo diferenciado em relação aos demais atingidos.

Também, em virtude de seu caráter de generalidade, normalmente, a limitação administrativa produz efeitos *ex nunc*, não retroagindo para atingir pessoas e propriedades que respeitavam a situação anterior.

Em 2001, com a edição do Estatuto da Cidade (Lei 10.257/2001), criou-se o Direito de Preempção, que, nada mais é, senão uma espécie de limitação administrativa. Estipula a norma legal que determinadas áreas do município podem ser atingidas pelo direito de preferência (preempção). Nesta situação, todos os proprietários de bens localizados nesta área, ao alienarem seus terrenos, deverão oferecer primeiramente ao Poder Público.

> Obs.: deve-se ter cuidado para não confundir com o direito de preempção do direito civil, que é contratual. Lá se estabelece o direito de preferência por meio de contrato. No âmbito administrativo, a preempção é estabelecida por ato administrativo geral, unilateral do ente público, que será beneficiado pela restrição.

Caso o direito de preempção não seja respeitado, aquela alienação será nula e o Poder Público, nos termos da lei, poderá adquirir o bem pelo valor da transação ou pelo valor venal do bem, o que for mais baixo.

O poder público terá o prazo de 30 dias para dizer se tem ou não interesse no bem, nos termos da proposta formulada pelo particular. Após este prazo, o particular poderá vendê-lo, nos mesmos termos da proposta apresentada ao Estado, a qualquer pessoa interessada. Caso queira alterar a proposta, primeiramente, deverá fazer uma nova proposta ao Poder Público, sob pena de violar o direito de preempção.

5.2.2. Servidão administrativa

Assim como a servidão do direito civil, a servidão administrativa ostenta a qualidade de direito real (de natureza pública). A servidão pública recairá sempre sobre bens imóveis determinados e, necessariamente, deve ser registrada, no Cartório de Registro de Imóveis, para que produza efeitos *erga omnes*.

Assim como no direito civil, há um prédio serviente. Sendo que, na servidão administrativa, o interesse público é dominante. Em suma, é a utilização de um bem privado para a prestação de um determinado serviço público.

Imóvel serviente – Serviço público dominante

Se houver a possibilidade de dano, exige-se indenização prévia. Não se paga pela servidão (não é locação de bens); paga-se pelo dano causado ao bem imóvel serviente.

A servidão tem caráter perpétuo (permanente). Isso porque a servidão não decorre de uma situação temporária ou provisória, mas sim de uma necessidade administrativa por prazo indeterminado.

> Atenção! Ser permanente não significa dizer que não possa ser desfeita a qualquer tempo. Com efeito, extingue-se a servidão não havendo mais interesse público, pelo desaparecimento do bem ou pela aquisição do bem pelo Poder Público (quando ocorre a consolidação da propriedade nas mãos do Estado).

Ressalte-se que a servidão é intervenção restritiva, não podendo impedir a utilização do bem pelo particular, situação na qual ocorre uma servidão que disfarça a desapropriação, ou seja, uma desapropriação indireta. Se a restrição impede o uso do bem pelo particular, ocorrerá uma intervenção supressiva (desapropriação) e não restritiva.

A servidão NÃO é ato administrativo autoexecutável, só podendo ser instituída mediante acordo formal, decisão judicial ou por meio de lei.

> Importante! De acordo com o direito civil, a propriedade tem caráter absoluto e exclusivo.

O caráter absoluto se apresenta no fato de que o proprietário de um bem utiliza este bem como melhor lhe aprouver. Já o caráter exclusivo encontra repouso na ideia de que o bem é utilizado pelo seu proprietário, exclusivamente, sem a intervenção de terceiros.

A doutrina costuma dizer que as intervenções restritivas vão atingir ou o caráter absoluto ou exclusivo do bem:

Limitação administrativa: atinge o caráter absoluto da propriedade. Restringe a forma como o particular utiliza o bem, sem, contudo, dividir sua utilização com terceiros.

Servidão afeta o caráter exclusivo da propriedade: o particular utilizará o bem concomitantemente ao Estado, quebrando a exclusividade na utilização, mantendo-se, entretanto, o caráter absoluto, porque o particular continua dando a utilização ao bem que considera devida.

A servidão administrativa tem previsão legal no Decreto-lei 3365/41 que dispõe, *in litteris:*

Art. 40. O expropriante poderá constituir servidões, mediante indenização na forma desta lei.

5.2.3. Tombamento

Intervenção do Estado na propriedade como forma de proteção do patrimônio histórico, artístico e cultural. O tombamento é instrumento de proteção ao meio ambiente, no que tange à conservação dos aspectos da história, arte e cultura de um povo.

Todos os entes federativos podem tombar e o mesmo bem pode sofrer mais de um tombamento, simultaneamente.

Bem de interesse local: município

Bem de interesse regional: estado

Bem de interesse nacional: União

Pode recair sobre bens móveis ou imóveis, desde que sejam bens corpóreos. Para bens incorpóreos, o instituto de proteção não é o tombamento, mas sim o registro que estabelece uma proteção diferenciada destes bens imateriais.

> Atenção! Em direito administrativo, a questão é controversa, porque alguns doutrinadores consideram tudo como tombamento. O CESPE já considerou como correta questão que abrangia bens imateriais dentre aqueles que podem ser tombados.

O tombamento, para produção de efeitos, depende de registro no livro do Tombo. Se recair sobre bem imóvel, sofrerá duplo registro, pois além do registro no livro do Tombo, deverá ser procedido o registro na matrícula do bem, no cartório de registro de imóveis.

O tombamento é intervenção permanente, não tendo caráter temporário. A figura do **Tombamento provisório**, existente no ordenamento jurídico brasileiro, nada mais é senão uma medida assecuratória (medida cautelar administrativA) para garantir o resultado prático do processo de tombamento. Com efeito, no bojo do processo de tombamento, se a administração entender que o proprietário pode alterar ou destruir o bem antes do tombamento definitivo, pode determinar o tombamento provisório para assegurar o resultado prático do processo.

O tombamento de um bem gera algumas obrigações de fazer, de não fazer e de tolerar que devem ser suportadas pelo proprietário do bem tombado. Obrigações decorrentes do tombamento:

A) Fazer:

- Preferência: caso o particular queira alienar o bem tombado, deverá, primeiramente, oferecer, em preferência, ao Poder Público. Esse direito de preferência foi extinto pelo art. 1.072, I, do Código de Processo Civil, que revoga expressamente o art. 22 do Decreto-lei 25/37. **Desse modo, não há mais direito de preferência para alienações extrajudiciais de bens tombados.**

O bem público tombado é inalienável, porque ostenta a qualidade de bem de uso especial (visando à proteção do meio ambiente histórico, artístico e cultural).

- Conservação: conservar o bem da forma como se encontra é dever do particular. É responsabilidade dele a realização de todas as benfeitorias necessárias à conservação deste bem. Se não tiver condições financeiras de realizar a conservação, deverá informar ao poder público. Neste caso, passa a ser dever de informar a necessidade de conservação.

B) Não fazer:

- não é possível tirar o bem do país, salvo, por curto período de tempo e com autorização do Poder Público.
- não pode modificar (proceder alterações no bem) e nem destruir o bem tombado. Qualquer reforma depende de autorização do Estado.

C) Tolerar:

- o proprietário do bem tem que tolerar a fiscalização pelo Poder Público.

Como regra, o tombamento restringe o caráter absoluto da propriedade, não deixa que se faça com o bem o que o proprietário bem entender, devendo adequar sua utilização às normas de manutenção do interesse público.

O tombamento pode ser desfeito, desaparecendo o bem ou por razões de interesse público superveniente.

A doutrina já pacificou o entendimento de que o tombamento pode ser total ou parcial. De fato, é possível que o tombamento recaia sobre parte do bem, como, por exemplo, o tombamento da fachada de determinado casarão.

O tombamento gera, automaticamente, uma servidão administrativa aos vizinhos do bem tombado (forma de servidão instituída por lei). Isso porque, o vizinho não pode impedir a visualização e nem o acesso ao bem tombado. Neste caso, por decorrer da lei, sendo a lei geral, o registro da servidão é dispensável.

Apesar de se entender que não se trata de servidão, mas de verdadeira limitação administrativa, de caráter geral, em provas objetivas de concurso, deve ser considerada como servidão instituída mediante lei.

5.2.4. Requisição Administrativa

Dispõe o texto constitucional, *in litteris:*

Art. 5º, CF: *XXV - no caso de **iminente perigo público**, a autoridade competente poderá usar de propriedade particular, assegurada ao proprietário indenização ulterior, se houver dano;*

O entendimento da doutrina e jurisprudência acerca da requisição administrativa vem tendo um caráter amplo, admitindo-se, inclusive a requisição de serviços, além de bens móveis e imóveis.

Bens consumíveis podem ser requisitados ou isso seria uma desapropriação?

É cediço que bens consumíveis são aqueles que perdem sua utilidade após o primeiro uso. Portanto, a princípio, poderia parecer que a requisição configuraria uma verdadeira desapropriação, ante a impossibilidade de devolução do bem ao proprietário. Ocorre que, se o bem for fungível – ou seja, puder ser substituído por outro da mesma qualidade – pode ser requisitado. Se infungível, então será o caso de desapropriação.

Ex. 1: vestuário particular é infungível, pois as roupas de seu guarda-roupa estão personalizadas e não podem ser substituídas – desapropriação.

Ex. 2: Vestuário requisitado no comercio é fungível – requisição.

5.2.5. Ocupação Temporária

Esta modalidade nasceu com o decreto lei 3365/41, que dizia que o Estado poderia temporariamente utilizar bens privados vizinhos às obras públicas como meio de apoio, para alocação do maquinário e assentamento dos funcionários da obra.

Hoje, além dessa hipótese, entende-se que toda vez que o Estado precisar de um bem de forma temporária para utilização no interesse coletivo, será hipótese de ocupação temporária. Na situação, não há iminente perigo, senão configuraria requisição.

Ex.: escola particular utilizada no dia da eleição, ocupação temporária de bens da contratada, em contratos de concessão de serviços públicos para manter a continuidade do serviço.

Se houver dano, ocorrerá indenização.

Obs.: Alguns doutrinadores estabelecem o gênero ocupação provisória para falar de requisição e ocupação temporária. Nesse sentido, ocupação provisória seria gênero, dividido em duas espécies: requisição administrativa (situações em que há perigo iminente) e ocupação temporária (sem a ocorrência da situação de perigo)

5.3. SÚMULAS DE JURISPRUDÊNCIA

5.3.1. Súmulas Vinculantes

SÚMULA VINCULANTE N. 17. DURANTE O PERÍODO PREVISTO NO PARÁGRAFO 1º DO ARTIGO 100 DA CONSTITUIÇÃO, NÃO INCIDEM JUROS DE MORA SOBRE OS PRECATÓRIOS QUE NELE SEJAM PAGOS.

5.3.2. Supremo Tribunal Federal

SÚMULA N. 23. VERIFICADOS OS PRESSUPOSTOS LEGAIS PARA O LICENCIAMENTO DA OBRA, NÃO O IMPEDE A DECLARAÇÃO DE UTILIDADE PÚBLICA PARA DESAPROPRIAÇÃO DO IMÓVEL, MAS O VALOR DA OBRA NÃO SE INCLUIRÁ NA INDENIZAÇÃO, QUANDO A DESAPROPRIAÇÃO FOR EFETIVADA.

SÚMULA N. 157. É NECESSÁRIA PRÉVIA AUTORIZAÇÃO DO PRESIDENTE DA REPÚBLICA PARA DESAPROPRIAÇÃO, PELOS ESTADOS, DE EMPRESA DE ENERGIA ELÉTRICA.

SÚMULA N. 164. NO PROCESSO DE DESAPROPRIAÇÃO, SÃO DEVIDOS JUROS COMPENSATÓRIOS DESDE A ANTECIPADA IMISSÃO DE POSSE, ORDENADA PELO JUIZ, POR MOTIVO DE URGÊNCIA.

SÚMULA N. 218. É COMPETENTE O JUÍZO DA FAZENDA NACIONAL DA CAPITAL DO ESTADO, E NÃO O DA SITUAÇÃO DA COISA, PARA A DESAPROPRIAÇÃO PROMOVIDA POR EMPRESA DE ENERGIA ELÉTRICA, SE A UNIÃO FEDERAL INTERVÉM COMO ASSISTENTE.

SÚMULA N. 345. NA CHAMADA DESAPROPRIAÇÃO INDIRETA, OS JUROS COMPENSATÓRIOS SÃO DEVIDOS A PARTIR DA PERÍCIA, DESDE QUE TENHA ATRIBUÍDO VALOR ATUAL AO IMÓVEL.

SÚMULA N. 378. NA INDENIZAÇÃO POR DESAPROPRIAÇÃO, INCLUEM-SE HONORÁRIOS DO ADVOGADO DO EXPROPRIADO.

SÚMULA N. 416. PELA DEMORA NO PAGAMENTO DO PREÇO DA DESAPROPRIAÇÃO NÃO CABE INDENIZAÇÃO COMPLEMENTAR ALÉM DOS JUROS.

SÚMULA N. 476. DESAPROPRIADAS AS AÇÕES DE UMA SOCIEDADE, O PODER DESAPROPRIANTE, IMITIDO NA POSSE, PODE EXERCER, DESDE LOGO, TODOS OS DIREITOS INERENTES AOS RESPECTIVOS TÍTULOS.

SÚMULA N. 561. EM DESAPROPRIAÇÃO, É DEVIDA A CORREÇÃO MONETÁRIA ATÉ A DATA DO EFETIVO PAGAMENTO DA INDENIZAÇÃO, DEVENDO PROCEDER-SE À ATUALIZAÇÃO DO CÁLCULO, AINDA QUE POR MAIS DE UMA VEZ.

SÚMULA N. 617. A BASE DE CÁLCULO DOS HONORÁRIOS DE ADVOGADO EM DESAPROPRIAÇÃO É A DIFERENÇA ENTRE A OFERTA E A INDENIZAÇÃO, CORRIGIDAS AMBAS MONETARIAMENTE.

SÚMULA N. 652. NÃO CONTRARIA A CONSTITUIÇÃO O ART. 15, § 1º, DO DECRETO-LEI 3365/1941 (LEI DA DESAPROPRIAÇÃO POR UTILIDADE PÚBLICA).

5.3.3. Superior Tribunal de Justiça

SÚMULA 12 – EM DESAPROPRIAÇÃO, SÃO CUMULÁVEIS JUROS COMPENSATÓRIOS E MORATÓRIOS.

SÚMULA 56. NA DESAPROPRIAÇÃO PARA INSTITUIR SERVIDÃO ADMINISTRATIVA, SÃO DEVIDOS OS JUROS COMPENSATÓRIOS PELA LIMITAÇÃO DE USO DA PROPRIEDADE.

SÚMULA 67. NA DESAPROPRIAÇÃO, CABE A ATUALIZAÇÃO MONETÁRIA, AINDA QUE POR MAIS DE UMA VEZ, INDEPENDENTE DO DECURSO DE PRAZO SUPERIOR A UM ANO ENTRE O CÁLCULO E O EFETIVO PAGAMENTO DA INDENIZAÇÃO.

SÚMULA 69. NA DESAPROPRIAÇÃO DIRETA, OS JUROS COMPENSATÓRIOS SÃO DEVIDOS DESDE A ANTECIPADA IMISSÃO NA POSSE E, NA DESAPROPRIAÇÃO INDIRETA, A PARTIR DA EFETIVA OCUPAÇÃO DO IMÓVEL.

SÚMULA 70. OS JUROS MORATÓRIOS, NA DESAPROPRIAÇÃO DIRETA OU INDIRETA, CONTAM-SE DESDE O TRÂNSITO EM JULGADO DA SENTENÇA.

SÚMULA 102. A INCIDÊNCIA DOS JUROS MORATÓRIOS SOBRE OS COMPENSATÓRIOS, NAS AÇÕES EXPROPRIATÓRIAS, NÃO CONSTITUI ANATOCISMO VEDADO EM LEI.

SÚMULA 113. OS JUROS COMPENSATÓRIOS, NA DESAPROPRIAÇÃO DIRETA, INCIDEM A PARTIR DA IMISSÃO NA POSSE, CALCULADOS SOBRE O VALOR DA INDENIZAÇÃO, CORRIGIDO MONETARIAMENTE.

SÚMULA 114. OS JUROS COMPENSATÓRIOS, NA DESAPROPRIAÇÃO INDIRETA, INCIDEM A PARTIR DA OCUPAÇÃO, CALCULADOS SOBRE O VALOR DA INDENIZAÇÃO, CORRIGIDO MONETARIAMENTE.

SÚMULA 119. A AÇÃO DE DESAPROPRIAÇÃO INDIRETA PRESCREVE EM VINTE ANOS.

SÚMULA 131. NAS AÇÕES DE DESAPROPRIAÇÃO, INCLUEM-SE NO CÁLCULO DA VERBA ADVOCATÍCIA AS PARCELAS RELATIVAS AOS JUROS COMPENSATÓRIOS E MORATÓRIOS, DEVIDAMENTE CORRIGIDAS.

SÚMULA 141. OS HONORÁRIOS DE ADVOGADO EM DESAPROPRIAÇÃO DIRETA SÃO CALCULADOS SOBRE A DIFERENÇA ENTRE A INDENIZAÇÃO E A OFERTA, CORRIGIDAS MONETARIAMENTE.

6

LICITAÇÕES

Inicialmente, cumpre estabelecer que compete à União legislar sobre normas gerais de licitações e contratos administrativos. Com efeito, dispõe o art. 22 da Constituição Federal:

Art. 22. Compete privativamente à União legislar sobre:

XXVII – normas gerais de licitação e contratação, em todas as modalidades, para as administrações públicas diretas, autárquicas e fundacionais da União, Estados, Distrito Federal e Municípios, obedecido o disposto no art. 37, XXI, e para as empresas públicas e sociedades de economia mista, nos termos do art. 173, § 1º, III; (Redação dada pela Emenda Constitucional nº 19, de 1998)

No âmbito federal, existem, atualmente, duas leis gerais de licitações: Leis 8.666/93 e 10.520/02 (lei do pregão).

Conceito: A licitação é um procedimento administrativo prévio a todos os contratos da administração. A princípio, toda vez que a administração precisar contratar, ela irá licitar. As exceções ficam a cargo das hipóteses de dispensa e inexigibilidade, que serão tratadas em tópico específico.

Finalidades: as licitações têm como finalidade a busca pela proposta mais vantajosa ao poder público, bem como garantir a isonomia das contratações públicas. Dessa forma, qualquer pessoa que tenha interesse e cumpra os requisitos de lei, pode contratar com o poder público, desde que seja vencedor do certame.

Cumpre ressaltar que a Lei 12.349/10 acrescentou uma terceira finalidade à licitação: a busca pelo desenvolvimento nacional. Vejamos a leitura do artigo 3º da Lei 8666/93 após a alteração mencionada:

Art. 3º A licitação destina-se a garantir a observância do princípio constitucional da isonomia, a seleção da proposta mais vantajosa para a administração e a promoção do desenvolvimento nacional sustentável e será processada e julgada em estrita conformidade com os princípios básicos da legalidade, da impessoalidade, da moralidade, da igualdade, da publicidade, da probidade administrativa, da vinculação ao instrumento convocatório, do julgamento objetivo e dos que lhes são correlatos. (Redação dada pela Lei n. 12.349, de 2010)

6.1. PRINCÍPIOS:

Princípio da Vinculação ao Instrumento Convocatório: como regra, o instrumento convocatório é o edital, não obstante o convite não tenha edital.

Esse instrumento define todas as regras da licitação, estipulando todas as normas que deverão ser observadas pelos licitantes e pela própria administração pública.

O eminente jurista Helly Lopes Meirelles já dispunha que: "O edital é a lei da licitação".

Tal assertiva é verdadeira, mas deve ser interpretada com muita cautela. Isso porque o edital não é lei efetivamente. Em verdade, o edital é ato administrativo, submisso à lei, devendo estar formulado de acordo com as disposições legais.

Conforme exposto, o edital vincula os licitantes e a própria Administração Pública. Estabelece todas as normas, inclusive o critério de julgamento para a escolha do vencedor. A administração não pode escolher com quem quer contratar; deve decidir de acordo com o estabelecido no edital. O licitante não pode ser surpreendido ao longo do edital. Inclusive, a regra do **julgamento objetivo** também é tratada como princípio pela lei de licitações.

Princípio do Sigilo das Propostas: Não é contraditório ao princípio da publicidade. A licitação é pública, mas as propostas são sigilosas até a data da abertura de todas as propostas apresentadas, em conjunto. Até esta data, um licitante não pode saber da proposta do outro, como forma de garantia da isonomia.

Princípio do Procedimento Legal: A licitação se desenrola por meio de um procedimento definido em lei, que varia de acordo com cada modalidade licitatória. Ressalte-se que a lei veda expressamente que sejam combinadas as modalidades existentes, ou seja, não é possível mesclar os procedimentos na licitação.

Ademais, todos os princípios relacionados ao direito administrativo se aplicam ao procedimento licitatório, tais como os princípios da impessoalidade, moralidade, eficiência, publicidade, legalidade, contraditório e ampla defesa. Estes princípios já foram estudados mais atentamente no capítulo referente a eles.

6.2. TIPOS DE LICITAÇÃO

Quatro critérios podem ser estabelecidos no edital como forma de escolha do vencedor. São os chamados tipos de licitação (cuidado para não confundir com modalidade licitatória):

A) menor preço,

B) melhor técnica,

C) técnica e preço,

D) maior lance.

Ex.: Licitação para comprar carro 1.0 com ar condicionado.

Modalidade: tomada de preço. Critério: menor preço.

1º - Fiesta 1.0, com ar condicionado, 30 mil.

2º - Corsa 1.0, sem ar condicionado, 23 mil — desclassificado.

3º - Pálio 1.0, com ar condicionado, vidro elétrico, direção hidráulica, 30 mil — não pode ser escolhido por ser mais vantajoso, porque os critérios que definem o que é mais vantajoso devem estar especificados no edital.

Neste caso, houve empate na licitação. Isso porque, os critérios objetivos definidos no edital não foram suficientes para fazer a escolha do vencedor. Em tais casos, a lei estabelece a regra de desempate.

Critérios sucessivos de desempate da licitação:

Art. 3º. Lei 8.666/93:

*§ 2º Em igualdade de condições, como **critério de desempate**, será assegurada preferência, sucessivamente, aos bens e serviços:*

I - (Revogado pela Lei nº 12.349, de 2010)

II - produzidos no País;

III - produzidos ou prestados por empresas brasileiras.

IV – produzido por empresa que respeite a cota de empregados portadores de deficiência ou reabilitados da previdência social.

Deve-se atentar para as alterações ocorridas nesta norma pela Medida Provisória n. 495, de 19 de julho de 2010, já convertida em lei (Lei 12.349/10). Além disso, também é importante salientar que os critérios são sucessivos e não alternativos. Ou seja, a Administração Pública deve analisar os critérios na ordem que foram estipulados na lei, não podendo escolher quais pretende utilizar.

Se nenhum dos critérios de desempate alcançar o propósito de desempatar a licitação, deve ser feito sorteio (art. 45, §2º).

Atenção! Se a prova especificar que uma das empresas empatadas é microempresa ou empresa de pequeno porte, deve-se atentar para a LC 123/06. A microempresa e empresa de pequeno porte têm direito de preferência no desempate. Isso significa que, antes de analisar os critérios de desempate, a microempresa poderá reduzir o valor de sua proposta e vencer a licitação.

Se a proposta destas empresas (Microempresas e Empresas de Pequeno Porte) for até 10% maior que a proposta vencedora, será considerado empate. No pregão, este benefício será de 5% somente.

6.3. QUEM DEVE LICITAR

O texto legal estabelece expressamente a obrigatoriedade de licitação para todas as entidades que recebam dinheiro público. De fato, estipula que devem licitar:

A) Os entes da Administração direta;

B) Os entes da Administração indireta;

C) Os Fundos especiais;

D) Demais entes mantidos ou subvencionados pelo dinheiro público.

Empresas estatais: quanto às Empresas Públicas e Sociedades de Economia Mista exploradoras de atividade econômica, o art. 173, §1º, inciso III, da CF diz que é possível a criação de uma lei específica para reger a licitação dessas empresas. O regime específico foi criado com a edição da Lei 13.303/16, que trata do Estatuto das Empresas Estatais, inclusive com procedimento licitatório específico para essas entidades.

Obs.: Há decisão do TCU que entende que, de fato, as empresas estatais precisam licitar, mas deve haver exceção. Quando a empresa estatal exploradora de atividade econômica licita para contratações referentes à sua **atividade fim**, está sendo impedida de concorrer com igualdade no mercado. Nestes casos, o TCU entende que não precisam licitar por motivo de inexigibilidade, uma vez que não há interesse público na licitação.

Convênios não dependem de prévia licitação porque os interesses dos conveniados são convergentes; diferentemente dos contratos, onde as vontades são divergentes, haja vista o particular contratar com o Poder Público na busca pelo lucro.

6.4. INTERVALO MÍNIMO

É o prazo mínimo definido em lei e que deve ser respeitado pela administração pública, entre a publicação do edital e a data da abertura dos envelopes.

Necessariamente, esse prazo mínimo deve ser observado pelo ente público, sob pena de se considerar a licitação fraudulenta. Este prazo é presumido, pela lei, como suficiente para que todos os interessados apresentem a documentação necessária e a proposta dentro dos limites estipulados no edital.

Os prazos de intervalo mínimo estão definidos em lei e serão apresentados na medida em que for estudada cada uma das modalidades de licitação.

6.5. COMISSÃO

A comissão existe porque a autoridade máxima do órgão não realiza o procedimento licitatório, apesar de ser responsável pela elaboração do edital e exposição de motivos da contratação. Logo, normalmente quem procede à licitação é uma comissão designada por essa autoridade, responsável pela realização dos trâmites do procedimento.

É composta por, no mínimo, 3 (três) membros, sendo que, pelo menos 2 (dois) deles, deverão ser servidores efetivos do órgão.

A comissão pode ser especial ou permanente. Isso porque, em algumas situações, é designada uma comissão específica para cada procedimento licitatório, que recebe a denominação de comissão especial. Entretanto, a maioria dos órgãos públicos possui uma comissão permanente, que será responsável por todas as licitações daquele órgão no período de um ano.

Depois de um ano, a comissão deve ser alterada, ainda que com a modificação de um único membro. Com efeito, a lei proíbe expressamente a recondução de todos os membros da comissão após o decurso de um ano.

Ressalte-se que todos os membros da comissão respondem solidariamente pelos atos da comissão, salvo se, com vistas a se eximir da responsabilidade, o membro da comissão deixar consignado, expressamente, em ata que foi voto vencido em determinada atuação.

6.6. MODALIDADES LICITATÓRIAS:

Concorrência

Tomada de preço – definidas em razão do valor do contrato.

Convite

Concurso

Leilão – definidas em razão do objeto a ser contratado.

Pregão (Lei 10.520)

Analisemos cada uma destas modalidades separadamente.

6.6.1. Concorrência

Modalidade muito garantidora da competição, sem limite de ingresso, com o procedimento amplo, abarcando todas as fases – desde a análise de documentação, até a escolha das propostas. Qualquer pessoa pode participar da concorrência.

Em virtude de seu caráter mais amplo, a concorrência é obrigatória para contratações de valores mais altos, conforme estipulado pela lei.

Contratos de OBRAS E SERVIÇOS DE ENGENHARIA acima de **R$ 3.300.000,00**

Contratos de COMPRAS DE BENS E AQUISIÇÃO DE SERVIÇOS acima de **R$ 1.430.000,00**

Exceções: existem determinados contratos em que a **concorrência é obrigatória** independentemente do valor da avença. Nestes casos, é o objeto do contrato que faz com que a concorrência seja obrigatória e, portanto, é considerada uma exceção à regra de valor.

A) **Alienação ou aquisição de imóveis**: Quando a administração pública adquire ou aliena imóveis, estas contratações dependem de prévia licitação, sempre na modalidade concorrência, não sendo relevante, nestes casos, o valor do contrato.

> Atenção! Se o imóvel a ser alienado tiver sido adquirido por dação em pagamento ou decisão judicial, pode-se celebrar este contrato de alienação mediante licitação na modalidade concorrência OU leilão. Logo, nestes casos específicos, a modalidade concorrência não será obrigatória.

B) **Contrato de concessão de serviço público**: na concessão de serviço público, regulamentada pela Lei 8987/95, a administração pública contrata determinada empresa que será responsável pela prestação de um determinado serviço público e será remunerada pelo usuário do serviço. A concessão pode ser precedida de obra ou não e será analisada em capítulo específico. Só pode ser realizada mediante concorrência.

C) **Concessão de direito real de uso**: quando o Estado permite que o particular utilize um bem público de forma privativa, como titular de direito real deste bem. Também depende de licitação na modalidade concorrência, independentemente do valor do bem.

D) **Contratos de obra celebrados por meio de empreitada integral**: não interessa o valor da obra; haverá concorrência mesmo que a obra não atinja um milhão e quinhentos mil reais. É quando a administração contrata uma empresa e ela deve entregar a obra pronta para usar. A obra fica integralmente a cargo da empresa contratada, devendo ser entregue ao poder público pronta para o uso.

E) **Licitações internacionais**: Estas licitações, nas quais se admite a participação de empresas estrangeiras que não tenham sede no país, só podem ser realizadas mediante concorrência.

Exceção da exceção:

1ª: se o órgão que vai realizar licitação internacional tiver cadastro internacional de licitantes, poderá optar por fazer licitação na modalidade Tomada de Preço, desde que dentro dos limites desta modalidade.

2ª: se o bem ou serviço a ser contratado não tiver fornecedor no país, o órgão poderá fazer licitação internacional na modalidade convite (ou tomada de preço), desde que respeitados os limites de valor.

Intervalo mínimo da concorrência:

- técnica ou técnica e preço e contratos de empreitada integral: **45 dias;**
- nos demais casos: **30 dias.**

6.6.2. Tomada de preço

Participam da competição apenas os licitantes que forem cadastrados no órgão ou aqueles que se cadastrarem até 3 (três) dias antes da data marcada para a abertura dos envelopes contendo as propostas dos licitantes.

Ressalte-se que o cadastro funciona como uma habilitação prévia feita pelas empresas, no órgão público. No momento da realização do cadastro, a empresa deverá apresentar toda a documentação necessária à sua habilitação. O cadastro tem duração de 1 (um) ano, quando então deverá ser renovada a apresentação dos documentos.

Em virtude da restrição da competição, somente admitindo o ingresso de licitantes cadastrados, a tomada de preços respeita um limite máximo de valor, acima do qual não poderá ser realizada. Vejamos.

Contratos de OBRAS E SERVIÇOS DE ENGENHARIA até **R$ 3.300.000,00**

Contratos de COMPRAS DE BENS OU AQUISIÇÃO DE SERVIÇOS até **R$ 1.430.000,00**

Ressalte-se que, nestas situações, em que é possível a tomada de preços, também será possível a realização de concorrência, apesar de não obrigatória.

Intervalo mínimo da tomada de preços:

- técnica ou técnica e preço: **30 dias;**
- demais casos: **15 dias.**

6.6.3. Convite

O convite é a modalidade mais restrita de todas as previstas na lei de licitações. Participarão do certame apenas os convidados, cadastrados ou não, sendo no mínimo 3 (três) convidados, salvo comprovada restrição de mercado, quando então pode se realizar o convite com apenas 2 (dois) convidados. Este é o entendimento expresso do artigo 22, § 7º da lei 8.666/93, abaixo transcrito, *in litteris:*

Art. 22. § 7º Quando, por limitações do mercado ou manifesto desinteresse dos convidados, for impossível a obtenção do número mínimo de licitantes exigidos no § 3º deste artigo, essas circunstâncias deverão ser devidamente justificadas no processo, sob pena de repetição do convite.

Se não foi convidado, ainda assim o interessado poderá participar da licitação desde que comprove que, cumulativamente, está regularmente cadastrado no órgão e que apresentou manifestação de interesse em participar da competição, até 24 horas antes da data marcada para a abertura dos envelopes.

Os convidados, conforme explicitado, não precisam ser cadastrados. Entretanto, enquanto, no órgão, houver cadastrados que ainda não foram convidados, a cada novo Convite realizado para o mesmo objeto, exige-se que haja um convidado a mais em relação ao anterior, até que a administração pública contemple todos os cadastrados com o convite. Vejamos.

Art. 22. § 6º Na hipótese do § 3º deste artigo, existindo na praça mais de 3 (três) possíveis interessados, a cada novo convite, realizado para objeto idêntico ou assemelhado, é obrigatório o convite a, no mínimo, mais um interessado, enquanto existirem cadastrados não convidados nas últimas licitações. (Redação dada pela Lei n. 8.883, de 1994)

Na modalidade convite, não há edital. O instrumento convocatório é simplificado e denomina-se carta-convite.

A carta-convite não é publicada em Diário Oficial, porém, ainda assim, há publicidade (toda atuação do Estado deve respeitar a publicidade). Nestes casos, a publicidade é feita de forma diferente da publicação. Estipula a lei que a administração deverá enviar a carta-convite aos convidados e afixar no átrio da repartição, em local visível ao público. Respeitadas estas regras, está devidamente publicizada a licitação.

Em virtude de tantas restrições, o convite somente pode ser utilizado para contratações de valores mais baixos, quais sejam:

Contratos de OBRAS E SERVIÇOS DE ENGENHARIA até **R$ 330.000,00.**

Contratos de COMPRAS DE BENS E AQUISIÇÃO DE SERVIÇOS até **R$ 176.000,00.**

Intervalo mínimo: 5 dias **ÚTEIS** do recebimento da carta-convite pelos convidados ou da afixação, o que acontecer por último. Neste caso, o último ato de publicidade é que iniciará a contagem do prazo de intervalo mínimo.

Comissão de licitação: a princípio, deve ser obedecida a regra geral definida na lei para designação de comissões.

Exceção: se o órgão comprovar escassez de pessoal, é possível que se dispense a comissão e realize o procedimento licitatório com um único servidor efetivo do órgão.

6.6.4. Concurso

Não se pode confundir o concurso – procedimento licitatório – com o concurso público para provimento de cargos públicos. Concurso é modalidade licitatória que serve para escolha de trabalho de técnico, artístico e científico por parte da administração pública.

Ex.: concurso para escolha do melhor projeto arquitetônico para revitalização do centro de uma cidade, ou concurso de monografias de determinada área do conhecimento de interesse do órgão público.

O licitante vencedor da licitação recebe um **prêmio ou remuneração** pelo trabalho adquirido pelo ente estatal.

Como esta modalidade licitatória tem o seu procedimento definido em regulamento próprio, não é relevante para fins de concurso a sua procedimentalização. Além do conceito, as provas objetivas ainda podem exigir duas regras atinentes ao concurso:

Intervalo mínimo: **45 dias** contados da publicação do edital.

A comissão é diferenciada e denominada comissão especial de concurso. Neste caso, a comissão também é composta por três membros que não precisam, necessariamente, serem servidores públicos. A lei determina que sejam pessoas idôneas e que tenham conhecimento na área do trabalho que será apresentado.

O artigo 22§ 4º merece transcrição, por trazer o conceito legal da licitação na modalidade concurso e ser bastante repetido em provas objetivas de concurso. Vejamos.

§ 4º Concurso é a modalidade de licitação entre quaisquer interessados para escolha de trabalho técnico, científico ou artístico, mediante a instituição de prêmios ou remuneração aos vencedores, conforme critérios constantes de edital publicado na imprensa oficial com antecedência mínima de 45 (quarenta e cinco) dias.

6.6.5. Leilão

Esta modalidade licitatória serve para **alienação de bens** pelo poder público.

A) O leilão pode ser feito para alienar bens imóveis que tenham sido adquiridos por decisão judicial ou dação em pagamento (todos os outros deverão ser alienados mediante concorrência, obrigatoriamente).

B) Também, é modalidade licitatória para alienação de bens móveis inservíveis, apreendidos e penhorados.

A) Bens inservíveis: são os bens que não têm mais serventia pública, são bens desafetados, que não estão sendo destinados à utilização pública.

B) Bens apreendidos: adquiridos, pelo poder público, em decorrência de atos ilícitos.

C) Bens penhorados: o legislador se equivocou ao falar em "penhora" quando queria se referir ao penhor. É importante atentar para o fato de que o leilão administrativo não se confunde com o leilão judicial. Em verdade, quando se trata de licitação na modalidade leilão, utiliza-se para alienar bens empenhados pelo particular ao ente público.

Intervalo mínimo: **15 dias,** contados da publicação do edital.

Não há comissão licitante nesta modalidade licitatória. O leilão é realizado pelo **leiloeiro**, que pode ser o leiloeiro oficial ou um servidor designado pela administração pública para cumprir a função de leiloeiro.

O leilão será sempre do tipo MAIOR LANCE, sendo que a administração somente pode alienar o bem para lance vencedor que seja igual ou superior ao valor da avaliação.

6.6.6. Pregão

O pregão nasceu de agências reguladoras (Lei 9472 – ANP e Lei 9478 – ANATEL), assim como a Consulta. Em 2000, foi editada Medida Provisória que ampliou o pregão à União. Em 2002, foi editada a Lei 10.520 (lei especial da licitação), que ampliou o leilão para todos os entes da Administração (de qualquer esfera de governo).

> Obs.: A **Consulta** continua a ser regulamentada pelas leis das agências reguladoras, porém é pouco utilizada pelo fato de não estar regulamentada na lei geral de licitações e porque não tem o seu procedimento estabelecido. Ou seja, hoje a única modalidade licitatória exclusiva das agências reguladoras é a Consulta, uma vez que o pregão foi estendido a todos os entes da administração pública, com a edição da Lei 10.520/02.

O pregão é modalidade licitatória definida para **aquisição de bens** – por esta razão a doutrina chama de "leilão reverso" – **e serviços comuns**. Ressalte-se que serviços e bens comuns são aqueles que podem ser designados no edital com expressão usual de mercado, conforme disposição legal expressa.

Hoje, quaisquer bens e serviços vêm sendo considerados comuns pela doutrina, não sendo possível a realização de pregão para obras públicas.

Não há limite de valor estipulado para a realização de pregão.

Intervalo mínimo do pregão: **8 dias** ÚTEIS, contados da publicação do edital.

Também no pregão (assim como no leilão), não há designação de comissão licitante, uma vez que o responsável pela realização do pregão é o **pregoeiro**, que será um servidor efetivo designado a esta função. Na Lei 10.520/02, há a comissão de apoio ao pregoeiro que não é comissão licitante e serve apenas para auxiliar o pregoeiro na realização do certame. Apenas o pregoeiro responde pela licitação, inclusive é responsável pelos atos da comissão de apoio.

A licitação na modalidade pregão será sempre do tipo MENOR PREÇO.

6.7. LICITAÇÃO PARA REGISTRO DE PREÇOS

Em algumas situações, o poder público não licita com a finalidade imediata de contratação, mas tão somente para registrar os preços, para o caso de eventual contratação posterior. Acontece quando a administração entende que um bem é adquirido com muita frequência.

Essa licitação não obriga a administração a contratar com o vencedor, uma vez que sequer sabe se haverá dotação orçamentária para celebração do contrato. O vencedor não tem a garantia de que, se o Estado for contratar, irá contratar com ele. O registro de preço não vincula a Administração Pública ao vencedor.

Finalizada a licitação, os preços são registrados no sistema de cadastros do ente, tendo este registro validade de 1 (um) ano.

6.8. PROCEDIMENTOS

6.8.1. Concorrência

1) Fase interna – fase pré-procedimental:

Nesta fase a administração pública está, internamente, se organizando para licitar.

Primeiramente, deverá fazer a exposição de motivos da contratação e definir a dotação orçamentária para a futura contratação. Depois disso, deve designar a comissão licitante. O fato de ter comissão permanente não desvincula a administração de informar qual será a comissão. Ainda nesta fase, o Poder Público elabora a minuta do edital de licitação.

2) Fase externa:

Dispõe a lei 8.666/93:

Art. 43. A licitação será processada e julgada com observância dos seguintes procedimentos:

I – abertura dos envelopes contendo a documentação relativa à habilitação dos concorrentes, e sua apreciação;

II – devolução dos envelopes fechados aos concorrentes inabilitados, contendo as respectivas propostas, desde que não tenha havido recurso ou após sua denegação;

III – abertura dos envelopes contendo as propostas dos concorrentes habilitados, desde que transcorrido o prazo sem interposição de recurso, ou tenha havido desistência expressa, ou após o julgamento dos recursos interpostos;

IV – verificação da conformidade de cada proposta com os requisitos do edital e, conforme o caso, com os preços correntes no mercado ou fixados por órgão oficial competente, ou ainda com os constantes do sistema de registro de preços, os quais deverão ser devidamente registrados na ata de julgamento, promovendo-se a desclassificação das propostas desconformes ou incompatíveis;

V – julgamento e classificação das propostas de acordo com os critérios de avaliação constantes do edital;

VI – deliberação da autoridade competente quanto à homologação e adjudicação do objeto da licitação.

Edital • Habilitação • Classificação • Homologação • Adjudicação

A) PUBLICAÇÃO do edital de licitação

A publicação é feita em diário oficial e em jornal de grande circulação. A lei diz que a administração não pode lucrar com a venda do edital, assim como não pode exigir sua compra. Em verdade, o ente estatal pode, unicamente, cobrar o valor da reprodução do edital.

Com a publicação, marca-se uma data para serem abertos os envelopes e começa a correr um prazo para a impugnação administrativa do edital.

Conforme a lei, qualquer cidadão pode impugnar o edital até o 5º dia útil anterior à data marcada para abertura dos envelopes. Oferecida a impugnação, cabe à administração decidi-la no prazo de 3 dias úteis. (art. 41, §1º)

O potencial licitante também poderá apresentar Impugnação, porém seu prazo é até o 2º dia útil anterior à data da abertura dos envelopes. (art. 41, § 2º)

É cediço que, em virtude do poder de autotutela, a administração pode alterar de ofício o edital ou mesmo anulá-lo:

> Súmula 473/STF: A ADMINISTRAÇÃO PODE ANULAR SEUS PRÓPRIOS ATOS, QUANDO EIVADOS DE VÍCIOS QUE OS TORNAM ILEGAIS, PORQUE DELES NÃO SE ORIGINAM DIREITOS; OU REVOGÁ-LOS, POR MOTIVO DE CONVENIÊNCIA OU OPORTUNIDADE, RESPEITADOS OS DIREITOS ADQUIRIDOS, E RESSALVADA, EM TODOS OS CASOS, A APRECIAÇÃO JUDICIAL.

Havendo alteração no edital, deverá ser publicado novamente nos mesmos moldes da publicação inicial e será reaberto o intervalo mínimo. Entretanto, se a modificação do edital não alterar o conteúdo das propostas, será desnecessária a abertura do intervalo mínimo.

> Atenção! Não há exceção à exigência de nova publicação, ou seja, esta deverá ser feita em qualquer hipótese, ainda que a alteração seja meramente material. A exceção dispensa somente a reabertura do prazo de intervalo mínimo.

B) HABILITAÇÃO

Fase de análise da documentação dos licitantes, a fim de verificar se têm idoneidade para contratar com o poder público. É importante frisar que o edital não pode estabelecer critérios não previstos em lei, evitando, assim, restringir a licitação de forma desarrazoada.

Os critérios estão postos na lei e são cinco:

Art. 27. Para a habilitação nas licitações, exigir-se-á dos interessados, exclusivamente, documentação relativa a:

I – habilitação jurídica;

II – qualificação técnica;

III – qualificação econômico-financeira;

IV – regularidade fiscal e trabalhista;

V – cumprimento do disposto no inciso XXXIII do art. 7º da Constituição Federal. (Incluído pela Lei n. 9.854, de 1999).

> Obs.: Microempresas e empresas de pequeno porte: a LC 123/06 estabelece que essas empresas poderão participar da licitação ainda que não tenham regularidade fiscal ou trabalhista. Ao final da licitação, se forem declaradas vencedoras, terão o prazo de 5 (dias) dias úteis, prorrogáveis por igual período, para fazerem o saneamento do débito (quitar o débito ou de alguma forma tornar o débito inexigível).

O prazo para **Recurso** da decisão na fase de habilitação é de 5 (cinco) dias úteis e este recurso terá efeito suspensivo.

ATENÇÃO AO EXEMPLO:

Empresa A foi inabilitada porque não comprovou qualificação técnica.

Empresa B foi habilitada.

Empresa C foi inabilitada por irregularidade fiscal junto ao INSS.

Por meio de recurso tempestivo e válido, C comprova que já estava regular com o INSS desde a data da habilitação. Nesta situação, C deverá ser habilitado? Não, porque ele não conseguiu trazer todos os documentos no prazo estipulado pelo edital.

> O prazo para recurso não é para juntar documento obrigatório e este prazo para juntada de documentação não poderia ser dilatado para beneficiar um licitante. Se não juntou documento dentro do prazo, não adianta juntar depois, porque o

recurso é meio de discussão acerca do acerto da decisão e não prazo para juntada de documentação do licitante.

A lei disse que pode trazer documentos acessórios, desde que requeridos pela comissão, após a abertura dos envelopes.

Todavia, na hipótese de todos os licitantes serem inabilitados, a administração poderá conceder o prazo de 8 dias úteis para que se adéquem ao edital (art. 48, §3º). A doutrina entende que é um poder-dever da administração.

C) JULGAMENTO e CLASSIFICAÇÃO

Na fase de classificação, serão aplicados os critérios do edital. Afinal, os critérios de julgamento devem estar objetivamente estipulados, no instrumento convocatório, sob pena de nulidade do certame:

*Art. 48. Serão **desclassificadas**:*

I – as propostas que não atendam às exigências do ato convocatório da licitação;

II – propostas com valor global superior ao limite estabelecido ou com preços manifestamente inexequíveis, assim considerados aqueles que não venham a ter demonstrada sua viabilidade através de documentação que comprove que os custos dos insumos são coerentes com os de mercado e que os coeficientes de produtividade são compatíveis com a execução do objeto do contrato, condições estas necessariamente especificadas no ato convocatório da licitação. (Redação dada pela Lei n. 8.883, de 1994)

Após a classificação, haverá prazo para interposição de **Recurso** de 5 (cinco) dias úteis, com efeito suspensivo.

Mais uma vez, a lei estipula que se forem todos os licitantes desclassificados, a administração poderá conceder o prazo de 8 dias úteis para que se adéquem ao edital (art. 48, §3º).

Embora o critério possa ser baseado em preço, a lei estipula a possibilidade de a administração preferir produtos manufaturados ou serviços nacionais, ainda que mais caros que outro – a preferência pode chegar a 25%:

Art. 3º, § 5º Nos processos de licitação, poderá ser estabelecida margem de preferência para: (Redação dada pela Lei nº 13.146, de 2015)

I – produtos manufaturados e para serviços nacionais que atendam a normas técnicas brasileiras; e (Incluído pela Lei nº 13.146, de 2015)

II – bens e serviços produzidos ou prestados por empresas que comprovem cumprimento de reserva de cargos prevista em lei para pessoa com deficiência ou para reabilitado da Previdência Social e que atendam às regras de acessibilidade previstas na legislação. (Incluído pela Lei nº 13.146, de 2015)

Ressalte-se que, com o intuito de salvaguardar essa alteração (que claramente viola as finalidades tradicionais da licitação de busca pela melhor proposta e isonomia), foi acrescentada uma nova finalidade à licitação, qual seja a busca pelo desenvolvimento nacional (art. 3º, *caput*), senão vejamos:

> *Art. 3º A licitação destina-se a garantir a observância do princípio constitucional da isonomia, a seleção da proposta mais vantajosa para a administração e a promoção do desenvolvimento nacional sustentável e será processada e julgada em estrita conformidade com os princípios básicos da legalidade, da impessoalidade, da moralidade, da igualdade, da publicidade, da probidade administrativa, da vinculação ao instrumento convocatório, do julgamento objetivo e dos que lhes são correlatos. (Redação dada pela Lei nº 12.349, de 2010)*

Se esses produtos manufaturados decorrerem de inovação tecnológica, podem vir a ter uma preferência adicional, desde que respeitado o limite total de preferências, de 25%.

D) HOMOLOGAÇÃO

Classificadas as propostas, termina o trabalho da comissão, que encaminhará o processo à autoridade do órgão para homologação.

Embora se chame fase de homologação, se houver alguma irregularidade, não será homologada a licitação. A própria lei estabelece possibilidade de anulação, por motivo de vício de ilegalidade durante o procedimento ou também de revogação, desde que amparada por motivos de interesse público superveniente, devidamente justificados.

A homologação é a regra. Tanto é assim que, se a administração não homologar o procedimento licitatório por qualquer dos motivos legais, deverá oferecer o prazo de 5 (cinco) dias úteis para interposição de recurso pelo licitante interessado. Neste caso, a lei não confere efeito suspensivo à demanda recursal.

Ocorrendo a homologação, passa-se para a última fase.

E) ADJUDICAÇÃO

Saliente-se, a princípio, que adjudicar não é contratar, mas tão somente declarar oficialmente o vencedor da licitação.

Após a adjudicação, a administração NÃO é obrigada a celebrar o contrato administrativo. Embora não seja obrigada a contratar, caso necessite realizar a contratação, só poder fazê-lo com o vencedor da licitação. É por isso que se diz que a adjudicação tem força vinculante – princípio da adjudicação compulsória.

Já o licitante vencedor é obrigado contratar desde que tenha sido convocado a celebrar o contrato, no prazo de 60 dias da abertura dos envelopes de propostas. O licitante fica vinculado à proposta apresentada pelo prazo de 60 dias, contados da apresentação da proposta e, após esse prazo, a lei presume que ele pode não ter condições de contratar, nos moldes da proposta apresentada, anteriormente:

Art. 64. A Administração convocará regularmente o interessado para assinar o termo de contrato, aceitar ou retirar o instrumento equivalente, dentro do prazo e condições estabelecidos, sob pena de decair o direito à contratação, sem prejuízo das sanções previstas no art. 81 desta Lei.

§ 1º O prazo de convocação poderá ser prorrogado uma vez, por igual período, quando solicitado pela parte durante o seu transcurso e desde que ocorra motivo justificado aceito pela Administração.

§ 2º É facultado à Administração, quando o convocado não assinar o termo de contrato ou não aceitar ou retirar o instrumento equivalente no prazo e condições estabelecidos, convocar os licitantes remanescentes, na ordem de classificação, para fazê-lo em igual prazo e nas mesmas condições propostas pelo primeiro classificado, inclusive quanto aos preços atualizados de conformidade com o ato convocatório, ou revogar a licitação independentemente da cominação prevista no art. 81 desta Lei.

§ 3º Decorridos 60 (sessenta) dias da data da entrega das propostas, sem convocação para a contratação, ficam os licitantes liberados dos compromissos assumidos.

Conforme disposição legal transcrita, se o vencedor não puder contratar, o Estado só poderá celebrar o contrato, nos termos da proposta vencedora, chamando os demais licitantes na ordem de classificação.

6.8.2. Procedimentos diferenciados

Tomada de Preço: o procedimento é o mesmo estudado para a concorrência, porém NÃO HÁ FASE DE HABILITAÇÃO, uma vez que os licitantes já estão previamente cadastrados. O cadastro serve como uma habilitação prévia.

Convite: também segue um procedimento similar ao da concorrência, contudo, não há publicação de edital (a publicidade da carta-convite é diferenciada) e nem fase de habilitação. A outra diferença diz respeito a prazos. Os prazos para **recursos** são de 2 dias úteis (e não de 5 dias como nas outras modalidades). Se forem todos desclassificados, pode-se abrir o prazo de 3 dias úteis (ao invés de 8 dias úteis) para que se adéquem ao edital.

Pregão: esta modalidade licitatória se diferencia do procedimento da concorrência, principalmente, em virtude da inversão de fases. Isso porque, no pregão, primeiramente são classificadas as propostas, deixando a fase de habilitação por último. Também, é feita a adjudicação antes da homologação do certame. Vejamos:

Edital • Classificação • Habilitação Adjudicação • Homologação

Lances verbais: a princípio, passam para os lances verbais a melhor proposta (menor preço) e todas as outras propostas que não ultrapassarem 10% do valor da primeira. Independentemente disso, deve passar para os lances verbais a melhor proposta mais 2(duas), para completar 3(três) licitantes, no mínimo.

Art. 4º da Lei 10.520/02:

VIII – no curso da sessão, o autor da oferta de valor mais baixo e os das ofertas com preços até 10% (dez por cento) superiores àquela poderão fazer novos lances verbais e sucessivos, até a proclamação do vencedor;

IX – não havendo pelo menos 3 (três) ofertas nas condições definidas no inciso anterior, poderão os autores das melhores propostas, até o máximo de 3 (três), oferecer novos lances verbais e sucessivos, quaisquer que sejam os preços oferecidos;

O próprio pregoeiro irá adjudicar e o procedimento segue para homologação da autoridade superior, ao final.

O prazo para recurso na modalidade é imediato e ocorre após a declaração do vencedor, ou seja, somente ao final da licitação. Se o licitante recorrer, a lei concede o prazo de 3 (três) dias para elaboração e apresentação das razões do recurso.

Pregão eletrônico: cada estado deverá ter o seu decreto específico se quiser utilizar esta forma de licitação. No âmbito federal, foi expedido o Decreto 5450 que regulamenta o pregão eletrônico realizado pela União. O procedimento é o mesmo do pregão presencial, porque o decreto tão somente regulamentará a lei. O decreto não traz novidades; o decreto minudencia o texto da lei para facilitar o pregão que será feito na rede.

6.9. DISPENSA E INEXIGIBILIDADE DA LICITAÇÃO

São situações que a administração pode contratar sem licitação – contratação direta.

As hipóteses estão previstas na Lei 8.666/93 em três artigos: arts. 17 e 24 (dispensa) e 25 (inexigibilidade). Tais dispositivos são muito comuns em provas objetivas de concursos e merecem leitura cuidadosa.

Deve haver um processo de justificação embasando fundamentalmente a dispensa e a inexigibilidade e, depois disso, é enviado para ratificação pela autoridade do órgão. Ressalvado o fato de serem hipóteses de contratação direta, dispensa e inexigibilidade não são expressões sinônimas e ocorrem em situações diversas. Vejamos.

Inexigibilidade: art. 25	**Dispensa: arts. 17 e 24**
Sempre que a **competição for impossível**, a licitação será inexigível. As hipóteses dispostas na lei não são taxativas, mas meramente exemplificativas. Mesmo que a circunstância não esteja disposta expressamente no texto legal, a licitação será inexigível quando for inviável a realização de competição entre interessados. A doutrina costuma apontar pressupostos da licitação e estabelece que a ausência de qualquer dos pressupostos torna o procedimento licitatório inexigível: **A) Pressuposto lógico:** pluralidade de bens e de fornecedores do bem ou do serviço. **B) Pressuposto jurídico:** interesse público. A licitação não é um fim em si mesmo; é um meio para atingir o interesse público. Se a licitação for de encontro ao interesse público, não será exigível licitar. **C) Pressuposto fático:** desnecessidade de contratação específica. Nos casos em que há necessidade de contratação específica, a licitação será inexigível. Ex.: o Estado precisa contratar o melhor tributarista do Brasil para defendê-lo em uma demanda que envolve milhões de reais. Não posso fazer isso para qualquer causa. **É VEDADA inexigibilidade de licitação para serviços de divulgação e serviços de publicidade.**	Nas situações de dispensa, é plenamente possível competir, mas a **lei** diz que é dispensada a licitação. Somente a lei pode trazer as hipóteses de dispensa, não podendo haver definição de novas hipóteses por atos administrativos específicos ou decretos. As hipóteses da lei 8666/93 são taxativas/exaustivas. **Art. 17**: estabelece um rol de licitação dispensada. **Art. 24**: estabelece um rol de licitação dispensável.

Licitação dispensável - art. 24:

Incisos I e II: em razão do valor – "*para obras e serviços de engenharia de valor até 10% (dez por cento) do limite previsto na alínea "a"* (convite), *do inciso I do artigo anterior, desde que não se refiram a parcelas de uma mesma obra ou serviço ou ainda para obras e serviços da mesma natureza e no mesmo local que possam ser realizadas conjunta e concomitantemente; (Redação dada pela Lei n. 9.648, de 1998)*".

Obras e serviços de engenharia • R$ 33.000,00

Bens — R$ 17.600,00

Parágrafo único estabelece exceções (situações de dispensa em dobro): alguns entes têm dispensa no percentual de até 20% do valor do convite: Empresas Públicas, Sociedade de Economia Mista, Agências Executivas e Consórcios Públicos.

> **OBS.** Todavia, no caso das empresas estatais (empresas públicas ou sociedades de economia mista), os valores a serem utilizados estão definidos na lei 13.303/16, em seu art. , que estabelece que essas entidades terão dispensa para obras de até R$ 100.000,00 e aquisição de bens e serviços de até R$ 50.000,00.

Inciso IV: urgência, desde que não seja causada pelo Estado – "*nos casos de emergência ou de calamidade pública, quando caracterizada urgência de atendimento de situação que possa ocasionar prejuízo ou comprometer a segurança de pessoas, obras, serviços, equipamentos e outros bens, públicos ou particulares, e somente para os bens necessários ao atendimento da situação emergencial ou calamitosa e para as parcelas de obras e serviços que possam ser concluídas no prazo máximo de 180 (cento e oitenta) dias consecutivos e ininterruptos, contados da ocorrência da emergência ou calamidade, vedada a prorrogação dos respectivos contratos;*"

Na prática, ainda que a urgência tenha sido gerada pelo Estado, será responsabilizado o causador da urgência e a administração deverá contratar.

Exigem-se urgências efetivas e que o contrato não ultrapasse o prazo de 180 dias – neste caso, improrrogáveis.

Inciso V: licitação deserta – "*quando não acudirem interessados à licitação anterior e esta, justificadamente, não puder ser repetida sem prejuízo para a Administração, mantidas, neste caso, todas as condições preestabelecidas;*"

É diferente de licitação fracassada.

Licitação fracassa: aparecem os licitantes, mas são todos **inabilitados** ou são todos **desclassificados** — normalmente gera necessidade de uma nova licitação.

Exceção – hipótese de licitação fracassada que gera dispensa:

Inciso VII do art. 24: "*quando as propostas apresentadas consignarem preços manifestamente superiores aos praticados no mercado nacional, ou forem incompatíveis com os fixados pelos órgãos oficiais competentes, casos em que, observado o parágrafo único do art. 48 desta Lei e, persistindo a situação, será admitida a adjudicação direta dos bens ou serviços, por valor não superior ao constante do registro de preços, ou dos serviços;*"

Além destas hipóteses mais comuns em prova de concurso, deve-se fazer uma leitura acurada dos dispositivos relativos à dispensa e inexigibilidade, abaixo transcritos:

Art. 24. É dispensável a licitação:

I - para obras e serviços de engenharia de valor até 10% (dez por cento) do limite previsto na alínea "a", do inciso I do artigo anterior, desde que não se refiram a parcelas de uma mesma obra ou serviço ou ainda para obras e serviços da mesma natureza e no mesmo local que possam ser realizadas conjunta e concomitantemente; (Redação dada pela Lei n. 9.648, de 1998)

II - para outros serviços e compras de valor até 10% (dez por cento) do limite previsto na alínea "a", do inciso II do artigo anterior e para alienações, nos casos previstos nesta Lei, desde que não se refiram a parcelas de um mesmo serviço, compra ou alienação de maior vulto que possa ser realizada de uma só vez; (Redação dada pela Lei n. 9.648, de 1998)

III - nos casos de guerra ou grave perturbação da ordem;

IV - nos casos de emergência ou de calamidade pública, quando caracterizada urgência de atendimento de situação que possa ocasionar prejuízo ou comprometer a segurança de pessoas, obras, serviços, equipamentos e outros bens, públicos ou particulares, e somente para os bens necessários ao atendimento da situação emergencial ou calamitosa e para as parcelas de obras e serviços que possam ser concluídas no prazo máximo de 180 (cento e oitenta) dias consecutivos e ininterruptos, contados da ocorrência da emergência ou calamidade, vedada a prorrogação dos respectivos contratos;

V - quando não acudirem interessados à licitação anterior e esta, justificadamente, não puder ser repetida sem prejuízo para a Administração, mantidas, neste caso, todas as condições preestabelecidas;

VI - quando a União tiver que intervir no domínio econômico para regular preços ou normalizar o abastecimento;

VII - quando as propostas apresentadas consignarem preços manifestamente superiores aos praticados no mercado nacional, ou forem incompatíveis com os fixados pelos órgãos oficiais competentes, casos em que, observado o parágrafo único do art. 48 desta Lei e, persistindo a situação, será admitida a adjudicação direta dos bens ou serviços, por valor não superior ao constante do registro de preços, ou dos serviços; (Vide § 3º do art. 48)

VIII - para a aquisição, por pessoa jurídica de direito público interno, de bens produzidos ou serviços prestados por órgão ou entidade que integre a Administração Pública e que tenha sido criado para esse fim específico em data anterior à vigência desta Lei, desde que o preço contratado seja compatível com o praticado no mercado; (Redação dada pela Lei n. 8.883, de 1994)

IX - quando houver possibilidade de comprometimento da segurança nacional, nos casos estabelecidos em decreto do Presidente da República, ouvido o Conselho de Defesa Nacional; (Regulamento)

X - para a compra ou locação de imóvel destinado ao atendimento das finalidades precípuas da administração, cujas necessidades de instalação e localização condicionem a sua escolha, desde que o preço seja compatível com o valor de mercado, segundo avaliação prévia;(Redação dada pela Lei n. 8.883, de 1994)

XI - na contratação de remanescente de obra, serviço ou fornecimento, em consequência de rescisão contratual, desde que atendida a ordem de classificação da licitação anterior e aceitas as mesmas condições oferecidas pelo licitante vencedor, inclusive quanto ao preço, devidamente corrigido;

XII - nas compras de hortifrutigranjeiros, pão e outros gêneros perecíveis, no tempo necessário para a realização dos processos licitatórios correspondentes, realizadas diretamente com base no preço do dia; (Redação dada pela Lei n. 8.883, de 1994)

XIII - na contratação de instituição brasileira incumbida regimental ou estatutariamente da pesquisa, do ensino ou do desenvolvimento institucional, ou de instituição dedicada à recuperação social do preso, desde que a contratada detenha inquestionável reputação ético-profissional e não tenha fins lucrativos; (Redação dada pela Lei n. 8.883, de 1994)

XIV - para a aquisição de bens ou serviços nos termos de acordo internacional específico aprovado pelo Congresso Nacional, quando as condições ofertadas forem manifestamente vantajosas para o Poder Público; (Redação dada pela Lei n. 8.883, de 1994)

XV - para a aquisição ou restauração de obras de arte e objetos históricos, de autenticidade certificada, desde que compatíveis ou inerentes às finalidades do órgão ou entidade.

XVI - para a impressão dos diários oficiais, de formulários padronizados de uso da administração, e de edições técnicas oficiais, bem como para prestação de serviços de informática a pessoa jurídica de direito público interno, por órgãos ou entidades que integrem a Administração Pública, criados para esse fim específico; (Incluído pela Lei n. 8.883, de 1994)

XVII - para a aquisição de componentes ou peças de origem nacional ou estrangeira, necessários à manutenção de equipamentos durante o período de garantia técnica, junto ao fornecedor original desses equipamentos, quando tal condição de exclusividade for indispensável para a vigência da garantia; (Incluído pela Lei n. 8.883, de 1994)

XVIII - nas compras ou contratações de serviços para o abastecimento de navios, embarcações, unidades aéreas ou tropas e seus meios de deslocamento quando em estada eventual de curta duração em portos, aeroportos ou localidades diferentes de suas sedes, por motivo de movimentação operacional ou de adestramento, quando a exiguidade dos prazos legais puder comprometer a normalidade e os propósitos das operações e desde que seu valor não exceda ao limite previsto na alínea "a" do inciso II do art. 23 desta Lei: (Incluído pela Lei n. 8.883, de 1994)

XIX - para as compras de material de uso pelas Forças Armadas, com exceção de materiais de uso pessoal e administrativo, quando houver necessidade de manter a padronização requerida pela estrutura de apoio logístico dos meios navais, aéreos e terrestres, mediante parecer de comissão instituída por decreto; (Incluído pela Lei n. 8.883, de 1994)

XX - na contratação de associação de portadores de deficiência física, sem fins lucrativos e de comprovada idoneidade, por órgãos ou entidades da Administração Pública, para a prestação de serviços ou fornecimento de mão-de-obra, desde que o preço contratado seja compatível com o praticado no mercado; (Incluído pela Lei n. 8.883, de 1994)

XXI – para a aquisição ou contratação de produto para pesquisa e desenvolvimento, limitada, no caso de obras e serviços de engenharia, a 20% (vinte por cento) do valor de que trata a alínea "b" do inciso I do **caput** do art. 23;

XXII – na contratação de fornecimento ou suprimento de energia elétrica e gás natural com concessionário, permissionário ou autorizado, segundo as normas da legislação específica; (Incluído pela Lei n. 9.648, de 1998)

XXIII - na contratação realizada por empresa pública ou sociedade de economia mista com suas subsidiárias e controladas, para a aquisição ou alienação de bens, prestação ou obtenção de serviços, desde que o preço contratado seja compatível com o praticado no mercado; (Incluído pela Lei n. 9.648, de 1998)

XXIV – para a celebração de contratos de prestação de serviços com as organizações sociais, qualificadas no âmbito das respectivas esferas de governo, para atividades contempladas no contrato de gestão; (Incluído pela Lei n. 9.648, de 1998)

XXV – na contratação realizada por Instituição Científica e Tecnológica – ICT ou por agência de fomento para a transferência de tecnologia e para o licenciamento de direito de uso ou de exploração de criação protegida; (Incluído pela Lei n. 10.973, de 2004)

XXVI – na celebração de contrato de programa com ente da Federação ou com entidade de sua administração indireta, para a prestação de serviços públicos de forma associada nos termos do autorizado em contrato de consórcio público ou em convênio de cooperação; (Incluído pela Lei n. 11.107, de 2005)

XXVII – na contratação da coleta, processamento e comercialização de resíduos sólidos urbanos recicláveis ou reutilizáveis, em áreas com sistema de coleta seletiva de lixo, efetuados por associações ou cooperativas formadas exclusivamente por pessoas físicas de baixa renda reconhecidas pelo poder público como catadores de materiais recicláveis, com o uso de equipamentos compatíveis com as normas técnicas, ambientais e de saúde pública; (Redação dada pela Lei n. 11.445, de 2007).

XXVIII – para o fornecimento de bens e serviços, produzidos ou prestados no País, que envolvam, cumulativamente, alta complexidade tecnológica e defesa nacional, mediante parecer de comissão especialmente designada pela autoridade máxima do órgão; (Incluído pela Lei n. 11.484, de 2007).

XXIX – na aquisição de bens e contratação de serviços para atender aos contingentes militares das Forças Singulares brasileiras empregadas em operações de paz no exterior, necessariamente justificadas quanto ao preço e à escolha do fornecedor ou executante e ratificadas pelo Comandante da Força; (Incluído pela Lei n. 11.783, de 2008).

XXX – na contratação de instituição ou organização, pública ou privada, com ou sem fins lucrativos, para a prestação de serviços de assistência técnica e extensão rural no âmbito do Programa Nacional de Assistência Técnica e Extensão Rural na Agricultura Familiar e na Reforma Agrária, instituído por lei federal. (Incluído pela Lei nº 12.188, de 2.010) Vigência;

XXXI – nas contratações visando ao cumprimento do disposto nos arts. 3º, 4º, 5º e 20 da Lei nº 10.973, de 2 de dezembro de 2004, observados os princípios gerais de contratação dela constantes; *(Incluído pela Lei n. 12.349, de 2010)*

XXXII - na contratação em que houver transferência de tecnologia de produtos estratégicos para o Sistema Único de Saúde - SUS, no âmbito da Lei n. 8.080, de 19 de setembro de 1990, conforme elencados em ato da direção nacional do SUS, inclusive por ocasião da aquisição destes produtos durante as etapas de absorção tecnológica; *(Incluído pela Lei n. 12.715, de 2012)*

XXXIII - na contratação de entidades privadas sem fins lucrativos, para a implementação de cisternas ou outras tecnologias sociais de acesso à água para consumo humano e produção de alimentos, para beneficiar as famílias rurais de baixa renda atingidas pela seca ou falta regular de água; *(Incluído pela Lei n. 12.873, de 2013).*

XXXIV - para a aquisição por pessoa jurídica de direito público interno de insumos estratégicos para a saúde produzidos ou distribuídos por fundação que, regimental ou estatutariamente, tenha por finalidade apoiar órgão da administração pública direta, sua autarquia ou fundação em projetos de ensino, pesquisa, extensão, desenvolvimento institucional, científico e tecnológico e estímulo à inovação, inclusive na gestão administrativa e financeira necessária à execução desses projetos, ou em parcerias que envolvam transferência de tecnologia de produtos estratégicos para o Sistema Único de Saúde - SUS, nos termos do inciso XXXII deste artigo, e que tenha sido criada para esse fim específico em data anterior à vigência desta Lei, desde que o preço contratado seja compatível com o praticado no mercado;

XXXV - para a construção, a ampliação, a reforma e o aprimoramento de estabelecimentos penais, desde que configurada situação de grave e iminente risco à segurança pública.

§ 1º Os percentuais referidos nos incisos I e II do caput deste artigo serão 20% (vinte por cento) para compras, obras e serviços contratados por consórcios públicos, sociedade de economia mista, empresa pública e por autarquia ou fundação qualificadas, na forma da lei, como Agências Executivas; (Incluído pela Lei n. 12.715, de 2012)

§ 2º O limite temporal de criação do órgão ou entidade que integre a administração pública estabelecido no inciso VIII do caput deste artigo não se aplica aos órgãos ou entidades que produzem produtos estratégicos para o SUS, no âmbito da Lei n. 8.080, de 19 de setembro de 1990, conforme elencados em ato da direção nacional do SUS. (Incluído pela Lei n. 12.715, de 2012)

§ 3º A hipótese de dispensa prevista no inciso XXI do **caput**, quando aplicada a obras e serviços de engenharia, seguirá procedimentos especiais instituídos em regulamentação específica. (Incluído pela Lei nº 13.243, de 2016)

§ 4º Não se aplica a vedação prevista no inciso I do **caput** do art. 9º à hipótese prevista no inciso XXI do caput. (Incluído pela Lei nº 13.243, de 2016)

Art. 25. É inexigível a licitação quando houver inviabilidade de competição, em especial:

I - para aquisição de materiais, equipamentos, ou gêneros que só possam ser fornecidos por produtor, empresa ou representante comercial exclusivo, vedada a preferência de marca, devendo a comprovação de exclusividade ser feita através de atestado fornecido pelo órgão de registro do comércio do local em que se realizaria a licitação ou a obra ou o serviço, pelo Sindicato, Federação ou Confederação Patronal, ou, ainda, pelas entidades equivalentes;

II - para a contratação de serviços técnicos enumerados no art. 13 desta Lei, de natureza singular, com profissionais ou empresas de notória especialização, vedada a inexigibilidade para serviços de publicidade e divulgação;

III - para contratação de profissional de qualquer setor artístico, diretamente ou através de empresário exclusivo, desde que consagrado pela crítica especializada ou pela opinião pública.

§ 1º Considera-se de notória especialização o profissional ou empresa cujo conceito no campo de sua especialidade, decorrente de desempenho anterior, estudos, experiências, publicações, organização, aparelhamento, equipe técnica, ou de outros requisitos relacionados com suas atividades, permita inferir que o seu trabalho é essencial e indiscutivelmente o mais adequado à plena satisfação do objeto do contrato.

§ 2º Na hipótese deste artigo e em qualquer dos casos de dispensa, se comprovado superfaturamento, respondem solidariamente pelo dano causado à Fazenda Pública o fornecedor ou o prestador de serviços e o agente público responsável, sem prejuízo de outras sanções legais cabíveis.

7

CONTRATOS ADMINISTRATIVOS

Primeiramente, é importante não confundir "contratos da administração pública" com "contratos administrativos".

Contratos da administração: A lei autoriza que o Estado celebre contratos regidos pelo direito privado no exercício de sua atividade ou contratos regidos pelo direito público. Todos eles ostentam a qualidade de "contratos da administração". Nos contratos de direito privado, o Estado não goza de prerrogativas de poder público, não obstante precise respeitar os requisitos e as limitações estipuladas na Lei 8666/93.

Ex.: contrato de compra e venda; contrato de locação (é civil, porém tem que ter prazo determinado e a prorrogação não pode ser tácita).

Importante: os contratos da administração, ainda que privados, devem respeitar as regras da licitação.

Contratos administrativos: são aqueles que a Administração celebra sob o regime público, com todas as prerrogativas inerentes à condição de Estado. São regidos pela Lei 8666/93, que estipula suas normas gerais.

7.1. CARACTERÍSTICAS DOS CONTRATOS ADMINISTRATIVOS

I. Comutativo: aquele que gera direitos e deveres previamente estabelecidos para ambas as partes, não havendo a submissão a álea por parte dos contratantes. Não há contratos sujeitos a risco no direito administrativo. (Oposto: contrato aleatório.)

II. Consensual: o simples consenso das partes já formaliza o contrato. Não se faz necessária a transferência do bem para ele se tornar perfeito. Nestes casos, a transferência do bem é simples consequência do contrato. (Oposto: contrato real)

No direito administrativo, o consenso do particular está estipulado no momento da abertura dos envelopes de documentação, na licitação. Para que haja o consenso da administração, depende da celebração do contrato.

III. De Adesão: aqueles que não admitem a rediscussão de cláusulas contratuais. As cláusulas são impostas por uma das partes (poder público) e à outra parte (particular) cabe apenas aderir ou não à avença.

IV. Formais: todo contrato administrativo tem uma forma definida na lei, indispensável à sua regularidade.

A Lei 8666 (art. 55) prevê a forma do contrato: Instrumento (ou termo) do contrato.

Esta norma prevê todas as cláusulas necessárias à validade do contrato administrativo, sendo que a sua ausência gera o vício de forma:

Art. 55. São cláusulas necessárias em todo contrato as que estabeleçam:

I - o objeto e seus elementos característicos;

II - o regime de execução ou a forma de fornecimento;

III - o preço e as condições de pagamento, os critérios, data-base e periodicidade do reajustamento de preços, os critérios de atualização monetária entre a data do adimplemento das obrigações e a do efetivo pagamento;

IV - os prazos de início de etapas de execução, de conclusão, de entrega, de observação e de recebimento definitivo, conforme o caso;

V - o crédito pelo qual correrá a despesa, com a indicação da classificação funcional programática e da categoria econômica;

VI - as garantias oferecidas para assegurar sua plena execução, quando exigidas;

VII - os direitos e as responsabilidades das partes, as penalidades cabíveis e os valores das multas;

VIII - os casos de rescisão;

IX - o reconhecimento dos direitos da Administração, em caso de rescisão administrativa prevista no art. 77 desta Lei;

X - as condições de importação, a data e a taxa de câmbio para conversão, quando for o caso;

XI - a vinculação ao edital de licitação ou ao termo que a dispensou ou a inexigiu, ao convite e à proposta do licitante vencedor;

XII - a legislação aplicável à execução do contrato e especialmente aos casos omissos;

XIII - a obrigação do contratado de manter, durante toda a execução do contrato, em compatibilidade com as obrigações por ele assumidas, todas as condições de habilitação e qualificação exigidas na licitação.

§ 1º (Vetado). (Redação dada pela Lei n. 8.883, de 1994)

§ 2º Nos contratos celebrados pela Administração Pública com pessoas físicas ou jurídicas, inclusive aquelas domiciliadas no estrangeiro, deverá constar necessariamente cláusula que declare competente o foro da sede da Administração para dirimir qualquer questão contratual, salvo o disposto no § 6º do art. 32 desta Lei.

§ 3º No ato da liquidação da despesa, os serviços de contabilidade comunicarão, aos órgãos incumbidos da arrecadação e fiscalização de tributos da União, Estado ou Município, as características e os valores pagos, segundo o disposto no art. 63 da Lei n. 4.320, de 17 de março de 1964.

Interessante frisar que a lei diz que o instrumento de contrato só é obrigatório quando o seu valor exigir licitação na modalidade concorrência ou tomada de preço. Para contratos de valores mais baixos, pode ser dispensado o instrumento de contrato.

Valores que tornam obrigatória licitação na modalidade tomada de preço ou na modalidade concorrência:

- Obras: acima de R$ 330.000,00.
- Bens e serviços: acima de R$ 176.000,00.

Ex.: contrato de obras no valor de 100 mil reais: pode fazer convite, mas também pode fazer concorrência — o instrumento de contrato não é obrigatório, porque o valor admite a dispensa deste termo contratual.

Ex.: obra de 2 milhões e hipótese de dispensa — é obrigatório instrumento de contrato, porque não importa se foi feita licitação concorrência, mas tão somente o valor do contrato.

Para contratos de valores mais baixos não precisa seguir a forma estabelecida, podendo ser de forma mais simples: não precisa do instrumento de contrato propriamente dito. Nestes casos, a lei permite substituir o termo de contrato por:

A) Carta contrato;

B) Nota de empenho da despesa;

C) Ordem de serviço;

D) Autorização de compra.

*Art. 62. **O instrumento de contrato é obrigatório nos casos de concorrência e de tomada de preços**, bem como nas dispensas e inexigibilidades cujos preços estejam* *compreendidos nos limites destas duas modalidades de licitação, e facultativo nos demais em que a Administração puder substituí-lo por outros instrumentos hábeis, tais como* ***carta-contrato, nota de empenho de despesa, autorização de compra*** *ou* ***ordem de execução de serviço.***

Apesar de se dispensar o termo de contrato, nota-se a necessidade de documentação do contrato, de alguma forma. Isto porque a legislação estabelece como regra que NÃO é possível contrato verbal da administração (é nulo e de nenhum efeito qualquer contrato verbal realizado pela Administração Pública).

Obs.: Excepcionalmente se admite contrato verbal: compras que não ultrapassam 5% do valor do convite (R$ 8.800,00 – oito mil e oitocentos reais) + desde que seja compra de pronta entrega e pronto pagamento. Isso significa que este contrato que não gera nenhuma espécie de obrigação futura.

Além da formalização, a publicação é indispensável à eficácia do contrato (publica-se um resumo/extrato do contrato).

Prazo para a publicação: a administração pública deve providenciar a publicação do contrato até o 5º dia útil do mês seguinte ao da sua celebração, sendo que essa publicação deve acontecer, após as providências, no prazo máximo de 20 dias corridos. Esta é a interpretação que se deve ter do dispositivo legal para provas objetivas: a administração tem 2 prazos. O prazo de 20 dias é para que a publicação efetivamente aconteça.

Caso a administração deixe de publicar o contrato, ele é válido; só não é eficaz. Não produz efeito porque a eficácia fica dependendo da publicidade do contrato.

O contrato administrativo goza das prerrogativas concedidas ao Estado, em virtude da supremacia do interesse público sobre o privado. Tais garantias denominam-se **cláusulas exorbitantes dos contratos administrativos.**

7.2. CLÁUSULAS EXORBITANTES

As cláusulas exorbitantes são assim designadas pelo fato de exorbitarem o direito privado e somente são aceitas em virtude da supremacia do interesse público.

Estas cláusulas são implícitas em todos os contratos administrativos, não dependendo de previsão expressa no contrato. Logo, não são cláusulas necessárias, porque as garantias do Poder Público decorrem diretamente da lei. Vejamos, então, as cláusulas exorbitantes previstas no artigo 58 da lei 8666/93.

A) **Alteração unilateral do contrato**: para adequar as disposições contratuais ao interesse público, o Estado pode modificar a avença independentemente do consentimento da outra parte.

A lei estipula ser possível a alteração tanto no que tange ao projeto, quanto no que diz respeito ao valor do contrato. A administração NÃO pode, no entanto, alterar o OBJETO do contrato, porque seria burla à licitação.

A alteração quantitativa tem limites previstos na lei, que prevê que o particular deve aceitar as modificações feitas unilateralmente pela Administração Pública em até 25%, do valor original do contrato, para acréscimos ou supressões.

Exceção > se o contrato for de reforma de equipamentos ou de edifícios, a alteração para ACRÉSCIMO pode chegar a 50% do valor original do contrato. As supressões contratuais continuam respeitando o limite de 25%.

Havendo acordo entre as partes (alteração bilateral), o objeto do contrato poderá ser REDUZIDO além do limite de 25%.

Independentemente do motivo que enseje a alteração contratual, esta alteração encontra uma barreira que não pode ser ultrapassada pelo Estado, qual seja, o **equilíbrio econômico-financeiro do contrato**. Ou seja, o particular tem a garantia de que, haja o que houver, será mantida pelo ente estatal a margem de lucro contratada. Repita-se, a margem de lucro inicialmente contratada jamais poderá ser alterada pela Administração Pública de forma unilateral. Ou seja, o particular tem a garantia de que não terá prejuízo, nem redução no lucro inicialmente previsto quando da celebração do acordo.

B) Rescisão unilateral do contrato: é prerrogativa dada ao ente público contratante de pôr fim à avença, independentemente de consentimento do particular e sem depender de decisão judicial.

Pode-se dar em razão do:

- inadimplemento do particular.
- interesse público devidamente justificado.

No caso de rescisão por interesse público, a administração deve indenizar o particular se houver dano, bem como indenizar os investimentos não amortizados do contratado, em razão da extinção antecipada do acordo.

Se o particular é inadimplente, normalmente, ele deverá indenizar a Administração Pública pelos danos causados em virtude do inadimplemento.

Importante! Nos Contratos de concessão de serviços públicos (regulamentados pela Lei 8987), a rescisão unilateral ocorre nas mesmas hipóteses acima definidas, mas recebe nomenclaturas específicas, muito correntes em provas objetivas de concursos:

- rescisão por inadimplemento do particular — **caducidade**
- rescisão por motivo de interesse público — **encampação**.

Administração inadimplente: caso o poder público seja inadimplente, o particular pode rescindir o contrato unilateralmente? **NÃO**. A rescisão unilateral é cláusula exorbitante e só se aplica à administração pública. Se o ente estatal for inadimplente por mais de 90 dias, o particular pode SUSPENDER A EXECUÇÃO do contrato (exceção de contrato não cumprido), conforme disposição do art. 78 da Lei 8666/93. Para haver rescisão do contrato, por iniciativa do particular, em virtude do inadimplemento do estado, necessária decisão judicial.

C) Fiscalização da execução do contrato.

Em verdade, trata-se de poder dever da administração pública, haja vista que, comprovada a ausência de fiscalização, o Estado poderá responder por omissão, por eventuais danos causados pela empresa, inclusive, no que tange ao inadimplemento das obrigações trabalhistas.

Ressalte-se que, por meio da ADC n. 16 de 2010, o Supremo Tribunal Federal declarou constitucional o artigo 71, § 1º da lei 8666/93, excluindo a responsabilidade subsidiária do Estado pelos débitos trabalhistas da empresa. Ocorre que, se o não pagamento aos empregados não for fiscalizado pelo ente público, daí surge a responsabilidade por omissão. Leia-se, por oportuno, o artigo objeto da declaração de constitucionalidade, abaixo transcrito:

§ 1º A inadimplência do contratado, com referência aos encargos trabalhistas, fiscais e comerciais não transfere à Administração Pública a responsabilidade por seu pagamento, nem poderá onerar o objeto do contrato ou restringir a regularização e o uso das obras e edificações, inclusive perante o Registro de Imóveis. (Redação dada pela Lei n. 9.032, de 1995)

D) Ocupação temporária de bens: em determinadas situações, para manter a prestação dos serviços prestados pelo particular contratado, o Estado precisa ocupar temporariamente os bens da contratada. Ex.: empresa de transporte público cujos funcionários deflagram greve. O ente público ocupa os ônibus da empresa e mantém a prestação do serviço público. É garantia do princípio da continuidade.

E) Poder de aplicação de penalidades: pode aplicar penalidades aos particulares contratados em decorrência de descumprimento do acordo.

As penalidades estão previstas na lei e são de 4 (quatro) tipos:

A) Advertência: sempre por escrito, para sancionar infrações mais leves.

B) Multa: não é ressarcimento por prejuízo. Além do dever de ressarcir ao erário por eventuais danos causados, pode ser aplicada multa punitiva (penalidade). Pode ser aplicada isoladamente ou cumulativamente com outras penalidades.

C) Suspensão de contratar com poder público: por, no máximo, 2 (dois) anos.

D) Declaração de inidoneidade: consequências: não contrata, não participa de licitação, dentre outras. Também não pode ultrapassar 2 (dois) anos.

Diferenças entre "suspensão de contratar com o poder público" e "declaração de inidoneidade":

Suspensão	Declaração de idoneidade
Atinge apenas o ente federativo que aplicou a pena, incluindo todas as entidades daquele ente federativo.	Atinge todos os entes da federação. A empresa declarada inidônea não poderá contratar com todos da administração pública.

Importante ressaltar que para que a empresa volte a ser idônea deverá se reabilitar, por meio do ressarcimento ao erário pelos prejuízos causados. A declaração de inidoneidade, segundo a doutrina, só pode ser aplicada para infrações graves, que também estejam capituladas como crimes (ilícitos penais).

7.3. SUBCONTRATAÇÃO NOS CONTRATOS DA ADMINISTRAÇÃO

Veja-se o que dispõe a Lei 8666/93:

Art. 72. O contratado, na execução do contrato, sem prejuízo das responsabilidades contratuais e legais, ***poderá subcontratar*** *PARTES da obra, serviço ou fornecimento, até o limite admitido, em cada caso, pela Administração.*

Art. 78. Constituem motivo para rescisão do contrato:

VI - a subcontratação total ou parcial do seu objeto, a associação do contratado com outrem, a cessão ou transferência, total ou parcial, bem como a fusão, cisão ou incorporação, NÃO ADMITIDAS NO EDITAL E NO CONTRATO;

Para que a subcontratação seja lícita, deve haver previsão no edital e no contrato e, além disso, a subcontratação deve ser parcial, não sendo, a princípio lícito transferir todo o objeto do contrato a terceiro que não foi vencedor na licitação.

Da leitura literal da norma pode-se entender que, havendo autorização do poder público, a subcontratação poderá ser total (prova objetiva). Ocorre que em prova subjetiva deve-se defender que, embora do texto da lei se possa entender de maneira diversa, para que haja subcontratação deve haver: previsão + ser parcial + autorização do poder público.

7.4. EQUILÍBRIO ECONÔMICO-FINANCEIRO

Conforme explicitado alhures, é garantia do particular contratado a manutenção da margem de lucro inicialmente pactuada. Para ser mantido o equilíbrio econômico-financeiro, alguns pagamentos são feitos ao particular pela Administração:

- **Correção monetária:** atualização da margem de lucro inicialmente acordada, mantendo o valor real do contrato.

Obs.: Sistema de licitação para registro de preços: no objeto do contrato, aplica-se a correção monetária.

- Reajustamento de preços: reajuste em face do aumento ordinário e regular do custo dos insumos necessários ao cumprimento do acordo.
- Recomposição (revisão) de preços: quando o reajustamento não consegue fazer face ao real aumento do preço dos insumos, em virtude de uma situação

excepcional, a administração, para reequilibrar o contrato, precisa fazer a recomposição de preços. Essas situações excepcionais que desequilibram a relação contratual são designadas pela doutrina de **teoria da imprevisão.**

7.5. TEORIA DA IMPREVISÃO

Ocorre nos casos em que há uma situação fática não prevista quando da celebração do contrato. Em virtude desta situação, faz-se necessária a recomposição dos preços. Decorre da denominada Cláusula *rebus sic stantibus:* situações nas quais há desequilíbrio contratual e a administração precisa, a fim de manter as cláusulas financeiras, proceder à revisão dos preços.

Hipóteses:

A) Caso fortuito e força maior – situações imprevisíveis ou inevitáveis que alteram a relação contratual.

B) Interferências imprevistas (sujeições imprevistas) – assim como no direito civil, são situações preexistentes à celebração do contrato, mas que só vêm à tona durante sua execução. Situação que as partes não tinham como prever. Ex. a contratação para execução de uma obra sem saber que o terreno é pantanoso.

C) Fato da administração: o desequilíbrio contratual é causado pelo poder público, é por ação ou omissão do Estado que haverá necessidade de recomposição. Situação em que o Estado ATUA ou se OMITE no contrato, descumprindo suas obrigações. É o Estado atuando dentro do contrato, que o desequilibra. Ex.: a administração contrata uma empresa para realização de uma obra e não expede as ordens de serviços ou efetiva as desapropriações necessárias.

D) Fato do príncipe: o desequilíbrio contratual também é causado pelo poder público, e é por esta atuação que haverá necessidade de recomposição. Acontece quando o Estado contrata e, posteriormente, atua fora do contrato, na qualidade de Poder Público, causando, entretanto, um desequilíbrio na avença. Há uma atuação extracontratual (geral e abstrata) do ente estatal que termina por atingir diretamente a relação contratual. Ex. 1. a administração pública federal contrata uma empresa para realizar o transporte de servidores e, em atuação subsequente, triplica a alíquota de determinado tributo que incide sobre o combustível, onerando a prestação do serviço pactuado. Ex. 2.: município contrata empresa para realizar transporte público. Depois de formalizado o contrato, o município editou uma lei exigindo que fosse concedido passe livre para todas as pessoas de até 18 anos. Essa lei municipal é uma lei geral que atinge a todos, mas que interfere no contrato de transporte, desequilibrando-o. Será necessária a recomposição dos preços das tarifas ajustadas.

Em algumas situações, a teoria da imprevisão gera a impossibilidade de manter o contrato – a recomposição dos preços é impossível, como situação em que um incêndio destrói uma escola pública, tornando impossível, por exemplo, a manutenção do contrato de limpeza desta escola. Estas situações denominam-se **rescisão de pleno direito.**

7.6. GARANTIA

Caução que pode ser exigida pelo Estado para garantir o ressarcimento de danos em caso de descumprimento contratual pelo particular.

Embora a lei não mencione expressamente no artigo 58 e a doutrina se omita, algumas bancas examinadoras incluem a Garantia dentre as cláusulas exorbitantes do contrato administrativo.

O valor dessa garantia é definido no bojo do contrato e determinada pela administração pública. A lei estabelece o limite máximo de 5% do valor do contrato.

Nos contratos de grande vulto, que envolvam alta complexidade técnica ou riscos financeiros consideráveis, a garantia pode chegar a 10% do valor inicial do contrato, sempre mantida a regra que o ente estatal é quem define o valor da caução. Ressalte-se que a lei expressamente define contratos de grande vulto como aqueles que ultrapassam 25 x R$ 3.300,000,00.

A lei diz quais são as formas possíveis de garantia, mas quem escolhe a forma de prestar a garantia é o particular (e não o poder público, que definiu o valor da garantia a ser prestada dentro dos limites legais). A garantia pode ser prestada sob as seguintes formas:

A) dinheiro;

B) títulos da dívida pública;

C) seguro garantia;

D) fiança bancária.

Em caso de cumprimento do contrato e adimplemento do contrato, a garantia deverá ser devolvida. Se prestada em dinheiro, deve haver a correção do valor, no momento da devolução. Em caso de descumprimento contratual, a garantia pode ser utilizada pelo Estado como mínimo indenizatório, ou seja, o ente público pode executar a garantia e cobrar indenização excedente em caso de o prejuízo ultrapassar o valor da caução.

7.7. DURAÇÃO

Todo contrato deve ter duração predefinida, estabelecendo a lei, expressamente, que são vedados contratos administrativos por prazo indeterminado. Vejamos o art. 57 da Lei 8666/93 que determina, *in litteris*:

Art. 57. A duração dos contratos regidos por esta Lei ficará adstrita à vigência dos respectivos créditos orçamentários, EXCETO quanto aos relativos:

I - aos projetos cujos produtos estejam contemplados nas metas estabelecidas no Plano Plurianual, os quais poderão ser prorrogados se houver interesse da Administração e desde que isso tenha sido previsto no ato convocatório;

II - à prestação de serviços a serem executados de forma contínua, que poderão ter a sua duração prorrogada por iguais e sucessivos períodos com vistas à obtenção de preços e condições mais vantajosas para a administração, limitada a sessenta meses; (Redação dada pela Lei n. 9.648, de 1998)

III – (Vetado). (Redação dada pela Lei n. 8.883, de 1994)

IV - ao aluguel de equipamentos e à utilização de programas de informática, podendo a duração estender-se pelo prazo de até 48 (quarenta e oito) meses após o início da vigência do contrato.

V - às hipóteses previstas nos incisos IX, XIX, XXVIII e XXXI do art. 24, cujos contratos poderão ter vigência por até 120 (cento e vinte) meses, caso haja interesse da administração. (Incluído pela Lei n. 12.349, de 2010)

§ 1º Os prazos de início de etapas de execução, de conclusão e de entrega admitem prorrogação, mantidas as demais cláusulas do contrato e assegurada a manutenção de seu equilíbrio econômico-financeiro, desde que ocorra algum dos seguintes motivos, devidamente autuados em processo:

I - alteração do projeto ou especificações, pela Administração;

II - superveniência de fato excepcional ou imprevisível, estranho à vontade das partes, que altere fundamentalmente as condições de execução do contrato;

III - interrupção da execução do contrato ou diminuição do ritmo de trabalho por ordem e no interesse da Administração;

IV - aumento das quantidades inicialmente previstas no contrato, nos limites permitidos por esta Lei;

V - impedimento de execução do contrato por fato ou ato de terceiro reconhecido pela Administração em documento contemporâneo à sua ocorrência;

VI - omissão ou atraso de providências a cargo da Administração, inclusive quanto aos pagamentos previstos de que resulte, diretamente, impedimento ou retardamento na execução do contrato, sem prejuízo das sanções legais aplicáveis aos responsáveis.

§ 2º Toda prorrogação de prazo deverá ser justificada por escrito e previamente autorizada pela autoridade competente para celebrar o contrato.

§ 3º É vedado o contrato com prazo de vigência indeterminado.

§ 4º Em caráter excepcional, devidamente justificado e mediante autorização da autoridade superior, o prazo de que trata o inciso II do caput deste artigo poderá ser prorrogado por até doze meses. (Incluído pela Lei n. 9.648, de 1998)

Conforme transcrito, a regra é que duração do contrato é a duração do crédito orçamentário. Portanto, como regra geral, o contrato administrativo deverá respeitar o prazo máximo de um ano (período da lei orçamentária).

As exceções estão dispostas nos incisos I a V do *caput*, dentre os quais:

- contrato administrativo previsto na lei do Plano Plurianual: poderá ter duração de até 4 (quatro) anos.
- serviços de caráter continuados: podem ser prorrogados sucessivamente, por períodos iguais, tendo duração máxima de 60 meses. Frise-se que, havendo necessidade comprovada, a lei permite a prorrogação por mais 12 meses.
- contratos de aluguel de equipamentos e programas de informática: poderá ter duração de até 48 meses.
- alguns contratos estipulados no art. 24, IX, XIX, XXVIII e XXXI que podem ter duração de até 120 (cento e vinte) meses, conforme disposição da lei 8666/1993, incluída pela Lei 12.349/2010.

Ocorre que, além das exceções mencionadas, os contratos que não geram despesas não precisam estar previstos na lei orçamentária, logo não precisam respeitar o prazo do art. 57, acima transcrito. Ressalte-se que NÃO são contratos celebrados por prazo indeterminado; apenas não precisam respeitar o prazo do art. 57 da lei 8666/93, podendo ter duração bem mais alongada. Ex.: contratos de concessão de serviços públicos, nos quais a empresa concessionária é remunerada pelo usuário do serviço, não causando gastos aos cofres públicos, podem ser celebrados por períodos de 10 anos ou mais.

> Importante! Na prova objetiva, qualquer que seja, será correta a alternativa que diz que **não existe contrato administrativo por prazo indeterminado**.

No que tange à possibilidade de prorrogação, a legislação determina que o contrato administrativo pode ser prorrogado, desde que seja feito dentro do prazo do contrato e decorra, cumulativamente, de previsão no edital e no contrato e autorização do poder público. Não há prorrogação tácita de contratos administrativos, mesmo que haja cláusula contratual prevendo esta situação.

O requerimento de prorrogação deve ser feito enquanto ainda vigente o contrato. Se o contrato for extinto, não será mais possível sua prorrogação.

7.8. RESCISÃO CONTRATUAL

A) **Rescisão unilateral**: ocorre por interesse público ou por inadimplemento do particular – apenas pela administração pública, por ostentar a característica de cláusula exorbitante.

B) **Judicial**: dá-se por provocação do particular, quando o ente público é inadimplente, haja vista o contratado não poder se utilizar da rescisão unilateral.

C) **Bilateral (distrato)**: rescisão realizada por ambas as partes.

D) **De pleno direito**: por situações alheias à vontade das partes, em casos excepcionais que impedem a manutenção do contrato.

Além destas formas, o contrato pode ser extinto de outras formas que não pela rescisão:

Anulação: se tiver algum vício de legalidade (efeitos retroativos, pela administração ou judiciário).

> Atenção! Ressalte-se que, MESMO QUE O CONTRATO SEJA NULO, O PARTICULAR DEVE SER REMUNERADO PELOS SERVIÇOS PRESTADOS; caso contrário, estaria se admitindo o enriquecimento sem causa do Estado.

Extinção natural: toda vez que acaba o prazo do contrato. É a extinção comum dos contratos. A lei prevê que se pode dar também pelo cumprimento do objeto do contrato (como, o término da obra, por exemplo, em contratos de obras públicas).

7.9. SÚMULAS DE JURISPRUDÊNCIA

7.9.1. Súmulas Vinculantes

SÚMULA VINCULANTE N. 2. É INCONSTITUCIONAL A LEI OU ATO NORMATIVO ESTADUAL OU DISTRITAL QUE DISPONHA SOBRE SISTEMAS DE CONSÓRCIOS E SORTEIOS, INCLUSIVE BINGOS E LOTERIAS.

SÚMULA VINCULANTE N. 27. COMPETE À JUSTIÇA ESTADUAL JULGAR CAUSAS ENTRE CONSUMIDOR E CONCESSIONÁRIA DE SERVIÇO PÚBLICO DE TELEFONIA, QUANDO A ANATEL NÃO SEJA LITISCONSORTE PASSIVA NECESSÁRIA, ASSISTENTE, NEM OPOENTE.

7.9.2. Supremo Tribunal Federal

SÚMULA N. 7. SEM PREJUÍZO DE RECURSO PARA O CONGRESSO, NÃO É EXEQUÍVEL CONTRATO ADMINISTRATIVO A QUE O TRIBUNAL DE CONTAS HOUVER NEGADO REGISTRO.

SÚMULA N. 374. NA RETOMADA PARA CONSTRUÇÃO MAIS ÚTIL, NÃO É NECESSÁRIO QUE A OBRA TENHA SIDO ORDENADA PELA AUTORIDADE PÚBLICA.

8

BENS PÚBLICOS

8.1. CONCEITO

É discutível a conceituação de bens públicos e não há um consenso entre os doutrinadores da matéria. Isso porque a doutrina tradicional sempre adotou a ideia de que seriam bens públicos os bens das pessoas jurídicas de direito público, bem como aqueles pertencentes a pessoas de direito privado que estivessem afetados à prestação de determinado serviço público.

Este entendimento, inclusive, é o mais indicado para as garantias de tais bens, uma vez que as garantias conferidas pelo ordenamento aos bens públicos não são prerrogativas do titular do bem, mas sim direito da coletividade. Explique-se. Se o ordenamento admitir a penhora e arrematação dos veículos de uma empresa de transporte público, o dano causado ao titular dos bens nada será em comparação com os prejuízos causados à coletividade que não poderá usufruir do serviço de transportes.

Dessa forma, a utilização do bem na busca do interesse público seria determinante para sua caracterização como bem público, ainda que sua titularidade fosse de Pessoa Jurídica de direito privado.

Ocorre que, tal entendimento entra em conflito com o artigo 98 do Código Civil de 2002 que estabelece, *in verbis*:

> Art. 98. São públicos os bens do domínio nacional pertencentes às pessoas jurídicas de direito público interno; todos os outros são particulares, seja qual for a pessoa a que pertencerem.

Neste sentido, resta claro que o entendimento do legislador é que a conceituação dos bens públicos toma por base sua titularidade e não sua utilização no interesse coletivo. Isso porque os bens das pessoas jurídicas de direito público são públicos e isso não se discute. Conforme o texto de lei supratranscrito, o Código Civil Brasileiro não considera como bens públicos os bens das pessoas de direito privado, ainda que estejam atrelados à prestação de serviços de interesse da coletividade.

Todavia, embora não constem como bens públicos para a lei, os bens das pessoas jurídicas de direito privado atrelados ao serviço público também devem gozar das prerrogativas de direito público, tais como as garantias de impenhorabilidade e não onerabilidade. Esse entendimento se impõe, uma vez que as garantias dos bens públicos não são garantias do titular do bem, mas sim da coletividade que usufrui dele.

Logo, esse deve ser o entendimento dominante para provas de concursos, qual seja o da extensão das garantias dos bens públicos aos bens privados utilizados na prestação de serviços públicos.

> Atenção! O candidato deve sempre tomar cuidado com provas objetivas no sentido de que, se for cobrada a literalidade do texto da lei (e costuma ser), a assertiva deve ser considerada como verdadeira.

8.2. CLASSIFICAÇÃO

Inicialmente, os bens podem se classificar em **federais, estaduais, municipais ou distritais**, sendo que tal classificação toma por base a titularidade do bem, que pode pertencer, respectivamente, à União, Estados, Municípios ou Distrito Federal e as entidades de direito público que compõem sua administração indireta.

A classificação que tem mais relevo para provas de concursos é a que divide os bens com base em sua utilização a seguir descrita.

1) Bens de uso comum do povo – são bens que a Administração Pública mantém para o uso normal da população, de uso livre, gratuito **ou mediante a cobrança de taxas** (no caso de utilização anormal ou privativa). Para a utilização normal destes bens, não há necessidade de autorização do Poder Público. Ex. Praias, ruas, calçadas, etc. São bens para uso da população em geral.
2) Bens de uso especial – são bens usados para a prestação de serviço público pela Administração ou conservados pelo Poder Público com finalidade pública. Compõem o aparelho estatal. Ex. Escola Pública, terras tradicionalmente ocupadas pelos índios, etc.
3) Bens dominicais ou dominiais (as expressões são sinônimas para a maioria da doutrina e para as provas objetivas de concurso) – são bens que não têm qualquer destinação pública. Ex.: terra devoluta de um determinado Estado da federação. Neste caso, só ostentam a qualidade de bem público pelo fato de pertencerem a uma determinada pessoa jurídica de direito público. Podem ser alienados, respeitadas as condições previstas em lei, ou seja, são bens que não estão fora do comércio como as outras espécies de bens públicos.

CUIDADO! Se estivermos diante de uma terra devoluta cuja finalidade é a proteção do meio ambiente, por exemplo, trata-se de um bem de uso especial, em virtude da sua finalidade pública.

Vejamos as normas estipuladas pelo Código Civil acerca da classificação de bens públicos.

Art. 99. São bens públicos:

I – os de uso comum do povo, tais como rios, mares, estradas, ruas e praças;

II – os de uso especial, tais como edifícios ou terrenos destinados a serviço ou estabelecimento da administração federal, estadual, territorial ou municipal, inclusive os de suas autarquias;

III – os dominicais, que constituem o patrimônio das pessoas jurídicas de direito público, como objeto de direito pessoal, ou real, de cada uma dessas entidades.

Parágrafo único. Não dispondo a lei em contrário, consideram-se dominicais os bens pertencentes às pessoas jurídicas de direito público a que se tenha dado estrutura de direito privado.

A doutrina costuma estabelecer que os bens que têm uma determinada destinação pública (seja uso comum do povo ou utilização especial) são afetados. Por sua vez, os bens que não têm nenhuma utilização no interesse coletivo (como os dominicais) são desafetados.

Daí os institutos da afetação e desafetação de bens públicos. Isso porque um bem desafetado pode passar a ter destinação pública específica (mediante afetação). Da mesma forma, um bem que tem destinação pública específica pode deixar de ostentar a qualidade de bem afetado (mediante desafetação).

Para a doutrina majoritária, a afetação é livre, ou seja, não depende de lei ou ato administrativo específico, pelo que, a simples utilização do bem, com finalidade pública, já confere a este bem a qualidade de bem afetado. Por seu turno, a desafetação depende de lei específica ou manifestação do Poder Público mediante ato administrativo expresso, não ocorrendo com o simples desuso do bem. Em que pese este entendimento, entende-se ser possível a desafetação dos bens de uso especial por fatos da natureza, como, por exemplo, no caso de um incêndio em escola pública que a deixe totalmente destruída, impedindo sua utilização.

8.3. GARANTIAS

Os bens públicos gozam de determinadas prerrogativas decorrentes do regime jurídico de direito público que lhes é peculiar. Tais garantias podem ser divididas em quatro regras válidas para os bens que ostentem a titularidade pública. Vejamos.

- **Impenhorabilidade** – os bens públicos não podem ser penhorados em juízo para garantia de uma execução contra a fazenda pública, por exemplo. A penhora e arrematação do bem seriam de inquestionável prejuízo a toda a sociedade que dele usufrui. Nestas situações, o orçamento público é garantia da execução contra o Estado, uma vez que os débitos judiciais serão inscritos e pagos com respeito à ordem cronológica de precatórios prevista no art. 100 da Constituição Federal de 1988.
- **Não onerabilidade** – os bens públicos não podem ser objetos de direito real de garantia, ou seja, determinado bem público não fica sujeito à instituição de penhor, anticrese ou hipoteca para garantir débitos do ente estatal.
- **Imprescritibilidade** – trata-se da prescrição aquisitiva (usucapião) e sua inoponibilidade ao Poder Público. Neste sentido, os bens públicos não podem ser adquiridos pela posse mansa e pacífica por determinado espaço de tempo continuado, nos moldes da legislação civil.

Importante salientar que a imprescritibilidade atinge inclusive os bens não afetados, não sendo estes, também, passíveis de usucapião.

Ressalte-se ainda a Súmula 619 di STJ, que define que - A ocupação indevida de bem público configura mera detenção, de natureza precária, insuscetível de retenção ou indenização por acessões e benfeitorias.

Dessa forma, além da impossibilidade de usucapião, não se admite a posse sobre bens públicos sem justo título.

- **Alienabilidade condicionada** – o entendimento mais moderno é o de que os bens públicos podem ser alienados, desde que atendidos os requisitos estampados no artigo 17 da Lei 8666/93. O primeiro requisito é estar o bem desafetado da destinação pública. A segunda exigência é a demonstração do interesse público na alienação deste bem. Ademais, faz-se necessária a avaliação prévia do referido bem e, por fim, indispensável à realização de regular procedimento licitatório, prévio à alienação.

Insta enunciar que os bens de uso especial e os de uso comum são afetados, logo inalienáveis como regra. Somente poderão ser alienados no caso de serem desafetados, quando, então, deixam de ser bens de uso especial (ou comum) e passam a ostentar a qualidade de bens dominicais. Portanto, é correta a assertiva corrente em provas objetivas de que os bens de uso especial e os bens de uso comum são inalienáveis (são bens fora do comércio).

Por fim, deve ser registrado que para a alienação de bem imóvel, além dos quatro requisitos explicitados alhures, há a exigência de um quinto requisito: a autorização legislativa.

REQUISITOS PARA ALIENAÇÃO DE BENS PÚBLICOS:

- Bem desafetado – tornado sem destinação pública;

- Demonstração de interesse público na alienação do bem com a respectiva avaliação e licitação;
- Os bens móveis podem ser alienados por leilão até o limite de R$ 1.430.000,00, pois acima deste valor deve ser feita concorrência;
- Bens imóveis – a alienação deve ser feita por meio de concorrência, exceto nos casos de bens imóveis que sejam fruto de dação em pagamento ou decisão judicial, nos quais o poder público pode optar pela utilização de leilão.

Obs.: É necessária lei específica para alienação dos bens imóveis.

8.4. UTILIZAÇÃO DE BENS PÚBLICOS POR PARTICULARES

Insta relembrar que a utilização normal dos bens públicos não depende de manifestação do ente estatal, já que estes bens são de uso livre da população em geral. No entanto, em determinadas situações, o particular pretende fazer a utilização de um determinado bem público, de forma anormal ou privativa.

Isso ocorre, por exemplo, quando determinado cidadão quer fazer um casamento na praia, ou fechar o trânsito de uma rua para organizar a festa de São João, ou ainda, quer espalhar as mesas do seu bar na calçada em frente a ele.

Nestas situações, a utilização anormal destes bens fica dependendo da manifestação do Estado que, discricionariamente, deve analisar se a utilização diferenciada de um indivíduo não vai obstar a utilização normal do restante da coletividade.

Alguns são os instrumentos legais postos ao Estado para viabilizar esta utilização anormal dos bens públicos pelos particulares. Senão vejamos.

- Permissão de uso: é ato discricionário e precário, dependente de licitação prévia, por meio da qual o Estado permite a utilização anormal ou privativa de um bem público pelo particular, concedida eminentemente no interesse público. Ex. *Stands* em feiras de artesanatos ou bancas de revistas em calçadas.
- Autorização de uso: é ato discricionário e precário, independente de licitação prévia, por meio da qual o Estado permite a utilização anormal ou privativa de um bem público pelo particular, concedida eminentemente no interesse deste. Ex. Fechamento de rua para eventos festivos ou utilização da praia para realização de casamento.
- Concessão de uso – é contrato administrativo que permite o uso de bem público de forma anormal ou privativa, usado para situações mais perenes, permanentes e que geram investimento financeiro do particular. Não é precária, tem prazo determinado e requer procedimento licitatório. Ex: utilização de box em determinado mercado municipal, ou de restaurante em uma universidade pública.

- Concessão de direito real de uso – é contrato administrativo por meio do qual o particular passa a ser titular de um direito real de utilização de determinado bem público. Pode ser feito, por exemplo, quando a administração visa à industrialização ou urbanização de determinada área (podendo conceder o direito real de utilizar determinado terreno público a uma fábrica). Depende de licitação, sempre na modalidade concorrência.

Além das formas acima descritas, é possível a utilização de bens públicos por meio de instrumentos privados de uso como a enfiteuse e a locação civil. Estes instrumentos são matéria de estudo do direito civil.

8.5. BENS EM ESPÉCIE

O texto constitucional, em seu artigo 20 define quais os bens pertencentes à União, conforme abaixo transcrito.

Art. 20. São bens da União:

I – os que atualmente lhe pertencem e os que lhe vierem a ser atribuídos;

II – as terras devolutas indispensáveis à defesa das fronteiras, das fortificações e construções militares, das vias federais de comunicação e à preservação ambiental, definidas em lei;

III – os lagos, rios e quaisquer correntes de água em terrenos de seu domínio, ou que banhem mais de um Estado, sirvam de limites com outros países, ou se estendam a território estrangeiro ou dele provenham, bem como os terrenos marginais e as praias fluviais;

IV – as ilhas fluviais e lacustres nas zonas limítrofes com outros países; as praias marítimas; as ilhas oceânicas e as costeiras, excluídas, destas, as que contenham a sede de Municípios, exceto aquelas áreas afetadas ao serviço público e a unidade ambiental federal, e as referidas no art. 26, II; (Redação dada pela Emenda Constitucional n. 46, de 2005)

V – os recursos naturais da plataforma continental e da zona econômica exclusiva;

VI – o mar territorial;

VII – os terrenos de marinha e seus acrescidos;

VIII – os potenciais de energia hidráulica;

IX – os recursos minerais, inclusive os do subsolo;

X – as cavidades naturais subterrâneas e os sítios arqueológicos e pré-históricos;

XI – as terras tradicionalmente ocupadas pelos índios.

§ 1º – É assegurada, nos termos da lei, aos Estados, ao Distrito Federal e aos Municípios, bem como a órgãos da administração direta da União, participação no resultado da exploração de petróleo ou gás natural, de recursos hídricos para fins de geração de energia elétrica e de outros recursos minerais no respectivo território, plataforma continental, mar territorial ou zona econômica exclusiva, ou compensação financeira por essa exploração.

§ 2º – A faixa de até cento e cinquenta quilômetros de largura, ao longo das fronteiras terrestres, designada como faixa de fronteira, é considerada fundamental para defesa do território nacional, e sua ocupação e utilização serão reguladas em lei.

O artigo 26 da Carta Maior também define quais os bens públicos pertencentes aos estados federados.

Vejamos.

Art. 26. Incluem-se entre os bens dos Estados:

I – as águas superficiais ou subterrâneas, fluentes, emergentes e em depósito, ressalvadas, neste caso, na forma da lei, as decorrentes de obras da União;

II – as áreas, nas ilhas oceânicas e costeiras, que estiverem no seu domínio, excluídas aquelas sob domínio da União, Municípios ou terceiros;

III – as ilhas fluviais e lacustres não pertencentes à União;

IV – as terras devolutas não compreendidas entre as da União.

Normalmente, as provas objetivas questionam o texto constitucional propriamente dito. Entretanto, cumpre fazer algumas anotações acerca destes dispositivos.

- São considerados terrenos de marinha aqueles bens que se encontrem em uma faixa 33 metros contados da preamar média e tudo aquilo que a eles se acresceu desde 1831.
- As **terras devolutas são bens estaduais**. A titularidade da União é excepcional, somente se for necessária à fortificação ou defesa de fronteiras, segurança nacional ou proteção ao meio ambiente, quando serão bens da União.
- Faixa de fronteira – A faixa de terra de 150 km, zona de fronteira, é indispensável à segurança nacional. Os bens dessa área não são necessariamente públicos. O que ocorre é a imposição de restrições às propriedades privadas aí fixadas por estarem em área de segurança nacional.
- O Mar territorial é uma faixa de 12 milhas marítima em direção ao oceano que pertence à União. Não confundir com a plataforma continental e a zona

econômica exclusiva que são uma faixa de 200 milhas marítimas (após as 12 milhas) e que não pertencem à União. O texto constitucional somente determina que pertencem à União os recursos naturais ali encontrados.

Vejamos o mapa explicativo:

BENS EM ESPÉCIES:

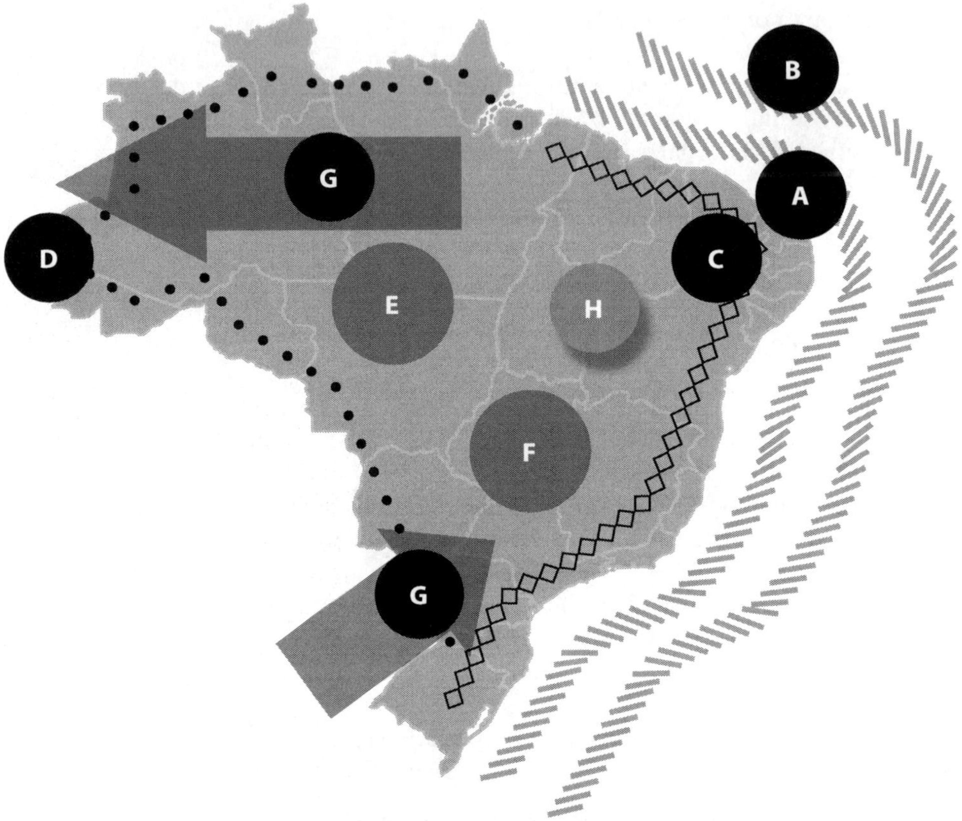

A	12 milhas – mar territorial (União)
B	200 milhas – Plataforma continental de zona econômica exclusiva. Os recursos naturais encontrados nesta área pertencem à União.
C	33 m – contados da premar média (terreno de marinha)
D	Faixa de terra indispensável à garantia da segurança nacional
G	Rio que vai de um país, vem de outro país ou banha mais de um Estado pertence à União.
E	Terras indígenas pertencem à União
F	Terras devolutas são pertencentes do Estado, salvo art 20, II da CF
G	Vai de um país, vem de outro país ou banha mais de um Estado pertence à União.
H	Potenciais de energia hidráulica pertencem à União

Obs.: Terrenos reservados são os marginais aos rios navegáveis e pertencem à União (Súmula 479 do STF)

8.6. SÚMULAS DE JURISPRUDÊNCIA

8.6.1. Supremo Tribunal Federal

SÚMULA N. 340. DESDE A VIGÊNCIA DO CÓDIGO CIVIL, OS BENS DOMINICAIS, COMO OS DEMAIS BENS PÚBLICOS, NÃO PODEM SER ADQUIRIDOS POR USUCAPIÃO.

SÚMULA N. 479. AS MARGENS DOS RIOS NAVEGÁVEIS SÃO DE DOMÍNIO PÚBLICO, INSUSCETÍVEIS DE EXPROPRIAÇÃO E, POR ISSO MESMO, EXCLUÍDAS DE INDENIZAÇÃO.

8.6.2. Superior Tribunal de Justiça

SÚMULA 103. INCLUEM-SE ENTRE OS IMÓVEIS FUNCIONAIS QUE PODEM SER VENDIDOS OS ADMINISTRADOS PELAS FORÇAS ARMADAS E OCUPADOS PELOS SERVIDORES CIVIS.

Súmula 619. A OCUPAÇÃO INDEVIDA DE BEM PÚBLICO CONFIGURA MERA DETENÇÃO, DE NATUREZA PRECÁRIA, INSUSCETÍVEL DE RETENÇÃO OU INDENIZAÇÃO POR ACESSÕES E BENFEITORIAS.

9

AGENTES PÚBLICOS

9.1. CONCEITO

A expressão "agente público" é bastante ampla, abarcando todos aqueles que atuam em nome do Poder Púbico. Assim, qualquer pessoa que age em nome do Estado é agente público, ainda que atue sem remuneração e transitoriamente. Dessa forma, uma vez que o Estado está atuando por via do sujeito, responderá pelos atos praticados (art. 37, §6º da CRFB).

Ex.: mesário no dia da eleição – o Estado responde pelo sujeito, se ele causar dano a alguém no exercício da função pública que, naquele momento, é agente público atuando em nome do ente estatal.

Espécies de agentes públicos: A) Agentes políticos; B) Particulares em colaboração; C) Servidores Estatais.

A) **AGENTES POLÍTICOS:** são aqueles agentes públicos que atuam no exercício da função política do Estado.

Quem exerce função política? Esta questão não é pacífica.

É indiscutível na doutrina que são agentes políticos os **detentores de mandato eletivo** e os **secretários e ministros de Estado**. Parte da doutrina, inclusive o eminente Celso Antônio Bandeira de Melo, entende que somente estes são agentes políticos. Inclusive este é o entendimento adotado nesta obra. Todavia, a doutrina vem-se posicionando majoritariamente no sentido de acrescentar os membros da **Magistratura** e os membros do **Ministério Público** como agentes políticos.

Logo, em prova objetiva, são agentes políticos: Detentores de Mandato Eletivo, Secretários e Ministros de Estado, membros da Magistratura e membros do Ministério Público.

Obs. 1: Defensor público não é agente político.

Obs. 2: Membros do Tribunal de Contas: o STF julgou esses agentes como agentes administrativos. A situação foi a seguinte:

Em 2008, após a edição da Súmula Vinculante n. 13, que tratou do nepotismo, determinado Prefeito nomeou o irmão como Secretário de Obras do Município. Ao analisar o caso, o STF entendeu não ser inconstitucional porque Secretário de Estado é agente político e, portanto, a nomeação dele trata-se de ato político. Por sua vez, o ato político não se sujeita ao controle jurisdicional por meio da Súmula Vinculante. Após esta decisão, determinado governador nomeou o irmão agente do Tribunal de Contas do Estado e o Supremo Tribunal Federal anulou a nomeação sob a alegação de que a função do Conselheiro do Tribunal de Contas é administrativa e não política. Em virtude dessa decisão, que segue abaixo transcrita, os membros do TC estão sendo excluídos do rol dos agentes políticos para fins de provas objetivas.

> EMENTA: AGRAVO REGIMENTAL EM RECLAMAÇÃO CONSTITUCIONAL. DENEGAÇÃO DE LIMINAR. ATO DECISÓRIO CONTRÁRIO À SÚMULA VINCULANTE 13 DO STF. NEPOTISMO. NOMEAÇÃO PARA O EXERCÍCIO DO CARGO DE CONSELHEIRO DO TRIBUNAL DE CONTAS DO ESTADO DO PARANÁ. NATUREZA ADMINISTRATIVA DO CARGO. VÍCIOS NO PROCESSO DE ESCOLHA. VOTAÇÃO ABERTA. APARENTE INCOMPATIBILIDADE COM A SISTEMÁTICA DA CONSTITUIÇÃO FEDERAL. PRESENÇA DO FUMUS BONI IURIS E DO PERICULUM IN MORA. LIMINAR DEFERIDA EM PLENÁRIO. AGRAVO PROVIDO. I – A vedação do nepotismo não exige a edição de lei formal para coibir a prática, uma vez que decorre diretamente dos princípios contidos no art. 37, caput, da Constituição Federal. II – **O cargo de Conselheiro do Tribunal de Contas do Estado do Paraná reveste-se, à primeira vista, de natureza administrativa, uma vez que exerce a função de auxiliar do Legislativo no controle da Administração Pública**. III – Aparente ocorrência de vícios que maculam o processo de escolha por parte da Assembleia Legislativa paranaense. IV – À luz do princípio da simetria, o processo de escolha de membros do Tribunal de Contas pela Assembleia Legislativa por votação aberta, ofende, a princípio, o art. 52, III, b, da Constituição. V – Presença, na espécie, dos requisitos indispensáveis para o deferimento do pedido liminarmente pleiteado. VI – Agravo regimental provido.

(Rcl 6702 MC-AgR, Relator(a): Min. RICARDO LEWANDOWSKI, Tribunal Pleno, julgado em 04/03/2009, DJe-079 DIVULG 29-04-2009 PUBLIC 30-04-2009 EMENT VOL-02358-02 PP-00333 RSJADV jun., 2009, p. 31-34 LEXSTF v. 31, n, 364, 2009, p. 139-150)

B) PARTICULARES EM COLABORAÇÃO: são aqueles que, sem perderem a qualidade de particulares, atuam, em situações excepcionais, em nome do Estado.

São 4 espécies:

I. **Designados:** são todos aqueles que atuam em virtude de convocação efetivada pelo Poder Público. São chamados por Hely Lopes Meireles de "agentes honoríficos". Ex. Mesários, Jurados.

II. **Voluntários:** aqueles que atuam voluntariamente em repartições, escolas, hospitais públicos ou situações de calamidade, sempre que o ente estatal realiza programa de voluntariado. Ex. "Amigos da Escola".

III. **Delegados:** agentes das concessionárias e permissionárias de serviços públicos. OBS.: não é pacífica esta classificação, pois a atuação dos "delegados" não se dá em nome do Estado, e sim em nome de uma empresa que presta serviço público por delegação. Prestando serviço em nome próprio, seus agentes não prestam serviços em nome do Estado, mas sim em nome da concessionária/permissionária. Entretanto, devem ser considerados agentes públicos pelo candidato, na realização de provas objetivas de concursos.

IV. **Credenciados:** atuam em nome do Estado em virtude de ato de autorização. Ex.: titulares de cartório. **OBS.:** em algumas provas de concursos, a banca considera os titulares de cartório como agentes delegados.

C) SERVIDORES ESTATAIS: também chamados de Agentes Administrativos, têm vínculo com o Estado, no exercício da função administrativa.

São divididos em 3 espécies:

I. **Temporários:** são contratados com base no art. 37, inciso IX, CF/88:

> Art. 37. IX – a lei estabelecerá os casos de contratação por tempo determinado para atender a necessidade temporária de excepcional interesse público;

No âmbito federal, à contratação de servidores temporários, aplica-se a Lei 8.745/93, que "dispõe sobre a contratação por tempo determinado para atender a necessidade temporária de excepcional interesse público, nos termos do inciso IX do art. 37 da Constituição Federal". Afinal, a contratação depende sempre de lei específica que a regulamente. Não é possível a contratação de temporários para substituir efetivos, sob pena de se estar diante de uma atuação inconstitucional do agente público. Essa contratação irregular acontece com frequência, na prática, pelo fato de que os temporários não adquirem estabilidade, por isso, é mais simples a sua exoneração; além de ser mais simples a contratação, uma vez que o texto constitucional não exige concurso para a contratação destes agentes.

Ressalte-se que, para contratação de servidores temporários, é necessário o cumprimento de 3 requisitos, a saber:

- Serviço temporário;
- Interesse público;
- Caráter de excepcionalidade da contratação.

Esses servidores não são celetistas, embora sejam contratados. Em verdade, têm regime especial de direito administrativo. Hoje é indiscutível que as ações decorrentes deste vínculo temporário são competência da justiça comum.

Ex.: pessoal recrutado para fazer o Censo.

II. Celetista: tem vínculo permanente com o Estado, com prazo indeterminado, sob relação de emprego. O Supremo Tribunal Federal, analisando a Emenda Constitucional n. 19/98 declarou inconstitucional o dispositivo que permitia o ingresso de empregados públicos na administração direta e autárquica. Logo, só se admite a contratação de empregados na administração indireta de direito privado.

III. Estatutário: da mesma forma, os estatutários têm vínculo permanente com a Administração, com prazo indeterminado.

Para ingressar no serviço permanente, seja como servidor celetista, seja como estatutário, a Constituição Federal exige aprovação em concurso público, conforme estipulado em seu art. 37, inciso II, vejamos:

> *Art. 37. II – a investidura em **cargo ou emprego público** depende de aprovação prévia em concurso público de provas ou de provas e títulos, de acordo com a natureza e a complexidade do cargo ou emprego, na forma prevista em lei, ressalvadas as nomeações para cargo em comissão declarado em lei de livre nomeação e exoneração; (Redação dada pela Emenda Constitucional n. 19, de 1998)*

Prazo de validade do concurso é de até 2 anos, prorrogável uma vez por igual período.

Ademais, a Súmula Vinculante nº 44 permite a realização de exame psicotécnico, desde que haja previsão em lei.

De acordo com o entendimento do STJ, quem é aprovado dentro do número de vagas do edital, tem direito subjetivo à nomeação:

> ADMINISTRATIVO. APROVAÇÃO DE CANDIDATO DENTRO DO NÚMERO DE VAGAS PREVISTAS EM EDITAL. DIREITO LÍQUIDO E CERTO À NOMEAÇÃO E À POSSE NO CARGO. 1. O candidato aprovado em concurso público dentro das vagas previstas tem direito líquido e certo à nomeação. Precedentes: RMS 31.611/SP, Rel. Min. Humberto Martins, DJe de 17.05.10; AgRg no RMS 30.308/MS, Rel. Min. Felix Fischer, DJe 15.3.2010. 2. Recurso especial não provido. (REsp 1220684/AM, Rel. Ministro CASTRO MEIRA, SEGUNDA TURMA, julgado em 03/02/2011, DJe 18/02/2011)

DISTINÇÃO ENTRE ESTATUTÁRIOS E CELETISTAS:

O que diferencia os servidores celetistas dos estatutários é a natureza do vínculo. Vejamos.

O servidor celetista é aprovado no concurso e é chamado a assinar um **contrato de emprego**. Todos os seus direitos e obrigações estão previstos no contrato, desde que respeitadas as regras da CLT e da Lei 9.962/00. Logo, sua relação com o Poder Público é contratual e neste acordo estão definidas todas as regras deste vínculo.

O servidor estatutário aprovado no concurso é chamado a tomar posse, assumindo posteriormente um cargo público. Não celebra contrato, estando seus direitos e obrigações previstos em diplomas legais específicos, denominados **estatutos.** No âmbito federal a Lei 8.112/90 é o estatuto que trata dos servidores civis. Logo, não há uma relação individualizada (contratual), sendo o vínculo decorrente diretamente da lei.

> Importante! Os servidores celetistas podem adquirir a estabilidade prevista na Constituição Federal? Não. Atenção: súmula 390 do TST diz que a estabilidade constitucional se estende aos servidores celetistas da administração direta e autárquica (aqueles que ingressaram, enquanto era permitido o ingresso de celetistas na administração direta). No entanto, a súmula não prevalece, na doutrina de direito administrativo.

Isso porque, nos termos do art. 41 da CF/88, a estabilidade é adquirida pelos detentores de CARGO público, não sendo também prevista para os detentores de EMPREGO público. Vejamos a transcrição do dispositivo mencionado:

*Art. 41. São estáveis, após três anos de efetivo exercício, os servidores nomeados para **cargo** de provimento efetivo em virtude de concurso público. (Redação dada pela Emenda Constitucional n. 19, de 1998)*

Ressalte-se que nem todo servidor estatutário está apto a adquirir estabilidade, uma vez que os servidores estatutários se dividem em:

- **Cargos efetivos:** aprovados mediante concurso público e passíveis da aquisição de estabilidade.
- **Cargos em comissão:** não adquirem estabilidade, pois são cargos de livre nomeação e exoneração. Comissionados não precisam de concurso para provimento do cargo, mas não têm garantia de continuidade na função.

9.2. ESTABILIDADE

Garantia constitucional concedida a alguns servidores públicos que só podem perder o cargo, nas hipóteses de lei e da forma que a Constituição Federal estabeleceu.

Para aquisição da estabilidade, é indispensável a comprovação de dois requisitos cumulativos, quais sejam:

- três anos de efetivo exercício em cargo efetivo;
- aprovação em avaliação especial de desempenho, por comissão especialmente constituída.

> Obs.: STF vem entendendo que a avaliação pode ser expressa ou tácita. Isso porque, passados os 3 anos de exercício, se avaliação não foi feita, presume-se que o servidor foi avaliado e aprovado. É o que a doutrina denomina de avaliação tácita.

Os servidores estáveis só perderão o cargo nas formas que a CF estabelece em seu art. 41 e nas formas estabelecidas em lei:

Art. 41. § 1º O servidor público estável só perderá o cargo: (Redação dada pela Emenda Constitucional n. 19, de 1998)

I – em virtude de sentença judicial transitada em julgado; (Incluído pela Emenda Constitucional nº 19, de 1998)

II – mediante processo administrativo em que lhe seja assegurada ampla defesa; (Incluído pela Emenda Constitucional n. 19, de 1998)

III – mediante procedimento de avaliação periódica de desempenho, na forma de lei complementar, assegurada ampla defesa. (Incluído pela Emenda Constitucional n. 19, de 1998)

Com efeito, dispõe o art. 41 da Carta da República que o servidor público, mesmo depois de adquirir a estabilidade, pode perder o cargo em virtude de:

A) Avaliação periódica de desempenho: neste caso o servidor já adquiriu estabilidade e continuará sendo avaliado. É diferente da avaliação especial, necessária para aquisição da estabilidade.

B) Processo administrativo em que se assegure ampla defesa (todo processo administrativo deve respeitar a ampla defesa).

C) Sentença judicial transitada em julgado.

D) Exoneração para corte de gastos: hipótese inserida por meio da Emenda Constitucional 19/98 no art. 169 da CF. Explique-se. A Lei de Responsabilidade Fiscal (LC 101/00) estabelece os limites de gastos que o executivo pode ter com pessoal. A CF diz que se o ente ultrapassar esse limite, terá que cortar gastos, o que pode significar exonerações. A regra é que primeiro haverá redução de pelo menos 20% das despesas com cargos comissionados e funções de confiança. Caso não resolva, serão exonerados servidores públicos não estáveis. Se, mesmo depois destas medidas, não se chega ao limite legal de gastos, serão exonerados os servidores estáveis. Nestes casos, o cargo do servidor estável será extinto e o ente público não pode criar outro igual ou equiparado por 4 anos e, além disso, o servidor estável exonerado perceberá uma indenização que corresponde a um mês de remuneração para cada ano de serviço público prestado. Abaixo se transcreve o texto constitucional que dispõe acerca desta exoneração, *in verbis:*

Art. 169. § 3º Para o cumprimento dos limites estabelecidos com base neste artigo, durante o prazo fixado na lei complementar referida no caput, a União, os Estados, o Distrito Federal e os Municípios adotarão as seguintes providências: (Incluído pela Emenda Constitucional n. 19, de 1998)

I – redução em pelo menos vinte por cento das despesas com cargos em comissão e funções de confiança; (Incluído pela Emenda Constitucional n. 19, de 1998)

II – exoneração dos servidores não estáveis. (Incluído pela Emenda Constitucional n. 19, de 1998)

§ 4º Se as medidas adotadas com base no parágrafo anterior não forem suficientes para assegurar o cumprimento da determinação da lei complementar referida neste artigo, o servidor estável poderá perder o cargo, desde que ato normativo motivado de cada um dos Poderes especifique a atividade funcional, o órgão ou unidade administrativa objeto da redução de pessoal. (Incluído pela Emenda Constitucional n. 19, de 1998)

CUIDADO! EXONERAÇÃO é DIFERENTE de DEMISSÃO — a **demissão** é a perda do cargo com caráter PUNITIVO e a **exoneração** também é a perda do cargo, mas sem caráter de penalidade.

- **Estabilidade x Estágio probatório:**

Histórico: quando a CF foi publicada, estabelecia que o prazo para adquirir estabilidade seria de 2 anos. A Lei 8112/90 e os estatutos em geral deram a esses primeiros 2 anos (24 meses) o nome de "**estágio probatório**". Com o advento da EC 19/98, o prazo de estabilidade passou para 3 anos, porém a lei não foi alterada.

Com isso, parte da doutrina dizia que estabilidade é diferente de estágio probatório, sendo a estabilidade adquirida após 3 anos, mas o estágio probatório de 24 meses. Outra parcela da doutrina dizia que o estágio probatório é o prazo para adquirir estabilidade, portanto, com a alteração do prazo de estabilidade. Na Constituição Federal, o prazo de estágio probatório estaria automaticamente alterado e passaria a ser de 3 anos.

Em 2010, em julgados dos Tribunais Superiores, apesar da disparidade entre a lei e a CF, o prazo de estabilidade foi definido como sendo o prazo do estágio probatório. Logo, se o prazo para adquirir a estabilidade é de 3 anos, o prazo do estágio probatório será o mesmo.

> EMENTA: Agravo Regimental em Suspensão de Tutela Antecipada. 2. Estágio confirmatório de dois anos para Advogados da União de acordo com o artigo 22 da Lei Complementar n. 73/1993. 3. Vinculação entre o instituto da estabilidade, definida no art. 41 da Constituição Federal, e o instituto do estágio probatório. 4. Aplicação de prazo comum de três anos a ambos os institutos. 5. Agravo Regimental desprovido.
>
> (STA 269 AgR, Relator(a): Min. GILMAR MENDES (Presidente), Tribunal Pleno, julgado em 04/02/2010, DJe-035 DIVULG 25-02-2010 PUBLIC 26-02-2010 EMENT VOL-02391-03 PP-00756 LEXSTF v. 32, n. 375, 2010, p. 226-234)

Atenção! Se a prova objetiva trouxer o texto da lei (art. 20 da Lei 8112/90 – 24 meses para o estágio probatório), pode marcar como sendo certa. Caso contrário, deve-se seguir a jurisprudência.

9.3. REQUISITOS PARA INGRESSO NO CARGO PÚBLICO

Os requisitos estão estipulados no art. 5º da lei 8112/90 e na Constituição Federal e são:

A) Aprovação mediante concurso público;

B) Nacionalidade brasileira. Ressalte-se que a lei não pode distinguir entre brasileiros natos e naturalizados. Somente a Constituição Federal pode fazer distinção. Neste sentido, para ingressar em cargo público federal, deve ser brasileiro (nato ou naturalizado). As exceções ficam a cargo do próprio estatuto que prevê que as universidades públicas e instituições de pesquisa científica e tecnológica federais poderão prover seus cargos com professores, técnicos e cientistas estrangeiros;

C) Gozo dos direitos políticos;

D) Quitação com as obrigações militares e eleitorais;

E) Nível de escolaridade exigido para o exercício do cargo;

F) Idade mínima de dezoito anos;

G) Aptidão física e mental para o exercício das funções do cargo.

Frise-se que a exigência de aptidão física e mental para o exercício do cargo não pode restringir o acesso aos cargos públicos de forma indevida, somente sendo admitida se a exigência for compatível com a função a ser exercida:

> ***SÚMULA N. 683 do STF:*** *O LIMITE DE IDADE PARA A INSCRIÇÃO EM CONCURSO PÚBLICO SÓ SE LEGITIMA EM FACE DO ART. 7º, XXX, DA CONSTITUIÇÃO, QUANDO POSSA SER JUSTIFICADO PELA NATUREZA DAS ATRIBUIÇÕES DO CARGO A SER PREENCHIDO.*

Ex.: para ingressar nas forças armadas de determinado estado, é necessário ter ao menos 1,70 m de altura. Um cidadão foi aprovado em concurso público para cargo de médico da polícia militar deste estado e não tinha altura mínima exigida. Considerando que o requisito não é necessário ao exercício da função, a exigência é ilegal, para o cargo de médico.

A lei 8112/90 reserva até 20% das vagas aos portadores de deficiência, desde que a deficiência não impeça o exercício da função. A jurisprudência do Superior Tribunal de Justiça estabeleceu que o edital deve respeitar um percentual mínimo de 5% das vagas destinadas a estes candidatos. Vejamos o texto da lei:

Art. 5º (...)

(...)

§ 2º Às pessoas portadoras de deficiência é assegurado o direito de se inscrever em concurso público para provimento de cargo cujas atribuições sejam compatíveis com a deficiência de que são portadoras; para tais pessoas serão reservadas até 20% (vinte por cento) das vagas oferecidas no concurso.

9.4. PROVIMENTO

Trata-se da forma de ocupação do cargo público pelo servidor. A lei separa o provimento em 2 espécies:

Provimento Originário:	**- Nomeação**
Provimento Derivado:	**- Promoção;** **- Readaptação;** **- Reversão;** **- Reintegração;** **- Recondução;** **- Aproveitamento.**

A) **Provimento Originário:** primeiro provimento na carreira – nomeação (art. 9º e seguintes da Lei 8112/90).

Quando o candidato é nomeado, ainda não é servidor. Para se tornar servidor, é necessário assinar o termo de posse. Por isso, o texto legal estabelece que o provimento do cargo se dá com a nomeação, mas a investidura, no cargo, se dá com a posse (art. 7º, Lei 8112/90).

O prazo máximo para a posse é de 30 dias, contados da publicação do ato de provimento (§1º do art. 13). Pode se dar por meio de procuração, desde que específica (§ 3º do art. 13).

Depois da posse, o servidor terá o prazo de 15 dias para começar a exercer as funções do cargo (art. 15, § 1º). Se não entrar em exercício dentro do prazo, será exonerado:

Art. 15. § 2º O servidor será exonerado do cargo ou será tornado sem efeito o ato de sua designação para função de confiança, se não entrar em exercício nos prazos previstos neste artigo, observado o disposto no art. 18. (Redação dada pela Lei n. 9.527, de 10.12.97)

Se for nomeado e não tomar posse, não ocorrerá exoneração, porque ainda não investido. Neste caso, o ato de nomeação fica sem efeito. Logo, o cargo volta a ficar vago.

NOMEAÇÃO	→	POSSE	→	EXERCÍCIO
	30 dias		**15 dias**	

B) **Provimento Derivado:** aquele que decorre de um provimento originário anterior. Somente é possível o provimento derivado de outros cargos na mesma carreira em que houve provimento originário anterior. Não pode haver provimento derivado em outra carreira. Nestes casos, deve haver concurso, para que se faça novo provimento originário. É a inteligência da Súmula Vinculante nº 43.

São espécies de provimento derivado:

B.1) Promoção: é o chamado provimento derivado vertical. O servidor público ocupa cargos mais altos, na carreira de ingresso, alternadamente por antiguidade e merecimento.

Ressalte-se que, por meio de promoção, não se pode assumir um cargo em outra carreira mais elevada (Por exemplo, ser promovido do cargo de técnico do Tribunal para o cargo de analista). A ascensão que era prevista na Lei 8112/90 e estabelecia esta situação não existe mais, porque burla a obrigatoriedade de concurso para ingresso em nova carreira estampada no art. 37, II da Constituição Federal.

B.2) Readaptação (art. 24, Lei 8112/90): aproveitamento do servidor em razão de uma limitação sofrida na capacidade física ou mental. O servidor será readaptado em outro cargo, cujas funções sejam compatíveis com as limitações que sofreu em sua capacidade laboral.

Na readaptação é garantida a equivalência de vencimentos, ou seja, não pode ter alteração remuneratória em virtude da readaptação.

Esta forma de provimento derivado independe da existência de cargo vago na carreira, porque ainda que não o haja, o servidor terá direito a ser readaptado e exercerá suas funções, no novo cargo, como excedente. Não havendo nenhum cargo, na carreira, com funções compatíveis, o servidor será aposentado por invalidez.

Por fim, para que haja readaptação, não há necessidade de a limitação ter ocorrido em função do exercício da função. A princípio, independentemente de culpa, o servidor tem direito a ser readaptado.

B.3) Reversão (art. 25, Lei 8112/90): é a volta do servidor público aposentado ao exercício do cargo público.

Pode se dar por dois motivos: reversão da aposentadoria por invalidez, quando cessam os motivos da invalidez; reversão do servidor aposentado voluntariamente, atendidos os requisitos estabelecidos em lei.

O Supremo Tribunal Federal vem entendendo que a aposentadoria voluntária quebra o vínculo com a Administração Pública, logo a reversão seria uma burla à Regra Constitucional, sendo possível o retorno apenas mediante novo concurso público. Dessa forma, somente seria possível a reversão do servidor público aposentado por invalidez, uma vez cessados os motivos que deram ensejo à aposentadoria.

No entanto, para provas objetivas, importante saber que a reversão ainda pode decorrer de interesse da administração pública na aposentadoria voluntária, desde que respeitados alguns requisitos legais, abaixo transcritos:

Art. 25. Reversão é o retorno à atividade de servidor aposentado: (Redação dada pela Medida Provisória n. 2.225-45, de 4.9.2001)

I - por invalidez, quando junta médica oficial declarar insubsistentes os motivos da aposentadoria; ou (Incluído pela Medida Provisória n. 2.225-45, de 4.9.2001)

***II - no interesse da administração, desde que:** (Incluído pela Medida Provisória n. 2.225-45, de 4.9.2001)*

a) tenha solicitado a reversão; (Incluído pela Medida Provisória n. 2.225-45, de 4.9.2001)

b) a aposentadoria tenha sido voluntária; (Incluído pela Medida Provisória n. 2.225-45, de 4.9.2001)

c) estável quando na atividade; (Incluído pela Medida Provisória n. 2.225-45, de 4.9.2001)

d) a aposentadoria tenha ocorrido nos cinco anos anteriores à solicitação; (Incluído pela Medida Provisória n. 2.225-45, de 4.9.2001)

e) haja cargo vago. (Incluído pela Medida Provisória n. 2.225-45, de 4.9.2001)

Por fim, saliente-se que, após os 75 anos de idade, não será possível a reversão, porque é a idade limite para a aposentadoria compulsória, nos moldes da LC 152/15.

B.4) Reintegração (art. 28, Lei 8112/90): retorno do servidor público estável, em virtude da anulação do ato de demissão.

Ocorre, portanto, quando invalidada a demissão do servidor estável por decisão judicial ou administrativa, sendo que o reintegrado será indenizado por tudo que deixou de ganhar em virtude da demissão ilegal.

Ex.: Maurício, que ocupava o cargo A, foi demitido. Quando reintegrado, o cargo A estava ocupado por Wesley. Maurício será reintegrado ao seu cargo. Wesley será reconduzido para o cargo de origem dele. Estando o cargo B ocupado pelo Paulo, Wesley, então, será aproveitado em outro cargo compatível com o dele. Não havendo cargo compatível vago, Wesley então será posto em disponibilidade.

B.5) Recondução (art. 29, Lei 8112/90): é o retorno do servidor ao cargo anteriormente ocupado por ele.

Ocorrerá em duas hipóteses:

Art. 29. (...)

I - inabilitação em estágio probatório relativo a outro cargo;

II - reintegração do anterior ocupante.

Não gera direito a percepção de indenização, em nenhuma das duas hipóteses. Logo, o servidor, retornará ao cargo de origem, percebendo a remuneração relativa a este cargo.

No que tange à inaptidão em estágio probatório de outro cargo, a jurisprudência vem entendendo que a inaptidão é de mão dupla, ou seja, tanto o servidor pode requerer a sua recondução para o cargo anterior ao término do estágio probatório, como a administração pública pode determinar seu retorno imediato.

B.6) Aproveitamento (art. 30, Lei 8112/90): é o retorno do servidor público que se encontra em disponibilidade a cargo compatível como o que exercia anteriormente.

Isso porque a Constituição Federal prevê que, caso haja a extinção ou declaração de desnecessidade de cargo público, o servidor público estável ocupante do cargo não poderá ser demitido ou exonerado, sendo transferido para a disponibilidade. Nestas situações, o servidor deixa de exercer as funções temporariamente e mantém o vínculo com a administração pública. A disponibilidade é remunerada proporcionalmente ao tempo de serviço. Vejamos.

Art. 41. § 3º Extinto o cargo ou declarada a sua desnecessidade, o servidor estável ficará em disponibilidade, com remuneração proporcional ao tempo de serviço, até seu adequado aproveitamento em outro cargo. (Redação dada pela Emenda Constitucional n. 19, de 1998)

Frise-se que não há prazo para o término da disponibilidade, mas o servidor tem a garantia de que, surgindo cargo vago compatível, seu aproveitamento será obrigatório. O aproveitamento é obrigatório e a obrigatoriedade é de mão dupla, ou seja, a Administração não pode deixar de aproveitar para nomear novos candidatos, assim como o servidor não pode optar por ficar em disponibilidade, recusando o aproveitamento.

Obs.: Reintegração, recondução e aproveitamento são formas de provimento derivado para servidores públicos estáveis.

9.5. VACÂNCIA

Em sentido contrário ao provimento, as situações de vacância são as hipóteses de desocupação do cargo público. São elas:

A) Aposentadoria;

B) Falecimento;

C) Exoneração e demissão;

D) Promoção e readaptação (para prova objetiva, são as únicas hipóteses, ao mesmo tempo, de provimento e vacância);

E) Posse em cargo inacumulável: se o servidor público for empossado em cargo que não se acumula com o primeiro, terá que vagar o cargo anterior.

9.6. ACUMULAÇÃO DE CARGOS

De acordo com a CF/88, a princípio, não é possível acumular cargos nem empregos públicos de qualquer ente da administração direta ou indireta da União, dos estados, dos municípios e do Distrito Federal. Logo, quando a Constituição Federal proíbe a acumulação de cargo ou emprego, abrange os servidores estatutários, os celetistas e também os temporários. Ficam ressalvadas as situações constitucionalmente postas:

Art. 37. XVI – é vedada a acumulação remunerada de cargos públicos, exceto, quando houver compatibilidade de horários, observado em qualquer caso o disposto no inciso XI. (Redação dada pela Emenda Constitucional n. 19, de 1998)

A) a de dois cargos de professor; (Incluída pela Emenda Constitucional n. 19, de 1998)

B) a de um cargo de professor com outro técnico ou científico; (Incluída pela Emenda Constitucional n. 19, de 1998)

C) a de dois cargos ou empregos privativos de profissionais de saúde, com profissões regulamentadas; (Redação dada pela Emenda Constitucional n. 34, de 2001)

No que tange à acumulação de cargos técnicos ou científicos com cargos de professor, o Superior Tribunal de Justiça vem entendendo que os cargos técnicos ou científicos, para fins de acumulação, são aqueles de nível superior ou de nível técnico especializado, não bastando ter a nomenclatura de técnico (como cargos de técnico judiciário). Ressalte-se que Magistrados e membros do Ministério Público podem acumular seus cargos com um cargo de professor, nos moldes do artigo 95, parágrafo único, I c/c artigo 128, § 5º, II, "d" da Carta Magna. Mesmo que não houvesse previsão expressa, a acumulação seria lícita em virtude da regra geral, por se tratarem de cargos científicos.

Para que, em qualquer das hipóteses, a cumulação seja lícita, deve haver compatibilidade de horários. Além disso, indispensável que a referida acumulação respeite o teto remuneratório de pagamento de servidores (art. 37, XI da CF/88). Cumpre ressaltar que, em 2017, o STF pacificou o entendimento que, para fins de respeito ao teto remuneratório, será considerado cada um dos cargos individualmente, não sendo necessária a soma de valores das remunerações de ambos os cargos.

Se acumular cargos ilegalmente, a Administração Pública, tendo conhecimento da situação, concederá o prazo de 10 dias para que o servidor faça a opção entre eles:

optando em 10 dias, considera-se que estava de boa-fé e que está pedindo exoneração de um dos dois cargos.

porém, não optando por um dos cargos, a Administração iniciará um processo administrativo sumário que se desenvolve nas seguintes etapas: é designada uma comissão composta por 2 servidores estáveis, concede-se o prazo para apresentação de defesa pelo servidor, em 5 dias e, ao final, é proferida a decisão. Frise-se que a lei 8112/90 concede ao servidor a possibilidade de optar por um dos cargos até o último dia do prazo de defesa. Feita a opção, considerar-se-á de boa-fé o referido agente. Não sendo feita a opção e sendo detectada a acumulação ilegal, o servidor será demitido de todos os cargos ocupados.

Por fim, resta o seguinte questionamento acerca da acumulação. É possível acumular aposentadoria do regime próprio de previdência do servidor com remuneração de cargo efetivo? Dispõe a Constituição Federal:

Art. 37. § 10. É vedada a percepção simultânea de proventos de aposentadoria decorrentes do art. 40 ou dos arts. 42 e 142 com a remuneração de cargo, emprego ou função pública, ressalvados os cargos acumuláveis na forma desta Constituição, os cargos eletivos e os cargos em comissão declarados em lei de livre nomeação e exoneração. (Incluído pela Emenda Constitucional n. 20, de 1998)

Art. 40. § 6º – Ressalvadas as aposentadorias decorrentes dos cargos acumuláveis na forma desta Constituição, é vedada a percepção de mais de uma aposentadoria à conta do regime de previdência previsto neste artigo. (Redação dada pela Emenda Constitucional n. 20, de 15/12/98)

§ 11 – Aplica-se o limite fixado no art. 37, XI, à soma total dos proventos de inatividade, inclusive quando decorrentes da acumulação de cargos ou empregos públicos, bem como de outras atividades sujeitas à contribuição para o regime geral de previdência social, e ao montante resultante da adição de proventos de inatividade com remuneração de cargo acumulável na forma desta Constituição, cargo em comissão declarado em lei de livre nomeação e exoneração, e de cargo eletivo. (Incluído pela Emenda Constitucional n. 20, de 15/12/98)

Desta forma, é possível acumular:

A) Proventos de aposentadoria + remuneração de cargo em comissão;

B) Proventos de aposentadoria + remuneração de cargo eletivo;

C) Proventos de aposentadoria + remuneração de cargo efetivo acumulável na atividade (hipóteses do art. 37, XVI).

9.7. DESLOCAMENTO

A lei 8112/90 estabelece duas hipóteses de deslocamento que não configuram provimento ou vacância de cargos públicos: a remoção e a redistribuição. Tratemos de cada uma delas isoladamente.

A) **Remoção (art. 36, Lei 8112/90):** é o deslocamento do servidor público dentro do mesmo quadro de pessoal (dentro da mesma carreira), com ou sem mudança de sede.

A remoção pode ser feita de ofício ou a pedido do servidor.

A **remoção de ofício** é sempre concedida, no **interesse da Administração Pública**; enquanto a **remoção a pedido** é concedida a **critério da Administração Pública.**

Nota-se que, em ambos os casos, a remoção se dá por ato discricionário do agente. Ocorre que a lei estabelece 3 (três) hipóteses nas quais a remoção a pedido deve ser concedida independentemente do interesse da Administração Pública. São situações em que a remoção figura como ato vinculado. Vejamos.

- deslocamento do cônjuge do servidor. Nesta situação, se o cônjuge ou companheiro do servidor público é deslocado no interesse da administração, por meio de remoção, ele poderá acompanhar o cônjuge deslocado;
- por motivo de saúde do servidor, cônjuge ou de dependente econômico do servidor, comprovado o requisito por junta médica;
- concurso de remoção, feito por antiguidade.

B) **Redistribuição:** é o deslocamento do cargo público, ou seja, na redistribuição é o cargo (e não o servidor público) que será deslocado de um ponto para outro, de uma localidade para outra.

A lei permite que o deslocamento seja feito entre órgãos diferentes e até mesmo entre entidades diferentes, desde que seja dentro do mesmo Poder.

Ex.: foram aprovadas dentro do orçamento do Poder Executivo 1.000 vagas para técnicos, que serão distribuídas dentre os vários Ministérios, de acordo com as necessidades. Adveio lei nova, estipulando que determinada atividade migrará do Ministério da Fazenda para o Ministério do Planejamento, os 100 cargos de técnicos que atuavam com planejamento serão redistribuídos para o Ministério do Planejamento. Situação similar ocorreu com a criação da "Super Receita", em 2007. Antes da criação da Receita Federal do Brasil, a União fazia cobrança de impostos federais e o INSS fazia cobrança de contribuições sociais. Com o advento da lei, a União passou a ter competência para cobrança de todos os tributos, inclusive das contribuições previdenciárias, não sendo mais competência do INSS. Desta forma, os auditores que estavam lotados no INSS foram redistribuídos para a estrutura da União.

A redistribuição de cargos públicos é sempre feita de oficio, ou seja, ocorre no interesse da administração.

9.8. REMUNERAÇÃO DO SERVIDOR PÚBLICO

A Lei 8112/90 estabelece que a remuneração é o vencimento básico do servidor público acrescido de todas as vantagens pecuniárias permanentes do cargo. Ressalte-se que a expressão vencimentos (no plural) é sinônimo de remuneração e não de vencimento.

REMUNERAÇÃO OU VENCIMENTOS = vencimento + vantagens pecuniárias permanentes

A remuneração do servidor público é irredutível.

> Importante salientar que a irredutibilidade garantida pelo texto constitucional e pela lei é nominal, ou seja, não há garantia de irredutibilidade real – o Supremo Tribunal Federal já pacificou o entendimento de que não é possível garantir a irredutibilidade real dos vencimentos.

Ademais, a remuneração do servidor público não pode ser inferior ao salário mínimo. Frise-se que o vencimento básico pode ser inferior ao mínimo legal, desde que a remuneração total não o seja. Esta é a dicção da lei 8112/90 e da súmula vinculante n. 16 do Supremo Tribunal Federal, abaixo transcritas, *in litteris*.

Art. 41. *§ 5º Nenhum servidor receberá remuneração inferior ao salário mínimo. (Incluído pela Lei n. 11.784, de 2008*

Súmula Vinculante 16: *Os artigos 7º, IV, e 39, § 3º (redação da EC 19/98), da Constituição, referem-se ao total da remuneração percebida pelo servidor público.*

Além da remuneração, a Constituição Federal (por meio da Emenda Constitucional n. 19/98) criou outra forma de pagamento aos servidores públicos, denominada **SUBSÍDIO**. O Subsídio é forma de pagamento feito em parcela única, não aceitando nenhum acréscimo patrimonial.

Art. 39. § 4º O membro de Poder, o detentor de mandato eletivo, os Ministros de Estado e os Secretários Estaduais e Municipais serão remunerados exclusivamente por subsídio fixado em parcela única, vedado o acréscimo de qualquer gratificação, adicional, abono, prêmio, verba de representação ou outra espécie remuneratória, obedecido, em qualquer caso, o disposto no art. 37, X e XI. (Redação dada pela Emenda Constitucional n. 19, de 1998)

A criação do subsídio não exclui o pagamento feito mediante remuneração. Isso porque, salvo as carreiras cuja instituição do subsídio é obrigatória, é facultado ao Poder Público optar pela remuneração ou pelo subsídio, uma vez que a Constituição Federal não exige a sua implementação para todos os servidores.

Carreiras cuja implantação do subsídio é obrigatória, nos moldes da Carta Magna:

Agentes Políticos, membros do Tribunal de Contas, Advocacia Pública, Defensoria Pública e Polícia (Segurança pública).

Ex.: os auditores fiscais, por opção da administração pública, recebem subsídio (já que, para qualquer carreira que não as referidas acima, a implantação do subsídio é facultativa).

Desconto na remuneração do servidor público:

Como regra geral, não há descontos da remuneração, já que a verba tem caráter alimentar. No entanto, excepcionalmente, é admitido o desconto. As exceções estão postas na lei e são:

- **imposição legal ou por decisão judicial.** Ex. Imposto sobre a Renda, os alimentos dos filhos, determinados judicialmente;
- **consignação em folha.** Para haver empréstimo consignado em folha de pagamento, devem estar presentes 2 requisitos: (i) o interesse da administração e (ii) autorização do servidor público;
- **ressarcimento ao Erário.** A jurisprudência do STJ vem se firmando no sentido de que os valores recebidos a maior pelo servidor de boa-fé não são repetíveis. Estando de má-fé, o servidor deve devolver os valores recebidos no prazo de 30 dias. Não podendo pagar de uma só vez dentro do prazo, a lei confere a ele o direito de fazer o pagamento mediante parcelamento com desconto em folha. A lei diz que a parcela será de, no mínimo, 10% da remuneração do servidor. OBS.: se o servidor for desligado do serviço público antes de quitar o débito, terá o prazo de 60 dias para pagar o restante da dívida. Não quitando, será inscrito em Dívida Ativa e haverá execução fiscal.

No que tange ao arresto, sequestro ou penhora da remuneração, o texto legal expressamente veda as referidas situações, salvo hipóteses de pensão alimentícia definida em decisão judicial, senão vejamos o dispositivo legal.

Art. 48. O vencimento, a remuneração e o provento não serão objeto de arresto, sequestro ou penhora, exceto nos casos de prestação de alimentos resultante de decisão judicial.

9.9. VANTAGENS

Podem ser acrescidas à remuneração do servidor, de acordo com a lei, **indenizações, gratificações** ou **adicionais**. São situações circunstanciais, não integrando a remuneração, a princípio:

Art. 49. Além do vencimento, poderão ser pagas ao servidor as seguintes vantagens:

I - indenizações;

II - gratificações;

III - adicionais.

§ 1º As indenizações não se incorporam ao vencimento ou provento para qualquer efeito.

§ 2º As gratificações e os adicionais incorporam-se ao vencimento ou provento, nos casos e condições indicados em lei.

A) **Indenização**: NÃO É ACRÉSCIMO PATRIMONIAL; possui natureza ressarcitória. Nestes casos, o Estado deve repor o prejuízo causado ao servidor que despendeu recursos próprios para prestação de serviço público.

Ex.: oficial de justiça que gasta o próprio carro para entregar mandados.

Ex.: gastos do Procurador do Estado que vai para outra comarca realizar audiência e deve ser ressarcido das diárias.

As indenizações previstas na lei 8112/90 são de 4 tipos.

1) Diária

Indenização paga ao servidor público que se desloca temporariamente para prestação do serviço público. As diárias são pagas para que o servidor possa arcar com as despesas de acomodação, alimentação e locomoção urbana (já que o servidor faz jus ao recebimento de diárias além das passagens para deslocamento). Ressalte-se que, nas situações em que o deslocamento da sede seja atribuição permanente do cargo, o servidor não faz jus à percepção de diárias, e também não fará jus a diárias o servidor que se deslocar dentro da mesma região metropolitana, aglomeração urbana ou microrregião, constituídas por municípios limítrofes e regularmente instituídas, ou em áreas de controle integrado mantidas com países limítrofes, cuja jurisdição e competência dos órgãos, entidades e servidores brasileiros consideram-se estendidas, salvo se houver pernoite fora da sede, hipóteses em que as diárias pagas serão sempre as fixadas para os afastamentos dentro do território nacional.

Ademais, o servidor perceberá somente ∞ (meia) diária quando o deslocamento não exigir pernoite fora da sede, ou quando a União custear, por meio diverso, as despesas extraordinárias cobertas por diárias.

Por fim, a lei estipula que, em virtude do seu caráter indenizatório, o servidor que receber diárias e não se afastar da sede, por qualquer motivo, fica obrigado a restituí-las à Administração Pública, integralmente, no prazo máximo de 5 (cinco) dias.

2) Ajuda de custo

Indenização paga ao servidor público que se desloca da sede de forma permanente, no interesse da administração pública. Não visa a custear os gastos com a mudança, uma vez que a lei determina que correm por conta da administração pública as despesas de transporte do servidor e de sua família, compreendendo passagem, bagagem e bens pessoais. O valor da diária será definido pela administração pública e não pode ultrapassar o valor correspondente a 3 (três) meses de remuneração do servidor.

Por fim, saliente-se que, em caso de morte do servidor na nova sede, à sua família são assegurados ajuda de custo e transporte para a localidade de origem, desde que requerido dentro do prazo de 1 (um) ano, contado do óbito.

Ademais, a lei determina que não pode ser paga ajuda de custo em virtude de deslocamento a pedido do servidor, como ocorre nas hipóteses de remoção previstas no art. 36, parágrafo único, incisos II e III, da lei 8112/90.

3) Transporte

É indenização paga ao servidor público que realizar despesas com a utilização de meio próprio de locomoção para a execução de serviços públicos externos, por força das atribuições próprias do cargo.

4) Auxílio moradia.

É indenização paga ao servidor público que tenha sido deslocado de sua sede, para exercer cargos em comissão de DAS 4, 5 e 6, ou cargos de natureza especial ou ainda cargos de ministro de estado. Tem como finalidade custear os gastos com moradia dos referidos servidores e será pago no valor comprovado do aluguel ou pagamento de hotel, não podendo ultrapassar 25% do valor do cargo em comissão.

A lei estabelece algumas restrições à percepção do auxílio moradia que abaixo se transcreve:

Art. 60-B. Conceder-se-á auxílio-moradia ao servidor se atendidos os seguintes requisitos: (Incluído pela Lei n. 11.355, de 2006)

I - não exista imóvel funcional disponível para uso pelo servidor; (Incluído pela Lei n. 11.355, de 2006)

II - o cônjuge ou companheiro do servidor não ocupe imóvel funcional; (Incluído pela Lei n. 11.355, de 2006)

III - o servidor ou seu cônjuge ou companheiro não seja ou tenha sido proprietário, promitente comprador, cessionário ou promitente cessionário de imóvel no Município onde for exercer o cargo, incluída a hipótese de lote edificado sem averbação de construção, nos doze meses que antecederem a sua nomeação; (Incluído pela Lei n. 11.355, de 2006)

IV - nenhuma outra pessoa que resida com o servidor receba auxílio-moradia; (Incluído pela Lei n. 11.355, de 2006)

V - o servidor tenha se mudado do local de residência para ocupar cargo em comissão ou função de confiança do Grupo-Direção e Assessoramento Superiores - DAS, níveis 4, 5 e 6, de Natureza Especial, de Ministro de Estado ou equivalentes; (Incluído pela Lei n. 11.355, de 2006)

VI - o Município no qual assuma o cargo em comissão ou função de confiança não se enquadre nas hipóteses do art. 58, § 3º, em relação ao local de residência ou domicílio do servidor; (Incluído pela Lei n. 11.355, de 2006)

VII - o servidor não tenha sido domiciliado ou tenha residido no Município, nos últimos doze meses, aonde for exercer o cargo em comissão ou função de confiança, desconsiderando-se prazo inferior a sessenta dias dentro desse período; e (Incluído pela Lei n. 11.355, de 2006)

VIII - o deslocamento não tenha sido por força de alteração de lotação ou nomeação para cargo efetivo. (Incluído pela Lei n. 11.355, de 2006)

IX – o deslocamento tenha ocorrido após 30 de junho de 2006. (Incluído pela Lei n. 11.490, de 2007)

Parágrafo único. Para fins do inciso VII, não será considerado o prazo no qual o servidor estava ocupando outro cargo em comissão relacionado no inciso V. (Incluído pela Lei n. 11.355, de 2006)

B) **Gratificações**: art. 61, incisos I e II, da Lei 8112/90.

B.1) Gratificação de função: é a gratificação pelo exercício de uma função de direção chefia ou assessoramento. Indispensável explicitar os conceitos de "função de confiança" e "cargo em comissão" para clarear o entendimento acerca da matéria. Vejamos.

Observação importante:

Todo cargo público é criado por lei, faz parte da estrutura de um órgão público e necessariamente terá uma função. **Não existe cargo sem função, não obstante exista função sem cargo.**

Em decorrência da função exercida, a lei atribui a remuneração, ou seja, a contraprestação pelo exercício do cargo.

Ocorre que existem funções que não podem ser exercidas por qualquer servidor público, por dependerem da confiança do administrador, que são basicamente as funções de **direção, chefia e assessoramento.**

Formas de provimento dessas funções:

Função de confiança: é uma função sem cargo, uma função solta dentro da estrutura do serviço público. Por se tratar da função de direção, chefia ou assessoramento e por não estar atribuída a um cargo específico, a função de confiança só pode ser exercida por alguém que já esteja investido em cargo efetivo. Por sua vez, se o servidor público possui um cargo efetivo para o qual há uma função, e se a este mesmo servidor for entregue uma nova função além daquela que possui e é remunerado, receberá uma GRATIFICAÇÃO, denominada **gratificação de função.**

Cargo em comissão (ou cargo de confiança): é cargo cuja função é de direção, chefia e assessoramento. Sendo um cargo e não somente uma função, pode ser exercido por quem não possua cargo efetivo, trata-se do comissionado.

Também pode ser exercido por servidores de cargo efetivo. Neste caso, o servidor deverá, uma vez que não se podem acumular cargos de forma remunerada, se afastar do cargo efetivo (sem vagar), deixando de ser remunerado por ele, passando a receber a retribuição pelo exercício do cargo em comissão.

A CF criou uma "reserva de mercado" para que cada entidade, por meio de lei, estabeleça percentual mínimo de cargos em comissão que necessariamente deverão ser preenchidos por servidores de carreira (efetivos).

Art. 37. V – As funções de confiança, exercidas exclusivamente por servidores ocupantes de cargo efetivo, e os cargos em comissão, a serem preenchidos por servidores de carreira nos casos, condições e percentuais mínimos previstos em lei, destinam-se apenas às atribuições de direção, chefia e assessoramento.

Os cargos em comissão são de livre nomeação e exoneração. Sendo exercido por servidor efetivo, caso exonerado do cargo em comissão, voltará para o cargo efetivo.

Pode ser entregue ao servidor de outro cargo em comissão? Sim, de forma interina (temporariamente). Nesses casos, o sujeito acumula as funções, mas recebe somente uma remuneração, a maior. Esta é a dicção da lei 8112/90, abaixo transcrita:

Art. 9º (...)

Parágrafo único. O servidor ocupante de cargo em comissão ou de natureza especial poderá ser nomeado para ter exercício, interinamente, em outro cargo de confiança, sem prejuízo das atribuições do que atualmente ocupa, hipótese em que deverá optar pela remuneração de um deles durante o período da interinidade. (Redação dada pela Lei n. 9.527, de 10.12.97)

Para ambos se aplicam as regras proibitivas do nepotismo estampadas na **Súmula Vinculante n. 13**: *A nomeação de cônjuge, companheiro ou parente em linha reta, colateral ou por afinidade, até o terceiro grau, inclusive, da autoridade nomeante ou de servidor da mesma pessoa jurídica investido em cargo de direção, chefia ou assessoramento, para o exercício de cargo em comissão ou de confiança ou, ainda, de função gratificada na administração pública direta e indireta em qualquer dos Poderes da União, dos Estados, do Distrito Federal e dos Municípios, compreendido o ajuste mediante designações recíprocas, viola a Constituição Federal.*

B.2) Gratificação natalina: é paga, até o dia 20 de dezembro de cada ano, ao servidor público, na proporção de um doze avos da remuneração de dezembro para cada mês de serviço público prestado.

B.3) Gratificação por encargo de curso ou concurso: é gratificação paga ao servidor público que atua na coordenação ou aplicação de provas de concurso e também ao servidor que atua como examinador de banca de concurso ou instrutor em curso de formação.

C) Adicionais: art. 61, incisos IV a VIII, da Lei 8112/90.

Na lei encontramos os seguintes adicionais:

C.1) adicional pelo exercício de atividades insalubres, perigosas ou penosas:

Adicional pago aos servidores que exercem atividades prejudiciais à saúde (insalubres), com risco de vida (perigosas) ou que exijam esforço demasiado (penosas). A lei determina que os dois primeiros adicionais sejam inacumuláveis. Portanto, se a atividade do servidor for, ao mesmo tempo, insalubre e perigosa, ele deve optar por um dos dois adicionais. Ademais, a servidora gestante ou lactante será afastada, enquanto durar a gestação e a lactação, das operações e locais insalubres, perigosos e penosos, exercendo suas atividades em outro local.

C.2) adicional pela prestação de serviço extraordinário (hora extra):

É pago ao servidor que trabalha além de sua jornada diária normal. A hora extra tem caráter excepcional, não podendo ultrapassar 2 horas por jornada (diária) e será remunerada com um adicional de 50% a mais em relação à hora normal.

C.3) adicional noturno:

Adicional no valor de 25% da remuneração da hora normal pago ao servidor que exerce atividade noturna. Considera-se serviço noturno o prestado em horário compreendido entre 22 (vinte e duas) horas de um dia e 5 (cinco) horas do dia seguinte, sendo que a hora noturna tem duração de cinquenta e dois minutos e trinta segundos.

C.4) adicional de férias:

É adicional pago ao servidor público, por ocasião das suas férias, correspondente a 1/3 (um terço) da remuneração do período das férias.

9.10. FÉRIAS

O servidor público tem direito a **30 dias** de férias por ano (civil). Para gozar do primeiro período de férias, o servidor deve ter 12 meses de exercício. Logo, apenas para o primeiro período é que se exige o período aquisitivo de 12 meses – art. 77 e seguintes da Lei 8112/90.

Ex. Exercício em 10 de outubro de 2009 – férias a partir de 10 de outubro de 2010 e próximo período de férias a partir de 1° de janeiro do ano seguinte (porque, com exceção do primeiro período de férias, os demais são adquiridos com a passagem do ano civil).

A lei estipula que é possível haver acumulação de períodos de férias, por no máximo 2 períodos, desde que seja feito no interesse da Administração.

Por sua vez, a pedido do servidor e a critério da Administração, as férias do servidor público podem ser parceladas em até 3 (três) períodos. No entanto, em caso de parcelamento das férias, o adicional de férias (1/3 da remuneração do mês das férias) não é parcelado, sendo pago de uma única vez, antes do primeiro período.

Na busca do interesse público, o servidor pode ter suas férias interrompidas. A lei traz um rol taxativo de hipóteses de interrupção. Vejamos:

Art. 80. As férias somente poderão ser interrompidas por motivo de calamidade pública, comoção interna, convocação para júri, serviço militar ou eleitoral, ou por necessidade do serviço declarada pela autoridade máxima do órgão ou entidade. (Redação dada pela Lei n. 9.527, de 10.12.97) (Férias de Ministro – Vide)

Parágrafo único. O restante do período interrompido será gozado de uma só vez, observado o disposto no art. 77. (Incluído pela Lei n. 9.527, de 10.12.97)

Conforme explicitado no parágrafo único, as férias do servidor só podem ser interrompidas uma única vez, no mesmo período.

9.11. LICENÇAS

A) Por motivo de doença familiar (Pode ser concedida no Estágio probatório, mas suspende a contagem do estágio):

Conforme a lei, para fazer jus a esta licença, será necessário completar 3 (três) requisitos comprovados por junta médica oficial (art. 83), quais sejam: (i) pessoa da família doente, (ii) o doente depende da assistência direta do servidor e (iii) impossibilidade de o servidor, ao mesmo tempo, prestar a assistência ao familiar enfermo e exercer sua função pública.

Comprovados os requisitos, o servidor tem direito à licença por até 60 dias com remuneração, limite este que inclui as prorrogações necessárias. Terminado este período, pode prorrogar por até 90 dias, sem remuneração. Evidentemente, cada nova prorrogação exige a comprovação de todos os requisitos.

Concedida a licença por motivo de doença de membro da família, outra só poderá ser concedida após 12 meses, ainda que não usufruído todo o período permitido.

B) Por motivo de afastamento do cônjuge (pode ser concedida no Estágio probatório, mas suspende a contagem do estágio):

Ocorre quando o cônjuge do servidor é deslocado para qualquer lugar do território nacional ou do exterior:

Art. 84. § 2º No deslocamento de servidor cujo cônjuge ou companheiro também seja servidor público, civil ou militar, de qualquer dos Poderes da União, dos Estados, do Distrito Federal e dos Municípios, PODERÁ haver exercício provisório em órgão ou entidade da Administração Federal direta, autárquica ou fundacional, desde que para o exercício de atividade compatível com o seu cargo. (Redação dada pela Lei n. 9.527, de 10.12.97)

Não tem prazo definido em lei e será concedida sem remuneração.

O Superior Tribunal de Justiça, em novembro de 2010, a despeito de a lei mencionar que a licença "PODERÁ ser concedida", julgou que certa servidora teria DIREITO à licença para acompanhar o cônjuge, desde que comprovados os requisitos. Com isso, firmou um entendimento que esta licença seria um ato vinculado e não discricionário como parece estabelecer o dispositivo legal.

Logo, anteriormente poderia se falar em ato discricionário da Administração, porém, de acordo com a decisão, se extrai que a licença é ato vinculado, configurando garantia do servidor público.

C) Para exercício de atividade política (pode ser concedida no Estágio probatório, mas suspende a contagem do estágio):

Concedida ao sujeito que quer participar das eleições na qualidade de candidato.

Essa licença se divide em dois momentos: o primeiro vai da escolha do sujeito, na convenção partidária, até a véspera do registro da candidatura na justiça eleitoral (neste período, a licença é concedida sem remuneração); o segundo vem com o registro da candidatura e segue até 10 dias após as eleições (neste período, a licença será concedida com remuneração, não podendo ultrapassar 3 (três) meses).

Servidores que exercem funções ou cargos comissionados não podem se candidatar sem se desincompatibilizar – desincompatibilização: devem-se afastar do cargo ou função por 180 dias (sem remuneração).

D) Para prestação do serviço militar (pode ser concedida no Estágio probatório, e não suspende a contagem do estágio):

A licença dura o tempo do serviço militar. Terminada a atividade, termina a licença.

No entanto, terminado o serviço militar, o servidor ainda tem o prazo de 30 (trinta) dias (sem remuneração) para retornar ao cargo público. Ou seja, o retorno não será necessariamente imediato.

E) Por motivo de interesse particular: (não pode ser concedida no Estágio probatório)

Prevista no art. 91 do estatuto dos servidores federais. Trata-se de licença imotivada. Isso porque o servidor não precisa explicar o motivo pelo qual requer a licença (afinal, tem cunho particular).

É discricionária e precária. Logo, a Administração concede se entender pertinente à luz do interesse público e, mesmo depois de concedida, poderá ser interrompida, a qualquer tempo, por razões de interesse público.

Será concedida pelo prazo máximo de 3 (três) anos e sem remuneração.

F) Para capacitação: (veio substituir a licença prêmio) (não pode ser concedida no Estágio probatório)

Conforme a lei 8112/90, a cada 5 (cinco) anos de efetivo exercício no serviço público o servidor tem direito a até 3 (três) meses de licença para participar de curso de capacitação profissional, no interesse da Administração Pública. Estes 3 (três) meses não são uma garantia, mas sim o limite, ou seja, se o curso durar 2 (dois) meses, esta será a duração da licença. Os períodos são inacumuláveis. (art. 87)

A licença capacitação será concedida sem prejuízo da remuneração do servidor.

Para cálculo do período de 5 (cinco) anos, será computado todo o tempo de exercício de cargo, no serviço público federal, inclusive o compreendido no estágio probatório.

G) Para desempenho de Mandato classista: (não pode ser concedida no Estágio probatório)

Somente serão licenciados os servidores eleitos para os cargos de direção ou representação em entidades de classe dos servidores (art. 92).

A licença não é remunerada e dura o tempo do mandato classista, sendo que a lei permite a prorrogação se houver reeleição (uma única vez).

Esta licença conta como tempo de serviço para todos os efeitos, menos para promoção por merecimento.

9.12. AFASTAMENTOS

9.12.1. Afastamento para o exercício de mandato eletivo (art. 94 da lei 8.112/1990 e art. 38, CF/88)

Art. 38. Ao servidor público da administração direta, autárquica e fundacional, no exercício de mandato eletivo, aplicam-se as seguintes disposições: (Redação dada pela Emenda Constitucional n. 19, de 1998)

I – tratando-se de mandato eletivo federal, estadual ou distrital, ficará afastado de seu cargo, emprego ou função;

II – investido no mandato de Prefeito, será afastado do cargo, emprego ou função, sendo-lhe facultado optar pela sua remuneração;

III – investido no mandato de Vereador, havendo compatibilidade de horários, perceberá as vantagens de seu cargo, emprego ou função, sem prejuízo da remuneração do cargo eletivo, e, não havendo compatibilidade, será aplicada a norma do inciso anterior;

IV – em qualquer caso que exija o afastamento para o exercício de mandato eletivo, seu tempo de serviço será contado para todos os efeitos legais, exceto para promoção por merecimento;

V – para efeito de benefício previdenciário, no caso de afastamento, os valores serão determinados como se no exercício estivesse.

Conforme transcrito, nem sempre haverá afastamento: se o cargo público para o qual foi eleito o servidor for federal, estadual ou distrital, o servidor será afastado do cargo efetivo e receberá a remuneração (subsídio) do cargo eletivo.

Nos cargos eletivos de mandato municipal para Prefeito, será afastado o servidor público, mas poderá optar pela remuneração do cargo efetivo que ocupava.

Em se elegendo para cumprir mandato municipal em cargo de Vereador, o afastamento depende da compatibilidade de horários entre os cargos (efetivo e eletivo). Isso porque, se houver compatibilidade de horários, o servidor pode acumular o cargo efetivo mais o de vereador, recebendo por ambos. Não havendo compatibilidade de horários, não pode acumular e será afastado, podendo ainda optar pela remuneração.

> Atenção! O afastamento pode ser concedido a qualquer servidor efetivo, mesmo durante o período de estágio probatório.

A Constituição Federal determina que, necessariamente, o servidor afastado deve continuar contribuindo para o regime próprio de previdência do servidor e também estabelece que o tempo de afastamento será computado como tempo de serviço público para todos os efeitos, menos para fins de promoção por merecimento.

9.12.2. Afastamento para servir a outro órgão ou entidade (art. 93)

Conforme disposição da lei 8.112/90, o servidor público poderá ser cedido para ter exercício em outro órgão ou entidade dos Poderes da União, dos Estados, ou do Distrito Federal e dos Municípios, para exercício de cargo em comissão ou função de confiança além de situações previstas em lei específica. A cessão será realizada por meio de portaria, a qual deverá ser publicada no Diário Oficial da União.

A questão de maior relevo neste afastamento diz respeito ao pagamento do servidor público que foi cedido, ou seja, importa saber a cargo de quem ficará o ônus da cessão.

Neste sentido, a legislação estipula que, sendo a cessão para órgãos ou entidades dos Estados, do Distrito Federal dos Municípios, o ônus da remuneração será do órgão ou entidade cessionária, sendo mantido o ônus para o cedente nos demais casos. No entanto, na hipótese de o servidor cedido a empresa pública, sociedade de economia mista, nos termos de suas respectivas normas, optar pela remuneração do cargo efetivo ou pela remuneração do cargo efetivo acrescida de percentual da retribuição do cargo em comissão, de direção ou de gerência, a entidade cessionária ou o serviço social autônomo efetuará o reembolso das despesas realizadas pelo órgão ou pela entidade de origem.

Ressalte-se ainda que o servidor, em estágio probatório, somente poderá ser cedido a outro órgão público para o exercício de cargos em comissão de DAS 4, 5 ou 6 ou, ainda, cargos de natureza especial.

Por fim, as cessões de empregados de empresa pública ou de sociedade de economia mista, que recebam recursos de Tesouro Nacional para o custeio total ou parcial da sua folha de pagamento de pessoal, ficam condicionadas à autorização específica do Ministério do Planejamento, Orçamento e Gestão, exceto nos casos de ocupação de cargo em comissão ou função gratificada.

9.12.3. Afastamento para Estudo ou Missão no Exterior (arts. 95 e 96)

Mediante autorização do Presidente da República, Presidente dos Órgãos do Poder Legislativo e Presidente do Supremo Tribunal Federal, o servidor poderá se afastar do cargo para fins de estudo ou missão oficial fora do país. Nestas situações, a lei determina que a ausência não excederá a 4 (quatro) anos, e finda a missão ou estudo, somente decorrido igual período, será permitida nova ausência.

Ademais, cumpre ressaltar que a lei proíbe que o servidor, ao retornar, do estudo ou missão, seja exonerado a pedido ou goze de licença por interesse particular, pelo mesmo tempo que ficou afastado. Vejamos.

Art. 95. (...)

(...)

§2º Ao servidor beneficiado pelo disposto neste artigo não será concedida exoneração ou licença para tratar de interesse particular antes de decorrido período igual ao do afastamento, ressalvada a hipótese de ressarcimento da despesa havida com seu afastamento.

Por fim, a lei estipula que:

Art. 96. O afastamento de servidor para servir em organismo internacional de que o Brasil participe ou com o qual coopere dar-se-á com perda total da remuneração. (Vide Decreto n. 3.456, de 2000)

9.12.4. Afastamento para Participação em Programa de Pós-Graduação *Stricto Sensu* no País (art. 96-A)

O servidor público poderá afastar-se do exercício do cargo efetivo, com a respectiva remuneração, no interesse público, para participar em programa de pós-graduação *stricto sensu* em instituição de ensino superior no País. A pós-graduação *stricto sensu*, nos termos da lei, abrange mestrado, doutorado e pós-doutorado.

O texto legal traz algumas restrições para a concessão deste afastamento, que devem ser memorizados pelo candidato, porque tem uma tendência de cair em provas objetivas. Vejamos.

§ 2º Os afastamentos para realização de programas de mestrado e doutorado somente serão concedidos aos servidores titulares de cargos efetivos no respectivo órgão ou entidade há pelo menos 3 (três) anos para mestrado e 4 (quatro) anos para doutorado, incluído o período de estágio probatório, que não tenham se afastado por licença para tratar de assuntos particulares para gozo de licença capacitação ou com fundamento neste artigo nos 2 (dois) anos anteriores à data da solicitação de afastamento. (Incluído pela Lei n. 11.907, de 2009)

§ 3º Os afastamentos para realização de programas de pós-doutorado somente serão concedidos aos servidores titulares de cargos efetivo no respectivo órgão ou entidade há pelo menos quatro anos, incluído o período de estágio probatório, e que não tenham se afastado por licença para tratar de assuntos particulares ou com fundamento neste artigo, nos quatro anos anteriores à data da solicitação de afastamento. (Redação dada pela Lei n. 12.269, de 2010)

§ 4º Os servidores beneficiados pelos afastamentos previstos nos §§ 1º, 2º e 3º deste artigo terão que permanecer no exercício de suas funções após o seu retorno por um período igual ao do afastamento concedido. (Incluído pela Lei n. 11.907, de 2009)

§ 5º Caso o servidor venha a solicitar exoneração do cargo ou aposentadoria, antes de cumprido o período de permanência previsto no § 4º deste artigo, deverá ressarcir o órgão ou entidade, na forma do art. 47 da Lei no 8.112, de 11 de dezembro de 1990, dos gastos com seu aperfeiçoamento. (Incluído pela Lei n. 11.907, de 2009)

§ 6º Caso o servidor não obtenha o título ou grau que justificou seu afastamento no período previsto, aplica-se o disposto no § 5º deste artigo, salvo na hipótese comprovada de força maior ou de caso fortuito, a critério do dirigente máximo do órgão ou entidade. (Incluído pela Lei n. 11.907, de 2009).

9.13. CONCESSÕES

A lei 8112/90 estabelece situações nas quais o servidor pode se ausentar do serviço, sendo considerada a ausência como efetivo exercício. São as chamadas concessões e seguem a tabela abaixo.

DIAS DE AUSÊNCIA:	MOTIVO:
1 dia	Doação de sangue
Até 2 dias	Alistamento eleitoral ou recadastramento eleitoral.
8 dias	Casamento Luto pelo falecimento de cônjuge, companheiro, pais, madrasta ou padrasto, filhos, enteados, menor sob guarda ou tutela e irmãos

9.14. GREVE

As normas atinentes ao direito de greve do servidor público decorrem do texto constitucional. A Constituição Federal, expressamente, veda ao servidor militar o direito de greve e de sindicalização (art. 142, §3º, IV, CF/88).

Por sua vez, o servidor público civil tem direito de greve, conforme art. 37, inciso VII, da CF/88, sendo que nos moldes do dispositivo mencionado, este direito será exercido, nos termos estipulados em lei específica (cuidado porque a prova objetiva, com muita sutileza em sua enunciação, estipula que o direito de greve do servidor será exercido nos termos de lei complementar – esta assertiva deverá ser considerada falsa).

A discussão ora vigente parte do fato de não haver lei específica regulamentando o direito de greve do servidor. Logo, considerando-se que ainda não há lei específica, pode, ainda assim, o servidor público civil exercer o direito de greve?

Se entendermos o direito de greve constitucional como norma de eficácia contida, o servidor pode exercer o direito de greve e a lei específica virá apenas conter os efeitos e estabelecer normas regulamentares.

Se entendermos ser norma de eficácia limitada, não obstante haja o direito, o exercício deste direito fica condicionado ao advento da lei que regulamente. O STF já pacificou o entendimento de que o direito de greve do servidor público civil é **norma constitucional de eficácia limitada**. Portanto, diante da ausência de lei específica, impossível o exercício do direito de greve legalmente.

Ocorre que, em 2008, foi ajuizado Mandado de Injunção, e o Supremo Tribunal Federal decidiu no sentido de que enquanto não vier lei específica, o servidor público civil poderá fazer greve licitamente com base e nos moldes estabelecidos na lei geral de greve. Desta forma, sanou-se a omissão legislativa até que seja editada a lei cabível.

> Atenção! A discussão atual questiona se o servidor que exerce seu direito de greve licitamente tem direito à remuneração pelos dias parados: a princípio, o Supremo Tribunal Federal entendeu que não há este direito.

Por seu turno, o Supremo Tribunal Federal, em 2016, na análise do Recurso Extraordinário nº 693.456, decidiu, apreciando o tema da repercussão geral, por unanimidade, por maioria, na parte conhecida, fixar tese nos seguintes termos: ***"A administração pública deve proceder ao desconto dos dias de paralisação decorrentes do exercício do direito de greve pelos servidores públicos, em virtude da suspensão do vínculo funcional que dela decorre, permitida a compensação em caso de acordo. O desconto será, contudo, incabível se ficar demonstrado que a greve foi provocada por conduta ilícita do Poder Público".***

Nota-se que, em comprovada a ilicitude do Poder Público como ensejadora do movimento paredista – como pode ocorrer, por exemplo, nas hipóteses em que o ente estatal descumpre acordos firmados com a categoria – o corte da remuneração não será admitido.

9.15. REGIME DISCIPLINAR

É cediço que o servidor público, por uma única infração cometida, pode ser punido nas esferas penal, civil e administrativa. Logo, poderá sofrer três sanções por um único ato infracional e, da mesma forma, poderá ser absolvido em um julgamento e punido nos outros, não configurando contradição. Isso acontece porque a regra é que as esferas são independentes entre si, não havendo interferência da decisão de uma instância, no julgamento das demais.

Sanções penais são aplicadas com base na legislação penal.

Sanções civis estão previstas na lei de improbidade (Lei 8.429/92).

Sanções administrativas estão previstas no estatuto do servidor (Lei 8112/90).

Exceção à independência das instâncias: a lei estabelece que, sendo o servidor absolvido na esfera penal por *inexistência do fato* ou *negativa de autoria*, necessariamente deverá ser absolvido na esfera civil e administrativa.

Ex.: sujeito desviou dinheiro público: a Administração, tomando conhecimento, informa ao Ministério Público e o servidor responderá a processos nas 3 (três) esferas. O processo administrativo precisa esperar o fim dos demais? Não, diante da independência das instâncias. Ocorre que o servidor foi demitido no Processo administrativo disciplinar e, 1 (um) ano depois, é absolvido na esfera penal por negativa de autoria. Diante disso, este servidor será reintegrado aos quadros da Administração Pública.

Ressalte-se ainda que mesmo que o servidor público faleça após cometer uma infração, o dever de ressarcir ao erário se transmite aos herdeiros e sucessores deste servidor falecido, nos limites da herança transmitida.

9.16. INFRAÇÕES E SANÇÕES ADMINISTRATIVAS

Art. 117. Ao servidor é proibido: *(Vide Medida Provisória n. 2.225-45, de 4.9.2001)*

I - ausentar-se do serviço durante o expediente, sem prévia autorização do chefe imediato; – punido com **advertência**

II - retirar, sem prévia anuência da autoridade competente, qualquer documento ou objeto da repartição; – punido com **advertência**

III - recusar fé a documentos públicos; – punido com **advertência**

IV - opor resistência injustificada ao andamento de documento e processo ou execução de serviço; – punido com **advertência**

V - promover manifestação de apreço ou desapreço no recinto da repartição; – punido com **advertência**

VI - cometer a pessoa estranha à repartição, fora dos casos previstos em lei, o desempenho de atribuição que seja de sua responsabilidade ou de seu subordinado; – punido com **advertência**

VII - coagir ou aliciar subordinados no sentido de filiarem-se a associação profissional ou sindical, ou a partido político; – punido com **advertência**

VIII - manter sob sua chefia imediata, em cargo ou função de confiança, cônjuge, companheiro ou parente até o segundo grau civil; – punido com **advertência**

IX - valer-se do cargo para lograr proveito pessoal ou de outrem, em detrimento da dignidade da função pública; – punido com **demissão**

X – participar de gerência ou administração de sociedade privada, personificada ou não personificada, exercer o comércio, exceto na qualidade de acionista, cotista ou comanditário; (Redação dada pela Lei n. 11.784, de 2008 – punido com **demissão**

XI - atuar, como procurador ou intermediário, junto a repartições públicas, salvo quando se tratar de benefícios previdenciários ou assistenciais de parentes até o segundo grau, e de cônjuge ou companheiro; – punido com **demissão**

XII - receber propina, comissão, presente ou vantagem de qualquer espécie, em razão de suas atribuições; – punido com **demissão**

XIII - aceitar comissão, emprego ou pensão de estado estrangeiro; – punido com **demissão**

XIV - praticar usura sob qualquer de suas formas; – punido com **demissão**

XV - proceder de forma desidiosa; – punido com **demissão**

XVI - utilizar pessoal ou recursos materiais da repartição em serviços ou atividades particulares; – punido com **demissão**

XVII - cometer a outro servidor atribuições estranhas ao cargo que ocupa, exceto em situações de emergência e transitórias; – punido com **suspensão**

XVIII - exercer quaisquer atividades que sejam incompatíveis com o exercício do cargo ou função e com o horário de trabalho; – punido com **suspensão**

XIX - recusar-se a atualizar seus dados cadastrais quando solicitado. (Incluído pela Lei n. 9.527, de 10.12.97) – punido com **advertência**

Parágrafo único. A vedação de que trata o inciso X do caput deste artigo não se aplica nos seguintes casos: (Incluído pela Lei n. 11.784, de 2008

I – participação nos conselhos de administração e fiscal de empresas ou entidades em que a União detenha, direta ou indiretamente, participação no capital social ou em sociedade cooperativa constituída para prestar serviços a seus membros; e (Incluído pela Lei n. 11.784, de 2008

II – gozo de licença para o trato de interesses particulares, na forma do art. 91 desta Lei, observada a legislação sobre conflito de interesses. (Incluído pela Lei n. 11.784, de 2008

Art. 132. A demissão será aplicada nos seguintes casos:

*I - **crime contra a administração pública;***

II - abandono de cargo;

III - inassiduidade habitual;

**** IV - improbidade administrativa;***

V - incontinência pública e conduta escandalosa, na repartição;

VI - insubordinação grave em serviço;

VII - ofensa física, em serviço, a servidor ou a particular, salvo em legítima defesa própria ou de outrem;

**** VIII - aplicação irregular de dinheiros públicos;***

IX - revelação de segredo do qual se apropriou em razão do cargo;

**** X - lesão aos cofres públicos e dilapidação do patrimônio nacional;***

****XI - corrupção;***

XII - acumulação ilegal de cargos, empregos ou funções públicas;

XIII - transgressão dos incisos IX a XVI do art. 117.

> Obs.: incisos I, IV, VIII, X e XI (penalidades mais graves): o servidor público é demitido e **não poderá mais retornar ao serviço público federal**. O Supremo Tribunal Federal, em decisões isoladas, vem entendendo que o dispositivo é

inconstitucional, pois o art. 5º da CF/88 veda a aplicação de pena de caráter perpétuo (entretanto, em provas objetivas tem sido cobrado o texto da lei com correto).

(*): os incisos IV, VIII, X e XI: implicam a indisponibilidade dos bens do servidor até que seja feito o completo ressarcimento ao erário.

A tabela abaixo estipula normas atinentes às penalidades. Vejamos.

Demissão	**Competência para aplicação da penalidade: Presidente da República, Presidentes das Casas do Poder Legislativo e dos Tribunais Federais e Procurador-Geral da República, de acordo com o órgão ou Poder ao qual o servidor esteja vinculado.** **Prazo de prescrição:** 5 anos, contados do momento em que a administração toma conhecimento do fato.
Cassação de Aposentadoria e Cassação de Disponibilidade	**Competência para aplicação da penalidade: Competência para aplicação da penalidade: Presidente da República, Presidentes das Casas do Poder Legislativo e dos Tribunais Federais e Procurador-Geral da República, de acordo com o órgão ou Poder ao qual o servidor esteja vinculado.** **Prazo de prescrição:** 5 anos, contados do momento em que a administração toma conhecimento do fato.
Suspensão	**Competência para aplicação da penalidade:** autoridade imediatamente inferior àquela que é competente para aplicação da penalidade de demissão, se a suspensão for por mais de 30 dias. Em casos de suspensão por até 30 dias, o chefe da repartição é competente para aplicação da pena. **Prazo de prescrição:** 2 anos, contados do momento em que a administração toma conhecimento do fato. **Cancelamento do Registro da Penalidade do assentamento individual do servidor:** 5 anos após o cumprimento da pena. OBS. A suspensão não pode ultrapassar 90 dias e, no interesse da administração, pode ser substituída por uma multa de 50% da remuneração do servidor, ficando, nestes casos, o sancionado prestando serviços regularmente.

Suspensão	**No caso em que o servidor se recusa a se submeter à inspeção médica, a lei também determina a penalidade de suspensão. Ocorre que a suspensão, neste caso não tem finalidade punitiva, mas sim coercitiva. Desta forma, a lei afirma que, se o servidor se submete à inspeção médica, a qualquer momento durante a suspensão, cessa a penalidade de suspensão naquele exato momento. Ademais, nestes casos, a suspensão pode ser aplicada por, no máximo, 15 dias.** **Por fim, também se aplica suspensão por até 90 dias ao servidor que é reincidente em infração punível com advertência.**
Destituição de Cargo em Comissão e Destituição de Função de Confiança	**Competência para aplicação da penalidade:** autoridade que nomeou o agente para exercício do cargo ou função. **Prazo de prescrição:** 5 anos, contados do momento em que a administração toma conhecimento do fato.
Advertência	**Competência para aplicação da penalidade:** chefe da repartição é competente para aplicação da sanção de advertência. **Prazo de prescrição:** 180 dias, contados do momento em que a administração toma conhecimento do fato. **Cancelamento do Registro da Penalidade do assentamento individual do servidor:** 3 anos após a aplicação da pena.

Cumpre ressaltar que, se a infração administrativa também configurar infração penal, o prazo prescricional aplicável é aquele previsto pela legislação penal, e não pelos prazos descritos na tabela acima.

> CUIDADO! O STJ tem entendimento reiterado no sentido de que, para que se aplique o prazo prescricional penal, na esfera administrativa, não basta que a infração seja, concomitantemente, administrativa e penal, sendo também necessária a ocorrência do julgamento penal.

9.17. PROCESSO ADMINISTRATIVO DISCIPLINAR

O estudo do processo administrativo disciplinar se inicia no art. 143 da Lei 8.112/90 sendo o processo o meio existente para aplicação de sanções administrativas, nos casos de infrações praticadas por agentes na prestação do serviço público:

Art. 143. A autoridade que tiver ciência de irregularidade no serviço público é obrigada a promover a sua apuração imediata, mediante sindicância ou processo administrativo disciplinar, assegurada ao acusado ampla defesa.

Não obstante a possibilidade de aplicação de sanções civis e penais, conforme estudado, no presente estudo nos interessa tão somente as sanções administrativas que serão impostas quando o servidor cometer uma infração.

Façamos duas importantes considerações preliminares:

> Obs. 1: A instauração do PAD **interrompe o prazo prescricional para aplicação da penalidade administrativa**. O Superior Tribunal de Justiça entende que o prazo fica interrompido pelo período de 140 (cento e quarenta) dias, depois desse prazo reinicia-se normalmente a sua contagem.
>
> Essa é a leitura da Súmula 635 do STJ, a seguir transcrita: **Súmula 635:** "Os prazos prescricionais previstos no artigo 142 da Lei 8.112/1990 iniciam-se na data em que a autoridade competente para a abertura do procedimento administrativo toma conhecimento do fato, interrompem-se com o primeiro ato de instauração válido – sindicância de caráter punitivo ou processo disciplinar – e voltam a fluir por inteiro, após decorridos 140 dias desde a interrupção."
>
> Obs. 2: O servidor que estiver respondendo a processo administrativo disciplinar não pode ser exonerado a pedido e nem ser aposentado voluntariamente.

Ressalte-se que o processo administrativo é indispensável para aplicação de quaisquer penalidades administrativas. Antes da CF/88 existia a figura da "verdade sabida", na qual se aplicava penalidades sem processo; no entanto, modernamente, isso não é mais possível.

Portanto, nenhuma penalidade pode ser aplicada sem processo. Todavia, algumas penalidades dependem de um processo administrativo mais simplificado (sindicância) e outras punições necessitam da instauração do processo administrativo disciplinar propriamente dito.

9.17.1. Sindicância

A sindicância é processo administrativo simplificado, suficiente e adequado para aplicação das penalidades de advertência ou suspensão por até 30 dias.

CUIDADO! Esta sindicância, prevista na Lei 8112/90, não se confunde com a "sindicância meramente investigativa" criada pela doutrina e pela prática administrativa, com base legal na lei 9784/99, e que não pode resultar na aplicação de penalidades, dispensando, portanto, a garantia de contraditório. A sindicância regulamentada pela Lei 8112/90 é um processo administrativo disciplinar que pode gerar penalidades ao servidor e por isso deve respeitar o contraditório e a ampla defesa, sob pena de ser declarada ilegal.

A sindicância deverá ser finalizada no prazo máximo de 30 dias, prorrogáveis por mais 30 dias. Ocorre que tal prazo é impróprio, ou seja, a sua inobservância pela administração pública não causa nulidade do processo.

A lei estipula que, da sindicância, podem decorrer três situações (art. 145):

1) Arquivamento do processo: ocorrerá quando não for apurada nenhuma infração ou se o servidor não foi o autor da irregularidade.

2) Aplicação de penalidade: havendo a infração e sendo o servidor o seu causador. Frise-se que somente podem ser aplicadas, *in casu*, as penalidades disciplinares de advertência ou de suspensão por até 30 dias.

3) Instauração do PAD: no caso de se apurar, no bojo da sindicância, infração mais grave, praticada pelo servidor público, e sendo necessária a aplicação de penalidade mais severa do que as mencionadas no tópico anterior.

A sindicância não é indispensável para instauração do Processo Administrativo Disciplinar (PAD), bem como a instauração do PASD não é necessária, se na sindicância for apurada infração penalizada com advertência ou suspensão de até 30 dias.

9.17.2. Processo administrativo disciplinar propriamente dito (PAD)

Inicialmente, saliente-se que, antes da instauração do PAD, é possível que seja determinado o afastamento preventivo do servidor público.

Afastamento preventivo (art. 147): ao ser instaurado o PAD, se a autoridade administrativa entender que a permanência do servidor no cargo pode atrapalhar o andamento do processo, poderá determinar o afastamento preventivo deste, pelo prazo máximo de 60 dias, prorrogáveis por mais 60 (prazo peremptório), mantida obrigatoriamente sua remuneração integral; afinal não se trata de penalidade, mas sim de medida acautelatória.

Fases do Processo Administrativo Disciplinar:

A) Instauração:

A instauração se dá com a designação da comissão processante. A comissão deverá ser composta obrigatoriamente por 3(três) servidores estáveis que não sejam cônjuges ou parentes até o terceiro grau civil do acusado.

A autoridade competente indicará, dentre esses três, um membro para ser o presidente da comissão. Além dos requisitos mencionados, o presidente da comissão deverá ser detentor de cargo ou ter nível de escolaridade igual ou superior ao do acusado (art. 149).

Na portaria de instauração do processo, não precisa haver descrição minuciosa dos fatos, conforme dispõe a súmula 641 do STJ. Vejamos:

Súmula 641 – A portaria de instauração do processo administrativo disciplinar prescinde da exposição detalhada dos fatos a serem apurados.

B) Inquérito administrativo:

O inquérito administrativo é a segunda fase do Processo Administrativo Disciplinar, que abarca toda a ideia de contraditório e ampla defesa. O inquérito se divide em três momentos diferentes: instrução probatória, citação do acusado com abertura de prazo e oportunização de defesa e elaboração do relatório. Ressalte-se que a apresentação de defesa pode ser feita pelo próprio acusado, não se exigindo a representação por advogado, conforme exposto na Súmula Vinculante n. 5 do Supremo Tribunal Federal. Vejamos.

Súmula Vinculante n. 5: a falta de defesa técnica por advogado no processo administrativo disciplinar não ofende a Constituição.

Do texto da súmula transcrita, depreende-se que se o acusado não quiser constituir advogado, pode seguir no PAD sozinho. No entanto, se optar pela defesa técnica e a Administração lhe negar, ocorrerá violação da ampla defesa.

Conforme explicado:

Inquérito Administrativo = i) instrução probatória; ii) defesa e iii) relatório.

i) A instrução probatória é ampla, uma vez que a lei admite, no bojo do processo administrativo, todos os meios de prova admitidos em direito; ou seja, todas as provas produzidas licitamente são admitidas.

> Obs.: Prova de concurso: determinado servidor estava respondendo a processo judicial e, ao mesmo tempo, a processo administrativo disciplinar. No bojo do processo judicial, foi determinada licitamente a interceptação telefônica. É possível que esta prova seja emprestada ao processo administrativo, levando-se em consideração que foi regularmente realizada na esfera judicial? Em processo administrativo

não se admite interceptação telefônica, mas não há óbice para a prova emprestada, desde que tenha sido produzida regularmente no processo judicial.

Neste sentido, apresenta-se entendimento sumulado do Superior Tribunal de Justiça. Trata-se da súmula 591.

ii) Produzidas as provas, o réu terá o prazo de 10 dias para apresentação de defesa, ressalvadas as seguintes situações:

- se o acusado não for encontrado e a citação ocorrer por edital, o prazo para apresentação de defesa será de **15 dias**.
- havendo dois ou mais acusados no mesmo processo, o prazo de defesa será de **20 dias** (prazo comum).

Caso o réu não apresente defesa, no prazo legal, ocorre à revelia. Ressalte-se que o conceito de revelia é exatamente a ausência de contestação (importante para o candidato não confundir o conceito de revelia com os efeitos que ela produz no processo civil, qual seja a confissão ficta).

Efeito da revelia: no processo administrativo, o único efeito decorrente da revelia é a designação defensor dativo, já que não se pode seguir o Processo Administrativo Disciplinar sem a apresentação de defesa. O defensor dativo não precisa ser, necessariamente, advogado, todavia a sua escolha deve seguir a mesma regra utilizada para a escolha do presidente da comissão, ou seja, deve ter cargo ou nível de escolaridade igual ou superior ao acusado. Veja-se: a desnecessidade de advogado reitera o conteúdo da Súmula Vinculante n. 5 do Supremo Tribunal Federal, já devidamente comentada alhures.

iii) Apresentada a defesa, seja pelo acusado, seja pelo defensor dativo, a comissão elaborará um relatório conclusivo. Ressalte-se que o relatório tem natureza jurídica de um parecer, não se restringindo a relatar os acontecimentos do processo, devendo emitir opinião sobre qual deve ser a decisão a ser tomada pela autoridade competente.

Questiona-se se o relatório vincula a autoridade julgadora, ou seja, se o julgador está adstrito à conclusão do relatório ou se pode julgar contrário a ele. A Lei 8112/90 estabelece que o julgamento deverá seguir a conclusão do relatório, salvo se comprovadamente contrária à prova dos autos administrativos:

Art. 168. O julgamento acatará o relatório da comissão, salvo quando contrário às provas dos autos.

Parágrafo único. Quando o relatório da comissão contrariar as provas dos autos, a autoridade julgadora poderá, motivadamente, agravar a penalidade proposta, abrandá-la ou isentar o servidor de responsabilidade.

Da leitura do dispositivo transcrito, o Supremo Tribunal Federal manifestou entendimento recente de que o relatório da comissão não é vinculante. Isso porque, segundo a Corte Suprema, parecer vinculante é aquele que, em nenhuma hipótese, pode ser contrariado. Logo, haja vista a lei 8112/90 estipular que a conclusão deve ser seguida, salvo se contrária à prova dos autos, entende-se que a expressão "deve" trazida pelo dispositivo configura mera orientação da lei e o relatório não tem, de fato, natureza vinculante.

Realizado o relatório, o parecer segue para julgamento pela autoridade competente, que decidirá pela aplicação da penalidade ou arquivamento do processo. A autoridade competente já foi tratada no tópico anterior deste capítulo e varia de acordo com a penalidade a ser aplicada. Vejamos:

Art. 141. As penalidades disciplinares serão aplicadas:

I - pelo Presidente da República, pelos Presidentes das Casas do Poder Legislativo e dos Tribunais Federais e pelo Procurador-Geral da República, quando se tratar de demissão e cassação de aposentadoria ou disponibilidade de servidor vinculado ao respectivo Poder, órgão, ou entidade;

II - pelas autoridades administrativas de hierarquia imediatamente inferior àquelas mencionadas no inciso anterior quando se tratar de suspensão superior a 30 (trinta) dias;

III - pelo chefe da repartição e outras autoridades na forma dos respectivos regimentos ou regulamentos, nos casos de advertência ou de suspensão de até 30 (trinta) dias;

IV - pela autoridade que houver feito a nomeação, quando se tratar de destituição de cargo em comissão.

O prazo de duração do PAD é de 60 dias, prorrogáveis por mais 60 dias, até elaboração do relatório, depois a autoridade terá mais 20 dias para julgamento (+ 20 dias) – prazos impróprios. Ressaltando que a Súmula 592 do STJ dispõe que *"O excesso de prazo para a conclusão do processo administrativo disciplinar só causa nulidade se houver demonstração de prejuízo à defesa"*.

Atenção! Daqui decorre o entendimento jurisprudencial de que a interrupção da prescrição dura 140 dias contados da instauração do PAD. Logo, chega-se à conclusão de que, após os prazos máximos previstos em lei, não tendo sido finalizado o processo administrativo, será reiniciada a contagem do prazo de prescrição, o que tornaria admissível a figura da prescrição intercorrente na esfera administrativa.

Prescrição intercorrente no PAD – entendimento do STJ: passados os 140 dias de interrupção da prescrição, o prazo volta a correr, do início, no bojo do processo, gerando a possibilidade de ocorrência de prescrição intercorrente.

C) Julgamento

Após a elaboração do relatório, a autoridade julgadora deverá proferir o julgamento, no processo administrativo, em um prazo máximo de 20 dias.

D) Impugnações administrativas do julgamento:

- Pedido de reconsideração;
- Recurso;
- Revisão.

Antes de analisar cada uma das possibilidades acima, deve-se relembrar a súmula vinculante n. 21, que estabelece a garantia do duplo grau de julgamento em processo administrativo, não sendo possível a exigência de depósito prévio para recurso administrativo, devendo-se entender a expressão "recurso administrativo" de forma ampla:

Súmula Vinculante 21. *É inconstitucional a exigência de depósito ou arrolamento prévios de dinheiro ou bens para admissibilidade de recurso administrativo.*

- **Recurso e Pedido de reconsideração**:

Deverão ser interpostos, no prazo legal de 30 dias. O recurso é encaminhado hierarquicamente, por via da autoridade à qual está subordinado e dirigido à autoridade superior àquela que proferiu a decisão impugnada. Por sua vez, o pedido de reconsideração é julgado pela própria autoridade que efetivou o julgamento do processo, ora farpeado.

Ressalte-se que o recurso e o pedido de reconsideração são impugnações diferentes, que não se excluem. Logo, da decisão do pedido de reconsideração, o agente terá o prazo de 30 dias para interposição de recurso e assim sucessivamente. Veja-se que, havendo hierarquia administrativa suficiente, podem ser apresentados recursos até o máximo de 3 instâncias, sendo que, a cada nova interposição de recurso ou de pedido de reconsideração, ocorre nova interrupção do prazo de prescrição.

Ressalte-se que, em se tratando de processo administrativo, do julgamento de pedido de reconsideração e de recurso administrativo, pode decorrer situação mais gravosa ao recorrente. Com efeito, a lei não proíbe, nestas situações, a *reformatio in pejus*.

- **Revisão:**

A Revisão não tem prazo, logo, o pedido pode ser feito a qualquer tempo, desde que haja a alegação de **fatos novos** por parte do servidor.

A autoridade que julgou o Processo Administrativo Disciplinar será competente para julgamento da Revisão, desta vez, diante de fatos novos que não foram considerados para embasar a decisão anterior.

Por fatos novos entendem-se não os fatos havidos após a instauração do PAD, mas apenas fatos que não foram analisados no processo. É um novo processo, com nova comissão, que será julgado pela mesma autoridade. Apesar de não haver prazo preclusivo, há prazo de prescrição contra o Estado, que é de cinco anos para a demissão, cassação de aposentadoria e disponibilidade e 120 dias nos demais casos, conforme disposição da Lei 8112/90, abaixo transcrita.

Art. 110. O direito de requerer prescreve:

I - em 5 (cinco) anos, quanto aos atos de demissão e de cassação de aposentadoria ou disponibilidade, ou que afetem interesse patrimonial e créditos resultantes das relações de trabalho;

II - em 120 (cento e vinte) dias, nos demais casos, salvo quando outro prazo for fixado em lei.

Importante salientar que a lei expressamente determina que, do julgamento da Revisão, NÃO pode haver agravamento da penalidade que o servidor havia sofrido no processo originário. Nesta situação, a lei veda a *reformatio in pejus.*

9.17.3. Processo sumário

Art. 133. Detectada a qualquer tempo a acumulação ilegal de cargos, empregos ou funções públicas, a autoridade a que se refere o art. 143 notificará o servidor, por intermédio de sua chefia imediata, para apresentar opção no prazo improrrogável de dez dias, contados da data da ciência e, na hipótese de omissão, adotará procedimento sumário para a sua apuração e regularização imediata, cujo processo administrativo disciplinar se desenvolverá nas seguintes fases: (Redação dada pela Lei n. 9.527, de 10.12.97)

Art. 140. Na apuração de abandono de cargo ou inassiduidade habitual, também será adotado o procedimento sumário a que se refere o art. 133, observando-se especialmente que: (Redação dada pela Lei n. 9.527, de 10.12.97)

Verifica-se que Lei 8112/90 prevê o processo sumário nos casos de abandono de cargo, inassiduidade habitual (art. 140) e também de acumulação ilegal de cargos (art. 133) – hipóteses que ensejam a aplicação da penalidade de demissão. Apesar das discussões doutrinárias acerca da constitucionalidade deste processo, para fins de provas objetivas, ele tem sido aceito pelas bancas de concursos.

A lei criou para essas situações um processo administrativo sumário em face da (suposta) facilidade de comprovação da materialidade das irregularidades, o qual terá o prazo máximo de duração de 30 dias prorrogáveis por mais 15 dias.

A comissão é composta por 2 servidores estáveis; não haveria fase de instrução, uma vez que a materialidade do fato e da autoria estaria comprovada documentalmente, amplamente falando, e a defesa deve ser apresentada no prazo de 5 dias.

No caso de acumulação ilegal de cargos, o estatuto dispõe que, antes da instauração do processo, o servidor será notificado para fazer a opção entre os cargos ocupados. Feita a escolha, considera-se que estava de boa-fé e será efetivada a exoneração do cargo que não foi alvo de sua opção. Da mesma sorte, se fizer a opção até o último dia do prazo para defesa no processo administrativo, presumir-se-á a sua boa-fé e será determinada a exoneração a pedido.

9.18. APOSENTADORIA DO SERVIDOR PÚBLICO

A aposentadoria é garantia definida pelo texto constitucional a todos aqueles que exercem atividades remuneradas de, após um determinado tempo de exercício da atividade, e mediante o cumprimento de alguns requisitos previamente estipulados, fazerem jus ao recebimento de uma remuneração – designada como provento – mesmo sem a necessidade de se manter na execução de sua atividade original.

Consoante analisado no capítulo referente aos atos administrativos, a aposentadoria é ato administrativo complexo e, para sua perfeição, depende da manifestação de vontade do órgão ao qual o servidor público esteja vinculado e mais a aprovação pelo respectivo Tribunal de Contas. Sendo assim, enquanto não emanada a manifestação de conformidade, expedida pelo referido tribunal, o ato de aposentadoria não estará perfeito.

A Constituição Federal de 1988, em seu art. 40, regulamenta todas as regras a serem aplicadas à aposentadoria dos servidores públicos estatutários. Todas as normas decorrem de modificações estabelecidas por duas reformas previdenciárias, vigentes, no Brasil, em razão das Emendas Constitucionais n. 20/98 e n. 41/03, além de alterações posteriores.

Feitas as considerações preliminares, seguimos ao estudo da matéria propriamente dito.

9.18.1. Regimes de Previdência

No Brasil, existem dois regimes obrigatórios de previdência social, além dos regimes privados e complementares: (i) regime geral da previdência social e (ii) regime próprio de previdência social. A regra é que todos aqueles que exercem atividade remunerada, necessariamente, deverão contribuir para algum dos dois regimes, sendo ainda possível a contribuição para o regime geral aqueles que, mesmo não exercendo qualquer atividade remunerada, visam a uma garantia futura, chamados de contribuintes facultativos.

Regime geral de Previdência Social (RGPS)

Trata-se da matéria de estudo do direito previdenciário, não sendo afeta à análise dos estudiosos de Direito Administrativo. O RGPS é regulamentado pelo art. 201 e seguintes do texto constitucional e deve ser aplicado a todas as pessoas que atuam no exercício de qualquer função, mediante pagamento, sem estar vinculado a algum regime próprio. Com efeito, todos aqueles que não têm regime próprio e exercem atividade remunerada, necessariamente, contribuem para o Regime Geral de Previdência Social.

O Instituto Nacional do Seguro Social - INSS é responsável pela gestão do regime geral de previdência.

Estão sujeitos ao RGPS, além dos empregados em geral, aqueles contratados sob o regime da Consolidação das Leis do Trabalho para prestação de serviços em entidades da Administração Indireta de Direito Privado, como as empresas públicas e sociedades de economia mista, sejam elas prestadoras de serviço público ou exploradoras de atividade econômica. Da mesma forma, os servidores detentores de cargo temporário, nos moldes definidos pelo art. 37, IX da Constituição da República, são vinculados ao Regime Geral de Previdência, assim como os agente políticos detentores de mandato eletivo, nos moldes do art. 40, §13º da Constituição Federal.

Ademais, consoante já analisado nesta obra, o servidor estatutário pode ser comissionado e não detentor de cargo efetivo e, neste caso, em que não tenha cargo efetivo, sendo somente detentor de cargo em comissão, estará vinculado ao regime geral. Neste sentido, o art. 40, §13º da Carta Magna dispõe que *"Aplica-se ao agente público ocupante, exclusivamente, de cargo em comissão declarado em lei de livre nomeação e exoneração, de outro cargo temporário, inclusive aos detentores de mandato eletivo, ou de emprego público, o Regime Geral de Previdência Social."*. A matéria já foi objeto de controle de constitucionalidade, por meio da ADI 2024 e declarada constitucional pelo Supremo Tribunal Federal, razão pela qual, não há mais discussões a esse respeito[1].

---

1 Veja-se o julgado proferido pelo STF, em sede de ADI:
EMENTA: I. Ação direta de inconstitucionalidade: seu cabimento - sedimentado na jurisprudência do Tribunal - para questionar a compatibilidade de emenda constitucional com os limites formais ou materiais impostos pela Constituição ao poder constituinte derivado: precedentes. II. Previdência social (CF, art. 40, § 13, cf. EC 20/98): submissão dos ocupantes exclusivamente de cargos em comissão, assim como os de outro cargo temporário ou de emprego público ao regime geral da previdência social: argüição de inconstitucionalidade do preceito por tendente a abolir a "forma federativa do Estado" (CF, art. 60, § 4º, I): improcedência. 1. A "forma federativa de Estado" - elevado a princípio intangível por todas as Constituições da República - não pode ser conceituada a partir de um modelo ideal e apriorístico de Federação, mas, sim, daquele que o constituinte originário concretamente adotou e, como o adotou, erigiu em limite material imposto às futuras emendas à Constituição; de resto as limitações materiais ao poder constituinte de reforma, que o art. 60, § 4º, da Lei Fundamental enumera, não significam a intangibilidade literal da respectiva disciplina na Constituição originária, mas apenas a proteção do núcleo essencial dos princípios e institutos cuja preservação nelas se protege. 2. À vista do modelo ainda acentuadamente centralizado do federalismo adotado pela versão originária da Constituição de 1988, o preceito questionado da EC 20/98 nem tende a aboli-lo, nem sequer a afetá-lo. 3. Já assentou o Tribunal (MS 23047-MC, Pertence), que no novo art. 40 e seus parágrafos da Constituição (cf. EC 20/98), nela, pouco inovou "sob a perspectiva da Federação, a explicitação de que aos servidores efetivos dos Estados, do Distrito Federal e dos Municípios, "é assegurado regime de previdência de caráter contributivo, observados critérios que preservem o equilíbrio financeiro e atuarial", assim como as normas relativas às respectivas aposentadorias e pensões, objeto dos seus numerosos parágrafos: afinal, toda a disciplina constitucional originária do regime dos servidores públicos - inclusive a do seu regime previdenciário - já abrangia os três níveis da organização federativa, impondo-se à observância de todas as unidades federadas, ainda quando - com base no art. 149, parág. único - que a proposta não altera - organizem sistema previdenciário próprio para os seus servidores":

O Regime Geral de Previdência Social ainda será aplicado aos servidores detentores de cargos efetivos vinculados a entes federativos que não instituíram regime próprio para os seus servidores estatutários.

Regime próprio (RPPS)

Trata-se de regime destinado ao servidor estatutário, detentor de **cargo efetivo** de ente federativo que tenha instituído e regulamentado a previdência. Com efeito, conforme mencionado, é necessário que o ente a que o servidor presta serviços tenha criado regime próprio de previdência para seu pessoal. Caso contrário, seus servidores seguirão o Regime Geral. O RPPS também se aplica aos detentores de **cargos vitalícios**.

Em relação aos **servidores militares**, há regulamentação específica para aqueles que ingressam na atividade, mediante a reserva remunerada ou a reforma. Não se trata de aposentadoria, propriamente dita e, neste sentido, não segue as normas aplicáveis aos servidores civis em geral, mas sim um sistema custeado integralmente pelo poder público.

9.18.2. Regime Próprio de Previdência Social (RPPS)

Conforme explicitado, a matéria de nosso estudo é somente o Regime Próprio de Previdência Social, atualmente, regulamentado, na Constituição Federal, em seu art. 40, que lhe define todos os contornos e limites. O Regime Geral de Previdência Social não será analisado nesta obra por se tratar de objeto de estudo do direito previdenciário.

9.18.2.1. Breve histórico constitucional

Originariamente, o texto constitucional de 1988 definia o tempo de serviço como único requisito para concessão de aposentadoria a servidores efetivos, vinculados ao Regime Próprio de Previdência, sendo garantida, a todos os servidores da inatividade, a paridade com os servidores em atividade no exercício de funções similares, bem como a integralidade, ou seja, a garantia de se aposentar com proventos idênticos ao

---

análise da evolução do tema, do texto constitucional de 1988, passando pela EC 3/93, até a recente reforma previdenciária. 4. A matéria da disposição discutida é previdenciária e, por sua natureza, comporta norma geral de âmbito nacional de validade, que à União se facultava editar, sem prejuízo da legislação estadual suplementar ou plena, na falta de lei federal (CF 88, arts. 24, XII, e 40, § 2º): se já o podia ter feito a lei federal, com base nos preceitos recordados do texto constitucional originário, obviamente não afeta ou, menos ainda, tende a abolir a autonomia dos Estados-membros que assim agora tenha prescrito diretamente a norma constitucional sobrevinda. 5. É da jurisprudência do Supremo Tribunal que o princípio da imunidade tributária recíproca (CF, art. 150, VI, a) - ainda que se discuta a sua aplicabilidade a outros tributos, que não os impostos - não pode ser invocado na hipótese de contribuições previdenciárias. 6. A auto-aplicabilidade do novo art. 40, § 13 é questão estranha à constitucionalidade do preceito e, portanto, ao âmbito próprio da ação direta. **ADI 2024 / DF - DISTRITO FEDERAL AÇÃO DIRETA DE INCONSTITUCIONALIDADE Relator(a): Min. SEPÚLVEDA PERTENCE Julgamento: 03/05/2007 Órgão Julgador: Tribunal Pleno.**

valor da última remuneração percebida na atividade, sem importar os outros salários de contribuição.

Com a edição da **Emenda Constitucional n. 20/98**, o tempo de serviço, que figurava como requisito único, deixa de ser relevante para a concessão da aposentadoria. No novo texto, os pressupostos necessários à concessão da aposentadoria do servidor público passam a ser o **tempo de contribuição** e a **idade**. Neste momento, foram inseridas algumas regras de transição àqueles que já haviam ingressado no serviço público no momento da edição da emenda, e foram mantidas as garantias dos que já haviam cumprido todos os requisitos para se aposentarem, por gozarem de prerrogativa de direito adquirido.

A referida emenda ainda criou o abono de permanência aos servidores que se mantivessem no serviço público mesmo já tendo cumprido todos os requisitos para o gozo de aposentadoria voluntária integral, com a intenção de evitar a debandada geral dos quadros da Administração Pública de servidores preocupados com as alterações constitucionais.

Posteriormente, foi editada a **Emenda Constitucional n. 41/03**, incluindo expressamente no texto constitucional o princípio da solidariedade do regime público de previdência, com a definição de que o segurado não contribui para o seu benefício especificamente e sim para a manutenção do sistema ao qual está vinculado.

A emenda ainda foi responsável pelo término das garantias da integralidade e paridade. Sendo assim, o cálculo de aposentadoria passou a seguir as regras do regime geral de previdência, por meio de cálculo aritmético dos salários de contribuição do sujeito, não havendo mais a garantia de manter-se vinculado à remuneração dos servidores que estejam em atividade.

A reforma previdenciária ainda acrescentou, entre outras coisas, a contribuição dos servidores inativos, sejam eles aposentados ou pensionistas e determinou a introdução do teto de proventos do regime geral de previdência aos servidores do regime próprio, dependendo, entretanto, esta norma da criação, mediante lei, de um regime complementar de previdência público para os servidores estatutários.

Da mesma forma, as alterações não atingiram aqueles que já haviam cumprido os requisitos para fins de aposentadoria e foram definidas regras de transição a serem aplicadas aos servidores já em atividade.

Por fim, a **Emenda Constitucional n. 47/05** foi aprovada, definindo novas regras de transição para aqueles ingressos no serviço público antes de 2003, além da criação de aposentadoria especial para servidores portadores de deficiência, que exerçam atividades de risco ou atividades prejudiciais à saúde, desde que as normas sejam estipuladas por meio de lei complementar.

Por fim, em 2019, com a publicação da **Emenda Constitucional n. 103/19**, foram endurecidas as regras de concessão de aposentadoria, com aumento de idade e de tempo de contribuição para que os proventos sejam não proporcionais. Ademais, a referida emenda criou novas alíquotas de contribuição e, principalmente, estabeleceu alíquota variável de acordo com o valor da remuneração do servidor.

Além disso, as regras estipuladas por essa nova reforma abarcam as pensões por morte, impactando diretamente nos valores de seus proventos.

9.18.2.2. Características do RPPS

Após todas as alterações constitucionais, o regime próprio de previdência dos servidores ganhou contornos definidos e seguem algumas características básicas a serem analisadas.

Caráter contributivo do regime: desde a edição da EC 20/98, não interessa, para fins de cálculo e de concessão da aposentadoria, o tempo de serviço público, passando a ser relevante apenas o tempo de contribuição do agente. O que já tinha sido computado como tempo de serviço, até então, foi automaticamente transformado em tempo de contribuição e, a partir de 1998. Somente aquilo que foi efetivamente contribuído será utilizado como critério para a concessão da aposentadoria do agente público.

Em razão disso, hoje é proibida qualquer espécie de contagem de tempo fictício de contribuição, como, por exemplo, o tempo de tiro de guerra, que a lei 8112/90 determina que seja contado em dobro, ou ainda a licença prêmio não gozada, definida em alguns estatutos como garantia de contagem dobrada de tempo de serviço. Tal vedação está estipulada no texto constitucional, em seu art. 40, §10º, a fim de não quebrar o caráter contributivo do sistema.

Repita-se, no entanto, que aqueles servidores cuja contagem de tempo de serviço havia sido feita antes do advento da EC 20/98, tiveram, automaticamente, todo tempo de serviço convertido em tempo de contribuição.

Contagem recíproca de tempo de contribuição: todo tempo que o agente público contribuiu em qualquer dos regimes de previdência, a qualquer tempo, poderá ser contado como tempo de contribuição para fins de aposentadoria no regime próprio de previdência.

> Suponha, a título de exemplo, que Marcelo, aos 18 anos, começou a dar aula de inglês, contribuindo para o regime geral de previdência por 2 (dois) anos. Posteriormente, aprovado para o cargo público de técnico do Ministério Público da União, ficou 1 (um) ano contribuindo como para o regime próprio da União. Depois, após aprovação mediante concurso público, contribuiu por 2 (dois) anos para o regime próprio de determinado estado, como Procurador do Estado. Em 2007, assumiu, mediante concurso público, o cargo de Procurador da Fazenda Nacional, passando a contribuir para o regime próprio da União. Ocorre que, a partir de 2007, ao mesmo tempo em que contribui para o regime próprio, exerce atividade privada compatível com o horário de trabalho, professor em universidade privada e, como tal, contribui para o regime geral de previdência social.

Nesta situação, todo tempo de contribuição, no RGPS e nos diversos regimes próprios poderá ser contado no momento da aposentadoria final, entretanto, exceto os tempos de contribuição em que simultaneamente exerce a atividade privada de professor e exerce o cargo público.

Isso porque a contagem simultânea de tempo não é admitida, mas tão somente a contagem recíproca, já que reduziria o tempo de contribuição efetivo. Logo, se, por exemplo, por 20 anos, determinado cidadão contribui, simultaneamente, para o RPPS e para o RGPS, não poderá aproveitar todo este tempo de contribuição para sua aposentadoria no RPPS. Poderá, todavia, se cumpridos os requisitos legais, acumular aposentadoria de dois regimes.

Caráter solidário: a solidariedade decorre do fato de que, no regime público de previdência, diferentemente do que ocorre no regime de previdência privada, não se aplica o sistema de capitalização, ou seja, o sujeito não contribui para seu benefício especificamente, ficando o dinheiro em uma conta vinculada, aguardando o momento de recebimento do prêmio. No sistema público, os servidores contribuem para a manutenção do sistema, não havendo uma correlação lógica entre o valor efetivamente pago e aquilo que será percebido a título de benefício pelo agente público, tratando-se de regra básica de repartição simples.

No ano de 2019, antes da promulgação da EC 103/19, se tentou implementar o regime de capitalização, oposto ao regime solidário, mas o governo não obteve êxito nesse aspecto.

9.18.2.3. Hipóteses de aposentadoria

Inicialmente, deve-se salientar que as normas que serão analisadas a seguir se aplicam a servidores públicos federais, haja vista, com a edição EC 103/19, caber aos estados e municípios regularem as regras de aposentadorias de seus respectivos servidores efetivos.

A) Aposentadoria incapacidade permanente

Sempre que caracterizada a incapacidade permanente, por laudo médico oficial, demonstrando a incapacidade do sujeito para a prestação do serviço público, será concedida aposentadoria, com proventos proporcionais ao tempo de contribuição do agente. Nesses casos, será necessária a realização de avaliações periódicas para verificar a continuidade das condições que ensejaram a referida aposentadoria.

Ressalte-se, ainda, que o texto constitucional frisou o entendimento de que a incapacidade deverá tornar impossível a permanência do servidor, não sendo possível, nem mesmo, sua readaptação.

Contudo, a própria Constituição Federal aponta algumas exceções à regra de pagamento de aposentadoria por incapacidade com proventos proporcionais. São hipóteses nas quais a aposentadoria por invalidez se dará com proventos integrais, independentemente do tempo de contribuição, nos moldes do art. 26 da EC 103/19 quando:

a) decorrer de acidente de trabalho, casos em que a invalidez decorreu da própria atividade pública, razão pela qual o ente estatal ficará responsável pelo pagamento de proventos integrais, independentemente do tempo de contribuição do sujeito;

b) decorrer de doença profissional e de doença do trabalho, que no mesmo sentido tem base nas funções do cargo, como é o exemplo da lesão por esforço repetitivo - LER.

Foi retirada, com a EC 103/19, a aposentadoria por incapacidade com proventos integrais em razão de doença grave, contagiosa ou incurável nos termos da lei, que constava na redação anterior.

O cálculo do provento de aposentadoria por incapacidade será definido em lei a ser expedida. Todavia, enquanto não houver lei, as regras aplicáveis estão no art. 26 da EC 103/19 que determina a forma de cálculo.

Assim, com as ressalvas para a aposentadoria por incapacidade decorrente de acidente do trabalho ou doença profissional e do trabalho, cujos proventos serão integrais, as demais serão assim. Calculadas.

APOSENTADORIA POR INCAPACIDADE	VALOR DO BENEFÍCIO
Decorrente de doença profissional ou do trabalho ou de acidente de trabalho.	**Média aritmética de 100% das remunerações**
Outros casos	**O valor do benefício será de 60% da média aritmética das contribuições do sujeito, acrescido de 2% para cada ano que ultrapassar 20 anos de contribuição.**

Dessa forma, se, ao se aposentar por invalidez, o servidor tinha 30 anos de contribuição, deverá receber 60% da média aritmética e mais 2% para cada ano que ultrapassou 20 anos (ou seja, 2% vezes 10 anos). Assim, receberia 60% + 20%, completando o total de 80% da média aritmética.

B) Aposentadoria compulsória

Acontece aos 75 (setenta e cinco) anos de idade, tanto para o homem quanto para a mulher servidora pública, consoante disposto no art. 40, §1º, II, da Constituição Federal e no art. 2º da LC 152/2015 e será paga com proventos proporcionais ao tempo de contribuição ou integral, caso o servidor tenha contribuído todo o tempo necessário para a concessão de aposentadoria com proventos integrais.

É relevante que se ressalte que, ao completar a idade máxima de 75 (setenta e cinco) anos, o servidor público, detentor de cargo efetivo ou vitalício, estará automaticamente aposentado, sendo o ato administrativo que define esta aposentadoria meramente declaratório, retroagindo a esta data.

Enfim, aos 75 (setenta e cinco) anos de idade, a Constituição Federal presume, de forma absoluta, a incapacidade de exercer a atividade estatal, não sendo possível que o agente demonstre o contrário, mesmo tendo condições de se manter nas atribuições do cargo.

No que tange ao cálculo de aposentadoria, segue-se, até a edição da lei ordinária federal prevista no dispositivo constitucional, as regras do art. 26, §4º da EC 103/19 que dispõe que *O valor do benefício da aposentadoria de que trata o inciso III do § 1º (APOSENTADORIA COMPULSÓRIA) do art. 10 corresponderá ao resultado do tempo de contribuição dividido por vinte anos, limitado a um inteiro, multiplicado pelo valor apurado na forma do caput do § 2º, ressalvado o caso de cumprimento de critérios de acesso para aposentadoria voluntária que resulte em situação mais favorável.*

Explique-se. Se o servidor chegar aos 75 anos de idade sem completar os requisitos para a aposentadoria voluntária deverá dividir seu tempo de contribuição por 20. O valor obtido será multiplicado por 60%, se conseguindo auferir o valor de sua aposentadoria.

Exemplo:

João – 10 anos de contribuição e 75 anos de idade.

10/20 = ½

½ X 60% = 30%

João receberá 30% da média aritmética dos seus salários de contribuição.

Por fim, ressalte-se que o provento não poderá ser inferior a um salário mínimo.

C) Aposentadoria voluntária

A aposentadoria voluntária pode ser concedida com proventos integrais ou proporcionais ao tempo de contribuição, sendo que, em ambos os casos, o servidor deverá comprovar haver completado 10 (dez) anos no serviço público, somado ao fato de estar, há 5 (cinco) anos, no cargo em que será concedida a aposentadoria (conforme regra estabelecida no art. 10 da EC 103/19).

Aposentadoria voluntária

Além de demonstrar que conta com dez anos de serviço público, sendo os últimos cinco, no cargo em que está se dando a aposentadoria, o servidor deve comprovar o cumprimento de mais dois requisitos, a saber:

- homem: deve ter 65 anos de idade + 25 anos de contribuição.
- mulher: deve ter 62 anos de idade + 25 anos de contribuição.

Ademais, enquanto não houver lei que defina a forma de cálculo dos proventos de aposentadoria desses servidores, deverão ser observadas as regras postas no art. 26 da EC 103/19 que dispõe que:

> *"Art. 26. Até que lei discipline o cálculo dos benefícios do regime próprio de previdência social da União e do Regime Geral de Previdência Social, será utilizada a média aritmética simples dos salários de contribuição e das remunerações adotados como base para contribuições a regime próprio de previdência social e ao Regime Geral de Previdência Social, ou como base para contribuições decorrentes das atividades*

militares de que tratam os arts. 42 e 142 da Constituição Federal, atualizados monetariamente, correspondentes a cem por cento do período contributivo desde a competência julho de 1994 ou desde o início da contribuição, se posterior àquela competência".

§ 1° A média a que se refere o caput será limitada ao valor máximo do salário de contribuição do Regime Geral de Previdência Social para os segurados deste regime e para o servidor que ingressou no serviço público em cargo efetivo após a implantação do regime de previdência complementar ou que tenha exercido a opção correspondente, nos termos do disposto nos §§ 14 a 16 do art. 40 da Constituição Federal.

§2º O valor do benefício de aposentadoria corresponderá a sessenta por cento da média aritmética definida na forma prevista no caput e no § 1º, com acréscimo de dois por cento para cada ano de contribuição que exceder o tempo de vinte anos de contribuição".

Assim, a aposentadoria será calculada com base na média aritmética simples de 100% do período contributivo (a regra anterior permitia que a média seria feita somente em relação aos 80% maiores salários de contribuição).

Depois de feita a média, o valor do provento será de 60% dessa média, somado a 2% a mais, para cada ano de contribuição acima dos 20 primeiros anos.

Assim, para o servidor completar o valor total, terá que contribuir com 40 anos.

O professor Frederico Amado montou uma tabela explicativa[2]. Vejamos

TEMPO DE CONTRIBUIÇÃO	COEFICIENTE
Até 20 anos	60%
21 anos	62%
22 anos	64%
23 anos	66%
24 anos	68%
25 anos	70%
26 anos	72%
27 anos	74%
28 anos	76%
29 anos	78%
30 anos	80%
31 anos	82%
32 anos	84%
33 anos	86%
34 anos	88%

2 AMADO, Frederico. Reforma Previdenciária Comentada. Ed100%. Juspodivm. 2019.

TEMPO DE CONTRIBUIÇÃO	COEFICIENTE
35 anos	90%
36 anos	92%
37 anos	94%
38 anos	96%
39 anos	98%
40 anos	100%
41 anos	102%
42 anos	104%
Assim sucessivamente	Assim sucessivamente

Portanto, consoante se verifica da leitura da tabela, os proventos de aposentadoria do servidor público federal será de, no mínimo de 60% da média de todas as remunerações desde 7/1994. Nesse caso, o servidor somente fará jus a 100% dessa média aritmética ao completar 40 anos de contribuição. Vale, ainda, ressaltar que, de forma intencional, o artigo 26 da EC 103/2019 não limita a média das remunerações a 100%, de modo que se esse servidor possuir mais de 40 anos de tempo de contribuição poderá receber proventos acima de 100%, os chamados proventos ultra integrais.

Se o servidor cumprir TODOS os requisitos necessários à concessão da aposentadoria voluntária integral e **não tiver interesse em se aposentar**, poderá fazer jus ao recebimento de **abono de permanência**. Esse abono será recebido, pelo servidor, mensalmente, enquanto puder aposentar com proventos integrais e não o quiser, mantendo-se em atividade. O abono é pago em valor, no máximo, correspondente ao da contribuição previdenciária desse servidor.

Atente-se para o fato de que o art. 40, §19ª da CF, após a alteração da EC 103/19 dispõe que o abono de permanência 'poderá ser concedido por meio de lei e que ele não pode ultrapassar o valor da contribuição previdenciária. Ou seja, é possível que o abono não seja concedido a todas as carreiras e o seu valor pode variar, nos moldes da lei a ser editada.

Enquanto não houver lei específica tratando do tema, o abono de permanência está garantido ao servidor federal, no valor da sua contribuição previdenciária, nos moldes determinados pelo art. 8º da EC 103/19.

É importante salientar que esse servidor NÃO deixa de contribuir para o regime de previdência, ele continua contribuindo, mas recebe de volta o valor pago, mediante o recebimento de abono de permanência.

Servidores que exercem atividades de magistério

O próprio texto constitucional (art. 40, §5º) criou um benefício para os servidores que exercem atividades de magistério, desde que comprovem o cumprimento de dois requisitos cumulativos, quais sejam:

I. comprovem que todo tempo de contribuição se deu em sala de aula, ou melhor, em atividade educacional, uma vez que a jurisprudência do Supremo Tribunal Federal vem relativizando a aplicação da súmula 726 do STF. Sendo assim, não obstante a súmula defina a obrigatoriedade de estar, durante todo o tempo de contribuição, em sala de aula, na verdade, a jurisprudência da Corte vem admitindo tempo de atividades vinculadas ao magistério como direção de escola ou orientação pedagógica, entre outros.

Nesse sentido, observe-se o julgado da ADI 3772, já consolidado na jurisprudência da Suprema Corte.

> EMENTA: AÇÃO DIRETA DE INCONSTITUCIONALIDADE MANEJADA CONTRA O ART. 1º DA LEI FEDERAL 11.301/2006, QUE ACRESCENTOU O § 2º AO ART. 67 DA LEI 9.394/1996. CARREIRA DE MAGISTÉRIO. APOSENTADORIA ESPECIAL PARA OS EXERCENTES DE FUNÇÕES DE DIREÇÃO, COORDENAÇÃO E ASSESSORAMENTO PEDAGÓGICO. ALEGADA OFENSA AOS ARTS. 40, § 5º, E 201, § 8º, DA CONSTITUIÇÃO FEDERAL. INOCORRÊNCIA. AÇÃO JULGADA PARCIALMENTE PROCEDENTE, COM INTERPRETAÇÃO CONFORME. I - A função de magistério não se circunscreve apenas ao trabalho em sala de aula, abrangendo também a preparação de aulas, a correção de provas, o atendimento aos pais e alunos, a coordenação e o assessoramento pedagógico e, ainda, a direção de unidade escolar. II - **As funções de direção, coordenação e assessoramento pedagógico integram a carreira do magistério, desde que exercidos, em estabelecimentos de ensino básico**, por professores de carreira, excluídos os especialistas em educação, fazendo jus aqueles que as desempenham ao regime especial de aposentadoria estabelecido nos arts. 40, § 5º, e 201, § 8º, da Constituição Federal. III - Ação direta julgada parcialmente procedente, com interpretação conforme, nos termos supra.

ADI 3772 / DF - DISTRITO FEDERAL

AÇÃO DIRETA DE INCONSTITUCIONALIDADE

Relator(a): Min. CARLOS BRITTO

Relator(a) p/ Acórdão: Min. RICARDO LEWANDOWSKI

Julgamento: 29/10/2008 Órgão Julgador: Tribunal Pleno

II. que todo o tempo prestado foi no ensino de educação infantil, ensino fundamental ou médio. Logo, estará excluído do benefício, nos moldes do texto constitucional o professor universitário ou de pós graduação em geral.

Esses servidores, desde que comprovem os dois requisitos, têm direito à redução de 5 (cinco) anos na idade mínima para aposentadoria.

Nesta situação, a aposentadoria dependeria dos seguintes requisitos: homem deve ter 60 anos de idade + 25 anos de contribuição e a mulher deve ter 57 anos de idade + 25 anos de contribuição, além dos 10 anos de serviço público e 5 anos no cargo.

No entanto, nos moldes estipulados pelo art. 26 da EC 103/19, no que tange aos cálculos de proventos de aposentadoria, os valores não serão alterados. Assim, o servidor professor ao completar a idade mínima prevista fará jus a provento que corresponderá a 60% da média aritmética de todas as suas contribuições, acrescido de 2% para cada ano de contribuição que exceder os 20 anos.

Aposentadorias especiais

Os critérios para a concessão de aposentadoria estão, desta forma, definidos no texto da Constituição Federal, sendo vedada, expressamente, a utilização de qualquer critério diferenciado para concessão do benefício, ressalvando situações específicas, nas quais, mediante Lei Complementar **poderá** haver a criação de critérios diferenciados. Com efeito, o texto constitucional define que:

> *"§ 4º É vedada a adoção de requisitos ou critérios diferenciados para concessão de benefícios em regime próprio de previdência social, ressalvado o disposto nos §§ 4º-A, 4º-B, 4º-C e 5º.*
>
> *§ 4º-A Poderão ser estabelecidos por lei complementar do respectivo ente federativo idade e tempo de contribuição diferenciados para aposentadoria de* ***servidores com deficiência****, previamente submetidos à avaliação biopsicossocial realizada por equipe multiprofissional e interdisciplinar.*
>
> *§ 4º-B Poderão ser estabelecidos por lei complementar do respectivo ente federativo idade e tempo de contribuição diferenciados para aposentadoria de* ***ocupantes do cargo de agente penitenciário, de agente socioeducativo ou de policial*** *dos órgãos de que tratam o inciso IV do caput do art. 51, o inciso XIII do caput do art. 52 e os incisos I a IV do caput do art. 144.*
>
> *§ 4º-C Poderão ser estabelecidos por lei complementar do respectivo ente federativo idade e tempo de contribuição diferenciados para aposentadoria de* ***servidores cujas atividades sejam exercidas com efetiva exposição a agentes nocivos químicos, físicos e biológicos prejudiciais à saúde****, ou associação destes agentes, vedados a caracterização por categoria profissional ou ocupação e o enquadramento por periculosidade. ".*

Verifica-se tratar-se de norma de eficácia limitada, uma vez que a concessão do critério diferenciado não está regulamentada na Carta Magna que atribui essa tarefa a Lei Complementar. Em virtude do fato de que a Constituição Federal não garante o direito à aposentadoria especial, mas somente o faculta ao ente federado (o dispositivo é claro ao dizer que o ente **poderá**), a ausência de lei não configura omissão indevida e, portanto, não é discutível mediante Mandado de Injunção.

Nesse caso, no que tange à hipótese no inciso III, em 24 de abril de 2014, o Supremo Tribunal Federal editou a Súmula Vinculante n. 33, conferindo aos servidores que exercem atividade prejudicial à saúde o direito à aposentadoria especial, mesmo que não haja lei específica tratando da matéria. Nestes casos, a Corte Suprema determina que sejam aplicadas as regras definidas no Regime Geral de Previdência Social para empregados em situação similar.

Eis o teor da referida Súmula:

> *"**Súmula vinculante no 33** - Aplicam-se ao servidor público, no que couber, as regras do regime geral da previdência social sobre aposentadoria especial de que trata o artigo 40, § 4º, inciso III da Constituição Federal, até a edição de lei complementar específica.»*

Com a alteração constitucional, a referida súmula vinculante não terá mais aplicabilidade, haja vista se considerar o entendimento de que se tratou de uma opção do legislador ordinário de não prever o referido benefício, nos moldes autorizados pela Carta magna.

A situação é diferente dos servidores professores, cujo direito à aposentadoria especial é claramente apresentado pela Constituição.

A norma constitucional, portanto, prevê quais os servidores que poderão gozar a aposentadoria especial:

a) servidores portadores de deficiência;

b) agentes penitenciários;

c) policial civil dos estados e Distrito Federal;

d) policiais federais, policiais rodoviários federais e policiais ferroviários federais;

e) policiais da câmara dos deputados e do senado;

f) servidores que estão sujeitos a agentes nocivos (atividades insalubres).

Verifique-se que foi retirada a possibilidade de aposentadoria especial para todos os servidores que exercem atividade de risco, ficando o benefício limitado a determinadas carreiras estipuladas na própria Constituição Federal.

O art. 10 da EC 103/19 definiu os critérios de aposentadoria especial para essas carreiras até que venha a lei regulamentar esse dispositivo. Vejamos.

I – **Servidores sujeitos a agentes nocivos**

Esses servidores que exercem atividades insalubres, com efetiva exposição a agentes nocivos poderá aposentar aos:

60 anos de idade;

25 anos de efetiva exposição e contribuição;

10 anos no serviço público;

5 no cargo.

II – **Policiais federais, policiais rodoviários federais, policiais ferroviários federais, policiais da câmara dos deputados e do senado e policiais civis do DF:**

Nesse caso, seja homem ou mulher, os requisitos para a aposentadoria serão:

55 anos de idade;

30 anos de contribuição;

25 anos de efetivo exercício em cargos destas carreiras.

Vale lembrar que a regra prevista na EC 103/19 não se aplica aos policiais civis dos estados federados, devendo esses seguirem as regras definidas em lei.

III – Portadores de deficiência

Em quanto não houver lei federal para disciplinar as regras de aposentadoria para servidores da União portadores de deficiência, serão aplicadas as normas postas no art. 22 da EC 103/19.

Para fazer jus à aposentadoria especial esse servidor deverá seguir as regras da Emenda, somadas às normas da Lei Complementar 142/2013 (que trata da aposentadoria especial de empregados com deficiência e será usada analogicamente aos servidores públicos federais. Assim, os requisitos para a aposentadoria especial desses servidores portadores de deficiência serão:

- 10 anos de serviço público;
- 5 anos no cargo da aposentadoria;
- Tempo de contribuição nos moldes da tabela abaixo que toma por base o grau de deficiência.

	DEFICIÊNCIA GRAVE	DEFICIÊNCIA MODERADA	DEFICIÊNCIA MÉDIA
HOMEM	25 anos de contribuição	29 anos de contribuição	33 anos de contribuição
MULHER	20 anos de contribuição	24 anos de contribuição	28 anos de contribuição

9.18.2.4. VALOR DA CONTRIBUIÇÃO

No regime próprio de previdência social do servidor público, a alíquota de contribuição será regulamentada pelo art. 11 da EC 103/19, até que seja definida nova regra por lei federal que altere a lei 10.877/2004 (lei que estabelecia a alíquota de 115 para servidores federais).

Assim, nos termos da referida emenda, o valor da alíquota será de **14%.** Todavia, sobre essa alíquota básica, incidirão reduções ou acréscimos dependendo do valor do salário de contribuição do indivíduo.

A regra que passa a viger define que, sobre os 14%, deverá incidir:

VALOR DO SALÁRIO DE CONTRIBUIÇÃO	ALTERAÇÃO NA ALÍQUOTA
- até um salário-mínimo	Redução de 6,5% (a alíquota será de 7,5%)
- acima de um salário-mínimo até R$ 2.000,00 (dois mil reais)	Redução de 5% (alíquota será de 9%)
- de R$ 2.000,01 (dois mil reais e um centavo) até R$ 3.000,00 (três mil reais)	Redução de 2% (alíquota será de 12%)
- de R$ 3.000,01 (três mil reais e um centavo) até R$ 5.839,45 (cinco mil oitocentos e trinta e nove reais e quarenta e cinco centavos)	sem redução ou acréscimo (alíquota será de 14%)
- de R$ 5.839,46 (cinco mil oitocentos e trinta e nove reais e quarenta e seis centavos) até R$ 10.000,00 (dez mil reais)	Acréscimo de 0,5% (alíquota será de 14,5%)
- de R$ 10.000,01 (dez mil reais e um centavo) até R$ 20.000,00 (vinte mil reais)	Acréscimo de 2% (alíquota será de 16%)
- de R$ 20.000,01 (vinte mil reais e um centavo) até R$ 39.000,00 (trinta e nove mil reais)	Acréscimo de 5% (alíquota será de 19%)
- acima de R$ 39.000,00 (trinta e nove mil reais)	Acréscimo de 8% (alíquota será de 22%)

É importante ressaltar que o art. 11, §2º da referida emenda deixa claro que essa alíquota será aplicada de forma **progressiva**, sobre a base de contribuição do servidor. Assim, cada alíquota incide sobre a faixa específica.

Por exemplo, o servidor que recebe R$15.000,00 (quinze mil reais), terá a incidência da alíquota de 7,5% até um salário mínimo, posteriormente, a alíquota de 9% até o valor de R$ 2.000,00, somado à alíquota de 12% na faixa de R$ 2.001,00 a R$ 3.000,00, adicionada a alíquota de 14% na faixa que varia de R$ 3.001,00 a R$5.839,45, mais a alíquota de 14,5%até R$10.000,00 e, por fim, a alíquota de 16% irá incidir sobre a faixa de remuneração entre R$ 10.001,00 e R$ 15.000,00 reais.

9.18.2.4.1. Contribuição de inativos

Desde a edição da EC 41/03, o **servidor inativo** também contribui e a alíquota é a mesma dos servidores em atividade. O que muda para o servidor inativo é a base de cálculo para incidência da contribuição previdenciária.

Isso porque o servidor inativo que ganhar acima do teto do regime geral de previdência social contribuirá sobre tudo aquilo que seu provento de aposentadoria ou pensão ultrapassar o referido teto. Dessa forma, os aposentados e pensionistas que recebem proventos que não ultrapassam o valor do teto do regime geral de previdência não estão sujeitos à contribuição.

A constitucionalidade da medida foi analisada pelo Supremo Tribunal Federal que fundamenta esta cobrança em virtude do princípio de solidariedade aplicado ao regime público de previdência. Com efeito, não importa se o servidor inativo poderá ou não gozar de novo benefício, haja vista o fato de estar contribuindo para a manutenção do sistema e não para a capitalização dos valores pagos, para fins de pagamento posterior.

De fato, o julgamento da ADI 3105 sepultou a discussão, por meio da declaração de constitucionalidade da cobrança destes valores. No julgado o STF se pronunciou definindo que "*No ordenamento jurídico vigente, não há norma, expressa nem sistemática, que atribua à condição jurídico-subjetiva da aposentadoria de servidor público o efeito de lhe gerar direito subjetivo como poder de subtrair ad aeternum a percepção dos respectivos proventos e pensões à incidência de lei tributária que, anterior ou ulterior, os submeta à incidência de contribuição previdencial. Noutras palavras, não há, em nosso ordenamento, nenhuma norma jurídica válida que, como efeito específico do fato jurídico da aposentadoria, lhe imunize os proventos e as pensões, de modo absoluto, à tributação de ordem constitucional, qualquer que seja a modalidade do tributo eleito, donde não haver, a respeito, direito adquirido com o aposentamento*"3.

Cabe ressaltar que, muito embora a EC 103/19 preveja a possibilidade de cobrança de contribuição previdenciárias de inativos que ganhem acima do teto do RGPS, considerando, para fins de contribuição, o valor total do provento, essa norma não pode ser aplicada, em razão do art. 40, §18º da carta Magna, não alterado com a referida emenda que dispõe que esses inativos (aposentados e pensionistas) terão imunidade tributária para os valores de proventos recebidos até o teto do Regime Geral de Previdência.

9.18.2.4.2. Déficit atuarial e criação de contribuição extraordinária

O art. 149 da Constituição Federal, com as alterações feitas pela EC 103/2019 dispõe que:

> *§ 1º-A A contribuição ordinária dos aposentados e pensionistas poderá incidir sobre o valor dos proventos de aposentadoria e de pensões que superem o salário mínimo quando houver déficit atuarial.*
>
> *§ 1º-B Demonstrada a insuficiência da medida prevista no § 1º-A para equacionar o déficit atuarial, é facultada a instituição de contribuição extraordinária, no âmbito da União, dos servidores públicos ativos, dos aposentados e dos pensionistas.*
>
> *§ 1º-C A contribuição extraordinária de que trata o § 1º-B deverá ser instituída simultaneamente com outras medidas para equacionamento do déficit e vigorará por período determinado, contado da data de sua instituição".*

A regra transcrita estabelece uma situação muito perigosa para os servidores públicos, ao prever a possibilidade de instituição de contribuição extraordinária por prazo determinado. Note-se que o dispositivo não define qual o prazo máximo ou o

---

3 Trata-se de trecho do julgado da **ADI 3105 / DF - DISTRITO FEDERAL. AÇÃO DIRETA DE INCONSTITUCIONALIDADE Relator(a): Min. ELLEN GRACIE**
Relator(a) p/ Acórdão: Min. CEZAR PELUSO
Julgamento: 18/08/2004 Órgão Julgador: Tribunal Pleno.

valor máximo de alíquota que poderá ser estabelecido, ficando a norma totalmente ao alvedrio do gestor público.

9.18.2.5. Teto do regime próprio

A redação da Emenda Constitucional n. 41/03 deixava claro que, enquanto o poder público não implementar um regime complementar público ao regime próprio, a aposentadoria dos servidores públicos não se submeterá ao teto e estes continuarão aposentando-se sobre o valor total de sua remuneração e contribuindo sobre este mesmo valor. Isso porque a incidência do teto do regime geral de previdência social é previsto constitucionalmente para o regime próprio de previdência, dependendo, entretanto, sua efetivação de uma lei criadora de um regime que complemente o público. Esta é a redação do art. 40, § 14 que dispõe que *"A União, os Estados, o Distrito Federal e os Municípios instituirão, por lei de iniciativa do respectivo Poder Executivo, regime de previdência complementar para servidores públicos ocupantes de cargo efetivo, observado o limite máximo dos benefícios do Regime Geral de Previdência Social para o valor das aposentadorias e das pensões em regime próprio de previdência social, ressalvado o disposto no § 16."*.

Em 2012, foi editada a lei 12.618, que institui o regime de previdência complementar para os servidores públicos federais titulares de cargo efetivo, inclusive os membros dos órgãos que menciona; fixa o limite máximo para a concessão de aposentadorias e pensões pelo regime de previdência de que trata o art. 40 da Constituição Federal.

A lei foi regulamentada pela edição do Decreto 7.808/12 que cria a FUNPRESP, no âmbito do Poder Executivo. É importante ressaltar que todos aqueles servidores que ingressaram no serviço público antes da regulamentação do regime complementar de previdência não se submetem às normas definidas de adequação ao teto de proventos do regime próprio de previdência, salvo se for de seu interesse.

No entanto, aqueles que ingressarem posteriormente terão seus proventos de aposentadoria limitados ao teto estipulado para os benefícios pagos aos segurados do regime geral de previdência social, sendo possível complementar esses valores, caso optem por aderir ao regime complementar criado com essa finalidade. Nesse caso, a alíquota de contribuição destes servidores será calculada nos moldes explicitados no tópico anterior, com a incidência progressiva com base nas faixas de remuneração.

Não obstante tratar-se de matéria afeta ao direito previdenciário a análise acerca do novo regime complementar, é importante salientar que os planos de benefícios da Funpresp-Exe, da Funpresp-Leg e da Funpresp-Jud serão estruturados na modalidade de contribuição definida, nos termos da regulamentação estabelecida pelo órgão regulador das entidades fechadas de previdência complementar, e a distribuição das contribuições nos planos de benefícios e nos planos de custeio será revista sempre que necessário, para manter o equilíbrio permanente dos planos de benefícios.

Neste sentido, o valor do benefício programado será calculado de acordo com o montante do saldo da conta acumulado pelo participante, devendo o valor do benefício estar permanentemente ajustado ao referido saldo.

Ademais, os benefícios não programados serão definidos nos regulamentos dos planos, devendo ser assegurados, pelo menos, os benefícios decorrentes dos eventos invalidez e morte e, se for o caso, a cobertura de outros riscos atuariais, sendo que a concessão dos benefícios de que trata o § 3º aos participantes ou assistidos pela entidade fechada de previdência social é condicionada à concessão do benefício pelo regime próprio de previdência social, haja vista tratar-se de regime com caráter meramente "complementar".

Ressalte-se que os servidores que ingressaram antes da criação do regime complementar de previdência mantêm, se assim quiserem, as regras aplicadas anteriormente, sem a sujeição ao teto de benefícios do regime geral de previdência.

Por sua vez, aqueles que ingressaram no serviço público após a criação da FUNPRESP terão proventos de aposentadoria e pensão limitados ao valor máximo pago aos segurados do regime geral. Nestes casos, poderão optar por aderirem ao regime complementar de previdência para fins de recebimento de valores acima do teto.

Por fim, cumpre ressaltar que a criação pelos estados e municípios de um regime complementar de previdência deixa de ser uma faculdade e passa a ser uma imposição do texto constitucional, haja vista o art. 40, §14º dispor que esses entes **instituirão** o regime complementar.

Pela ausência de explicitação, o descumprimento dessa imposição constitucional não enseja qualquer consequência direta ao ente federado que a desobedecer.

9.18.2.6. PARIDADE E INTEGRALIDADE

O art. 189 da Lei 8112/90 estabelecia duas regras que deixaram de existir com a edição da EC 41/03, quais sejam a integralidade e a paridade.

A **integralidade** era uma garantia de que o servidor receberia, a título de proventos de aposentadoria, o valor integral da última remuneração. Dessa forma, caso o servidor público contribuísse, em toda a sua vida laboral com valores muito baixos e, nos últimos cinco anos, por exemplo, em virtude de aprovação em novo concurso passasse a contribuir sob remuneração muito alta, receberia proventos no valor desta última remuneração.

A situação causava grandes transtornos ao regime de previdência que, muitas vezes, precisava arcar com o pagamento de proventos altos para um agente que não havia contribuído em montante tão relevante.

Atualmente, o cálculo é feito nos mesmos moldes definidos para o regime geral de previdência, qual seja, mediante cálculo da média aritmética dos salários de contribuição do servidor público, ao longo de sua vida, atualizados monetariamente. É importante lembrar que a forma de cálculo dos valores será definida na lei de cada ente federado, havendo uma norma prevista na própria EC 103/19 a ser seguida para a União, enquanto não for publicada a lei federal sobre o tema.

Por sua vez, a **Paridade** com o servidor da ativa era prerrogativa de que gozava o inativo: qualquer reajuste dado ao servidor em atividade gerava direito subjetivo de reajuste no mesmo índice e na mesma proporção aos respectivos inativos. A intenção era garantir um reajuste real àqueles que não exercem atividade pública e, por isso, não possuem poder de negociação com o Estado para evitarem a defasagem de seus pagamentos.

Com o fim da paridade, criou-se uma revisão geral anual, no texto constitucional, não vinculada ao reajuste dos servidores em atividade, conforme se transcreve abaixo:

> "Art. 40.(...)
>
> (...)
>
> §8º: É assegurado o reajustamento dos benefícios para preservar-lhes, em caráter permanente, o valor real, conforme critérios estabelecidos em lei".

Sendo assim, os inativos têm a garantia constitucional de revisão geral anual dos proventos, no entanto essa prerrogativa não está atrelada ao aumento concedido aos servidores que estão na atividade.

Por óbvio, os servidores que já se encontravam aposentados à época da EC 41/03 ou que ingressou antes da referida alteração e cumpriu as regras de transição necessárias, possuem as prerrogativas de paridade e integralidade, em razão do princípio da segurança jurídica, das regras de direito adquirido e ato jurídico perfeito.

9.18.3. Natureza jurídica do ato de aposentadoria

Aposentadoria é um **ato complexo**, para maioria da doutrina e da jurisprudência, porque se perfaz pela conjunção de duas vontades independentes, quais sejam, a manifestação do órgão em que o servidor exerce suas atividades e a aprovação do ato de aposentadoria pelo Tribunal de Contas.

Sendo assim, no momento em que o órgão "aposenta" o servidor, o ato emanado ainda não foi efetivado, porque depende da aprovação do Tribunal de Contas. Se o referido tribunal não aprovar a concessão inicial, não precisa respeitar o contraditório e a ampla defesa, porque não se trata de anulação de ato ampliativo, mas tão somente a não perfeição deste ato que ainda se encontrava em formação.

Em virtude deste entendimento, o Supremo Tribunal Federal define que o ato que nega a aposentadoria pelo Tribunal de Contas não depende de garantia de contraditório ou ampla defesa, haja vista não configurar a restrição de um direito já efetivado.

Esta é a redação da Súmula Vinculante n. 3, que dispõe que "*Nos processos perante o Tribunal de Contas da União asseguram-se o contraditório e a ampla defesa quando da decisão puder resultar anulação ou revogação de ato administrativo que beneficie o interessado, excetuada a apreciação da legalidade do ato de concessão inicial de aposentadoria, reforma e pensão".*

9.19. SÚMULAS DE JURISPRUDÊNCIA

9.19.1. Súmulas Vinculantes

SÚMULA VINCULANTE N. 4. SALVO NOS CASOS PREVISTOS NA CONSTITUIÇÃO, O SALÁRIO MÍNIMO NÃO PODE SER USADO COMO INDEXADOR DE BASE DE CÁLCULO DE VANTAGEM DE SERVIDOR PÚBLICO OU DE EMPREGADO, NEM SER SUBSTITUÍDO POR DECISÃO JUDICIAL.

SÚMULA VINCULANTE N. 6. NÃO VIOLA A CONSTITUIÇÃO O ESTABELECIMENTO DE REMUNERAÇÃO INFERIOR AO SALÁRIO MÍNIMO PARA AS PRAÇAS PRESTADORAS DE SERVIÇO MILITAR INICIAL.

SÚMULA VINCULANTE N. 1.3 A NOMEAÇÃO DE CÔNJUGE, COMPANHEIRO OU PARENTE EM LINHA RETA, COLATERAL OU POR AFINIDADE, ATÉ O TERCEIRO GRAU, INCLUSIVE, DA AUTORIDADE NOMEANTE OU DE SERVIDOR DA MESMA PESSOA JURÍDICA INVESTIDO EM CARGO DE DIREÇÃO, CHEFIA OU ASSESSORAMENTO, PARA O EXERCÍCIO DE CARGO EM COMISSÃO OU DE CONFIANÇA OU, AINDA, DE FUNÇÃO GRATIFICADA NA ADMINISTRAÇÃO PÚBLICA DIRETA E INDIRETA EM QUALQUER DOS PODERES DA UNIÃO, DOS ESTADOS, DO DISTRITO FEDERAL E DOS MUNICÍPIOS, COMPREENDIDO O AJUSTE MEDIANTE DESIGNAÇÕES RECÍPROCAS, VIOLA A CONSTITUIÇÃO FEDERAL.

SÚMULA VINCULANTE N. 15. O CÁLCULO DE GRATIFICAÇÕES E OUTRAS VANTAGENS DO SERVIDOR PÚBLICO NÃO INCIDE SOBRE O ABONO UTILIZADO PARA SE ATINGIR O SALÁRIO MÍNIMO.

SÚMULA VINCULANTE N. 16. OS ARTIGOS 7°, IV, E 39, § 3° (REDAÇÃO DA EC 19/98), DA CONSTITUIÇÃO, REFEREM-SE AO TOTAL DA REMUNERAÇÃO PERCEBIDA PELO SERVIDOR PÚBLICO.

SÚMULA VINCULANTE N. 20. A GRATIFICAÇÃO DE DESEMPENHO DE ATIVIDADE TÉCNICO-ADMINISTRATIVA – DATA, INSTITUÍDA PELA LEI N° 10.404/2002, DEVE SER DEFERIDA AOS INATIVOS NOS VALORES CORRESPONDENTES A 37,5 (TRINTA E SETE VÍRGULA CINCO) PONTOS NO PERÍODO DE FEVEREIRO A MAIO DE 2002 E, NOS TERMOS DO ARTIGO 5°, PARÁGRAFO ÚNICO, DA LEI N° 10.404/2002, NO PERÍODO DE JUNHO DE 2002 ATÉ A CONCLUSÃO DOS EFEITOS DO ÚLTIMO CICLO DE AVALIAÇÃO A QUE SE REFERE O ARTIGO 1° DA MEDIDA PROVISÓRIA NO 198/2004, A PARTIR DA QUAL PASSA A SER DE 60 (SESSENTA) PONTOS.

SÚMULA VINCULANTE N. 33. APLICAM-SE AO SERVIDOR PÚBLICO, NO QUE COUBER, AS REGRAS DO REGIME GERAL DA PREVIDÊNCIA SOCIAL SOBRE APOSENTADORIA

ESPECIAL DE QUE TRATA O ARTIGO 40, § 4º, INCISO III DA CONSTITUIÇÃO FEDERAL, ATÉ A EDIÇÃO DE LEI COMPLEMENTAR ESPECÍFICA.

SÚMULA VINCULANTE N. 37. NÃO CABE AO PODER JUDICIÁRIO, QUE NÃO TEM FUNÇÃO LEGISLATIVA, AUMENTAR VENCIMENTOS DE SERVIDORES PÚBLICOS SOB O FUNDAMENTO DE ISONOMIA.

SÚMULA VINCULANTE N. 43. É INCONSTITUCIONAL TODA MODALIDADE DE PROVIMENTO QUE PROPICIE AO SERVIDOR INVESTIR-SE, SEM PRÉVIA APROVAÇÃO EM CONCURSO PÚBLICO DESTINADO AO SEU PROVIMENTO, EM CARGO QUE NÃO INTEGRA A CARREIRA NA QUAL ANTERIORMENTE INVESTIDO.

SÚMULA VINCULANTE 44. SÓ POR LEI SE PODE SUJEITAR A EXAME PSICOTÉCNICO A HABILITAÇÃO DE CANDIDATO A CARGO PÚBLICO.

9.19.2. Supremo Tribunal Federal

SÚMULA N. 11. A VITALICIEDADE NÃO IMPEDE A EXTINÇÃO DO CARGO, FICANDO O FUNCIONÁRIO EM DISPONIBILIDADE, COM TODOS OS VENCIMENTOS.

SÚMULA N. 13. A EQUIPARAÇÃO DE EXTRANUMERÁRIO A FUNCIONÁRIO EFETIVO, DETERMINADA PELA LEI 2284, DE 9/8/1954, NÃO ENVOLVE REESTRUTURAÇÃO, NÃO COMPREENDENDO, PORTANTO, OS VENCIMENTOS.

SÚMULA N. 15. DENTRO DO PRAZO DE VALIDADE DO CONCURSO, O CANDIDATO APROVADO TEM O DIREITO À NOMEAÇÃO, QUANDO O CARGO FOR PREENCHIDO SEM OBSERVÂNCIA DA CLASSIFICAÇÃO.

SÚMULA N. 16. FUNCIONÁRIO NOMEADO POR CONCURSO TEM DIREITO À POSSE.

SÚMULA N. 17. A NOMEAÇÃO DE FUNCIONÁRIO SEM CONCURSO PODE SER DESFEITA ANTES DA POSSE.

SÚMULA N. 18. PELA FALTA RESIDUAL, NÃO COMPREENDIDA NA ABSOLVIÇÃO PELO JUÍZO CRIMINAL, É ADMISSÍVEL A PUNIÇÃO ADMINISTRATIVA DO SERVIDOR PÚBLICO.

SÚMULA N. 19. É INADMISSÍVEL SEGUNDA PUNIÇÃO DE SERVIDOR PÚBLICO, BASEADA NO MESMO PROCESSO EM QUE SE FUNDOU A PRIMEIRA.

SÚMULA N. 20. É NECESSÁRIO PROCESSO ADMINISTRATIVO COM AMPLA DEFESA, PARA DEMISSÃO DE FUNCIONÁRIO ADMITIDO POR CONCURSO.

SÚMULA N. 21. FUNCIONÁRIO EM ESTÁGIO PROBATÓRIO NÃO PODE SER EXONERADO NEM DEMITIDO SEM INQUÉRITO OU SEM AS FORMALIDADES LEGAIS DE APURAÇÃO DE SUA CAPACIDADE.

SÚMULA N. 22. O ESTÁGIO PROBATÓRIO NÃO PROTEGE O FUNCIONÁRIO CONTRA A EXTINÇÃO DO CARGO.

SÚMULA N. 24. FUNCIONÁRIO INTERINO SUBSTITUTO É DEMISSÍVEL, MESMO ANTES DE CESSAR A CAUSA DA SUBSTITUIÇÃO.

SÚMULA N. 26. OS SERVIDORES DO INSTITUTO DE APOSENTADORIA E PENSÕES DOS INDUSTRIÁRIOS NÃO PODEM ACUMULAR A SUA GRATIFICAÇÃO BIENAL COM O ADICIONAL DE TEMPO DE SERVIÇO PREVISTO NO ESTATUTO DOS FUNCIONÁRIOS CIVIS DA UNIÃO.

SÚMULA N. 27. OS SERVIDORES PÚBLICOS NÃO TÊM VENCIMENTOS IRREDUTÍVEIS, PRERROGATIVA DOS MEMBROS DO PODER JUDICIÁRIO E DOS QUE LHES SÃO EQUIPARADOS.

SÚMULA N. 29. GRATIFICAÇÃO DEVIDA A SERVIDORES DO "SISTEMA FAZENDÁRIO" NÃO SE ESTENDE AOS DOS TRIBUNAIS DE CONTAS.

SÚMULA N. 30. SERVIDORES DE COLETORIAS NÃO TÊM DIREITO À PERCENTAGEM PELA COBRANÇA DE CONTRIBUIÇÕES DESTINADAS À PETROBRAS.

SÚMULA N. 31. PARA APLICAÇÃO DA LEI 1741, DE 22/11/1952, SOMA-SE O TEMPO DE SERVIÇO ININTERRUPTO EM MAIS DE UM CARGO EM COMISSÃO.

SÚMULA N. 32. PARA APLICAÇÃO DA LEI 1741, DE 22/11/1952, SOMA-SE O TEMPO DE SERVIÇO ININTERRUPTO EM CARGO EM COMISSÃO E EM FUNÇÃO GRATIFICADA.

SÚMULA N. 36. SERVIDOR VITALÍCIO ESTÁ SUJEITO À APOSENTADORIA COMPULSÓRIA, EM RAZÃO DA IDADE.

SÚMULA N. 37. NÃO TEM DIREITO DE SE APOSENTAR PELO TESOURO NACIONAL O SERVIDOR QUE NÃO SATISFIZER AS CONDIÇÕES ESTABELECIDAS NA LEGISLAÇÃO DO SERVIÇO PÚBLICO FEDERAL, AINDA QUE APOSENTADO PELA RESPECTIVA INSTITUIÇÃO PREVIDENCIÁRIA, COM DIREITO, EM TESE, A DUAS APOSENTADORIAS.

SÚMULA N. 38. RECLASSIFICAÇÃO POSTERIOR À APOSENTADORIA NÃO APROVEITA AO SERVIDOR APOSENTADO.

SÚMULA N. 39. À FALTA DE LEI, FUNCIONÁRIO EM DISPONIBILIDADE NÃO PODE EXIGIR, JUDICIALMENTE, O SEU APROVEITAMENTO, QUE FICA SUBORDINADO AO CRITÉRIO DE CONVENIÊNCIA DA ADMINISTRAÇÃO.

SÚMULA N. 46. DESMEMBRAMENTO DE SERVENTIA DE JUSTIÇA NÃO VIOLA O PRINCÍPIO DE VITALICIEDADE DO SERVENTUÁRIO.

SÚMULA N. 50. A LEI PODE ESTABELECER CONDIÇÕES PARA A DEMISSÃO DE EXTRANUMERÁRIO.

SÚMULA N. 339. NÃO CABE AO PODER JUDICIÁRIO, QUE NÃO TEM FUNÇÃO LEGISLATIVA, AUMENTAR VENCIMENTOS DE SERVIDORES PÚBLICOS SOB FUNDAMENTO DE ISONOMIA.

SÚMULA N. 358. O SERVIDOR PÚBLICO EM DISPONIBILIDADE TEM DIREITO AOS VENCIMENTOS INTEGRAIS DO CARGO.

SÚMULA N. 372. A LEI 2752, DE 10/4/1956, SOBRE DUPLA APOSENTADORIA, APROVEITA, QUANDO COUBER, A SERVIDORES APOSENTADOS ANTES DE SUA PUBLICAÇÃO.

SÚMULA N. 384. A DEMISSÃO DE EXTRANUMERÁRIO DO SERVIÇO PÚBLICO FEDERAL, EQUIPARADO A FUNCIONÁRIO DE PROVIMENTO EFETIVO PARA EFEITO DE ESTABILIDADE, É DA COMPETÊNCIA DO PRESIDENTE DA REPÚBLICA.

SÚMULA N. 408. OS SERVIDORES FAZENDÁRIOS NÃO TÊM DIREITO À PERCENTAGEM PELA ARRECADAÇÃO DE RECEITA FEDERAL DESTINADA AO BANCO NACIONAL DE DESENVOLVIMENTO ECONÔMICO.

SÚMULA N. 566. ENQUANTO PENDENTE, O PEDIDO DE READAPTAÇÃO FUNDADO EM DESVIO FUNCIONAL NÃO GERA DIREITOS PARA O SERVIDOR, RELATIVAMENTE AO CARGO PLEITEADO.

SÚMULA N. 671. OS SERVIDORES PÚBLICOS E OS TRABALHADORES EM GERAL TÊM DIREITO, NO QUE CONCERNE À URP DE ABRIL/MAIO DE 1988, APENAS AO VALOR CORRESPONDENTE A 7/30 DE 16,19% SOBRE OS VENCIMENTOS E SALÁRIOS PERTINENTES AOS MESES DE ABRIL E MAIO DE 1988, NÃO CUMULATIVAMENTE, DEVIDAMENTE CORRIGIDO ATÉ O EFETIVO PAGAMENTO.

SÚMULA N. 672. O REAJUSTE DE 28,86%, CONCEDIDO AOS SERVIDORES MILITARES PELAS LEIS 8622/1993 E 8627/1993, ESTENDE-SE AOS SERVIDORES CIVIS DO PODER EXECUTIVO, OBSERVADAS AS EVENTUAIS COMPENSAÇÕES DECORRENTES DOS REAJUSTES DIFERENCIADOS CONCEDIDOS PELOS MESMOS DIPLOMAS LEGAIS.

SÚMULA N. 678. SÃO INCONSTITUCIONAIS OS INCISOS I E III DO ART. 7º DA LEI 8162/1991, QUE AFASTAM, PARA EFEITO DE ANUÊNIO E DE LICENÇA-PRÊMIO, A CONTAGEM DO TEMPO DE SERVIÇO REGIDO PELA CONSOLIDAÇÃO DAS LEIS DO TRABALHO DOS SERVIDORES QUE PASSARAM A SUBMETER-SE AO REGIME JURÍDICO ÚNICO.

SÚMULA N. 679. A FIXAÇÃO DE VENCIMENTOS DOS SERVIDORES PÚBLICOS NÃO PODE SER OBJETO DE CONVENÇÃO COLETIVA.

SÚMULA N. 680. O DIREITO AO AUXÍLIO-ALIMENTAÇÃO NÃO SE ESTENDE AOS SERVIDORES INATIVOS.

SÚMULA N. 681. É INCONSTITUCIONAL A VINCULAÇÃO DO REAJUSTE DE VENCIMENTOS DE SERVIDORES ESTADUAIS OU MUNICIPAIS A ÍNDICES FEDERAIS DE CORREÇÃO MONETÁRIA.

SÚMULA N. 682. NÃO OFENDE A CONSTITUIÇÃO A CORREÇÃO MONETÁRIA NO PAGAMENTO COM ATRASO DOS VENCIMENTOS DE SERVIDORES PÚBLICOS.

SÚMULA N. 683. O LIMITE DE IDADE PARA A INSCRIÇÃO EM CONCURSO PÚBLICO SÓ SE LEGITIMA EM FACE DO ART. 7º, XXX, DA CONSTITUIÇÃO, QUANDO POSSA SER JUSTIFICADO PELA NATUREZA DAS ATRIBUIÇÕES DO CARGO A SER PREENCHIDO.

SÚMULA N. 684. É INCONSTITUCIONAL O VETO NÃO MOTIVADO À PARTICIPAÇÃO DE CANDIDATO A CONCURSO PÚBLICO.

SÚMULA N. 685. É INCONSTITUCIONAL TODA MODALIDADE DE PROVIMENTO QUE PROPICIE AO SERVIDOR INVESTIR-SE, SEM PRÉVIA APROVAÇÃO EM CONCURSO PÚBLICO DESTINADO AO SEU PROVIMENTO, EM CARGO QUE NÃO INTEGRA A CARREIRA NA QUAL ANTERIORMENTE INVESTIDO.

SÚMULA N. 686. SÓ POR LEI SE PODE SUJEITAR A EXAME PSICOTÉCNICO A HABILITAÇÃO DE CANDIDATO A CARGO PÚBLICO.

9.19.3. Superior Tribunal de Justiça

SÚMULA 97. COMPETE À JUSTIÇA DO TRABALHO PROCESSAR E JULGAR RECLAMAÇÃO DE SERVIDOR PÚBLICO RELATIVAMENTE A VANTAGENS TRABALHISTAS ANTERIORES A INSTITUIÇÃO DO REGIME JURÍDICO ÚNICO.

SÚMULA 137. COMPETE À JUSTIÇA COMUM ESTADUAL PROCESSAR E JULGAR AÇÃO DE SERVIDOR PÚBLICO MUNICIPAL, PLEITEANDO DIREITOS RELATIVOS AO VÍNCULO ESTATUTÁRIO.

SÚMULA 147. COMPETE À JUSTIÇA FEDERAL PROCESSAR E JULGAR OS CRIMES PRATICADOS CONTRA FUNCIONÁRIO PÚBLICO FEDERAL, QUANDO RELACIONADOS COM O EXERCÍCIO DA FUNÇÃO.

SÚMULA 173. COMPETE À JUSTIÇA FEDERAL PROCESSAR E JULGAR O PEDIDO DE REINTEGRAÇÃO EM CARGO PÚBLICO FEDERAL, AINDA QUE O SERVIDOR TENHA SIDO DISPENSADO ANTES DA INSTITUIÇÃO DO REGIME JURÍDICO ÚNICO.

SÚMULA 218. COMPETE À JUSTIÇA DOS ESTADOS PROCESSAR E JULGAR AÇÃO DE SERVIDOR ESTADUAL DECORRENTE DE DIREITOS E VANTAGENS ESTATUTÁRIAS NO EXERCÍCIO DE CARGO EM COMISSÃO.

SÚMULA 266. O DIPLOMA OU HABILITAÇÃO LEGAL PARA O EXERCÍCIO DO CARGO DEVE SER EXIGIDO NA POSSE E NÃO NA INSCRIÇÃO PARA O CONCURSO PÚBLICO.

SÚMULA 377. O PORTADOR DE VISÃO MONOCULAR TEM DIREITO DE CONCORRER, EM CONCURSO PÚBLICO, ÀS VAGAS RESERVADAS AOS DEFICIENTES.

SÚMULA 378. RECONHECIDO O DESVIO DE FUNÇÃO, O SERVIDOR FAZ JUS ÀS DIFERENÇAS SALARIAIS DECORRENTES.

SÚMULA 635. OS PRAZOS PRESCRICIONAIS PREVISTOS NO ARTIGO 142 DA LEI 8.112/1990 INICIAM-SE NA DATA EM QUE A AUTORIDADE COMPETENTE PARA A ABERTURA DO PROCEDIMENTO ADMINISTRATIVO TOMA CONHECIMENTO DO FATO, INTERROMPEM-SE COM O PRIMEIRO ATO DE INSTAURAÇÃO VÁLIDO – SINDICÂNCIA DE CARÁTER PUNITIVO OU PROCESSO DISCIPLINAR – E VOLTAM A FLUIR POR INTEIRO, APÓS DECORRIDOS 140 DIAS DESDE A INTERRUPÇÃO.

SÚMULA 641. A PORTARIA DE INSTAURAÇÃO DO PROCESSO ADMINISTRATIVO DISCIPLINAR PRESCINDE DA EXPOSIÇÃO DETALHADA DOS FATOS A SEREM APURADOS.

10

IMPROBIDADE ADMINISTRATIVA

A matéria referente à improbidade administrativa praticada pelos agentes públicos se encontra positivada na Lei 8429/92, editada para regulamentação do art. 37, §4º da Carta Magna.

10.1. PRINCÍPIO DA MORALIDADE

Para a maioria da doutrina, moralidade e probidade, enquanto princípios, são expressões sinônimas.

No entanto, a noção de improbidade não se confunde com a de imoralidade, sendo esta uma das modalidades daquela. Ou seja, as situações de improbidade administrativa são muito mais amplas do que a violação ao princípio da moralidade, o qual configura apenas uma das espécies de improbidade previstas em lei.

São espécies de improbidade administrativa:

- ações ou omissões que geram enriquecimento ilícito, em detrimento da função pública;
- ações ou omissões que geram dano ao erário;
- ações ou omissões que atentam contra os princípios da Administração Pública.

10.2. NATUREZA JURÍDICA DAS SANÇÕES DE IMPROBIDADE

É cediço que as instâncias penal, administrativa e cível são independentes e que os atos de improbidade podem ser sancionados nas três instâncias.

Importante saber, no entanto, que as sanções de improbidade previstas na Lei 8429/92 têm natureza civil, não impedindo, porém, a apuração de responsabilidades na esfera administrativa e na esfera penal.

Logo, ao praticar um ato de improbidade, o servidor estará sujeito às sanções administrativas (conforme processo administrativo disciplinar estipulado no estatuto deste servidor), sem prejuízo da ação penal nos moldes da legislação penal. Por fim, haverá a responsabilização civil deste servidor, conforme a lei de improbidade administrativa.

As sanções de improbidade serão aplicadas mediante a propositura da Ação Civil Pública por ato de improbidade (ou, simplesmente, Ação de Improbidade).

10.3. DOS AGENTES

10.3.1. Sujeito Ativo

Quem pratica ato de improbidade é o agente público, que, conforme conceituação no capítulo anterior, é qualquer pessoa que atue em nome da Administração mesmo que temporariamente e até mesmo sem remuneração. Agentes públicos são: a) os agentes políticos; b) particulares em colaboração; c) servidores estatais. Essa é a dicção da lei para provas objetivas, senão vejamos.

> Art. 2º Reputa-se agente público, para os efeitos desta lei, todo aquele que exerce, ainda que transitoriamente ou sem remuneração, por eleição, nomeação, designação, contratação ou qualquer outra forma de investidura ou vínculo, mandato, cargo, emprego ou função nas entidades mencionadas no artigo anterior.

No entanto, em decisões recentes o Supremo Tribunal Federal vem firmando o entendimento de que os agentes políticos que respondem por crime de responsabilidade, nos moldes previstos na Carta Magna, não estão sujeitos à Lei de improbidade. Isso porque o crime de responsabilidade estipula sanções de natureza civil e seria *bis in idem* admitir as duas punições.

Ressalte-se que, além dos agentes públicos, particulares também podem responder por improbidade, desde que se beneficie ou concorra para a prática do ato. Dessa forma, a lei de improbidade não se aplica somente a agentes públicos, estabelecendo sanções a particulares.

10.3.2. Sujeito passivo

Administração Pública Direta e Indireta e mais as entidades privadas que recebem dinheiro público. Ressalte-se que para as entidades privadas cuja criação ou custeio o erário haja concorrido ou concorra com menos de cinquenta por cento do patrimônio ou da receita anual ou que recebam subvenção, as sanções de improbidade somente se aplicam até o montante das verbas públicas recebidas. Esta é a dicção do artigo 1º da lei de improbidade. Vejamos.

Art. 1° Os atos de improbidade praticados por qualquer agente público, servidor ou não, contra a administração direta, indireta ou fundacional de qualquer dos Poderes da União, dos Estados, do Distrito Federal, dos Municípios, de Território, de empresa incorporada ao patrimônio público ou de entidade para cuja criação ou custeio o erário haja concorrido ou concorra com mais de cinquenta por cento do patrimônio ou da receita anual, serão punidos na forma desta lei.

Parágrafo único. Estão também sujeitos às penalidades desta lei os atos de improbidade praticados contra o patrimônio de entidade que receba subvenção, benefício ou incentivo, fiscal ou creditício, de órgão público bem como daquelas para cuja criação ou custeio o erário haja concorrido ou concorra com menos de cinquenta por cento do patrimônio ou da receita anual, limitando-se, nestes casos, a sanção patrimonial à repercussão do ilícito sobre a contribuição dos cofres públicos.

10.4. ESPÉCIES DE ATO DE IMPROBIDADE E SANÇÕES APLICÁVEIS

Conforme explicitado alhures, o texto legal estabelece três espécies de atos de improbidade: os atos de que geram enriquecimento ilícito, os que causam danos ao erário público e os atos que atentam contra princípios da administração pública.

Tais atuações encontram-se nos artigos 9, 10 e 11 da lei de improbidade, constituindo uma gradação, ou seja, sendo o primeiro ato o mais grave de todos e o último o mais leve, sendo que cada um dos artigos traz um rol – meramente exemplificativo – de atos de improbidade.

Ressalte-se ainda que, em recente interpretação jurisprudencial, o Superior Tribunal de Justiça definiu que apenas os atos de improbidade que causam dano ao erário (art. 10º) podem ser sancionados a título de dolo ou culpa, sendo os demais atos de improbidade sancionados somente se comprovada a má-fé do agente, ou seja, a atuação dolosa.

Art. 9° Constitui ato de improbidade administrativa importando enriquecimento ilícito auferir qualquer tipo de vantagem patrimonial indevida em razão do exercício de cargo, mandato, função, emprego ou atividade nas entidades mencionadas no art. 1° desta lei, e notadamente:

I – receber, para si ou para outrem, dinheiro, bem móvel ou imóvel, ou qualquer outra vantagem econômica, direta ou indireta, a título de comissão, percentagem, gratificação ou presente de quem tenha interesse, direto ou indireto, que possa ser atingido ou amparado por ação ou omissão decorrente das atribuições do agente público;

II – perceber vantagem econômica, direta ou indireta, para facilitar a aquisição, permuta ou locação de bem móvel ou imóvel, ou a contratação de serviços pelas entidades referidas no art. 1° por preço superior ao valor de mercado;

III – perceber vantagem econômica, direta ou indireta, para facilitar a alienação, permuta ou locação de bem público ou o fornecimento de serviço por ente estatal por preço inferior ao valor de mercado;

IV – utilizar, em obra ou serviço particular, veículos, máquinas, equipamentos ou material de qualquer natureza, de propriedade ou à disposição de qualquer das entidades mencionadas no art. 1° desta lei, bem como o trabalho de servidores públicos, empregados ou terceiros contratados por essas entidades;

V – receber vantagem econômica de qualquer natureza, direta ou indireta, para tolerar a exploração ou a prática de jogos de azar, de lenocínio, de narcotráfico, de contrabando, de usura ou de qualquer outra atividade ilícita, ou aceitar promessa de tal vantagem;

VI – receber vantagem econômica de qualquer natureza, direta ou indireta, para fazer declaração falsa sobre medição ou avaliação em obras públicas ou qualquer outro serviço, ou sobre quantidade, peso, medida, qualidade ou característica de mercadorias ou bens fornecidos a qualquer das entidades mencionadas no art. 1° desta lei;

VII – adquirir, para si ou para outrem, no exercício de mandato, cargo, emprego ou função pública, bens de qualquer natureza cujo valor seja desproporcional à evolução do patrimônio ou à renda do agente público;

VIII – aceitar emprego, comissão ou exercer atividade de consultoria ou assessoramento para pessoa física ou jurídica que tenha interesse suscetível de ser atingido ou amparado por ação ou omissão decorrente das atribuições do agente público, durante a atividade;

IX – perceber vantagem econômica para intermediar a liberação ou aplicação de verba pública de qualquer natureza;

X – receber vantagem econômica de qualquer natureza, direta ou indiretamente, para omitir ato de ofício, providência ou declaração a que esteja obrigado;

XI – incorporar, por qualquer forma, ao seu patrimônio bens, rendas, verbas ou valores integrantes do acervo patrimonial das entidades mencionadas no art. 1° desta lei;

XII – usar, em proveito próprio, bens, rendas, verbas ou valores integrantes do acervo patrimonial das entidades mencionadas no art. 1° desta lei.

Art. 10. Constitui ato de improbidade administrativa que causa lesão ao erário qualquer ação ou omissão, dolosa ou culposa, que enseje perda patrimonial, desvio, apropriação, malbaratamento ou dilapidação dos bens ou haveres das entidades referidas no art. 1º desta lei, e notadamente:

I – facilitar ou concorrer por qualquer forma para a incorporação ao patrimônio particular, de pessoa física ou jurídica, de bens, rendas, verbas ou valores integrantes do acervo patrimonial das entidades mencionadas no art. 1º desta lei;

II – permitir ou concorrer para que pessoa física ou jurídica privada utilize bens, rendas, verbas ou valores integrantes do acervo patrimonial das entidades mencionadas no art. 1º desta lei, sem a observância das formalidades legais ou regulamentares aplicáveis à espécie;

III – doar à pessoa física ou jurídica bem como ao ente despersonalizado, ainda que de fins educativos ou assistências, bens, rendas, verbas ou valores do patrimônio de qualquer das entidades mencionadas no art. 1º desta lei, sem observância das formalidades legais e regulamentares aplicáveis à espécie;

IV – permitir ou facilitar a alienação, permuta ou locação de bem integrante do patrimônio de qualquer das entidades referidas no art. 1º desta lei, ou ainda a prestação de serviço por parte delas, por preço inferior ao de mercado;

V – permitir ou facilitar a aquisição, permuta ou locação de bem ou serviço por preço superior ao de mercado;

VI – realizar operação financeira sem observância das normas legais e regulamentares ou aceitar garantia insuficiente ou inidônea;

VII – conceder benefício administrativo ou fiscal sem a observância das formalidades legais ou regulamentares aplicáveis à espécie;

VIII – frustrar a licitude de processo licitatório ou de processo seletivo para celebração de parcerias com entidades sem fins lucrativos, ou dispensá-los indevidamente; (Redação dada pela Lei nº 13.019, de 2014) (Vigência);

IX – ordenar ou permitir a realização de despesas não autorizadas em lei ou regulamento;

X – agir negligentemente na arrecadação de tributo ou renda, bem como no que diz respeito à conservação do patrimônio público;

XI – liberar verba pública sem a estrita observância das normas pertinentes ou influir de qualquer forma para a sua aplicação irregular;

XII – permitir, facilitar ou concorrer para que terceiro se enriqueça ilicitamente;

XIII – permitir que se utilize, em obra ou serviço particular, veículos, máquinas, equipamentos ou material de qualquer natureza, de propriedade ou à disposição de qualquer das entidades mencionadas no art. 1° desta lei, bem como o trabalho de servidor público, empregados ou terceiros contratados por essas entidades.

XIV – celebrar contrato ou outro instrumento que tenha por objeto a prestação de serviços públicos por meio da gestão associada sem observar as formalidades previstas na lei; (Incluído pela Lei n° 11.107, de 2005)

XV – celebrar contrato de rateio de consórcio público sem suficiente e prévia dotação orçamentária, ou sem observar as formalidades previstas na lei; (Incluído pela Lei n° 11.107, de 2005)

XVI – facilitar ou concorrer, por qualquer forma, para a incorporação, ao patrimônio particular de pessoa física ou jurídica, de bens, rendas, verbas ou valores públicos transferidos pela administração pública a entidades privadas mediante celebração de parcerias, sem a observância das formalidades legais ou regulamentares aplicáveis à espécie; (Incluído pela Lei n° 13.019, de 2014) (Vigência)

XVII – permitir ou concorrer para que pessoa física ou jurídica privada utilize bens, rendas, verbas ou valores públicos transferidos pela administração pública a entidade privada mediante celebração de parcerias, sem a observância das formalidades legais ou regulamentares aplicáveis à espécie; (Incluído pela Lei n° 13.019, de 2014) (Vigência)

XVIII – celebrar parcerias da administração pública com entidades privadas sem a observância das formalidades legais ou regulamentares aplicáveis à espécie; (Incluído pela Lei n° 13.019, de 2014) (Vigência)

XIX – agir negligentemente na celebração, fiscalização e análise das prestações de contas de parcerias firmadas pela administração pública com entidades privadas; (Incluído pela Lei n° 13.019, de 2014) (Vigência)

XX – liberar recursos de parcerias firmadas pela administração pública com entidades privadas sem a estrita observância das normas pertinentes ou influir de qualquer forma para a sua aplicação irregular. (Incluído pela Lei n° 13.019, de 2014) (Vigência)

XXI – liberar recursos de parcerias firmadas pela administração pública com entidades privadas sem a estrita observância das normas pertinentes ou influir de qualquer forma para a sua aplicação irregular.

Art. 11. Constitui ato de improbidade administrativa que atenta contra os princípios da administração pública qualquer ação ou omissão que viole os deveres de honestidade, imparcialidade, legalidade, e lealdade às instituições, e notadamente:

I – praticar ato visando fim proibido em lei ou regulamento ou diverso daquele previsto, na regra de competência;

II – retardar ou deixar de praticar, indevidamente, ato de ofício;

III – revelar fato ou circunstância de que tem ciência em razão das atribuições e que deva permanecer em segredo;

IV – negar publicidade aos atos oficiais;

V – frustrar a licitude de concurso público;

VI – deixar de prestar contas quando esteja obrigado a fazê-lo;

VII – revelar ou permitir que chegue ao conhecimento de terceiro, antes da respectiva divulgação oficial, teor de medida política ou econômica capaz de afetar o preço de mercadoria, bem ou serviço.

VIII – descumprir as normas relativas à celebração, fiscalização e aprovação de contas de parcerias firmadas pela administração pública com entidades privadas. (Redação dada pela Lei nº 13.019, de 2014) (Vigência)

IX – deixar de cumprir a exigência de requisitos de acessibilidade previstos na legislação; (Incluído pela Lei nº 13.146, de 2015)

X - transferir recurso a entidade privada, em razão da prestação de serviços na área de saúde sem a prévia celebração de contrato, convênio ou instrumento congênere, nos termos do parágrafo único do art. 24 da Lei nº 8.080, de 19 de setembro de 1990.

Para cada ato de improbidade, a lei definiu as sanções que deverão ser aplicadas ao agente. Insta salientar que as sanções também sofrem uma gradação, em razão da gravidade do ato praticado. Vejamos o quadro explicativo a seguir.

ATOS QUE GERAM ENRIQUECIMENTO ILÍCITO	ATOS QUE CAUSAM DANO AO ERÁRIO	ATOS QUE ATENTAM CONTRA PRINCÍPIOS ADMINISTRATIVOS
perda da função pública	perda da função pública	perda da função pública
indisponibilidade e perda dos bens adquiridos ilicitamente	indisponibilidade e perda dos bens adquiridos ilicitamente	
ressarcimento do dano (se houver)	ressarcimento do dano	ressarcimento do dano (se houver)
multa de até três vezes o que acresceu ilicitamente	multa de até duas vezes o valor do dano causado	multa até 100 vezes a remuneração do servidor
suspensão dos direitos políticos de 8 a 10 anos	suspensão dos direitos políticos de 5 a 8 anos	suspensão dos direitos políticos de 3 a 5 anos
impossibilidade de contratar com o Poder Público nem de receber benefícios fiscais por 10 anos	impossibilidade de contratar com o Poder Público e de receber benefícios por 5 anos	impossibilidade de contratar com o Poder Público e de receber benefícios por 3 anos

10.4.1. Nova espécie de Improbidade Administrativa

A LC 157/16 criou uma nova espécie de ato de improbidade que foi inserida no art. 10-A da lei 8429/92. Em verdade, trata-se de ato que enseja prejuízo ao erário e que poderia ter sido incluído em um dos incisos do próprio art. 10, no entanto, foi tratado em artigo separado, inclusive, com sanções diferenciadas.

Desta forma, a lei estabelece que **constitui ato de improbidade administrativa qualquer ação ou omissão para conceder, aplicar ou manter benefício financeiro ou tributário de forma indevida em relação ao ISS (Imposto Sobre Serviços).** Entenda-se como indevida a concessão de isenções, incentivos ou benefícios tributários ou financeiros, inclusive de redução de base de cálculo ou de crédito presumido ou outorgado, ou sob qualquer outra forma que resulte, direta ou indiretamente, em carga tributária menor que a decorrente da aplicação da alíquota mínima de 2%, salvo as disposições legais em contrário.

Saliente-se que o novo ato de improbidade não se estende a qualquer tributo, mas tão somente ao ISS que foi objeto de tratamento pela LC 157/16. Com efeito, a concessão indevida de isenções tributárias continua sendo considerada ato de improbidade que causa dano ao erário, nos moldes do art. 10 a lei 8.429/92, não estando abarcada na nova espécie legislativa.

Por fim, cabe salientar que, a nova espécie de ato de improbidade não resulta na aplicação de todas as sanções previstas para as espécies tradicionais. Nesse sentido, a lei 8.429/92 dispõe, em seu art. 12, IV que poderão ser aplicadas, neste caso, somente as sanções de **perda da função pública, suspensão dos direitos políticos de 5 (cinco) a 8 (oito) anos e multa civil de até 3 (três) vezes o valor do benefício financeiro ou tributário concedido.** Não obstante o silêncio da lei, entende-se ser obrigatório o **ressarcimento ao erário**, diante da indisponibilidade do interesse público, sempre que ficar demonstrado o prejuízo causado.

Portanto, são sanções a serem aplicadas:

- Perda da função;
- Suspensão dos direitos políticos de 5 a 8 anos;
- Multa de até 3 vezes o valor do benefício financeiro;
- Ressarcimento ao erário por danos causados.

10.5. PROCEDIMENTO DA AÇÃO CIVIL PÚBLICA POR ATO DE IMPROBIDADE

A ação de improbidade é ação civil que visa a punir os agentes públicos e particulares que atuem em colaboração ou se beneficiando da atuação do agente, por atos de improbidade. Pode ser proposta pela Pessoa Jurídica lesada ou pelo Ministério Público, que deverá atuar, necessariamente, como fiscal da lei (*custus legis*) em caso de não ser o autor da ação.

Antes de o juízo decidir se defere ou não a petição inicial, deverá determinar a notificação do acusado para que apresente defesa prévia, no prazo máximo de 15 dias, conforme disposto no art. 17, § 7º, da Lei 8.429/92.

Após a apresentação de defesa, deverá proferir decisão, deferindo ou indeferindo a peça introita. Em caso de indeferimento da petição inicial, cabe apelação e, nas hipóteses de deferimento, será possível a interposição de agravo.

Proposta a ação o Juiz pode, a requerimento do autor, conceder 4 medidas cautelares previstas na lei, a saber:

1) afastamento preventivo do servidor público. Ressalte-se que, neste caso, diversamente do que ocorre no processo administrativo disciplinar, o afastamento pode ser determinado, sem prazo e, conforme qualquer medida cautelar, sem prejuízo da remuneração pelo exercício do cargo;

2) bloqueio de contas, sendo admitido, inclusive, o bloqueio das contas do requerido, fora do país;

3) indisponibilidade dos bens, para garantia de devolução em caso de aplicação de penalidade de perda dos bens acrescidos ilicitamente;

4) sequestro de todos os bens que sejam necessários à garantia do juízo. Vale notar que, não obstante a lei 8429/92 trate como sequestro, a natureza jurídica desta medida cautelar é de arresto;

5) Ressalte-se que a lei proibia a transação, acordo ou conciliação nesse tipo de ação, nos moldes do art. 17, §1° da lei 8.429/92 que foi alterado em 2019.

Atualmente, o referido dispositivo permite que haja o acordo de não persecução penal nas ações de improbidade.

Concedidas ou não as cautelares pleiteadas, o processo tem curso para aplicação das penalidades previstas na lei.

Em caso de ter sido proposta uma ação cautelar autônoma, antecedente à ação de improbidade, a ação principal deve ser proposta no prazo máximo de 30 dias a contar da efetivação da cautelar requerida pelo Ministério Público ou pela pessoa jurídica lesada.

É interessante ressaltar que, em julgado recente, o Superior Tribunal de Justiça passou a entender que a aplicação de todas as penalidades, decorrentes do ato de improbidade e previstas no art. 12 da lei 8429/92, podem ser aplicadas, independente de pedido implícito pelo autor da ação. *In casu*, não se estaria diante de sentença *extra petita* uma vez que todas as sanções previstas em lei são pedidos implícitos da ação de improbidade.

Logo, caso o Ministério Público proponha a ação de improbidade e não inclua entre seus pedidos expressos a aplicação de multa, por exemplo, tal sanção poderá ainda assim ser aplicada se o juiz entender cabível, diante da gravidade da infração praticada.

Em caso de morte do agente, as sanções pecuniárias se estendem aos herdeiros e sucessores do réu até o limite da herança transferida.

> Importante ressaltar ainda que é possível, mesmo após a aprovação das contas pelo Tribunal de Contas, a propositura da ação de improbidade verificado o cometimento de alguma das infrações estabelecidas em lei. Isso porque, conforme expressa dicção legal, a configuração do ato de improbidade independe de dano patrimonial ou efetivo ao erário – a violação de um princípio já configura ato de improbidade.

Ressalte-se que a lei proíbe a transação, acordo ou conciliação nesse tipo de ação, nos moldes do art. 17, §1° da lei 8429/92.

A perda da função pública e a suspensão dos direitos políticos somente se efetivam com o trânsito em julgado e a aplicação da penalidade.

Da competência para julgamento da ação de improbidade.

A princípio, entendia-se que a ação de improbidade teria a prerrogativa de foro da ação penal. Logo, a ação contra ministro de Estado teria foro no Superior Tribunal de Justiça, por exemplo.

A jurisprudência do STF, no entanto, determinava que, quando a Constituição Federal definiu o foro privilegiado, não inseriu a improbidade como hipótese de prerrogativa de foro, portanto, não se poderia fazer analogia neste sentido. Logo, seria inconstitucional o foro privilegiado na ação de improbidade e julga-se a ação no primeiro grau de jurisdição.

Dessa forma, o entendimento atual, inclusive sedimentado pelo Superior Tribunal de Justiça (RESP 1519506) é de que a ação de improbidade deve tramitar perante juiz singular, sem prerrogativa de foro.

10.6. PRESCRIÇÃO

A prescrição varia de acordo com o réu da ação de improbidade.

A) Se o requerido for detentor de cargo em comissão, função de confiança ou mandato eletivo, o prazo de prescrição para propositura de ação de improbidade será de 5 anos a contar do término do exercício do cargo, função de confiança ou mandato. Nestes casos, primeiro o mandato se exaure, para então iniciar a contagem do prazo de prescrição.

> Obs: Prefeita cometeu ato de improbidade, no primeiro mandato e foi reeleita. Posteriormente, cumpriu o 2º mandato sem praticar atos de improbidade. A partir de quando começou a contar o prazo prescricional? Nestas situações, o Superior Tribunal de Justiça entende que o prazo de prescrição somente se inicia a partir do término do segundo mandato. É uma interpretação, já que a reeleição, no Brasil, foi inserida, no ordenamento, por emenda constitucional posterior à edição da lei de improbidade.

B) Se o réu for servidor público que exerce cargo efetivo, o prazo prescricional é o mesmo previsto no estatuto do servidor para as infrações puníveis com demissão. No âmbito federal, a lei 8.112/90 estabelece o prazo de prescrição, nestas situações, de 5 anos, a contar do conhecimento do fato infracional pela Administração Pública.

C) Se o autor da ação for entidade privada cujo patrimônio é composto por dinheiro público em montante inferior a 50%, a prescrição ocorre em até cinco anos da data da apresentação à administração pública da prestação de contas final pela entidade.

Para a doutrina majoritária, conforme dicção do artigo 37, § 5º, da Constituição Federal, a ação de ressarcimento ao erário é imprescritível. Vejamos a literalidade do dispositivo constitucional mencionado alhures.

§ 5º – A lei estabelecerá os prazos de prescrição para ilícitos praticados por qualquer agente, servidor ou não, que causem prejuízos ao erário, ressalvadas as respectivas ações de ressarcimento.

D) Quanto aos particulares, a lei é silente no que tange ao prazo de prescrição para aplicação das sanções de improbidade. Neste caso, duas são as interpretações possíveis. O entendimento majoritário, para fins de prova objetiva é de que a prescrição para aplicação da penalidade é a mesma prevista para o agente público que atuou em concurso com o particular.

Nesse sentido, a súmula 634 do STJ dispõe que "Ao particular aplica-se o mesmo regime prescricional previsto na Lei de Improbidade Administrativa para o agente público."

11

ATOS ADMINISTRATIVOS

11.1. ATOS ADMINISTRATIVOS X ATOS DA ADMINISTRAÇÃO

Para a compreensão do tema em estudo, é de suma importância estabelecer o conceito de ato jurídico, bem como a relação existente entre ele e o fato jurídico.

Fato é todo evento ou acontecimento que ocorre no mundo, independentemente da vontade do agente, pode ser um evento natural ou até mesmo um comportamento. Acaso esse evento tenha repercussão na esfera jurídica, será denominado fato jurídico, e, se atingir, especificamente, o direito administrativo, receberá a denominação de fato administrativo.

O nascimento e a morte são exemplos de fatos do mundo que, se atingirem a esfera jurídica, serão chamados de fatos jurídicos, já que não decorrem da manifestação de vontade do agente. Igualmente, na hipótese de um professor ministrar uma aula, por ser mero comportamento, sem manifestação de vontade, ou seja, ato de mera execução de atividade.

Por sua vez, o ato é uma manifestação de vontade. Representa uma conduta que, caso atinja o mundo jurídico, recebe a denominação de ato jurídico e, caso toque o direito administrativo, a de ato administrativo.

No dizer de Marçal Justen Filho:

> *"Fato jurídico em sentido restrito é o evento apto a produzir efeitos jurídicos cuja concretização independe da vontade de um sujeito determinado. Por exemplo, um terremoto, uma greve, um evento praticado por animal. (...). Ato jurídico é o evento apto a produzir efeitos jurídicos que decorre da vontade, tal como, por exemplo, o casamento e o contrato"* (in Curso de Direito Administrativo, p. 182).

Portanto, esquematizando para melhor compreensão do tema:

FATO – ACONTECIMENTO

ATO – MANIFESTAÇÃO DE VONTADE.

Aferida a acepção do ato administrativo, faz-se necessário diferenciá-lo dos atos da administração.

Nem todo ato praticado pela Administração Pública é ato administrativo. Algumas vezes ela atua na esfera privada ou praticando atos, no exercício da função política, ou ainda, exercendo atividades meramente materiais, que não traduzem manifestação de vontade. Todo ato administrativo tem que manifestar vontade. Os atos da Administração Pública são vários e dentre eles está o ato administrativo. Ela pratica atos regidos pelo direito público e pelo direito privado.

Atos da Administração Pública.

Possuem um conceito mais amplo do que o de ato administrativo e podem ser:

- Os atos políticos ou de governo – quando há o exercício da função política e podem exercê-la os membros do Legislativo, do Judiciário, do Executivo. Ex. Anistia, veto de lei, declaração de guerra.
- Os atos privados – são os atos da Administração Pública regidos pelo direito privado, ou seja, atos nos quais a administração pública atua sem prerrogativas, em igualdade de condições com o particular. Ex: exploração de atividade econômica por empresas públicas e sociedades de economia mista.
- Os atos materiais – também chamados de fatos administrativos, já que não manifestam a vontade do Estado. São atos de mera execução de atividade. Ex: o ato que determina a demolição de um prédio é ato administrativo, mas a demolição em si é mero ato material, fato administrativo.
- Os atos administrativos – que serão tratados especificamente a seguir.

11.2. ATO ADMINISTRATIVO

11.2.1. Conceito

É aquele ato editado no exercício da função administrativa, sob o regime de direito público e traduzindo uma manifestação de vontade do Estado. É regido pelo direito público e difere-se dos demais atos da Administração Pública, embora seja um deles.

A Doutrina mais moderna entende que os atos administrativos podem ser delegados. Nesse caso, particulares recebem a delegação pelo Poder Público para praticar os referidos atos e, portanto, nem todo ato administrativo configuraria ato da administração.

Em virtude da incidência do regime público na prática de atos administrativos, a Administração Pública atua com as garantias decorrentes do princípio da supremacia do interesse público sobre o privado, gozando de determinadas prerrogativas.

11.2.2. Atos vinculados e Atos discricionários

O ato vinculado é aquele praticado no exercício do poder vinculado, em que a atuação administrativa está adstrita aos ditames previstos na lei de forma objetiva. Neste caso, a norma legal estabelece todos os elementos do ato administrativo, sem deixar qualquer margem de escolha para o administrador público.

Até mesmo os elementos do ato administrativo que podem ter feição discricionária (como motivo e objeto), quando devidamente regulamentados ou discriminados pela lei, passam a ser vinculados, devendo ser obedecido ao que foi regulamentado na norma, perdendo o caráter discricionário. Nesse caso, o agente público estará vinculado ao que a lei determina e não apenas ao limite imposto.

O ato discricionário é aquele ato determinado em lei, no qual o dispositivo legal confere margem de escolha ao administrador público mediante análise de mérito (razões de oportunidade e conveniência).

11.3. ELEMENTOS OU REQUISITOS DO ATO ADMINISTRATIVO

Não há unanimidade na doutrina a respeito do assunto, alguns autores denominam de elementos e outros de requisitos, havendo ainda autores que diferenciam os conceitos. Nessa obra serão tratados como sinônimos, porque assim o são nas provas objetivas de concursos públicos.

Ademais, existem vários elementos do ato administrativo enunciados de forma distinta pelos autores que tratam do assunto. Diante disso, novamente, em atenção às provas objetivas, adotaremos a posição majoritária da doutrina decorrente de utilização da Lei 4717/65 (Lei de ação popular) que elenca os elementos do ato administrativo.

Tomando como referência a lei de ação popular (Lei 4717/65), são 5 (cinco) os elementos do ato administrativo: competência, finalidade, forma, motivo e objeto. Será examinado cada um deles separadamente a seguir.

11.3.1. Competência

O elemento em exame, a competência, é definido em lei ou atos administrativos gerais, bem como, em algumas situações decorrem de previsão na Constituição Federal e não pode ser alterado por vontade das partes ou do administrador público. Para praticar o ato administrativo, não basta ostentar a qualidade de agente público, devendo ter competência definida em lei para tanto.

É imprescritível a competência, ou seja, não se extingue com a inércia do agente. Também, é de exercício obrigatório para os órgãos e agentes públicos, não podendo ser modificada pela vontade do agente. Ademais, a competência administrativa é improrrogável, não podendo ser adquirida, e irrenunciável, em razão do princípio da indisponibilidade do interesse público.

Não obstante a competência seja elemento do ato, irrenunciável pela autoridade competente, é possível a sua delegação e avocação, nos moldes definidos em lei. Nesses termos, não se deve confundir renúncia com delegação e avocação de competência, permitidas por lei, desde que de **forma temporária e excepcional,** devendo ser justificadas de acordo com as disposições contidas na Lei 9784/99.

Delegação – É a extensão de competência. Ocorre quando um agente público legalmente competente estende sua competência a outro agente. Em um ato de delegação, deve-se definir o tempo e a matéria a ser delegada. Isso porque os atos de delegação genérica são considerados nulos.

Enfim, delegar competência é estender temporariamente a outro agente público subordinado ou de mesma hierarquia a competência, consoante expressamente definido na lei 9784/99, a seguir transcrita, *in litteris:*

Art. 11. A competência é irrenunciável e se exerce pelos órgãos administrativos a que foi atribuída como própria, salvo os casos de delegação e avocação legalmente admitidos.

Art. 12. Um órgão administrativo e seu titular poderão, se não houver impedimento legal, delegar parte da sua competência a outros órgãos ou titulares, ainda que estes não lhe sejam hierarquicamente subordinados, quando for conveniente, em razão de circunstâncias de índole técnica, social, econômica, jurídica ou territorial.

(...)

Art. 14. O ato de delegação e sua revogação deverão ser publicados no meio oficial.

§ 1º O ato de delegação especificará as matérias e poderes transferidos, os limites da atuação do delegado, a duração e os objetivos da delegação e o recurso cabível, podendo conter ressalva de exercício da atribuição delegada.

§ 2º O ato de delegação é revogável a qualquer tempo pela autoridade delegante.

Note que a delegação é ato temporário, pode ser revogada a qualquer tempo e não implica renúncia de competência. Salvo disposição em contrário, como regra geral, presume-se a cláusula de reserva, ou seja, o agente delegante não transfere a competência, mas apenas a amplia, se mantendo competente após a delegação juntamente com o agente delegado.

A Súmula n. 510 do Supremo Tribunal Federal, em consonância com o disposto no artigo 14, §3º, supratranscrito, estabelece que a autoridade coatora é o agente que praticou o ato, ainda que o tenha feito por delegação.

***SÚMULA N. 510** – PRATICADO O ATO POR AUTORIDADE, NO EXERCÍCIO DE COMPETÊNCIA DELEGADA, CONTRA ELA CABE O MANDADO DE SEGURANÇA OU A MEDIDA JUDICIAL.*

Pelo exposto, a responsabilidade do ato é atribuída àquele que o praticou. Vejamos a seguinte situação. "A" delegou competência para um subordinado seu "B" que praticou um ato X prejudicial a "C" o qual impetrou Mandado de Segurança contra a autoridade coatora que, no caso, é o agente delegado. Portanto, deve ser frisado mais uma vez que quem pratica o ato que é o responsável, ou seja, que responde.

Por fim, cumpre salientar que a lei expressamente proíbe a delegação de competência (e consequentemente a avocação) nas três situações a seguir descritas:

- **no caso de competência exclusiva, definida em lei;**
- **para decisão de recurso hierárquico;**
- **para edição de atos normativos.**

Avocação – Ocorre quando o agente público chama para si competência de outro agente. Na avocação, deve haver subordinação, ou seja, só se pode avocar de agente de hierarquia inferior. Assim como a delegação é ato de alteração de competência de caráter temporário e restrito, não se admitindo a avocação genérica de competências. A avocação tem previsão legal, no artigo 15 da lei 9784/99, senão vejamos.

Art. 15. Será permitida, em caráter excepcional e por motivos relevantes devidamente justificados, a avocação temporária de competência atribuída a órgão hierarquicamente inferior.

Conforme explicitado, não é possível a avocação de competências nas hipóteses em que a legislação proíbe a delegação. A avocação tem como principal objetivo evitar decisões contraditórias dentro da atuação administrativa.

Ressalte-se que, conforme orientação doutrinária, a competência é elemento sempre vinculado dos atos administrativos, mesmo que sejam atos discricionários.

11.3.2. Finalidade

A finalidade é o escopo do ato. É tudo aquilo que se busca proteger com a prática do ato administrativo.

Para a doutrina, todo ato administrativo tem duas finalidades.

- Finalidade Genérica: presente em todos os atos administrativos. A finalidade genérica é o atendimento ao interesse público.
- Finalidade Específica: é definida em lei e define qual a finalidade de cada ato especificamente. Ex: o ato de demissão tem finalidade punitiva.

A finalidade genérica do ato é o interesse público. No entanto, não basta atender à finalidade genérica, uma vez que cada ato administrativo tem uma finalidade específica para alcançar o interesse público. **Na hipótese de ser violada a finalidade específica, mesmo buscando o interesse público, há o desvio de finalidade**. Por exemplo, não se pode remover um servidor para localidade distante com a finalidade de puni-lo, haja vista o ato de remoção não ter finalidade punitiva.

Todavia, existe uma exceção. Na desapropriação, se houver o desvio da finalidade específica, mantendo-se a finalidade genérica, por exemplo, ao invés de construir uma escola como determinado expressamente no ato, o agente público constrói um hospital. Nestes casos, desde que mantida a finalidade genérica, não há problema. Ocorre, na situação, o fenômeno da tredestinação lícita, possível, no ato de desapropriação, e que ocorre quando a finalidade específica do ato é alterada, mas o interesse público é mantido. Nos demais casos, não é lícita a alteração da finalidade específica já que estabelecida em lei.

A finalidade é sempre elemento vinculado do ato no que tange à finalidade específica, para a doutrina moderna, podendo ser discricionário se analisarmos a finalidade genérica que é o interesse público (conceito jurídico indeterminado). Nesse sentir, como regra a finalidade é sempre um elemento vinculado, mesmo nos atos discricionários.

11.3.3. Forma

A forma é a exteriorização do ato, determinada por lei. Sem forma não pode haver ato. Logo, a ausência de forma importa a inexistência do ato administrativo.

O vício de forma é sanável, quando não gerar prejuízo ao interesse público nem a terceiros e desde que mantido o interesse público, face à aplicação do princípio da instrumentalidade das formas. Enfim, a forma é somente o instrumento para se alcançar o objetivo final do ato que é o interesse público.

De modo geral, a forma é elemento sempre vinculado, mesmo nos atos administrativos discricionários, salvo se a lei estabelecer mais de uma forma possível para o ato ou for silente quanto à forma a ser obedecida para a prática de determinado ato administrativo, quando a forma será discricionária.

11.3.4. Motivo

Os motivos são as razões de fato e de direito que dão ensejo à prática do ato, ou seja, a situação fática que precipita a edição do ato administrativo.

Ressalte-se que não se deve confundir motivo com motivação. Esta é somente a exposição dos motivos do ato, ou seja, a fundamentação do ato administrativo. A explicitação dos motivos integra a "formalização do ato" e é feita pela autoridade administrativa. Pela lei 9784/99 a motivação é um princípio, embora comporte exceções.

Com efeito, a motivação é um princípio explícito na Lei 9784 e, para a maioria da doutrina, está implícito na Constituição Federal. Portanto, os atos administrativos devem ser motivados, sendo uma regra expor as razões de fato e de direito que deram motivo ao ato.

Em alguns casos, todavia, pode ser dispensada a motivação pela lei ou pela própria Constituição Federal, como na hipótese da exoneração do servidor comissionado (exoneração *ad nutum*) que o texto constitucional dispõe ser livre, não dependendo de fundamentação. Ressalte-se que, nestas situações em que o ato não precisa de motivação, se o ato for motivado e o motivo apresentado não for verdadeiro ou for viciado, o ato será inválido.

Enfim, a motivação, que é a exteriorização dos motivos, uma vez realizada, passa a fazer parte do ato administrativo e vincula, portanto, a validade do ato. Assim, mesmo sendo a motivação (explicitação dos motivos do ato) dispensável, uma vez expostos os motivos que conduziram à prática do ato, estes passam a vincular o administrador público. Diante disso, os motivos expostos devem corresponder à realidade, sob pena de nulidade do ato. A isso se denomina de **Teoria dos Motivos Determinantes.**

O motivo deve ser verdadeiro e compatível com a lei que, em regra, estabelece os seus limites.

O motivo é elemento do ato administrativo que geralmente possui feição discricionária, observados apenas os limites impostos pela norma, ressalvados os atos vinculados, nos quais todos os elementos estão postos na lei de forma objetiva.

11.3.5. Objeto

O objeto é aquilo que o ato dispõe, é o efeito causado pelo ato administrativo no mundo jurídico. Na desapropriação, o objeto é a perda do bem. Para a doutrina majoritária, objeto e conteúdo são sinônimos.

Para que o ato administrativo seja válido, o objeto deve ser lícito, possível e determinado ou determinável. Assim, como o motivo, o objeto pode possuir feição discricionária nos atos administrativos discricionários.

Por fim, a respeito dos elementos dos atos administrativos, é de suma importância tratá-los de acordo com o seu caráter vinculado ou não. A competência, finalidade e forma são sempre elementos vinculados, ou seja, a lei os disciplina de forma objetiva, especificando seus requisitos, sem conceder ao agente público margem de escolha em sua atuação. Já o motivo e o objeto, em regra, são elementos discricionários do ato administrativo, sob os quais o administrador público pode atuar de acordo com um juízo de oportunidade e conveniência. No entanto, esses dois elementos, quando forem regulamentados de forma objetiva pela lei, sem deixar margem de escolha ao administrador, serão vinculados. Aí, estaremos diante de um ato vinculado. De fato, o ato vinculado é aquele que tem todos os elementos estampados em lei de forma vinculada.

Insta observar, ainda, que todos os elementos do ato administrativo estão adstritos aos limites impostos pela lei, mesmo os que são considerados discricionários. Afinal, lembre-se que a Administração está adstrita ao princípio da legalidade.

Por fim, registre-se que os elementos motivo e objeto do ato administrativo discricionário compõem o seu mérito, sob o que não pode haver controle por parte do Poder Judiciário de acordo com a maioria da doutrina e jurisprudência pátria, já que se refere à conveniência e oportunidade do administrador público. Neste sentido, o Poder Judiciário pode controlar a legalidade, mas não o mérito dos atos administrativos discricionários, sob pena de haver violação à separação de poderes determinada pela Carta Magna.

11.4. ATRIBUTOS DO ATO ADMINISTRATIVO.

Os atributos conferidos por lei são as prerrogativas de poder público presentes no ato administrativo, em decorrência do princípio da supremacia do interesse público sobre o interesse privado.

Ressalte-se que o princípio da Supremacia do Interesse Público sobre o Privado é basilar do regime jurídico administrativo. Em razão dele, o ato administrativo goza de prerrogativas designadas pela doutrina de atributos, os quais serão estudados.

11.4.1. Presunção de veracidade e legitimidade

São prerrogativas presentes em todos os atos administrativos. Até prova em contrário - uma vez que a presunção é relativa ou *júris tantum* - o ato administrativo estampa uma situação de fato real, ou seja, o ato goza de fé pública.

A presunção de veracidade diz respeito a fatos e causa a inversão do ônus da prova dos fatos alegados no ato administrativo. Logo, o Estado não tem o dever de provar todas as situações fáticas descritas no ato, devendo o particular lesado comprovar a falsidade das disposições.

Em alguns casos, estaremos diante de situações em que o particular terá que fazer prova negativa de situações de fato, a fim de afastar a referida presunção. Ex.: no caso de multa de trânsito, quem foi multado deve comprovar que não cometeu a infração.

No que tange à presunção de legitimidade, trata-se de presunção jurídica, portanto, até prova em contrário, o ato foi editado em conformidade com a lei e com o ordenamento jurídico. Para torná-lo ilegítimo, tem o particular a missão de provar não ser lícito o ato administrativo praticado. O ato pode ser questionado judicialmente, mas o ônus da prova é do particular que visa à impugnação do ato administrativo.

11.4.2. Imperatividade

Todo ato administrativo que cria obrigação ao particular (os chamados atos restritivos), encerra um poder dado à administração pública de, unilateralmente, estabelecer uma obrigação aos particulares – desde que, obviamente, dentro dos limites da lei. Essa imposição de obrigações, independente da vontade do particular, configura o atributo da imperatividade. Logo, nos atos administrativos restritivos, as determinações impostas pelo poder público têm de ser cumpridas. Ex. ato imperativo de não fazer, como a proibição de estacionar em determinada via pública.

11.4.3. Exigibilidade (coercitividade/coercibilidade)

Não sendo cumprida a obrigação imposta pelo ato administrativo, o poder público terá que – valendo-se de meios indiretos de coação, coerção – executar indiretamente o ato desrespeitado. Ressalte-se que, nestas situações, diante do descumprimento, o ente estatal se valerá de meios coercitivos. Ex. não se respeitando a exigência de não estacionar em via pública, o particular ficará sujeito à aplicação de multa. Nestes casos, o Estado aplica a penalidade coercitiva, sem necessidade de provimento jurisdicional.

11.4.4. Autoexecutoriedade (executoriedade)

Em situações pontuais, a aplicação de meios indiretos de coerção não atende ao interesse público, tornando necessária a aplicação de meios **diretos** de coação. Nestas situações, o Estado executa o ato administrativo diretamente, frente ao descumprimento pelo particular. Novamente, salta aos olhos a desnecessidade de recurso ao Judiciário para a prática do ato, podendo ser executado imediatamente. Ex.: quando um carro é guinchado por estar estacionado em uma calçada, dificultando a circulação dos pedestres, ou impedindo a passagem de uma ambulância. **Esse atributo não está presente em todos os atos administrativos, dependendo sempre da previsão de lei ou de uma situação de urgência, na qual a prática do ato se imponha para garantia do interesse público.**

11.4.5. Tipicidade

Atributo criado pela doutrina de Maria Sylvia Zanella de Pietro. Nada mais é do que a exigência de que todo ato administrativo esteja previsto em lei, ou seja, corresponda a um tipo legal prévio. Trata-se de decorrência do princípio da legalidade, já analisado nesta obra.

11.5. FASES DE CONSTITUIÇÃO DO ATO ADMINISTRATIVO

Para que, regularmente, produza efeitos, no mundo jurídico, o ato administrativo deve ultrapassar algumas fases indispensáveis à sua criação.

A) Perfeição;

B) Validade;

C) Eficácia.

11.5.1. A perfeição

É o cumprimento das etapas necessárias à formação do ato. O ato administrativo é perfeito quando cumpre todos os trâmites previstos em lei para a constituição, completou o ciclo de formação. Isso ocorre porque todo ato administrativo é formalizado por processo administrativo prévio. A formação deste ato depende da prática de todas as fases do processo que lhe precede. O ato perfeito não é retratável, mas pode ser revisado e até anulado em face do princípio administrativo da autotutela.

11.5.2. A validade do ato

É aferida quando todas as etapas realizadas estiverem de acordo com a lei. Logo, ato válido é aquele que foi criado de acordo com o estabelecido na legislação. Pode-se dizer que a validade é compatibilidade entre o ato jurídico (*in casu*, ato administrativo) e o disposto na norma legal. No entanto, somente pode ser avaliada a validade de um ato se ele for ao menos existente (perfeito).

11.5.3. A eficácia

É a aptidão para produção de efeitos concedida ao ato administrativo. Alguns têm eficácia imediata, logo após a publicação, mas outros podem ter sido editados com previsão de termos iniciais ou condições suspensivas. Por exemplo, a autorização para realizar uma cerimônia de casamento na praia, no sábado à noite, só produz efeitos nesta data, ainda que esteja perfeito e válido dias antes.

O ato jurídico válido, bem como o inválido, pode ou não produzir efeitos automaticamente. Um ato jurídico inexistente, como no caso de um ato putativo, produz efeitos no mundo jurídico, embora de forma limitada. Esse é o entendimento defendido por Marçal Justen Filho ao dizer que:

> "*...até mesmo um ato jurídico inexistente [...] pode produzir efeitos jurídicos, tal como se passa no caso do chamado casamento putativo. [...] Essa representação não significa que todos os atos são igualmente eficazes. Não indica que os atos jurídicos inexistentes produzem efeitos jurídicos idênticos aos decorrentes de atos jurídicos validos. O que*

se afirma que os atos jurídicos inexistentes e os jurídicos inválidos podem ser dotados de alguma eficácia. Portanto, a existência e a validade não são requisitos para alguma eficácia" (fl. 185;186).

A eficácia de um ato administrativo está adstrita, portanto, ao quanto determinado pelo ordenamento jurídico ou pelo próprio ato, que, certas vezes, subordina sua operacionalidade ao acontecimento de certos eventos. No plano da eficácia, o ato administrativo será eficaz se não estiver sujeito à condição, termo ou publicação.

Nestes casos, serão denominados de atos administrativos pendentes, todos aqueles que são perfeitos e válidos, mas ainda não estão aptos a produzirem efeitos.

Saliente-se ainda que um ato administrativo perfeito pode ser eficaz, ainda que inválido, em face da presunção de legitimidade conferidas a ele, a qual estipula que, enquanto não provada sua ilegalidade, produzirá efeitos regularmente.

11.6. CLASSIFICAÇÃO DOS ATOS ADMINISTRATIVOS

11.6.1. Quanto à formação, os atos administrativos podem ser simples, complexos ou compostos

1) **SIMPLES** – Dependem de única manifestação de vontade para sua perfeição. Logo, a manifestação de vontade de um único agente torna o ato perfeito.
2) **COMPOSTOS** – Dependem de mais de uma manifestação de vontade. Neste caso, os atos são compostos por uma vontade principal (ato principal) e a vontade que ratifica esta (ato acessório). Composto de dois atos. São atos que dependem de visto ou homologação de outras autoridades, que deverão verificar se a primeira vontade foi emitida de forma regular. Ex.: adjudicação de licitação que depende de homologação. Saliente-se que, para o ato administrativo se qualificar como composto, a segunda vontade manifestada deve ser acessória – dependente – da primeira vontade.
3) **COMPLEXOS** – São atos formados pela soma de vontades de agentes públicos independentes. Ex.: na nomeação de Procurador da Fazenda Nacional, a AGU e o Ministro da Fazenda manifestam vontades, por meio da edição de uma Portaria conjunta. Nestes casos, as vontades manifestadas são absolutamente independentes e se unem para a formação de um único ato.

CUIDADO! Atualmente, é majoritária na doutrina a ideia de que a aposentadoria de servidor público se configura como ato complexo, haja vista depender da atuação do órgão a que o agente é subordinado e da aprovação do Tribunal de Contas (que é uma vontade independente da primeira).

Inclusive, em virtude deste entendimento, a não aprovação pelo Tribunal de Contas do ato de aposentadoria não é considerado novo ato, mas sim impedimento da perfeição do ato de aposentadoria, não dependendo sequer de garantia de contraditório. Neste sentido, a Súmula Vinculante n. 3, abaixo transcrita:

Súmula Vinculante nº 3: **Nos processos perante o Tribunal de Contas da União asseguram-se o contraditório e a ampla defesa quando da decisão puder resultar anulação ou revogação de ato administrativo que beneficie o interessado, excetuada a apreciação da legalidade do ato de concessão inicial de aposentadoria, reforma e pensão.**

11.6.2. Quanto ao âmbito de atuação, os atos podem ser gerais ou individuais

1) **ATOS GERAIS**: atos que se referem a uma quantidade indeterminada de pessoas. O ato geral não se destina a pessoas específicas. Com efeito, o ato descreve uma situação e todos que se enquadram nesta situação serão obedientes ao ato. Por exemplo, a administração estabelece uma norma interna determinando que todos os servidores lotados em determinado órgão devem utilizar fardamento.
2) **ATOS INDIVIDUAIS**: ato que se refere a determinados indivíduos, especificados no próprio ato. Ressalte-se que o ato individual pode se referir a vários indivíduos, mas eles estarão todos explicitados no ato administrativo. Por exemplo, a nomeação de candidatos (ainda que sejam muitos os candidatos) para assunção de determinado cargo público.

11.6.3. Quanto ao objeto, os atos administrativos podem ser atos de império ou atos de gestão

1) **ATOS DE IMPÉRIO**: atos nos quais a Administração atua com prerrogativa de Poder Público, valendo-se da supremacia do interesse público sobre o interesse privado.
2) **ATOS DE GESTÃO**: atos nos quais a Administração atua sem as prerrogativas de estado.

Ressalte-se que a doutrina mais moderna entende que os atos de gestão não seriam atos administrativos propriamente ditos, uma vez que os atos administrativos são aqueles regidos pelo direito público, quando o estado atua com as prerrogativas de poder público. Neste sentido, o ato de gestão seria um ato de direito privado - ato privado praticado pela Administração Pública. No entanto, para provas objetivas de concursos, a classificação acima mencionada é válida.

11.6.4. Quanto aos efeitos, os atos se dividem em normativos, ordinatórios, negociais, enunciativos e punitivos

1) ATO NORMATIVO

É ato geral e abstrato que gera obrigação, dentro dos limites da lei. O ato normativo enseja a produção de normas gerais e abstratas, sempre inferiores aos comandos legais, não podendo inovar no ordenamento jurídico. Tais atos são decorrência do poder normativo de estado, editados para fiel execução das leis, consoante já estudado nesta obra.

Exemplo: as Agências Reguladoras regulam e fiscalizam os serviços de interesse público prestados pelos particulares. O ato normativo das agências estabelece normas que obrigam os prestadores de serviços. As normas da Anatel e Aneel, por exemplo, não podem ser direcionadas aos particulares, usuários dos serviços.

Espécies:

- Regulamentos/Decretos (as expressões dizem respeito ao mesmo ato, isso porque o decreto é a forma e regulamento o conteúdo) – ato privativo do Chefe do Poder Executivo. Conforme explicitado, a forma do regulamento é o decreto. Quem pratica é o chefe do executivo. Os regulamentos podem ser: – Executivos: facilitam o entendimento da Lei para garantir a sua fiel execução – Autônomos: são substitutos da Lei. Um decreto substituindo uma lei, a princípio, não é possível no nosso ordenamento jurídico. Ocorre que, com o advento da EC 32, alterando o art. 84, VI da CF alíneas "a" e "b", o texto constitucional estabelece que o Presidente da República pode, mediante decreto, extinguir cargos e funções públicas, quando vagos, e tratar acerca da organização administrativa, desde que não crie ou extinga órgãos e não gere despesas. O Supremo Tribunal Federal entende que são duas espécies de Regulamento autônomo, excepcionalmente aceita no direito brasileiro por expressa dicção constitucional.
- Avisos – são atos normativos expedidos pelos Ministérios, também chamados de avisos ministeriais;
- Instruções normativas – atos expedidos por quaisquer autoridades; órgãos públicos ou de outras atividades públicas, por exemplo, instruções normativas da Secretaria da Receita Federal;
- Deliberações – são atos normativos expedidos pelos órgãos colegiados;
- Resoluções – atos normativos dos órgãos colegiados, usados pelos Poderes Legislativo e Judiciário, e pelas Agências Reguladoras. **As agências reguladoras, conforme explicitado, possuem poder normativo que se restringe ao âmbito técnico da prestação do serviço.**

2) ATOS ORDINATÓRIOS

São atos de ordenação e organização interna que decorrem do poder hierárquico. Organizam a prestação do serviço, por meio de normas que se aplicam internamente aos órgãos pertencentes à estrutura administrativa. Logo, serão sempre destinados a produzir efeitos, somente no âmbito da Administração Pública. Os atos internos NÃO geram direitos adquiridos a seus destinatários. Podem ser revogados a qualquer tempo por quem os expediu.

Espécies:

- Portarias – são atos administrativos individuais que estipulam ordens e determinações internas, estabelecem normas que geram direitos ou obrigações internas a indivíduos específicos. Ex.: portaria de remoção de servidores ou portaria de vacância.
- Circulares – para a edição de normas uniformes a todos os servidores, ex.: horário de funcionamento da repartição, utilização de farda pelos servidores lotados em determinados órgãos;
- Memorandos – são atos de comunicação interna, ou seja, entre agentes de um mesmo órgão público;
- Ofícios – para a comunicação entre autoridades públicas ou entre estas e particulares, destinados à comunicação externa.

3) ATOS NEGOCIAIS.

São aqueles atos por meio dos quais a administração concede direitos pleiteados. Trata-se de direito outorgado pelo Estado, em virtude de requerimento do particular. A doutrina costuma dizer que, nos atos negociais, a manifestação de vontade do Estado coincide com o interesse do particular, sendo que, na verdade, a manifestação de vontade do ente estatal decorre de requerimento do sujeito beneficiado.

Espécies:

A) Autorização – É ato discricionário e precário por meio de que a Administração Pública autoriza o uso de bem público por um particular de forma anormal ou privativa, no interesse eminentemente do beneficiário e também é ato discricionário e precário através do qual o Poder Público concede ao particular o exercício de determinadas atividades materiais que dependem de fiscalização (exercício do poder de polícia), ex.: autorização de porte de arma ou para funcionamento de uma escola privada. Portanto, existem duas espécies de autorização: a autorização de uso de bem público e a autorização de polícia. Vejamos.

- **Autorização de uso de bem público** – para uso de forma anormal e privativa de determinado bem público, por um particular, quando o Estado vai analisar se esta utilização não viola o interesse coletivo de utilização normal deste bem. No caso de utilização normal de bem público (de acordo com sua funcionalidade) pelo particular não é preciso autorização, ex.: passear na rua ou na praça. É livre o uso normal ou natural. **Mas o emprego anormal ou**

privado do bem público como, por exemplo, colocar mesa no passeio público, fazer luau na praia, restringindo, dessa forma, o bem do uso normal pelos outros requer a manifestação do Poder Público, para que consinta tal restrição. A isso se denomina uso de bem público.

- **Autorização de Polícia.** A autorização de polícia é o ato necessário para que o particular possa exercer atividade fiscalizada pelo Estado. Por exemplo, depende de autorização pública a concessão do porte de arma, a abertura de escola, dentre outros.

Ressalte-se que, em ambas as situações descritas, a autorização é ato discricionário e precário. Logo, **pode, a qualquer tempo, ser desfeito sem direito à indenização, não gerando direito adquirido** aos beneficiários.

B) Permissão – Também ostenta a qualidade de ato discricionário e precário e é veiculada para conceder ao particular o uso de determinado bem público, de forma anormal ou privativa. Isso porque a permissão de serviço público, que será estudada, em momento oportuno, tem natureza de contrato administrativo, nos termos estabelecidos no art. 40 da Lei 8987/95.

A princípio, pela simples leitura do conceito atribuído aos atos denominados de permissão e autorização de uso de bem público, poder-se-ia chegar a uma conclusão equivocada de que possuem identidade. Para dirimir as dúvidas porventura existentes, serão apresentadas a seguir as diferenças entre elas. Vejamos.

- A autorização, para a doutrina mais tradicional, é ato adequado para uso de bem público em situações mais transitórias, como no caso de uma festa ocasional que requer o fechamento da rua ou até mesmo um luau que será realizado em uma praia, ao passo em que a permissão tem um caráter mais permanente ou duradouro que a espécie anteriormente referida, ex: uma banca de revistas a ser colocada em uma calçada, ou uma feira de artesanato a ser realizada em praça pública;
- Para a doutrina mais moderna, a autorização de uso é concedida, no interesse do particular, enquanto a permissão é sempre concedida no interesse público. Saliente-se ainda que a permissão de uso, não obstante tenha natureza de ato discricionário, deve ser precedida de licitação.

C) Licença – é ato de polícia; aquele por meio de que o Poder Público permite a realização de determinada atividade sujeita à fiscalização do Estado. Trata-se de ato vinculado e é concedida desde que cumpridos os requisitos objetivamente definidos em lei. É ato vinculado, uma vez que, caso o particular preencha os requisitos legais, adquire o direito à concessão da licença. Ex.: licença para construir.

A licença, a autorização e a permissão são veiculadas por meio de alvará.

D) Admissão – ato pelo qual o Poder Público permite que o particular usufrua de determinado serviço público prestado pelo Estado. Ex. Admissão em escola pública municipal.

4) ATOS ENUNCIATIVOS.

Tradicionalmente, são os atos administrativos que estabelecem opiniões e conclusões do ente estatal como, por exemplo, os pareceres.

Também são atos que atestam fatos.

Espécies:

- Atestado: quando o Poder Público tem de comprovar, mediante verificação de determinada situação de fato, para, então proferir um ato que ateste aquela ocorrência fática. Por exemplo, perícia médica é indispensável para se averiguar a situação e expedir um atestado por junta médica;
- Certidões: certificam algo, um fato que já está registrado no órgão, ou seja, "atestam" fato previamente escrito em documento público. O Poder Público pega o que está registrado e exterioriza, torna público. Costuma-se dizer que a certidão é o "espelho de um registro público". Quando, por exemplo, o servidor requer uma certidão de tempo de contribuição no órgão, ou um particular pleiteia uma certidão de antecedentes criminais. Em ambos os casos, o Estado vai verificar a situação em seus registros públicos e expedir o ato administrativo.
- Apostila ou averbação – apostilar é acrescentar algo ao registro público, acrescentar o que faltava e deixava incompleto o registro ou alterá-lo, se houver descrição que não corresponda à realidade. Quando o particular precisa que conste algo no registro público, pede a averbação. Ex: averbação de tempo de serviço na esfera privada junto ao serviço público com a posse em cargo público.
- Parecer – ato administrativo por meio do qual se emite opinião de órgão consultivo do Poder Público. Salvo disposição legal expressa, não tem natureza vinculante, sendo somente ato que manifesta opinião técnica sobre determinado assunto de interesse da Administração Pública.

5) **ATOS PUNITIVOS.**

São os atos por meio dos quais o Poder Público determina a aplicação de sanções, em face do cometimento de infrações administrativas pelos servidores públicos ou por particulares. Podem decorrer do Poder Disciplinar, para aquelas sanções aplicadas às pessoas sujeitas à disciplina da Administração Pública e também pode ser manifestação do Poder de Polícia repressivo, quando decorrente da Supremacia Geral.

Exemplos: Demissão; Suspensão; Cassação de aposentadoria; Multas.

11.7. EXTINÇÃO DOS ATOS ADMINISTRATIVOS.

A extinção do ato pode ocorrer por diversas formas. Vejamos.

- Natural: a extinção natural ocorre quando o ato já cumpriu todos os efeitos nele dispostos ou pelo advento do termo final ou prazo, nos atos sujeitos a termo. Então, por exemplo, a licença para construir se extingue ao fim da construção e a autorização para porte de arma concedida por um ano se extingue após o decurso do lapso temporal estabelecido no próprio ato.

- Renúncia: a renúncia do beneficiário é forma de extinção que se aplica somente para atos ampliativos, que geram direitos a particulares, haja vista não ser possível renunciar a obrigações.
- Desaparecimento da pessoa ou coisa sobre a qual o ato recai: o ato administrativo se extingue, desaparece o objeto ou pessoa atingida por ele. Logo, o tombamento de um casarão, por exemplo, é extinto, com a demolição da casa e a nomeação de um servidor, com o seu falecimento.
- Retirada: quando o ato administrativo é retirado no mundo jurídico. É forma de extinção precoce do ato administrativo. As hipóteses de retirada merecem cuidado especial do candidato de provas objetivas, por serem muito frequentes, nestes tipos de quesitos. A doutrina chama os estudos da retirada dos atos administrativos de TEORIA DAS NULIDADES. Vejamos as formas:

A) Anulação

A anulação é retirada do ato administrativo por motivo de ilegalidade, ou seja, o ato é extinto por conter vício. A anulação opera efeitos *ex tunc* (retroage à data de origem do ato, aniquilando todos os efeitos produzidos, ressalvados os direitos adquiridos de terceiros de boa-fé). No âmbito federal, a lei 9784/99 estabelece que a Administração Pública tem o prazo decadencial de 5 (cinco) anos para anular atos administrativos ampliativos, salvo no caso de má-fé do beneficiário. Vejamos:

Art. 54. O direito da Administração de anular os atos administrativos de que decorram efeitos favoráveis para os destinatários decai em cinco anos, contados da data em que foram praticados, salvo comprovada má-fé.

Também importa salientar que, apesar de o ato administrativo não produzir efeitos, os direitos adquiridos por terceiros de boa-fé, por sua vez, são resguardados, não podem ser atingidos pela anulação do ato.

Pode-se exemplificar esta situação de manutenção dos efeitos garantidores de direitos adquiridos da seguinte forma. **De acordo com a Teoria da Aparência, a nomeação de servidor sem concurso público é nula, mas os atos praticados são válidos, em atenção ao princípio da segurança jurídica.** Não há devolução dos salários, sob pena de enriquecimento da Administração Pública já que os serviços foram prestados.

A Administração Pública pode anular seus atos de ofício ou mediante provocação, em virtude do princípio da autotutela. A Súmula n. 473 do STF trata do assunto e, inclusive, **ressalva direitos dos terceiros de boa-fé** conforme já explicitado. Vejamos:

SÚMULA N. 473. *A ADMINISTRAÇÃO PODE ANULAR SEUS PRÓPRIOS ATOS, QUANDO EIVADOS DE VÍCIOS QUE OS TORNAM ILEGAIS, PORQUE DELES NÃO SE ORIGINAM DIREITOS; OU REVOGÁ-LOS, POR MOTIVO DE*

CONVENIÊNCIA OU OPORTUNIDADE, RESPEITADOS OS DIREITOS ADQUIRIDOS, E RESSALVADA, EM TODOS OS CASOS, A APRECIAÇÃO JUDICIAL.

Além do poder conferido à própria administração, o Poder Judiciário também pode anular os atos administrativos com vícios de ilegalidade, desde que o faça mediante provocação.

Ato anulável – Em determinadas situações, é possível a correção do vício de ato administrativo. Nestas situações, diz-se ser caso de nulidade relativa, pois o vício é sanável. Por sua vez, o ato é tido por anulável e não nulo. **Se o interesse público exigir e for sanável o vício, o ato administrativo pode ser convalidado, em razão da oportunidade e conveniência, desde que a convalidação não cause prejuízos a terceiros**.

Assim, a doutrina passou a entender que, quando é o caso de nulidade sanável, ou seja, vícios de forma e de competência, devem ser corrigidos **se for mais interessante ao interesse público e causar menos prejuízo do que a sua anulação**. Nestes casos, consertado o vício, o ato produz efeitos licitamente, desde a sua origem. Portanto, como regra, vícios de competência ou forma são sanáveis e a Convalidação retroage os efeitos do ato.

Exemplo: nomeação feita por autoridade incompetente há vício, mas pode ser convalidado pela autoridade competente, por meio de ratificação do ato viciado. Decorre dos princípios da eficiência e economicidade, já que é mais útil para a Administração Pública convalidar do que anular.

Por fim, insta frisar que, na anulação, não há o efeito repristinatório, ou seja, a anulação do ato X que havia anulado o ato Y, não gera o retorno do ato Y ao ordenamento jurídico, salvo disposição expressa no ato de anulação do ato X.

B) Revogação

É a extinção do ato administrativo válido por motivo de oportunidade e conveniência, ou seja, por razões de mérito. A Administração Pública não tem mais interesse na manutenção do ato, apesar de não haver vício que o macule. A revogação é ato **discricionário e refere-se ao mérito administrativo.** Como o ato é legal e todos os efeitos já produzidos o foram licitamente, a revogação não retroage, impedindo somente a produção de efeitos futuros do ato (*ex nunc*).

O ato é válido e revogado a partir de então por não existir mais interesse na sua continuidade. Consoante já exaustivamente discutido, o Judiciário não tem competência para examinar o mérito do ato administrativo, sendo possível a realização da revogação, portanto, somente por ato da administração pública que pode atuar de ofício ou mediante provocação. Logo, a revogação do ato administrativo produz efeitos *ex nunc*, e somente a Administração Pública pode revogar os atos por ela praticados, no exercício da autotutela.

Ressalte-se que não se revogam atos consumados, uma vez que estes atos já produziram todos os efeitos, não havendo efeitos futuros a serem impedidos. Também, como regra, não é possível a revogação dos atos vinculados, haja vista estes atos não admitirem análise de oportunidade e conveniência.

C) Cassação

Ocorre a cassação nas hipóteses em que o ato administrativo é extinto por ilegalidade superveniente em face do descumprimento dos requisitos impostos para a sua expedição pelo beneficiário. **Ocorre, portanto, quando o beneficiado do ato deixa de cumprir os requisitos de quando teve o ato deferido.** Trata-se de hipótese de ilegalidade superveniente por culpa do beneficiário. Exemplo: uma pessoa obteve uma licença para o funcionamento de um hotel e, tempos mais tarde, modifica a finalidade do empreendimento que passa a ser um motel, sem a comunicação ou ciência do Poder Público. Na situação descrita, o beneficiário descumpriu os requisitos do ato (licença). Enfim, se inicialmente o ato cumpria os requisitos e deixou de cumpri-los, por culpa do beneficiário, há a cassação.

D) Caducidade

Trata-se de extinção do ato administrativo por lei superveniente que impede a manutenção do ato inicialmente válido. Novamente, estamos diante de uma situação de ilegalidade superveniente. Entretanto, nestes casos, não por culpa do beneficiário, mas sim por alteração legislativa. Com efeito, lei posterior torna inconveniente a manutenção do ato. Exemplo: suponha que determinado sujeito usufrui de uma autorização de uso de bem público que permite que ele monte e se apresente em um circo alocado em uma determinada praça pública. Por lei nova, altera-se o plano diretor da cidade, tornando a área residencial, não sendo possível a manutenção do ato de autorização, inicialmente lícito.

E) Contraposição (derrubada)

Ocorre nas situações em que um ato administrativo novo se contrapõe a um ato anterior extinguindo seus efeitos. *In casu*, não se fala em ilegalidade originária ou superveniente, mas tão somente na impossibilidade de manutenção do ato, por colidir com ato novo que trata da matéria. Exemplo: nomeação X exoneração. O ato de exoneração tem como efeito principal extinguir os efeitos da nomeação.

> Obs.: NÃO CONFUNDIR – caducidade do ato é diferente de caducidade nos contratos administrativos de concessão de serviços públicos que trataremos em capítulo específico.

Ato inexistente (ato cujo objeto é juridicamente impossível) é diferente de efeito da anulação do ato, não resguarda direitos, não admite produção de direito adquirido. A ausência de forma, por exemplo (não a ilegalidade, e sim a ausência pura e simples), torna o ato administrativo inexistente.

Atos irregulares – quando o vício é cometido em atos de mera padronização na organização administrativa, que não geram prejuízos à Administração Pública. Neste caso, a irregularidade é sanada pelo alcance ao interesse público.

11.8. SÚMULAS DE JURISPRUDÊNCIA

11.8.1. Súmulas Vinculantes

SÚMULA VINCULANTE N. 3. NOS PROCESSOS PERANTE O TRIBUNAL DE CONTAS DA UNIÃO ASSEGURAM-SE O CONTRADITÓRIO E A AMPLA DEFESA QUANDO DA DECISÃO PUDER RESULTAR ANULAÇÃO OU REVOGAÇÃO DE ATO ADMINISTRATIVO QUE BENEFICIE O INTERESSADO, EXCETUADA A APRECIAÇÃO DA LEGALIDADE DO ATO DE CONCESSÃO INICIAL DE APOSENTADORIA, REFORMA E PENSÃO.

SÚMULA VINCULANTE N. 628. A TEORIA DA ENCAMPAÇÃO É APLICADA NO MANDADO DE SEGURANÇA QUANDO PRESENTES, CUMULATIVAMENTE, OS SEGUINTES REQUISITOS: A) EXISTÊNCIA DE VÍNCULO HIERÁRQUICO ENTRE A AUTORIDADE QUE PRESTOU INFORMAÇÕES E A QUE ORDENOU A PRÁTICA DO ATO IMPUGNADO; B) MANIFESTAÇÃO A RESPEITO DO MÉRITO NAS INFORMAÇÕES PRESTADAS; E C) AUSÊNCIA DE MODIFICAÇÃO DE COMPETÊNCIA ESTABELECIDA NA CONSTITUIÇÃO FEDERAL.

11.8.2. Supremo Tribunal Federal

SÚMULA N. 6. A REVOGAÇÃO OU ANULAÇÃO, PELO PODER EXECUTIVO, DE APOSENTADORIA, OU QUALQUER OUTRO ATO APROVADO PELO TRIBUNAL DE CONTAS, NÃO PRODUZ EFEITOS ANTES DE APROVADA POR AQUELE TRIBUNAL, RESSALVADA A COMPETÊNCIA REVISORA DO JUDICIÁRIO.

SÚMULA N. 473. A ADMINISTRAÇÃO PODE ANULAR SEUS PRÓPRIOS ATOS, QUANDO EIVADOS DE VÍCIOS QUE OS TORNAM ILEGAIS, PORQUE DELES NÃO SE ORIGINAM DIREITOS; OU REVOGÁ-LOS, POR MOTIVO DE CONVENIÊNCIA OU OPORTUNIDADE, RESPEITADOS OS DIREITOS ADQUIRIDOS, E RESSALVADA, EM TODOS OS CASOS, A APRECIAÇÃO JUDICIAL.

SÚMULA N. 510. PRATICADO O ATO POR AUTORIDADE, NO EXERCÍCIO DE COMPETÊNCIA DELEGADA, CONTRA ELA CABE O MANDADO DE SEGURANÇA OU A MEDIDA JUDICIAL.

12

SERVIÇOS PÚBLICOS

12.1. CONCEITO

A noção de serviços públicos vem sofrendo influências da doutrina mais moderna de forma a restringir o seu conceito. Com efeito, tradicionalmente, a conceituação de serviço público era muito abrangente. A Escola do Serviço Público, formada na França, por exemplo, estabelecia que toda atuação do estado, na busca do interesse público, configura serviço público.

Atualmente, a doutrina vem considerando fundamental diferenciar as atividades do Estado, traçando as distinções entre serviços públicos, exploração de atividade econômica pelo Estado, execução de obras públicas e exercício do poder de polícia.

Dessa forma, a conceituação de determinada atividade como serviço público depende da conjunção de 3 elementos, a saber:

- Substrato material – o serviço público é uma comodidade ou utilidade fruível pelo particular, de forma contínua. Enfim, configura prestação de atividade continuada pela Administração Pública, na busca do interesse público, fornecendo uma comodidade que será usufruída por toda a sociedade.
- Substrato formal – o serviço público é regido por normas de direito público. Fala-se que o regime de prestação do serviço é um regime público, ainda que prestado por particulares em regime de delegação.
- Elemento subjetivo – o serviço público deve ser prestado pelo estado de forma direta ou indireta. Para a doutrina moderna, se o serviço público não for prestado pelo estado (ainda que indiretamente) não é serviço público. A expressão mais adequada seria a de que o Estado deverá promover a prestação do serviço – mediante prestação direta ou delegação desta prestação a particulares. Portanto, tratados os elementos formadores do conceito de serviço

público, resta diferenciar a prestação de serviços públicos, das outras atividades do Estado, também realizadas na busca pelo interesse público.

- Obra Pública – A obra pública é uma atividade estanque, com projeto que determina início e fim das atividades. O serviço difere da execução de obras porque é uma atuação constante, comodidade prestada de forma contínua. Os conceitos causam algumas confusões pelo fato de que, em diversas situações, a obra pública é indispensável à prestação de determinado serviço, mas com ele não se confunde. Por exemplo, não se pode confundir a obra do hospital, com a prestação do serviço de saúde, ou a obra de um metrô com o serviço de transporte, não obstante, em ambos os casos, a obra ser necessária à execução do serviço público.
- Poder de Polícia – O poder de polícia configura uma restrição e não uma comodidade. Na busca do interesse público, o Estado restringe o exercício de liberdades e o uso da propriedade. Trata-se de atuação restritiva do poder público, diferente da prestação do serviço que é medida ampliativa.
- Exploração de atividade econômica – Quando o ente estatal atua no mercado, explorando atividade econômica, submete-se às normas de direito privado, não se beneficiando das prerrogativas de poder público. Por exemplo, uma empresa pública que explora atividade econômica não usufrui de imunidade tributária nem se responsabiliza por seus atos nos moldes do artigo 37§6º da Constituição Federal.

12.2. PRINCÍPIOS

O serviço público está submetido ao regime de direito público, o que significa que deve obediência aos princípios de direito administrativo. Ressalte-se, desde já, que todos os princípios de direito administrativo já estudados são aplicáveis à prestação do serviço público. Todavia, neste capítulo, tratar-se-á de princípios regulamentados pela lei 8987/95 que regulamenta a prestação dos serviços públicos.

12.2.1. Continuidade

A prestação do serviço público deve ser ininterrupta, contínua. O direito de manutenção da prestação do serviço de forma a não se interromper um benefício à coletividade deve enfrentar algumas questões interessantes.

Greve de servidor público – A princípio, deve-se lembrar de que os servidores militares não têm direito de greve nem de sindicalização, por expressa dicção constitucional.

Art. 142 § 3º Os membros das Forças Armadas são denominados militares, aplicando-se-lhes, além das que vierem a ser fixadas em lei, as seguintes disposições: (Incluído pela Emenda Constitucional n. 18, de 1998)

*IV – **ao militar são proibidas a sindicalização e a greve**; (Incluído pela Emenda Constitucional n. 18, de 1998)*

O servidor público civil tem direito de greve que será exercido nos termos de lei específica (ressalte-se que o dispositivo constitucional exige lei específica e não lei complementar), consoante estabelece o artigo 37, VII da Constituição Federal transcrito em seguida:

Art. 37. VII – o direito de greve será exercido nos termos e nos limites definidos em lei específica; (Redação dada pela Emenda Constitucional n. 19, de 1998)

O Supremo Tribunal Federal, em reiteradas decisões, firmou o entendimento de que o direito de greve do servidor público é norma de eficácia limitada, ou seja, o exercício do direito fica limitado à edição de lei específica que o regulamente. Diante da ausência de lei específica a regulamentar a matéria, o STF determinou, ao julgar Mandado de Injunção, que, enquanto não houver lei específica tratando acerca da greve do servidor, este exercerá o seu direito constitucional licitamente, desde que o faça nos moldes da lei geral de greve (Lei 7.783/89). Tal entendimento visa a garantir que a omissão legislativa não cause prejuízos a direito constitucional.

Inadimplemento do usuário – A Lei 8.987/95, em seu art. 6º, §3º, estabelece que é possível a interrupção na prestação dos serviços em casos de urgência e em razão do inadimplemento do usuário, desde que se configure uma situação emergencial ou que haja um prévio aviso:

*Art. 6º. § 3º Não se caracteriza como descontinuidade do serviço a sua interrupção em **situação de emergência** ou após **prévio aviso**, quando:*

*I – motivada por **razões de ordem técnica** ou de **segurança das instalações**; e,*

*II – por **inadimplemento do usuário**, considerado o interesse da coletividade.*

Ressalte-se que a jurisprudência vem firmando entendimento no sentido de que será ilegal a paralisação de serviço, por motivo de inadimplemento, se ensejar a interrupção de um serviço essencial à coletividade. Por exemplo, é possível o corte da energia elétrica de uma residência inadimplente, mas não de um hospital inadimplente.

Ainda, cabe salientar que o art. 6º, p. 4º da lei 8987/95 dispõe que a interrupção do serviço não poderá iniciar-se na sexta-feira, no sábado ou no domingo, nem em feriado ou no dia anterior a feriado.

Exceptio non adimpleti contractus – A exceção de contrato não cumprido é o direito de suspender a execução do contrato em face do inadimplemento da outra parte. De acordo com a Lei 8.666, art. 78, XV o particular tem direito de invocar a exceção do contrato não cumprido, desde que a administração seja inadimplente por mais de 90 dias. Vejamos.

Art. 78. Constituem motivo para rescisão do contrato:

(...)

XV - o atraso superior a 90 (noventa) dias dos pagamentos devidos pela Administração decorrentes de obras, serviços ou fornecimento, ou parcelas destes, já recebidos ou executados, salvo em caso de calamidade pública, grave perturbação da ordem interna ou guerra, ***assegurado ao contratado o direito de optar pela suspensão do cumprimento de suas obrigações até que seja normalizada a situação****.*

12.2.2. Modicidade

A modicidade das tarifas também é princípio atinente ao tema em estudo, determinando que as tarifas cobradas para os usuários dos serviços sejam as mais baixas possíveis, a fim de manter a prestação do serviço à maior parte da coletividade.

12.2.3. Atualidade

Também chamada de adaptabilidade, estabelece que a prestação do serviço público deve sempre ser feito dentro das técnicas mais modernas possíveis. Logo, dentro das possibilidades, o poder público deve buscar atualização nas técnicas de prestação do serviço. Não se considera viável, por exemplo, que, nos tempos atuais, determinado município invista dinheiro na criação de uma linha de transporte de bonde elétrico.

12.2.4. Cortesia

Estampa o dever do prestador de serviço de ser cortês e educado em sua prestação.

12.2.5. Economicidade

A economicidade carrega a noção de prestação do serviço de forma eficiente, com resultados positivos à sociedade e com gastos dentro dos limites da razoabilidade.

12.2.6. Generalidade

O serviço deverá ser prestado à maior quantidade de pessoas possível. A prestação geral, exigência da lei, se contrapõe à prestação setorizada, que beneficiaria somente algumas camadas da sociedade.

12.3. FORMAS DE PRESTAÇÃO DO SERVIÇO PÚBLICO

A prestação do serviço público é feita pelo Estado que, no entanto, pode efetivar esta execução de forma direta ou mediante descentralização. Com efeito, a prestação direta ocorre pela prestação efetivada pelos próprios entes federativos, de forma centralizada.

Ocorre que, para uma maior eficiência e visando à especialização, o ente estatal descentraliza a prestação de serviços públicos para entes da administração indireta (autarquias, fundações públicas, empresas públicas e sociedades de economia mista) ou a particulares, mediante contratos administrativos.

A doutrina preconiza que a descentralização pode ser feita mediante outorga ou delegação de serviços. Na outorga, é transferida a titularidade e a execução do serviço público, a pessoa jurídica diversa do Estado, ao passo que, na delegação, apenas a execução é transferida, permanecendo com o Estado a titularidade do serviço. Para a doutrina majoritária, a outorga é conferida, somente, para pessoas jurídicas de direito público; já a delegação é feita para particulares ou aos entes da Administração Indireta regidos pelo direito privado.

A outorga, também denominada de descentralização por serviço, é feita sempre mediante edição de lei enquanto a delegação, chamada de descentralização por colaboração, pode ser efetivada por lei (no caso de entes da Administração Indireta) ou mediante contratos de concessão e permissão de serviços públicos. Deve ser ressaltado, no entanto, que, mesmo quando o estado transfere a titularidade do serviço, ele se mantém responsável pelos danos decorrentes da atividade.

Ocorre que nem todos os serviços públicos admitem delegação. Neste sentido, os serviços públicos podem se classificar em 4 espécies:

1) Serviço público exclusivo, não delegável: são aqueles serviços que somente podem ser prestados diretamente pelo estado, não podendo ser transferidos ao particular. A Constituição Federal expressamente prevê dois deles: o serviço postal e o correio aéreo nacional. A doutrina acrescenta outros como a administração tributária e a organização administrativa. A Empresa de Correios executa serviço público por outorga, no entender do Supremo Tribunal Federal, gozando, inclusive de regime idêntico ao da Fazenda Pública.

2) Serviço público exclusivo delegável. São os serviços que devem ser necessariamente prestados pelo Estado, que pode realizar esta prestação diretamente ou mediante delegação a particulares. Exemplos desta espécie são os serviços de transporte público, energia elétrica, entre outros.

3) Serviço público de delegação obrigatória: são os serviços de radiodifusão sonora e radiodifusão de sons e imagens (rádio e televisão). O estado não pode monopolizar esses serviços. Portanto, devem ser prestados pelo Estado e, necessariamente, devem ser delegados a particulares que terão o poder de execução destas atividades em virtude da delegação.

4) Serviço público não exclusivo: o estado presta estes serviços e o particular também o faz, sem a necessidade de delegação. Ressalte-se que o fato de o particular prestar este serviço público não exclui a obrigação do estado de fazer a execução direta. Isso porque a prestação executada pelo particular não se configura prestação indireta pelo Estado, por não decorrer de delegação. Citem-se como exemplos os serviços de saúde, educação e previdência que são prestados pelo particular, somente mediante fiscalização do Estado e também serão prestados pelo Estado obrigatoriamente. Determinada escola privada, para entrar em funcionamento, depende de autorização, porque o estado fiscaliza referida atividade. Trata-se de autorização de polícia (exercício do poder de polícia) e não de delegação de serviços. Para a doutrina mais moderna, inclusive encampada pela jurisprudência do Supremo Tribunal Federal, tais serviços, quando prestados pelo particular, não ostentam a qualificação de serviços públicos propriamente ditos, sendo, portanto, designados, **serviços de utilidade pública** ou **serviços impróprios.**

Saliente-se, ainda, no que tange à classificação de serviços públicos, que a doutrina diferencia os serviços públicos, classificando-os em **serviços *uti singuli* ou individuais** e **serviços *uti universi* ou gerais.** Vejamos.

Serviços *uti singuli*: são aqueles serviços prestados a toda a coletividade, nos quais, o poder público pode individualizar a utilização. Na prestação destes serviços, é possível mensurar quanto cada usuário fruiu do serviço e, por isso, a cobrança pode ser feita mediante o pagamento de taxas ou tarifas. Ex. Energia elétrica, telefonia e transporte público.

Serviços *uti universi*: são os serviços que não podem ser divididos em sua utilização, ou seja, não é possível saber quanto cada usuário utilizou destes serviços. Como não é possível mensurar a utilização de cada cidadão, estes serviços são custeados pela receita geral dos impostos. Ex. Iluminação Pública, limpeza pública.

12.4. DELEGAÇÃO CONTRATUAL DE SERVIÇOS

Conforme o art. 175 da CF, o estado presta serviço público diretamente ou por meio de contratos de concessão e permissão de serviços públicos. Vejamos.

Art. 175. Incumbe ao Poder Público, na forma da lei, diretamente ou sob regime de concessão ou permissão, sempre através de licitação, a prestação de serviços públicos.

Parágrafo único. A lei disporá sobre:

I – o regime das empresas concessionárias e permissionárias de serviços públicos, o caráter especial de seu contrato e de sua prorrogação, bem como as condições de caducidade, fiscalização e rescisão da concessão ou permissão;

II – os direitos dos usuários;

III – política tarifária;

IV – a obrigação de manter serviço adequado.

A fim de regulamentar o dispositivo transcrito, foi editada a Lei 8987/95, que trata dos contratos de concessão de serviços públicos e dos contratos de permissão de serviços públicos e todas as regras atinentes a estas contratações.

12.5. CONCESSÃO DE SERVIÇOS PÚBLICOS

Como todo contrato celebrado, é formado por duas partes. O Poder Público contratante e o particular contratado, aqui chamados de concedente e concessionário.

12.5.1. Poder concedente

São os entes da Administração Direta (União, Estado, Município, DF). Excepcionalmente, a lei atribui o poder de delegar serviços públicos a entidades da administração indireta, como é o caso do poder atribuído a ANATEL e ANAEL por lei para atuar numa concessão como poder concedente de serviço público. Lembre-se que estas entidades são qualificadas como agências reguladoras, portanto, autarquias em regime especial.

12.5.2. Concessionárias

É o particular que celebra o contrato administrativo, tornando-se executor do serviço público descentralizado. O contrato de concessão de serviços públicos somente pode ser celebrado com pessoas jurídicas ou consórcios de empresas. Não é possível o contrato de concessão de serviço público ser celebrado com pessoa física. Cuidado para não confundir com o contrato de concessão de uso, o qual pode ser celebrado com pessoas físicas.

Procedimento licitatório: A concessão de serviços públicos é precedida de licitação na modalidade concorrência, necessariamente. A Lei 9074/95 criou o programa nacional de desestatização, e para os serviços inseridos nesta lei a concessão pode ser celebrada por meio de licitação na modalidade leilão.

Interessante frisar que a Lei 8987/95 prevê que, no edital da concorrência, para contratos de concessão de serviços públicos, é possível se estabelecer a inversão de fases da habilitação e classificação. Portanto, a inversão das fases do procedimento licitatório não decorre da lei, mas pode ser estipulada com previsão editalícia.

Além disso, a forma de escolha do vencedor, não segue as normas da lei 8666/93. Isso porque os critérios de escolha definidos na lei 8987/95 são os seguintes:

Art. 15. No julgamento da licitação será considerado um dos seguintes critérios: (Redação dada pela Lei n. 9.648, de 1998)

I – o menor valor da tarifa do serviço público a ser prestado; (Redação dada pela Lei n. 9.648, de 1998)

II – a maior oferta, nos casos de pagamento ao poder concedente pela outorga da concessão; (Redação dada pela Lei n. 9.648, de 1998)

III – a combinação, dois a dois, dos critérios referidos nos incisos I, II e VII; (Redação dada pela Lei n. 9.648, de 1998)

IV – melhor proposta técnica, com preço fixado no edital; (Incluído pela Lei n. 9.648, de 1998)

V – melhor proposta em razão da combinação dos critérios de menor valor da tarifa do serviço público a ser prestado com o de melhor técnica; (Incluído pela Lei n. 9.648, de 1998)

VI – melhor proposta em razão da combinação dos critérios de maior oferta pela outorga da concessão com o de melhor técnica; ou (Incluído pela Lei n. 9.648, de 1998)

VII – melhor oferta de pagamento pela outorga após qualificação de propostas técnicas. (Incluído pela Lei n. 9.648, de 1998)

§ 1º A aplicação do critério previsto no inciso III só será admitida quando previamente estabelecida no edital de licitação, inclusive com regras e fórmulas precisas para avaliação econômico-financeira. (Redação dada pela Lei n. 9.648, de 1998)

§ 2º Para fins de aplicação do disposto nos incisos IV, V, VI e VII, o edital de licitação conterá parâmetros e exigências para formulação de propostas técnicas. (Redação dada pela Lei n. 9.648, de 1998)

§ 3º O poder concedente recusará propostas manifestamente inexequíveis ou financeiramente incompatíveis com os objetivos da licitação. (Redação dada pela Lei n. 9.648, de 1998)

§ 4º Em igualdade de condições, será dada preferência à proposta apresentada por empresa brasileira. (Redação dada pela Lei n. 9.648, de 1998)

Forma de realização do contrato: Para a formação de um contrato de concessão de serviço público, faz-se necessária a observação das regras seguintes.

A Administração Direta contrata determinada empresa para prestar serviço público, mediante delegação. Esta empresa se torna responsável pela prestação do serviço, sendo, no entanto, remunerada pelo usuário do serviço e não pela administração pública. Por exemplo, quando determinado município contrata uma empresa de ônibus para prestação do serviço de transporte, a remuneração desta empresa é feita mediante a cobrança de tarifas dos usuários do serviço. A remuneração básica é realizada pelo usuário. Ex. transporte, telefonia, etc.

Logo, quando o Poder Público contrata uma empresa para execução do serviço de limpeza pública, trata-se de um contrato de prestação de serviço comum, regido pela lei 8666/93, não se confundindo com a concessão de serviços públicos. Isso porque, não obstante a limpeza da cidade seja serviço público, a execução do serviço pela empresa será paga pela própria administração pública. No contrato de concessão, a remuneração é diferenciada, uma vez que o usuário tem relação direta com a concessionária e remunera os gastos, viabilizando o lucro da empresa.

A concessão de serviços pode ser simples ou precedida de obra. As concessões de serviços públicos precedidas de obra ocorrem nas situações em que o Estado, juntamente com o serviço, transfere à empresa o dever de executar obra necessária à prestação deste serviço, sendo que a exploração do serviço público, feita posteriormente, deverá remunerar a empresa dos gastos efetivados com a obra. Pode-se citar um exemplo de situação na qual o ente público contrata a empresa para executar a obra do metrô, sendo posteriormente remunerada pela exploração do serviço de transporte público dela decorrente, por certo período de tempo, definido no contrato.

Importa saber que a concessão de serviço público é um contrato administrativo e, como tal, se submete ao regime geral dos contratos previsto na lei 8666/93 com todas as suas obrigações e garantias. Nesse sentido, estão implícitas, nos contratos de concessão, as cláusulas exorbitantes previstas na referida lei. Vejamos.

A. **Alteração unilateral do contrato**: para adequar as disposições contratuais ao interesse público, o Estado pode modificar a avença independentemente do consentimento da outra parte.

B. **Rescisão unilateral do contrato**: é prerrogativa dada ao ente público contratante de pôr fim à avença, independentemente de consentimento do particular e sem depender de decisão judicial. Pode-se dar por interesse público e, neste caso, recebe o nome de **encampação** e, pode-se dar por inadimplemento da empresa concessionária, quando receberá o nome de **caducidade.**

C. **Fiscalização da execução do contrato**. A fiscalização, no contrato de concessão, gera a possibilidade de intervenção na empresa concessionária, quando houver indícios de irregularidades. O Estado nomeia o interventor que vai gerir a empresa e realizar a fiscalização. Depois de nomeado o interventor, a Administração Pública tem 30 dias para iniciar o processo administrativo a fim de apurar irregularidades, com duração máxima de 180 dias. Neste sentido, estabelece a lei 8987/95, em seu artigo 32 e seguintes, o quanto segue:

Art. 32. O poder concedente poderá intervir na concessão, com o fim de assegurar a adequação na prestação do serviço, bem como o fiel cumprimento das normas contratuais, regulamentares e legais pertinentes.

Parágrafo único. A intervenção far-se-á por decreto do poder concedente, que conterá a designação do interventor, o prazo da intervenção e os objetivos e limites da medida.

Art. 33. Declarada a intervenção, o poder concedente deverá, no prazo de trinta dias, instaurar procedimento administrativo para comprovar as causas determinantes da medida e apurar responsabilidades, assegurado o direito de ampla defesa.

§ 1º Se ficar comprovado que a intervenção não observou os pressupostos legais e regulamentares será declarada sua nulidade, devendo o serviço ser imediatamente devolvido à concessionária, sem prejuízo de seu direito à indenização.

§ 2º O procedimento administrativo a que se refere o caput deste artigo deverá ser concluído no prazo de até cento e oitenta dias, sob pena de considerar-se inválida a intervenção.

Art. 34. Cessada a intervenção, se não for extinta a concessão, a administração do serviço será devolvida à concessionária, precedida de prestação de contas pelo interventor, que responderá pelos atos praticados durante a sua gestão.

D. **Poder de aplicação de penalidades**: pode aplicar penalidades aos particulares contratados em decorrência de descumprimento do acordo, nos moldes da lei 8666/93. As punições a serem aplicadas ao contratado já foram estudadas em capítulo pertinente aos contratos administrativos.

E. **Ocupação temporária de bens**: em determinadas situações, para manter a prestação dos serviços prestados pelo particular contratado, o Estado precisa ocupar temporariamente os bens da contratada. Ex. empresa de transporte público cujos funcionários deflagram greve. O ente público ocupa os ônibus da empresa e mantém a prestação do serviço público. É garantia inerente ao princípio da continuidade do serviço público, com vistas a evitar a paralisação da prestação. Saliente-se que não deve ser confundida a ocupação temporária com a reversão de bens, já que na ocupação, a situação é temporária e o Poder Público devolve o bem à concessionária, cessada a situação excepcional que deu ensejo à sua atuação. Na reversão, o Poder Público mediante indenização correspondente ao concessionário, reverte para si os bens da empresa atrelados à prestação do serviço público. A reversão tem caráter definitivo e decorre da extinção do contrato de concessão de serviço público.

No que tange à duração, a concessão de serviços públicos não respeita os prazos estipulados da Lei 8666/93, em seu art. 57, que estabelece, como regra, a duração de 1 (um) ano, respeitando o orçamento público. Isso porque o contrato de concessão, como regra, não gera despesas ao Estado e, por conseguinte, não depende de previsão na lei orçamentária, não precisando, portanto, obedecer ao prazo de duração do crédito orçamentário. O prazo de sua duração, normalmente, é mais longo, inclusive com o intuito de remunerar os gastos da concessionária de serviços públicos. Ressalte-se que a desvinculação ao artigo 57 não significa celebração do contrato de concessão de serviços por prazo indeterminado. Afinal, a lei determina que todo contrato administrativo tem prazo determinado.

Ressalte-se que, por alteração legal, atualmente é possível a instituição da arbitragem para contratos de concessão. Vejamos.

> Art. 23-A. O contrato de concessão poderá prever o emprego de mecanismos privados para resolução de disputas decorrentes ou relacionadas ao contrato, inclusive a arbitragem, a ser realizada no Brasil e em língua portuguesa, nos termos da Lei n. 9.307, de 23 de setembro de 1996. (Incluído pela Lei n. 11.196, de 2005)

12.6. PERMISSÃO DE SERVIÇO PÚBLICO

A permissão de serviços públicos é tratada, na lei 8987/95, como contrato de adesão de natureza precária. Confira:

> Art. 40. A permissão de serviço público será formalizada mediante contrato de adesão, que observará os termos desta Lei, das demais normas pertinentes e do edital de licitação, inclusive quanto à precariedade e à revogabilidade unilateral do contrato pelo poder concedente.
>
> Parágrafo único. Aplica-se às permissões o disposto nesta Lei.

Com efeito, diferente do quanto estipulado para as permissões de uso, que se qualificam como atos administrativos unilaterais e precários, a permissão de serviços públicos foi alçada à condição de contrato administrativo pelo texto legal, inclusive em consonância com o disposto no artigo 175 da Carta Magna.

A doutrina ressalta que a natureza contratual não se coaduna com o caráter de precariedade e que o contrato administrativo estabelece garantias de manutenção do equilíbrio econômico financeiro que não podem ser mitigadas e que vão de encontro à noção de ato precário. Logo, em virtude da natureza contratual da permissão de serviços públicos, fica mitigada a precariedade, gerando direito à indenização do permissionário, em casos de rescisão precoce do contrato.

Outra discussão diz respeito às diferenças entre a concessão de serviços públicos e permissão de serviços públicos, uma vez que o parágrafo único do artigo 40, supratranscrito, define que as disposições da lei 8987/95 aplicam-se à permissão.

Neste sentido, são apontadas 3 diferenças entre os contratos regidos pela lei 8987/95 que podem ser resumidas no quadro sinóptico abaixo.

1 - MODALIDADE LICITATÓRIA	**A concessão de serviços públicos deverá ser precedida de licitação, na modalidade concorrência e a permissão admite outras modalidades de licitação, dependendo do valor contratado.**
2 - CONTRATADO	**A concessão somente é celebrada com Pessoas Jurídicas ou com consórcios de empresas, ao passo que a permissão de serviços públicos pode ser celebrada com Pessoa Física ou Pessoa Jurídica.**
3 - AUTORIZAÇÃO LEGISLATIVA	**A concessão depende de autorização legislativa expressa para sua celebração e a permissão dispensa lei específica.**

12.7. PARCERIA PÚBLICO-PRIVADA - PPP

A Lei 11.079 criou as Parcerias Público-Privadas que são espécies de concessão de serviços públicos. Saliente-se que, como concessões de serviços públicos de natureza especial, ficam sujeitas à aplicação da Lei 8987/95, no silêncio da lei específica.

Espécies de Parcerias.

A) Concessão patrocinada – é concessão de serviços públicos, na qual, adicionalmente à tarifa paga pelos usuários, há uma contraprestação do Poder Público ao parceiro privado. Com isso pode ser cobrada uma tarifa mais baixa dos usuários, sem reduzir o valor do lucro da contratada. A contraprestação do Poder Público não pode ultrapassar 70%, salvo se estabelecida por lei específica, sob pena de desnaturar o caráter de concessão de serviço público.

B) Concessão administrativa – é espécie de concessão na qual a própria Administração Pública fica responsável pelo pagamento das tarifas, porque ostenta a qualidade de usuária do serviço público de forma direta ou indireta. Para parte da doutrina, a concessão administrativa seria um contrato de prestação de serviços públicos como outro qualquer, na qual a empresa é remunerada pelo ente estatal.

Feitas as diferenciações, o regime jurídico aplicado às PPP's é o mesmo para as duas espécies acima expostas.

Os contratos de parceria devem ser celebrados, no valor mínimo de R$ 10.000.000,00, não sendo admitidas para contratações de valores mais baixos. Ademais, o prazo mínimo de contratação deve ser de 5 anos e máximo de 35 anos. Vejamos.

Art. 2º § 4º É vedada a celebração de contrato de parceria público-privada:

I – cujo valor do contrato seja inferior a R$ 10.000.000,00 (dez milhões de reais);

II – cujo período de prestação do serviço seja inferior a 5 (cinco) anos; ou

III – que tenha como objeto único o fornecimento de mão-de-obra, o fornecimento e instalação de equipamentos ou a execução de obra pública.

Como todo contrato de concessão de serviços públicos, as PPP's devem ser precedidas de licitação, na modalidade concorrência. Assim como na Lei 8987/95, o edital pode prever a inversão das fases de habilitação e classificação das propostas. A lei 11.079/04 acrescenta a possibilidade de previsão editalícia estipulando a edição de lances verbais, dentro do procedimento da concorrência. Também, o dispositivo sofre algumas críticas doutrinárias, uma vez que a Lei 8666/93 não permite mesclar, misturar as modalidades licitatórias, no caso, pregão e concorrência.

No mais, os contratos de PPP devem realmente ser enxergados como uma parceria do Poder Público com o particular, a fim de possibilitar a prestação de serviços com gastos menores. Neste sentido, a lei prevê o compartilhamento de riscos, o que gera a responsabilidade solidária da Administração Pública, pelos danos causados na prestação do serviço, e não subsidiária como ocorre na concessão simples. Em contrapartida, serão compartilhados os ganhos decorrentes da redução do risco. Explique-se. No momento em que a administração participa como responsável solidária, os custos da prestação do serviço caem e essa redução de custos é compartilhada com o ente estatal.

A lei 11.079/04 dispõe ainda que as controvérsias decorrentes dos contratos de PPP's podem ser resolvidas por meio da arbitragem. Em verdade, posteriormente a esta lei (11.079/04), foi permitida a assinatura da cláusula compromissória e do compromisso arbitral, inclusive em contratos de concessão de serviços públicos regidos pela lei 8987/95, conforme já explicitado em momento oportuno.

A Parceria Público-Privada deve ser gerida por uma sociedade de propósito específico. A sociedade de propósito específico é criada pelo ente público e pelo parceiro privado, com a única finalidade de gerir a contratação. Ressalte-se que a sociedade pode ser companhia, inclusive de capital aberto e deverá instituída depois de realizada a licitação e antes da celebração do contrato de PPP. Ademais, a lei determina que o Poder Público não pode deter a maioria de capital social votante desta entidade específica.

Nesse sentido, as disposições da lei 11.079/04, abaixo transcritas:

Art. 9º Antes da celebração do contrato, deverá ser constituída sociedade de propósito específico, incumbida de implantar e gerir o objeto da parceria.

§ 1º A transferência do controle da sociedade de propósito específico estará condicionada à autorização expressa da Administração Pública, nos termos do edital e do contrato, observado o disposto no parágrafo único do art. 27 da Lei n. 8.987, de 13 de fevereiro de 1995.

§ 2º A sociedade de propósito específico poderá assumir a forma de companhia aberta, com valores mobiliários admitidos a negociação no mercado.

§ 3º A sociedade de propósito específico deverá obedecer a padrões de governança corporativa e adotar contabilidade e demonstrações financeiras padronizadas, conforme regulamento.

§ 4º Fica vedado à Administração Pública ser titular da maioria do capital votante das sociedades de que trata este Capítulo.

§ 5º A vedação prevista no § 4º deste artigo não se aplica à eventual aquisição da maioria do capital votante da sociedade de propósito específico por instituição financeira controlada pelo Poder Público em caso de inadimplemento de contratos de financiamento.

12.8. CONSÓRCIOS PÚBLICOS

Criados por meio da edição da lei 11.107/05, os consórcios públicos são uma forma de gestão associada de entes federativos na prestação de serviços públicos. Explique-se.

Primordialmente, cumpre ressaltar que o consórcio público não é um contrato administrativo, já que neste há vontades divergentes das partes contratantes. Em verdade, o consórcio estabelecido pela lei 11.107/05 tem natureza jurídica de convênio, no qual as vontades dos entes consorciados são convergentes. Com efeito, enquanto no contrato, o poder público, na busca do interesse coletivo, celebra uma avença com alguém que tem como mote o lucro, no consórcio, ocorre gestão associada dos entes federados que se unem para prestação de serviços de interesse comum. Note-se que as vontades dos consorciados são idênticas: a prestação de determinado serviço público com a finalidade de atender ao corpo social.

Neste sentido, pode-se estabelecer que o consórcio público é a gestão associada dos entes federativos, de qualquer esfera de governo, para a prestação de serviços públicos de interesse comum. A grande novidade da lei é que a criação do consórcio forma uma nova pessoa jurídica que não se confunde com os entes consorciados. Exemplo: a União, os estados da Bahia, Pernambuco, Sergipe e Ceará se juntam para prestação do serviço de auxílio e defesa das vítimas do semiárido nordestino. Desta junção, nasce a ADEVISA (Associação de Defesa às Vítimas do Semiárido), nova pessoa jurídica com patrimônio e obrigações próprias, não se confundindo com os entes consorciados. Com efeito, a formação do consórcio cria uma nova pessoa jurídica que presta o serviço e é apartada, ou seja, não se confunde com as pessoas jurídicas formadoras do consórcio.

Nos termos da legislação, esta nova pessoa jurídica instituída pelo consórcio poderá ter personalidade jurídica de direito público ou personalidade de direito privado. A Lei determina que se ela for criada sob o regime de direito público, recebe o nome de associação pública e faz parte da Administração Indireta de cada um dos entes consorciados. Em sendo pessoa de direito privado, terá a designação de consórcio público e será regido pelo direito civil.

Ressalte-se que a associação pública não é nova espécie de entidade da administração indireta, mas tão somente uma espécie de autarquia, consoante, inclusive, dicção do Código Civil de 2002 que assim estabelece em seu art. 41, *in litteris:*

Art. 41. São pessoas jurídicas de direito público interno:

(...)

IV – as autarquias, inclusive as associações públicas; (Redação dada pela Lei n. 11.107, de 2005)

Inicialmente cumpre relembrar, no entanto, que o texto constitucional determina que as autarquias sejam entidades criadas por lei específica, logo, não seria possível a criação de autarquia por meio de acordo (consórcio). Dessa forma, quando os entes federativos firmam o acordo, em verdade, está sendo celebrado somente o **protocolo de intenções**. Posteriormente, este protocolo será enviado ao Poder Legislativo de cada um dos entes consorciados, como projeto de lei, e, da ratificação do protocolo de intenções, é formalizado o consórcio. Logo, a formalização do consórcio propriamente dito, com a criação da pessoa jurídica, se dá mediante lei específica de cada um dos entes consorciados, ao ratificarem, por meio do Poder Legislativo, o acordo firmado pelo chefe do executivo. Saliente-se que a doutrina majoritária somente admite a criação do consórcio após a edição de todas as leis. O ente consorciado estará excluído do consórcio se não ratificar o contrato de rateio no prazo de lei (2 anos). Após este prazo a ratificação do contrato de rateio depende de homologação da assembleia geral do consórcio.

Art. 5º. § 3º A ratificação realizada após 2 (dois) anos da subscrição do protocolo de intenções dependerá de homologação da assembleia-geral do consórcio público.

Como ocorre com qualquer autarquia, a associação pública deverá receber orçamento dos entes consorciados para sua formação e manutenção. A cláusula que define a parcela de contribuição de cada um dos entes federativos na formação e manutenção do consórcio é designada contrato de rateio e deve ser firmada, no protocolo de intenções.

A lei 11.107/05 traz uma norma de restrição ao ingresso da União em consórcios públicos. A União somente pode ingressar em consórcios que contem com a participação de municípios se o estado membro a que pertence este município também estiver participando do consórcio. Trata-se de norma que visa evitar ingerência da União diretamente em determinado Município. Se não houver a participação de municípios, no consórcio, a União pode participar, por meio da celebração do contrato de rateio e posterior ratificação, por lei, sem qualquer restrição. Vejamos.

Art. 1º. § 2º A União somente participará de consórcios públicos em que também façam parte todos os Estados em cujos territórios estejam situados os Municípios consorciados.

Contratos celebrados pelo consórcio.

Inicialmente, cumpre lembrar que, como entidade formada por entes federativos e custeada pelo dinheiro público, para celebrar contratos, o consórcio público (seja ele de direito público ou privado) deve realizar procedimento licitatório. Neste caso, no entanto, as normas atinentes à licitação ganham algumas peculiaridades.

A primeira situação peculiar ocorre na dispensa de licitação, em virtude de contratações de pequeno valor. Isso porque o parágrafo primeiro do artigo 24, da lei 8666/93 estabelece que o consórcio público goza de dispensa de licitação para contratações de valores que não ultrapassem 20% do valor do convite, diferente da regra geral, em que a dispensa atinge somente contratações cujos valores não ultrapassem 10% do valor máximo para a licitação na modalidade convite. Logo, o consórcio usufrui de dispensa de licitação quanto ao valor, em dobro. Vejamos.

Art. 24. §1°. Os percentuais referidos nos incisos I e II do caput deste artigo serão 20% (vinte por cento) para compras, obras e serviços contratados por consórcios públicos, sociedade de economia mista, empresa pública e por autarquia ou fundação qualificadas, na forma da lei, como Agências Executivas. (Redação dada pela Lei n. 11.107, de 2005)

Ademais, os valores para definição da modalidade licitatória também não seguem a regra geral. Isso porque a lei de licitações define que para licitações realizadas por consórcios públicos formados por até 3 entes federativos, os valores serão duplicados e, em caso de consórcios formados por mais de 3 entes, os valores serão triplicados. Por exemplo, a ADEVISA, formada por 5 entes federativos poderá realizar licitação na modalidade tomada de preços para contratações de obras até R$9.900.000,00, enquanto o valor máximo para contratações desta espécie, na modalidade é de R$3.300.000,00 para os outros entes públicos. CUIDADO, estes valores diferenciados não são considerados para a dispensa tratada no parágrafo anterior.

Por fim, o artigo 24, XXVI dispensa as licitações quando o consórcio público estiver contratando com os entes formadores do consórcio, sejam os entes da administração direta ou suas autarquias, fundações, empresas públicas e sociedades de economia mista. Estas contratações celebradas ente os consórcios públicos e os entes consorciados são designadas pela lei, como **contratos de programa** e são realizadas sem necessidade da realização de procedimento licitatório. Vejamos a dicção do dispositivo legal mencionado.

Art. 24. É dispensável a licitação (...)

XXVI – na celebração de contrato de programa com ente da Federação ou com entidade de sua administração indireta, para a prestação de serviços públicos de forma associada nos termos do autorizado em contrato de consórcio público ou em convênio de cooperação. (Incluído pela Lei n. 11.107, de 2005)

Por fim, cumpre frisar que o texto legal dispõe que, uma vez celebrado o contrato de programa com os entes federativos ou suas entidades da administração indireta, caso o ente federativo se desligue do consórcio público, a referida avença será automaticamente extinta.

Art. 13. § 6º O contrato celebrado na forma prevista no § 5º deste artigo será automaticamente extinto no caso de o contratado não mais integrar a administração indireta do ente da Federação que autorizou a gestão associada de serviços públicos por meio de consórcio público ou de convênio de cooperação.

13

PROCESSO ADMINISTRATIVO (LEI 9.784/99)

13.1. INTRODUÇÃO

Iniciamos a análise dos processos administrativos, ressaltando que não há consenso na doutrina acerca de sua conceituação. Isso porque alguns doutrinadores diferenciam processos de procedimentos administrativos, sendo estes últimos os trâmites e formalidades obedecidos pelos primeiros.

A distinção não tem relevância prática para provas objetivas de concursos, pelo que é deixada de lado na presente obra. Portanto, a expressão processo administrativo aqui utilizada o será de forma ampla, sem distinção com o procedimento.

Neste passo, o processo administrativo é uma sucessão lógica de atos praticados pela administração pública com a intenção de se alcançar um objetivo final, seja a punição de determinado servidor, seja a contratação ou até mesmo a anulação de atos anteriormente praticados. Enfim, toda atuação do ente estatal depende de um prévio processo que a instrua e fundamente.

Cumpre ressaltar que o Brasil adotou o sistema de jurisdição única, também chamado de sistema inglês, no qual o processo administrativo não exaure a discussão de nenhuma matéria com caráter de definitividade.

De fato, o artigo 5º, XXXV da Constituição Federal de 1988 prevê o princípio da inafastabilidade de jurisdição, ao impedir que lesão ou ameaça de lesão seja afastada do poder judiciário. Em virtude de tal dispositivo, mesmo após esgotadas as discussões em sede administrativa, o interessado em determinada decisão ainda pode recorrer ao poder judiciário para sanar ou evitar lesão aos seus interesses.

Dessa forma, o sentido de **coisa julgada administrativa**, no Brasil, é restrito, definindo somente uma situação que não pode mais ser arguida e analisada em sede administrativa, mas sem conferir a esta decisão o caráter de definitividade, haja vista, a possibilidade de recurso à esfera judicial, conforme se detalhará em momento oportuno.

Ademais, interessante relembrar que o processo administrativo não depende de provocação de terceiros para ser iniciado, uma vez que o princípio da autotutela, garantido à administração pública, admite que os processos se iniciem *ex officio*.

13.2. PRINCÍPIOS

Indiscutivelmente, todos os princípios inerentes à atuação administrativa, já estudados nesta obra, se aplicam aos processos administrativos. Todavia, cumpre tratarmos de determinados princípios específicos dos processos da administração pública, que entendemos demandar uma análise mais cuidadosa. Senão vejamos.

13.2.1. Oficialidade (Impulso Oficial)

Ainda que o processo administrativo tenha se iniciado por iniciativa do particular, não depende da manifestação deste para seu impulso, ou seja, a movimentação do processo incumbe ao poder público que deve atuar, independente de provocação do interessado.

Isso decorre do entendimento de que o processo tem finalidade pública, mesmo nas situações em que o particular dá início a sua tramitação. Em decorrência deste princípio, os agentes públicos encarregados pelo processo poderão solicitar pareceres, perícias e laudos, realizar a tomada de depoimentos, efetivar diligência, etc... Em síntese, a administração pública pode atuar, de ofício, na condução de todas as fases do processo.

Inclusive, a Súmula 611 do STJ dispõe que "Desde que devidamente motivada e com amparo em investigação ou sindicância, é permitida a instauração de processo administrativo disciplinar com base em denúncia anônima, em face do poder-dever de autotutela imposto à Administração. (Súmula 611, PRIMEIRA SEÇÃO, julgado em 09/05/2018, DJe 14/05/2018)".

13.2.2. Contraditório e Ampla Defesa

Estes princípios estão expressos, no texto constitucional, em seu artigo 5º, LV. Em síntese, é o direito conferido ao particular de saber o que acontece no processo administrativo de seu interesse, bem como o direito de se manifestar na relação processual, requerendo a produção de provas e provocando sua tramitação.

Importante ressaltar que o texto constitucional determina explicitamente a aplicação destes princípios em sede de processos administrativos. Quando se fala em ampla defesa, a doutrina processual estabelece que é inerente à ampla defesa o direito à defesa prévia, à defesa técnica e o direito ao duplo grau de julgamento.

Conforme já explicitado no capítulo atinente aos princípios de direito administrativo (Capítulo 2), esses aspectos foram importados para o direito administrativo, ou seja, em direito administrativo, a ampla defesa abarca todos os aspectos acima elencados.

No entanto, vale ressalvar a aplicabilidade da Súmula Vinculante n. 5 do Supremo Tribunal Federal que estabelece que *"A falta de defesa técnica por advogado no processo administrativo disciplinar não ofende a Constituição"*. O entendimento mais moderno é que, em 2008, com a edição desta súmula, afasta-se a aplicabilidade da súmula 343 do Superior Tribunal de Justiça que exige a presença de advogado em todas as fases do processo administrativo sob pena de violação ao princípio da ampla defesa.

Também indispensável a menção à Súmula Vinculante 21 que estabelece: *"É inconstitucional a exigência de depósito ou arrolamento prévios de dinheiro ou bens para admissibilidade de recurso administrativo."*. Analisando-se este dispositivo, interpreta-se que tal exigência seria inconstitucional por restringir o direito ao duplo grau.

13.2.3. Instrumentalidade das formas

Tal princípio se aplica à formação dos atos administrativos e estipula que todas as vezes que o texto legal prevê uma determinada forma para a prática de um ato administrativo, tem a intenção de garantir a busca pelo interesse público que é a finalidade do ato. Logo, a forma é somente o instrumento necessário a alcançar o interesse coletivo. Explique-se. O legislador entendeu que, se outra forma fosse utilizada para a edição do ato administrativo, haveria um grande risco de ele não atingir a sua finalidade e, consequentemente, prejudicar o interesse coletivo.

Nesse sentido, a forma é o instrumento para alcance dos objetivos do ato. Por isso, o vício de forma é sanável quando não gerar prejuízo, desde que mantido o interesse público face à aplicação do referido princípio.

A doutrina francesa se refere a este princípio pela expressão *pas de nulité sans grief*, traduzido para "não há nulidade sem prejuízos".

Este princípio é tratado por Maria Syilvia Zanella di Pietro *in* Direito Administrativo, como princípio da economia processual, quando então, ela estipula que *"o processo é instrumento para aplicação da lei, de modo que as exigências a ele pertinentes devem ser adequadas e proporcionais ao fim que se pretende atingir"* Arremata ainda a referida doutrinadora, estabelecendo que *"desse princípio decorre outro, que é o* ***aproveitamento dos atos processuais****, que admite o saneamento do processo quando se tratar de nulidade sanável, cuja inobservância não prejudique a administração ou o administrado."*

13.2.4. Informalismo

O informalismo norteia os atos do processo administrativo praticados pelos particulares visando evitar prejuízos a este, em virtude de formalidades legais. Logo, em regra, os atos praticados pelos particulares em processos administrativos não dependem de forma prescrita em lei.

A forma simples do processo visa impedir prejuízos aos particulares através da exigência de formalismos para a prática dos atos indispensáveis ao andamento do processo.

Ressalte-se, no entanto, que devem ser garantidas as formalidades essenciais à garantia da segurança do particular e, por este motivo, o processo tem forma escrita, com páginas rubricadas e sequencialmente numeradas. Neste sentido, parte da doutrina trata da forma do processo administrativo pelo princípio do "**formalismo necessário**" ao estabelecer que, em matéria processual, são obrigatórias as formalidades indispensáveis à segurança jurídica do cidadão.

13.2.5. Verdade Real

O processo administrativo busca a verdade material em contraponto aos processos judiciais que apontam na busca da verdade formal, ou seja, verdade apresentada nos autos. Os processos judiciais não admitem provas extemporâneas e seguem um formalismo rígido. Os processos administrativos, por sua vez, admitem todos os tipos lícitos de provas, apresentados em qualquer fase do processo, ainda que após o encerramento da instrução. Isso tudo, em respeito à busca pelo conhecimento do fato efetivamente ocorrido.

Inclusive, em virtude desta busca pela verdade real, é admissível, em sede de recursos administrativos, a chamada *reformatio in pejus*, ou seja, a decisão de um recurso pode gerar agravamento da situação do recorrente.

13.2.6. Gratuidade

Diferente da maioria dos processos judiciais, os processos administrativos são gratuitos, não havendo cobrança de custas ou ônus sucumbenciais aos particulares envolvidos. A atuação administrativa, visa, antes de tudo o interesse coletivo e, portanto, deve ser exercida sem ônus para outras partes interessadas.

13.3. PROCESSO ADMINISTRATIVO FEDERAL

A lei 9784/99 estabelece todas as normas atinentes aos processos administrativos no âmbito da União e será analisada, neste capítulo, em virtude de sua cobrança rotineira em provas de concursos. Saliente-se que as normas estabelecidas neste dispositivo legal não serão aplicadas aos processos administrativos em estados e municípios que editarão leis próprias para regulamentação da matéria em suas administrações.

Ademais, muitos pontos tratados na referida lei já foram devidamente analisados quando do estudo dos atos administrativos. Isso porque, não obstante a lei se proponha a tratar acerca dos processos administrativos federais, traçam importantes normas acerca dos elementos e princípios atinentes à atuação administrativa. Dessa forma, os pontos já exauridos, no capítulo de atos administrativo, serão aqui mencionados, mas não repetidos.

13.3.1. Aplicação subsidiária

Em primeira análise, cumpre explicitar que a lei 9784/99 se propõe a evitar lacunas na legislação processual administrativa, sem substituir leis específicas. Por isso, determina expressamente sua subsidiariedade.

Assim, somente será possível a aplicação deste dispositivo legal, se não houver nenhuma outra legislação específica a tratar a matéria. Explique-se.

Toda vez que houver uma legislação específica tratando de determinado processo administrativo, a lei 9784/99 será aplicada somente de forma subsidiária a este regramento. A aplicabilidade integral da lei ocorrerá nas situações em que não haja lei específica a regular o processo administrativo em curso. Por exemplo, no caso de processos administrativos disciplinares para aplicação de penalidades a servidores públicos, é imposta a aplicação da lei 8112/90 que é lei específica a regular tais procedimentos. Neste caso, a lei 9784/99 será utilizada subsidiariamente, para sanar as eventuais omissões da lei específica.

Ademais, a lei 9784/99 poderá ser utilizada em estados e municípios que não tenham legislação sobre a matéria. Nesse sentido, a Súmula 633 do STJ dispõe que "A Lei 9.784/1999, especialmente no que diz respeito ao prazo decadencial para a revisão de atos administrativos no âmbito da Administração Pública federal, pode ser aplicada, de forma subsidiária, aos estados e municípios, se inexistente norma local e específica que regule a matéria."

13.3.2. Princípios

Em observância aos princípios gerais aplicados aos processos administrativos, explicitados em tópico anterior, a lei estipula, em seu artigo 2 que:

Art. 2º A Administração Pública obedecerá, dentre outros, aos princípios da legalidade, finalidade, motivação, razoabilidade, proporcionalidade, moralidade, ampla defesa, contraditório, segurança jurídica, interesse público e eficiência.

Parágrafo único. Nos processos administrativos serão observados, entre outros, os critérios de:

I - atuação conforme a lei e o Direito;

II - atendimento a fins de interesse geral, vedada a renúncia total ou parcial de poderes ou competências, salvo autorização em lei;

III - objetividade no atendimento do interesse público, vedada a promoção pessoal de agentes ou autoridades;

IV - atuação segundo padrões éticos de probidade, decoro e boa-fé;

V - divulgação oficial dos atos administrativos, ressalvadas as hipóteses de sigilo previstas na Constituição;

VI - adequação entre meios e fins, vedada a imposição de obrigações, restrições e sanções em medida superior àquelas estritamente necessárias ao atendimento do interesse público;

VII - indicação dos pressupostos de fato e de direito que determinarem a decisão;

VIII – observância das formalidades essenciais à garantia dos direitos dos administrados;

IX - adoção de formas simples, suficientes para propiciar adequado grau de certeza, segurança e respeito aos direitos dos administrados;

X - garantia dos direitos à comunicação, à apresentação de alegações finais, à produção de provas e à interposição de recursos, nos processos de que possam resultar sanções e nas situações de litígio;

XI - proibição de cobrança de despesas processuais, ressalvadas as previstas em lei;

XII - impulsão, de ofício, do processo administrativo, sem prejuízo da atuação dos interessados;

XIII - interpretação da norma administrativa da forma que melhor garanta o atendimento do fim público a que se dirige, vedada aplicação retroativa de nova interpretação.

Note que o caput do artigo estabelece os princípios regentes dos processos administrativos e da atuação administrativa como um todo e que os incisos previstos no parágrafo único do dispositivo definem a atuação do Estado no curso do procedimento.

13.4. DIREITOS E DEVERES DOS PARTICULARES

O artigo 3º e seguintes da lei estabelecem os direitos e deveres dos administrados no bolo de um processo administrativo. Vale fazer algumas observações no que tange a estes direitos.

Primeiramente, pode-se notar pelo texto legal (inciso IV) que a defesa por advogado é facultativa e garantida, se houver interesse do particular. Desta forma, o entendimento estampado na Súmula Vinculante n. 5 do STF já encontrava a respectiva disposição legal, para os processos no âmbito da administração pública federal.

Os incisos II e III tratam do contraditório e ampla defesa ao garantir ciência ao particular dos atos do processo, bem como o direito de formular perguntas e produzir provas.

Por fim, o inciso I estampa o princípio da urbanidade, como garantia do cidadão interessado no procedimento.

Por sua vez, o rol exemplificativo de deveres do particular estabelece o dever de expor os fatos conforme a verdade; proceder com lealdade, urbanidade e boa-fé; não agir de modo temerário e prestar as informações que lhe forem solicitadas e colaborar para o esclarecimento dos fatos.

13.5. INÍCIO DO PROCESSO

O processo administrativo pode-se iniciar por provocação do interessado ou de ofício, por interesse da administração pública.

O interessado pode ser qualquer pessoa física ou jurídica que atue em nome próprio ou que possa ser afetada pela decisão administrativa, admitindo-se também a legitimação de entidades representantes de determinadas classes ou de toda a coletividade para defesa de interesses coletivos e difusos.

O poder conferido ao particular de dar início ao processo administrativo decorre do direito de petição, conferido ao cidadão pelo texto constitucional, como garantia fundamental, conforme disposição do artigo 5º, XXXIV da CF, senão vejamos:

"XXXIV - são a todos assegurados, independentemente do pagamento de taxas:

A) o direito de petição aos Poderes Públicos em defesa de direitos ou contra ilegalidade ou abuso de poder (...).

Em obediência a este princípio, o parágrafo único do artigo 6º da lei 9784/99 regulamenta que "É vedada à Administração a recusa imotivada de recebimento de documentos, devendo o servidor orientar o interessado quanto ao suprimento de eventuais falhas."

Ressalte-se que, em situações excepcionais, esta provocação pode ser feita verbalmente, no entanto, a regra é a obediência a formalidades legais, previstas no próprio artigo 6º da lei, para seja regular a instauração dos procedimentos administrativos. Também se admite que mais de um interessado formule pedidos idênticos, em um único documento formal, salvo disposição em contrário em leis específicas.

13.5.1. Da competência e das situações de suspeição e impedimento

A competência para prática dos atos administrativos deve ser definida em lei ou em ato administrativo geral, sendo tratada pela lei e doutrina como irrenunciável, imprescritível e insuscetível de prorrogação.

A imprescritibilidade da competência fica demonstrada pelo fato de não se extinguir com a inércia; é de exercício obrigatório para os órgãos e agentes públicos, não pode ser modificada pela vontade do agente. É ainda improrrogável e irrenunciável, por estar baseada no Princípio da Indisponibilidade do interesse público.

Não obstante a impossibilidade de renúncia pela autoridade competente, é admitida por lei a delegação e avocação da competência, desde que de **forma temporária e excepcional,** devendo ser justificadas.

Delegação – A delegação é a extensão da competência efetivada de um agente competente para um outro de mesma hierarquia ou de hierarquia inferior. Importante saber que, em um ato de delegação, deve-se definir o tempo e a matéria a ser transferida de forma expressa e restrita. Quando um ato de delegação é genérico, ele é considerado nulo. **A delegação é ato discricionário, pode ser revogada a qualquer tempo e não implica renúncia de competência.** Isso porque, salvo disposição em contrário, o agente delegante não transfere a competência, mas apenas a amplia, se mantendo competente após a delegação, juntamente com o agente delegado.

O artigo 14 §3° da lei estipula que *"As decisões adotadas por delegação devem mencionar explicitamente esta qualidade e considerar-se-ão editadas pelo delegado."* Neste sentido também a Súmula n. 510 do STF ao definir o delegante como autoridade coatora em casos de impetração de mandados de segurança em face do ato praticado por delegação.

A lei expressamente proíbe a delegação nas situações descritas em seu artigo 13, a seguir transcrito, *in litteris:*

Art. 13. Não podem ser objeto de delegação:

I - a edição de atos de caráter normativo;

II - a decisão de recursos administrativos;

III - as matérias de competência exclusiva do órgão ou autoridade.

Avocação – também prevista no texto legal, é a possibilidade conferida ao agente público de, em situações excepcionais, devidamente justificadas, tomar para si, temporariamente, a competência de agente subordinado. Saliente-se que o poder de avocação se sujeita às mesmas vedações da delegação.

No que tange à suspeição e ao impedimento, a lei estabelece que aqueles agentes que tenham interesse na causa, por qualquer motivo estão impedidos de atuar no feito, ainda que tenham competência legalmente atribuída. A Suspeição, por sua vez, diz respeito à possibilidade de haver favorecimento ou desfavorecimento deliberado de particulares por amizades ou inimizades com o agente público.

Em ambas as situações, há uma clara intenção da lei em garantir a isonomia e impessoalidade da atuação do ente estatal. Vejamos:

"Art. 18. É impedido de atuar em processo administrativo o servidor ou autoridade que:

I - tenha interesse direto ou indireto na matéria;

II - tenha participado ou venha a participar como perito, testemunha ou representante, ou se tais situações ocorrem quanto ao cônjuge, companheiro ou parente e afins até o terceiro grau;

III - esteja litigando judicial ou administrativamente com o interessado ou respectivo cônjuge ou companheiro.

Art. 20. Pode ser arguida a suspeição de autoridade ou servidor que tenha amizade íntima ou inimizade notória com algum dos interessados ou com os respectivos cônjuges, companheiros, parentes e afins até o terceiro grau."

13.5.2. Forma, tempo e lugar dos atos processuais

Inicialmente, a lei, em observância ao princípio do informalismo, define que os atos do processo administrativo não dependem de forma determinada, salvo disposição legal em contrário. Tal entendimento é reiterado ao definir que o reconhecimento de firma somente será exigido quando houver dúvida razoável de autenticidade, quando a autenticação pode ser feita pelo próprio órgão responsável pelo processo.

Ademais, para garantia dos cidadãos todas as páginas dos processos serão numeradas sequencialmente e rubricadas.

No que tange ao tempo e ao lugar de prática dos atos do processo administrativo, estabelece a lei 9784/99 que, a princípio, tais atos serão realizados em dias úteis, no horário normal de funcionamento da repartição na qual tramita o feito e, preferencialmente, na sede do órgão, não obstante possam ser realizados em outro local, mediante prévio aviso ao particular interessado e possam ser concluídos depois do horário normal os atos já iniciados, cujo adiamento cause prejuízo à administração pública ou ao particular.

Por fim, estipula o artigo 24, do diploma legal mencionado, que o prazo genérico para a prática, pela administração ou pelo particular, de atos processuais, salvo disposição expressa em contrário, é de 5 (cinco) dias, ressalvadas razões de força maior. Mediante comprovada necessidade, é possível a prorrogação deste prazo por igual período.

13.5.3. Comunicação dos atos processuais

Como garantia dos princípios do contraditório e da ampla defesa, o interessado deve ser informado de todos os atos que sejam praticados no processo e intimado para realização de qualquer providência a ser adotada. Neste sentido, Marcelo Alexandrino e Vicente Paulo *in* Direito Administrativo Descomplicado estipulam que *"intimar é, simplesmente, dar ciência ao interessado de algum ato praticado no processo, ou de alguma providência que deva ser adotada, dependa, ou não, do comparecimento do interessado à repartição"*.

Nos moldes do artigo 26 da lei 9784/99, a intimação, para garantia dos interesses do cidadão deverá conter necessariamente alguns requisitos.

REQUISITOS DA INTIMAÇÃO: 1 – identificação do interessado e nome do órgão ou entidade administrativa; 2 – finalidade da intimação; 3 – data, hora e local em que deve comparecer; 4 – se o intimado deve comparecer pessoalmente ou se pode fazer-se representar; 5 – informação da continuidade do processo independentemente de seu comparecimento; 6 – indicação dos fatos e fundamentos legais pertinentes.

A intimação, que deve observar a antecedência mínima de 3 (três) dias úteis para o comparecimento, poderá ser efetivada mediante ciência no procedimento administrativo, por telegrama, por via postal com aviso de recebimento ou por qualquer outro meio que assegure a certeza da ciência do particular. É possível que a intimação seja feita por edital (publicação oficial) se os interessados forem indeterminados, desconhecidos ou com domicílio indefinido.

Interessante ressaltar que a nulidade da intimação, por desatendimento aos preceitos legais, será sanada com o comparecimento do interessado para prática do ato. Novamente, corolário do princípio da instrumentalidade das formas, ou seja, a forma dos atos administrativos somente é relevante enquanto necessárias ao atingimento de sua finalidade. Logo, se a finalidade do ato foi alcançada, o vício de forma estará sanado.

Importante: O desatendimento da intimação não importa o reconhecimento da verdade dos fatos, nem a renúncia a direito pelo administrado. Isso significa que, no processo administrativo, a revelia não produz os efeitos que costuma produzir nos processos judiciais. Tal dispositivo é decorrência do princípio da verdade real, ou seja, a administração vai buscar a verdade dos fatos, não se satisfazendo com presunções legais.

O artigo 28 da lei, ainda estabelece que devem, necessariamente, ser objeto de intimação todos os atos do processo que resultem para o particular interessado em imposição de deveres, ônus, sanções ou restrição ao exercício de direitos e atividades e os atos de outra natureza, desde que sejam de seu interesse.

13.5.4. Da instrução e da decisão nos processos administrativos

A fase instrutória é a fase de dilação probatória nos procedimentos administrativos, em busca da verdade dos fatos, com vistas a obter uma decisão justa e devidamente fundamentada. Em decorrência do princípio da oficialidade, a produção de provas em processo administrativo pode ser feita pelo interessado ou pela própria administração pública, de ofício, independentemente de provocação do particular.

Com efeito, o poder público pode, por iniciativa própria, determinar a realização das diligências necessárias, bem como produzir todas as provas necessárias ao deslinde do feito, tais como testemunhal, documental, pericial, depoimento do acusado. Em processos administrativos, somente não se admitem as provas obtidas por meios ilícitos, conforme explicitado na lei e no próprio texto constitucional.

Não obstante a possibilidade de produção de provas, sem provocação, o ônus da prova é distribuído entre as partes no processo, cabendo ao interessado provar todos os fatos por ele alegados, exceto em situações em que tais fatos se encontrem em poder da administração pública, que deverá garantir, de ofício a apresentação dos documentos ou das respectivas cópias, mediante declaração e requerimento do particular.

Ademais, é possível a realização de consulta pública, quando a matéria do processo for de interesse geral, mediante publicações nos órgãos oficiais e também a realização de audiência pública se houver relevância na questão discutida, senão vejamos:

Art. 32. Antes da tomada de decisão, a juízo da autoridade, diante da relevância da questão, poderá ser realizada audiência pública para debates sobre a matéria do processo.

Art. 33. Os órgãos e entidades administrativas, em matéria relevante, poderão estabelecer outros meios de participação de administrados, diretamente ou por meio de organizações e associações legalmente reconhecidas.

Art. 34. Os resultados da consulta e audiência pública e de outros meios de participação de administrados deverão ser apresentados com a indicação do procedimento adotado.

É facultado ao interessado, na fase instrutória e antes de proferida a decisão do processo, juntar documentos e pareceres, requerer diligências e perícias, bem como aduzir alegações referentes à matéria objeto do processo. Frise-se que o texto legal determina que poderão ser recusadas, mediante decisão fundamentada, as provas propostas pelos interessados, somente, quando sejam ilícitas, impertinentes, desnecessárias ou protelatórias, sob pena de violação à garantia da ampla defesa, princípio basilar do nosso sistema processual bem como uma demonstração clara de busca da verdade material pelos procedimentos na esfera administrativa.

Em determinadas situações, pode ser necessária a prestação de informações ou a apresentação de provas, não somente pelos interessados, mas também por terceiros. Nestes casos, serão expedidas intimações para esse fim, mencionando-se data, prazo, forma e condições de atendimento. A lei 9784/99, em seu artigo 39, parágrafo único, estabelece que "*Não sendo atendida a intimação, poderá o órgão competente, se entender relevante a matéria, suprir de ofício a omissão, não se eximindo de proferir a decisão.*"

Nos casos em que o interessado não apresentar documentos solicitados pelo ente estatal e estes forem necessários à apreciação de pedido formulado, o não atendimento, no prazo fixado pela Administração, para a respectiva apresentação implicará arquivamento do processo, mediante decisão fundamentada com notificação dos interessados. Ressalte-se que o texto legal determina que as intimações para apresentação de documentos ou realização de atividades devem ser expedidas e encaminhadas com antecedência mínima de 3 (três) dias úteis, mencionando-se data, hora e local de realização.

Em algumas situações, será necessária por força de lei, ou ato normativo a obtenção prévia de laudos técnicos de órgãos administrativos para as decisões administrativas. Nestes casos, intimado o órgão, se este não cumprir o encargo, no prazo assinalado, o órgão responsável pela instrução deverá solicitar laudo técnico de outro órgão dotado de qualificação e capacidade técnica equivalentes, a fim de dar andamento ao feito.

Também, por exigência normativa, pode ser exigida a emissão de pareceres de órgãos consultivos. Neste caso, o artigo 42 da lei 9784/99 determina que o **prazo para emissão do parecer será de 15 (quinze) dias**, salvo norma específica ou necessidade devidamente justificada e comprovada de maior prazo.

Não sendo emitido o parecer, dentro do prazo legal, duas situações podem ocorrer, dependendo da natureza do ato consultivo:

Se o parecer for obrigatório e vinculante, será paralisado o processo até a apresentação do parecer, sem prejuízo da responsabilização civil, penal e administrativa do agente público que deu causa ao atraso.

Se o parecer for obrigatório e não vinculante, o processo poderá prosseguir sem a emissão do parecer, inclusive com a decisão final, sem prejuízo da responsabilização penal, civil e administrativa do agente que deu causa à não emissão do parecer devido, no prazo fixado por lei.

Encerrada a fase instrutória com a produção de todas as provas necessárias, os interessados terão o prazo máximo de 10 (dez) dias, para manifestações, salvo se outro prazo for fixado por disposição legal específica.

Ressalte-se que, na busca pelo interesse público, o art. 45 da multimencionada lei 9784/99 prevê que, "*Em caso de risco iminente, a Administração Pública poderá motivadamente adotar providências acauteladoras sem a prévia manifestação do interessado.*" Nestes casos, o contraditório será exercido de forma diferida.

O artigo 46 estipula norma garantidora do princípio da publicidade e do direito constitucional à informação, estabelecendo que "Os interessados têm direito à vista do processo e a obter certidões ou cópias reprográficas dos dados e documentos que o integram, ressalvados os dados e documentos de terceiros protegidos por sigilo ou pelo direito à privacidade, à honra e à imagem.".

Por fim, concluída a instrução, o poder público terá o prazo de 30 (trinta) dias, prorrogáveis, desde que justificadamente, por igual período, para proferir a decisão final no processo, que, nos moldes da lei, deve ser explícita. O texto legal determina ainda que, caso o órgão de instrução não seja competente para emitir a decisão final, elaborará relatório indicando o pedido inicial, o conteúdo das fases do procedimento e formulará proposta de decisão, objetivamente justificada, encaminhando o processo à autoridade competente.

13.6. DA MOTIVAÇÃO

Conforme já explicitado, para a doutrina majoritária de direito administrativo, a motivação é um princípio que rege toda a atuação da administração pública. Neste ínterim, a lei 9784/99 determina o dever de motivar os atos administrativos todas as vezes que neguem, limitem ou afetem direitos ou interesses; imponham ou agravem deveres, encargos ou sanções; decidam processos administrativos de concurso ou seleção pública; dispensem ou declarem a inexigibilidade de processo licitatório; decidam recursos administrativos; decorram de reexame de ofício; deixem de aplicar jurisprudência firmada sobre a questão ou discrepem de pareceres, laudos, propostas e relatórios oficiais ou importem anulação, revogação, suspensão ou convalidação de ato administrativo.

De fato, ainda que não se entenda a motivação como princípio implícito no texto constitucional, ela se torna obrigatória, na atuação administrativa, em âmbito federal, em todas as situações descritas em lei.

- Da motivação aliunde.

Estabelece o artigo 50, §1° da lei 9784/99 que "*A motivação deve ser explícita, clara e congruente, podendo consistir em declaração de concordância com fundamentos de anteriores pareceres, informações, decisões ou propostas, que, neste caso, serão parte integrante do ato.*"

Tal situação configura o que a doutrina administrativa resolveu denominar **motivação aliunde** dos atos administrativos e ocorre todas as vezes que a motivação de um determinado ato remete à motivação de ato anterior que embasa sua edição.

Nestas situações, se, por exemplo, um parecer opina pela possibilidade de prática de ato de demissão de servidor, ao demitir o servidor, a autoridade não precisa repetir os fundamentos explicitados pelo parecer, bastando, na fundamentação do ato de demissão, declarar a concordância com os argumentos expedidos no ato opinativo.

Por fim, a lei estipula que a motivação de atos orais deverá ser reduzida a termo e constar em ata, para garantir seu formalismo mínimo.

13.7. DA EXTINÇÃO DO PROCESSO

Cumpre relembrar, a princípio, que o processo administrativo visa garantir, antes de tudo, o interesse coletivo, além das garantias do particular interessado.

Dessa forma, a lei 9784/99 expressamente regulamenta que o órgão da administração pública competente poderá declarar extinto o processo quando exaurida sua finalidade ou o objeto da decisão se tornar impossível, inútil ou prejudicado por fato superveniente. Nestas situações, não há necessidade de provocação do particular interessado, podendo a extinção ocorrer de ofício.

A extinção se faz por ato administrativo, devidamente fundamentado, e desde que comprovados os requisitos estampados na lei de inutilidade ou impossibilidade da decisão, ou até mesmo prejudicialidade por fatos posteriores.

Por fim, cumpre salientar que a manifestação de desistência do processo pelo interessado não gera, necessariamente, extinção do feito, podendo a administração pública dar continuidade ao processo, se exigido pelo interesse público. Vejamos.

Art. 51. O interessado poderá, mediante manifestação escrita, desistir total ou parcialmente do pedido formulado ou, ainda, renunciar a direitos disponíveis.

§ 1º Havendo vários interessados, a desistência ou renúncia atinge somente quem a tenha formulado.

§ 2º A desistência ou renúncia do interessado, conforme o caso, não prejudica o prosseguimento do processo, se a Administração considerar que o interesse público assim o exige.

13.8. ANULAÇÃO, REVOGAÇÃO E CONVALIDAÇÃO

A lei 9784/99, em seus artigos 53 a 55, regulamenta as hipóteses de retirada dos atos administrativas por motivo de ilegalidade (anulação) e por motivo de interesse público (revogação).

Prevê, ainda, a possibilidade de conserto dos vícios sanáveis, pela própria administração pública, gerando a convalidação dos atos anuláveis.

No que tange à matéria, remetemos o leitor ao Capítulo de Atos Administrativos, onde a matéria é tratada em sua inteireza. Para leitura útil às provas objetivas, transcreve os dispositivos legais supramencionados, *in litteris:*

Art. 53. A Administração deve anular seus próprios atos, quando eivados de vício de legalidade, e pode revogá-los por motivo de conveniência ou oportunidade, respeitados os direitos adquiridos.

Art. 54. O direito da Administração de anular os atos administrativos de que decorram efeitos favoráveis para os destinatários decai em cinco anos, contados da data em que foram praticados, salvo comprovada má-fé.

§ 1º No caso de efeitos patrimoniais contínuos, o prazo de decadência contar-se-á da percepção do primeiro pagamento.

§ 2º Considera-se exercício do direito de anular qualquer medida de autoridade administrativa que importe impugnação à validade do ato.

Art. 55. Em decisão na qual se evidencie não acarretarem lesão ao interesse/ público nem prejuízo a terceiros, os atos que apresentarem defeitos sanáveis poderão ser convalidados pela própria Administração.

13.9. DOS RECURSOS ADMINISTRATIVOS

Antes de adentrarmos a análise dos dispositivos legais atinentes à matéria, cumpre ressaltar que o Supremo Tribunal Federal, acompanhando a tendência doutrinária, entende ser inerente à garantia da ampla defesa (art. 5º, LV da CF/88), o direito ao duplo grau de julgamento na esfera administrativa. Tal entendimento é o que se impõe pela leitura da Súmula Vinculante n. 21 da Suprema Corte, que considera inconstitucional qualquer lei que exija depósito prévio ou caução para interposição de recursos administrativos.

Portanto, a garantia recursal, em processos administrativos, não pode ser submetida à exigência – ainda que regulamentada por lei – de depósito prévio ou de caução.

O artigo 56 da lei 9784/99 já garante, no âmbito federal, o direito à interposição de recursos administrativos, seja para combater uma decisão por motivo de ilegalidade, seja por motivo de mérito.

O prazo para interposição de recursos administrativos, salvo lei específica dispondo em contrário, é de 10 (dez) dias. Interessante é que, nos moldes da lei, tal recurso será encaminhado, como pedido de reconsideração, à autoridade que proferiu a decisão impugnada e, somente será encaminhado à autoridade superior, se, dentro do prazo de 5 dias, não houver reconsideração, por parte da autoridade julgadora.

Recebido o recurso, a outra parte interessada será intimada para apresentação de razões, em um prazo de 5 (cinco) dias. A autoridade julgadora do recurso deverá julgá-lo no prazo de 30 (trinta) dias, prorrogáveis por igual período, mediante ato devidamente justificado. Importante realçar que, o prazo de julgamento de recurso pela autoridade administrativa é impróprio, ou seja, o seu desrespeito não gera nulidade do processo, configurando mera irregularidade.

Salvo disposição legal em contrário, os recursos administrativos não têm efeito suspensivo, ou seja, conservam intacta a eficácia da decisão farpeada. Não obstante a ausência de efeito suspensivo automático, a autoridade recorrida ou a superior poderá, havendo justo receio de prejuízo de difícil ou incerta reparação decorrente da execução, de ofício ou a pedido, dar efeito suspensivo ao recurso.

O limite de tramitação de um processo na esfera administrativa, nos moldes da lei é de 3 (três) instâncias. Entende-se que é possível, desta forma, o julgamento inicial e mais 2 (dois) recursos, evidentemente, se houver estrutura hierárquica para tanto. Após a tramitação do processo administrativo por, no máximo, 3 (três) instâncias, ocorre o que a doutrina denomina **coisa julgada administrativa**.

A análise deste instituto merece cuidados. Isso porque é cediço que, no direito brasileiro, nenhuma lesão ou ameaça de lesão pode ser afastada pelo poder judiciário e que, em decorrência da adoção do sistema de jurisdição única, somente as decisões judiciais formam coisa julgada, se tornando imutáveis.

A expressão **coisa julgada administrativa** designa tão somente situação na qual a situação não poderá ser objeto de discussão na esfera administrativa. Repita-se, trata-se de situação na qual há imutabilidade da decisão em esfera administrativa, tão somente. Sempre haverá a possibilidade de se recorrer às vias judiciais para solução de controvérsias.

A lei 11417/2006, alterando a lei 9784/99 definiu que se o recorrente alegar que a decisão administrativa contraria enunciado da súmula vinculante, caberá à autoridade prolatora da decisão impugnada, se não a reconsiderar, explicitar, antes de encaminhar o recurso à autoridade superior, as razões da aplicabilidade ou inaplicabilidade da súmula, conforme o caso. A mesma regra se aplica à autoridade julgadora do recurso.

Ressalte-se que, caso o Supremo Tribunal Federal acolha, em sede de Reclamação Constitucional, a alegação de violação à sumula, tal decisão vincula a autoridade administrativa que julgará casos semelhantes em favor dos recorrentes, sob pena de responsabilidade pessoal. Estas são as normas insculpidas no art. 64-A da lei 9784/99.

- Não recebimento do recurso e seus efeitos.

A lei define situações nas quais, a administração pública não admitirá o recurso administrativo. Não será conhecido o recurso sempre que for interposto fora do prazo; após exaurida a esfera administrativa ou por quem não seja legitimado. A lei prevê ainda o não recebimento de recursos interpostos perante órgão incompetente. Nestes casos, entretanto, será indicada ao recorrente a autoridade competente, sendo-lhe devolvido o prazo para recurso.

Em virtude do princípio da autotutela, estampado na Súmula 473 do Supremo Tribunal Federal, o não conhecimento do recurso não impede a Administração de rever, de ofício, o ato ilegal, desde que não ocorrida preclusão administrativa. Poderá ainda o órgão competente para decidir o recurso confirmar, modificar, anular ou revogar, total ou parcialmente, a decisão recorrida, se a matéria for de sua competência.

- Da *reformatio in pejus*

Em sede de processo jurisdicional, vigora o princípio que impede o agravamento da situação do recorrente em sede de recurso, ou seja, interposto o recurso, a sua decisão não pode reformar a decisão impugnada para pior. A doutrina processualista designa este princípio de "proibição da *reformatio in pejus*".

Na seara administrativa, não há vedação da *reformatio in pejus* e uma decisão de recurso administrativo poderá piorar a situação do recorrente, em respeito ao princípio da verdade material e da legalidade estrita da atuação administrativa. Nestes casos, se, do julgamento do recurso, puder decorrer gravame à situação do recorrente, este deverá ser cientificado para que formule suas alegações antes da decisão. Este é o entendimento da lei 9784/99, acerca do qual já se manifestou José dos Santos Carvalho Filho *in* Manual de Direito Administrativo, no sentido de que *"a lei admitiu a reformatio in pejus, atenuando-a, porém, com a possibilidade de manifestação prévia do recorrente"*.

- Da revisão

Por fim, a lei prevê ainda a possibilidade de revisão dos processos administrativos punitivos. Não se trata de recurso, mas sim de novo processo no qual a administração proferirá outra decisão sobre a mesma matéria.

Não há prazo para pedido de revisão que depende, entretanto, da alegação de fatos novos a serem analisados pela autoridade julgadora que justifiquem o entendimento de inadequação da penalidade aplicada.

O julgamento da revisão não pode resultar agravamento da penalidade inicialmente aplicada, ou seja, nestes casos, é vedada a *reformatio in pejus*.

13.10. DA CONTAGEM DE PRAZOS NOS PROCESSOS ADMINISTRATIVOS

A lei 9784/99 se preocupa, ainda, em definir a forma de contagem dos prazos nos procedimentos sujeitos às suas normas. Assim, os prazos começam a correr a partir da data da cientificação oficial, excluindo-se da contagem o dia do seu início e incluindo-se o do vencimento. No mesmo sentido, considera-se prorrogado o prazo até o primeiro dia útil seguinte se o vencimento cair em dia em que não houver expediente ou este for encerrado antes da hora normal.

É importante lembrar que alguns procedimentos regulamentados por leis específicas preveem prazos de recursos contados em dias úteis. Se a lei for expressa neste sentido, como por exemplo, alguns prazos de recursos da lei 8666/93, não se aplicam as regras mencionadas alhures.

Salvo situações de força maior, devidamente comprovada, os prazos processuais não se suspendem ou interrompem.

Parte II

DIREITO CONSTITUCIONAL

FLAVIA BAHIA

1

CONCEITO, OBJETIVO, OBJETO E NEOCONSTITUCIONALISMO

O Direito Constitucional é um dos ramos do Direito Público que se diferencia dos demais pela natureza do seu objeto e pelos princípios peculiares que o informam.

Destaca-se como eixo fundamental do ordenamento jurídico, pois se relaciona diretamente com a organização e funcionamento do Estado, com a articulação de seus elementos básicos e com o estabelecimento das bases da estrutura política. Nas lições de José Afonso da Silva, o Direito Constitucional pode ser definido como "o ramo de direito público que expõe, interpreta e sistematiza os princípios e normas fundamentais do Estado". Tem, portanto, como objetivo maior estabelecer a estrutura do Estado, a organização de seus órgãos, o modo de aquisição e exercício do poder, os limites da sua atuação, assim como assegurar direitos e garantias fundamentais, fixar o regime político e disciplinar os fins socioeconômicos de um país.

O objeto principal do Direito Constitucional é o estudo sistematizado das Constituições, as quais revelam a maneira mais peculiar de ser dos Estados.

Com o processo de constitucionalização do ordenamento jurídico o debate hodierno do Direito proclama uma universalidade maior para a compreensão do fenômeno jurídico, mais preocupado com a moral e com a ética do que tão somente com a letra da lei. E o aparecimento desse verdadeiro Estado Constitucional de Direito fez nascer, no início do século XXI, um dos pensamentos contemporâneos que ganha força diária como proposta de teoria de direito inovadora, o neoconstitucionalismo.

O neoconstitucionalismo, expressão cunhada por Susanna Pozzolo em 1997, designa um novo modelo específico de estruturas organizacional político-jurídica e constitucional. Em seus ensinamentos, Pozzolo advoga pela existência de uma conexão contingente e valorativa entre o direito e a moral, que leva a uma necessária busca pelo sentido concreto das normas e que permite a adoção de uma concepção dos princípios e dos direitos fundamentais.

Luís Roberto Barroso ao abordar os marcos fundamentais para se chegar ao neoconstitucionalismo, o define como:

"[...] Em suma: o neoconstitucionalismo ou novo direito constitucional, na acepção aqui desenvolvida, identifica um conjunto amplo de transformações ocorridas no Estado e no direito constitucional, em meio às quais podem ser assinalados, (i) como marco histórico, a formação do Estado constitucional de direito, cuja consolidação se deu ao longo das décadas finais do século XX; (ii) como marco filosófico, o pós-positivismo, com a centralidade dos direitos fundamentais e a reaproximação entre Direito e ética; e (iii) como marco teórico, o conjunto de mudanças que incluem a força normativa da Constituição, a expansão da jurisdição constitucional e o desenvolvimento de uma nova dogmática de interpretação constitucional."

A partir de suas pretensões, o neoconstitucionalismo permeia todo o ordenamento jurídico por meio de seus princípios e de suas regras com a utilização de instrumentos como a jurisdição constitucional e a autoaplicabilidade da Constituição. Podemos dizer, em resumo, que a teoria representa a defesa da efetiva supremacia da Constituição, com ênfase na concretização das suas normas.

2

TEORIA DO PODER CONSTITUINTE

2.1. HISTÓRICO

No século XVIII, a França era cenário de uma sociedade completamente estratificada, dividida em três Estados. O 1º (primeiro) e o 2º (segundo) Estados, juntos, formavam o clero e a nobreza e representavam 2% (dois por cento) da população francesa. O 3º (terceiro) Estado era formado pela burguesia alta, média, baixa, proletariado e desempregados e totalizava os restantes 98% (noventa e oito por cento) da população francesa.

Nesse país, marcado pelo autoritarismo e completo desrespeito aos direitos fundamentais da população, o clero e a nobreza comandavam as decisões políticas fundamentais em nome de todo o povo francês e o 3º (terceiro) Estado ficava à margem de toda possibilidade de manifestação política importante para o país.

Nos idos de 1788, o Abade Emmanuel Joseph de Sieyés distribuiu um panfleto, na França, intitulado *Qu'est-ce que le Tiers État?*, ou seja, "O que é o Terceiro Estado?", que expressava as reivindicações da burguesia contra os privilégios e o absolutismo, incentivando o nascimento de um sentimento político na população discriminada no sentido de lutar pela sua posição na tomada das decisões políticas fundamentais da França. Esse documento, conforme a doutrina, foi lançado pouco tempo antes da Revolução Francesa de 1789.[1]

Nesse manifesto estava presente a necessidade de restauração da legitimidade da tomada das decisões políticas na França, com a substituição do Estado absolutista e

1 BULOS, Uadi Lammêgo. *Constituição Federal Anotada*. 8. ed., rev. e atual. até a Emenda Constitucional nº 56/2007. São Paulo: Saraiva, 2008, p. 45-46.

dominador, para um Estado fundado pela vontade da Nação.[2] Daí nasceu a consagração de que a Constituição (a lei fundamental do Estado) deve nascer da vontade de todos, inspirando a convocação da Assembleia Nacional Constituinte para elaboração da Declaração de Direitos francesa de 1791.[3]

Pode-se concluir que a teoria de Sieyés foi importante para coroar o processo de resgate da legitimidade política e a despersonalização do poder, fundamento do Estado Constitucional moderno. O nascimento de uma Constituição com raízes populares marca, portanto, a Teoria do Poder Constituinte Originário.

Importante destacarmos que não é possível confundir o Poder Constituinte com a Teoria do Poder Constituinte. O primeiro acompanha o homem desde os primórdios da história, pois não há Estado sem uma força política, centro das decisões. Já o segundo representa o surgimento das Constituições modernas que expressam o Poder Político fincado no texto constitucional.

2.2. NATUREZA DO PODER CONSTITUINTE ORIGINÁRIO

- **Poder de direito (ou poder jurídico)**
- **Poder de fato**
- **Poder político**

Segundo o Abade de Sieyés e os demais jusnaturalistas, o poder constituinte teria como fonte principal os valores que são superiores às leis escritas, ou seja, o direito natural, e, nesse sentido, seria um *poder de direito*. É como se a Constituição não fosse verdadeiramente formar direitos, e sim consolidar, em documento escrito, direitos que já foram formados antes da própria existência da lei, os direitos advindos do poder natural, do poder divino, a liberdade, a igualdade, a ideia da vida etc.

Os juspositivistas, como Hans Kelsen, dentre outros, entendiam que o poder constituinte se legitimava nele próprio e que não havia nenhum alicerce prévio efetivo, seja em direito natural ou em direito positivo anterior. Com isso, o poder constituinte seria um *poder de fato*.

Segundo Paulo Bonavides,[4] o poder constituinte, em sua origem, é poder de direito, mas na sua aplicação seria um poder de fato, ou seja, seu nascimento é baseado nos valores de direito natural, mas na sua aplicação ele é um poder de fato, é um

2 Segundo Bulos, ob. cit., p. 46-47, para Sieyès, "Povo e nação não se confundiam. O povo seria o conjunto de pessoas reunidas e submetidas a um poder. A nação seria mais do que conjunto; seria a encarnação dos interesses dos indivíduos como um todo, na sua ***generalidade e permanência***. ***Generalidade***, no sentido de o poder soberano não se limitar, em seu exercício, a nenhuma parcela de indivíduos posto que a soberania pertence à comunidade inteira. ***Permanência***, se se considerar o interesse permanente das gerações futuras, que não pode ficar renegado ao interesse transitório de um grupo de indivíduos".

3 BONAVIDES, Paulo. ***Curso de Direito Constitucional***. 18. ed. São Paulo: Malheiros, 2006, p. 146.

4 BONAVIDES, Paulo. Ob. cit., p. 149.

poder que não se discute, importante para o Estado e que deve ser cumprido pelos cidadãos sem questionamentos.

2.3. CONCEITO DE PODER CONSTITUINTE

Com o desenvolvimento da Teoria do Poder Constituinte ao longo da história do Direito Constitucional, o poder criador, originário, defendido por Sieyès, passou a ser analisado sob outros ângulos. Considerando-se que Constituição sem mecanismo de reforma é antidireito, e ainda com o surgimento do federalismo americano em 1787, que tem como principal vetor a autonomia dos Estados-membros com a sua auto-organização por meio de uma Constituição, a doutrina refletiu sobre outras necessárias manifestações do poder constituinte, derivadas do poder inicial.

Daí porque o poder constituinte pode ser conceituado, em síntese, como: o poder que fundamenta a criação de uma nova Constituição, a reforma desse texto constitucional e, nos Estados federativos, o poder que legitima a auto-organização dos Estados-membros por meio de suas próprias Constituições, bem como as respectivas reformas dos textos estaduais.

Como nos Estados Unitários não há divisão geográfica do poder político, podemos concluir que o poder constituinte na sua manifestação de criação das Constituições Estaduais só está presente nos Estados Federativos.

Lammêgo Bulos explica que, do ponto de vista material, sempre existiu e sempre existirá o poder constituinte para criar, estabelecer e estruturar a Constituição, entretanto, em uma análise eminentemente formal, o poder constituinte é algo novo, cuja formulação provém de Sieyès, que com originalidade, conseguiu exprimir a filosofia e o conteúdo desse poder, dissociando-o dos poderes constituídos.[5]

2.4. TITULARIDADE X EXERCÍCIO

Analisando o poder constituinte à luz da Constituição de 1988, encontramos a sua titularidade e o exercício no art. 1°, parágrafo único,[6] por meio do qual podemos afirmar que o titular do poder não se confunde sempre com o seu exercente.

De acordo com o dispositivo constitucional citado, a titularidade do poder está nas mãos do povo, mas a exteriorização desse poder pode ser direta ou indiretamente exercida pelo povo.

Movidos por seus direitos políticos, o povo toma decisões políticas diretas quando participa de plebiscito, de referendo, ajuíza ação popular, participa de projetos de

5 Bulos, Lammêgo Uadi. *Constituição Federal Anotada*. 8. ed. São Paulo: Saraiva, 2008, p. 47.

6 Art. 1º, parágrafo único, da CF/88: "Todo o poder emana do povo, que o exerce por meio de representantes eleitos ou diretamente, nos termos desta Constituição".

lei populares etc. Em suma, quando o povo toma decisões políticas sem necessidade de intermediações, sem representação, diz-se que o exercício do poder está sendo realizado de forma direta. Por sua vez, o exercício indireto é realizado pelos nossos representantes, que recebem o voto para, em nosso nome, tomar as decisões políticas fundamentais para o nosso país. Esse dispositivo constitucional expressa a base democrática brasileira, com um modelo de democracia semidireta ou participativa.

Em sua obra clássica, *Qu'est-ce que le Tiers État?*, o abade de Sieyès sustentou que o Poder Constituinte reside na vontade da Nação, o que não se confunde com o Povo. Segundo explica Uadi Lammêgo Bulos, o povo seria o conjunto de pessoas reunidas e submetidas a um poder, e a nação seria mais do que o conjunto; seria a encarnação dos indivíduos como um todo, na sua *generalidade* e *permanência*. Generalidade, pois o poder não estaria limitado, em seu exercício, a nenhuma parcela de indivíduos, posto que a soberania pertence à comunidade inteira. Permanência, no sentido de se considerar o interesse permanente das gerações futuras, que não poderá ficar renegado ao interesse transitório de um grupo de indivíduos.[7]

2.5. PODERES CONSTITUÍDOS

O poder de tomada de decisões políticas fundamentais é uno e indivisível, entretanto, como será analisado em capítulo posterior, para evitar a concentração de poder, sua manifestação se dá por meio das funções legislativa, executiva e judiciária.[8]

Essas manifestações do poder são consagradas como poderes constituídos porque foram desenhados pela vontade da Constituição, fruto do poder constituinte originário. Com isso, os trabalhos legislativo, executivo e judiciário estão subordinados ao texto constitucional. Como exemplos dessa sujeição dos Poderes à Constituição, poderíamos concluir: se o legislador elabora leis contrárias à Constituição, o juiz deverá declará-las inconstitucionais (ex.: art. 102, I, "a", da CF/88); se o chefe do Executivo descumpre a Constituição, deverá ser processado na forma do art. 85 da CF/88.

2.6. ESPÉCIES DE PODER CONSTITUINTE

Com base no conceito acima exposto, poderíamos dividir o Poder Constituinte em três manifestações: o poder originário (poder criador, de 1º grau, genuíno) e suas manifestações derivadas (de 2º grau, poder instituído, constituído ou remanescente); o poder reformador com base no art. 60 da CF/88 (realizando a alteração formal do texto da Constituição); e o poder decorrente, de acordo com o art. 11 do ADCT (que permitirá, nos Estados federativos, a elaboração e reforma das Constituições Estaduais).

7 BULOS, Lammêgo Uadi. *Constituição Federal Anotada*. 8. ed. São Paulo: Saraiva, 2008, p. 47.

8 Art. 2º da CF/88: "São Poderes da União, independentes e harmônicos entre si, o Legislativo, o Executivo e o Judiciário".

2.6.1. O Poder Constituinte Originário

O poder constituinte originário é o poder criador, o poder institucionalizador de uma Constituição central. Podemos dizer que a sua última manifestação no Brasil foi realizada no dia 5 de outubro de 1988, quando da promulgação da nossa atual Constituição.

É claro que se desenha um modelo ideal de um poder constituinte originário sempre pautado na vontade popular. Mas, aqui no país, nem sempre isso foi possível, diante da nossa história conturbada de ditadura e pseudodemocracias. Então é possível se dizer que o poder constituinte originário se manifestou no Brasil por meio de todas as Constituições, de 1824 a 1988.[9]

Por sua vez, em suas manifestações posteriores, o Poder Constituinte Originário se exterioriza de maneira derivada, dando ensejo ao Poder Constituinte Derivado, com as suas espécies, Reformador e Decorrente.

2.6.2. O Poder Constituinte Derivado Reformador

É o que possibilita a reforma formal da Constituição. No texto da atual Lei Maior é exteriorizado por meio das espécies normativas: emendas revisionais (art. 3º do ADCT) e emendas constitucionais (art. 60 da CF/88), que serão estudadas em capítulo posterior.

2.6.3. O Poder Constituinte Derivado Decorrente

É o que permite, nos Estados federativos, a auto-organização dos Estados-membros na forma dos arts. 25 da CF/88 e 11 do ADCT. Frise-se que essa manifestação de poder é peculiar aos Estados federativos diante da autonomia dos entes que os compõem, não existindo, em regra geral, nos Estados unitários, que não possuem Constituições Estaduais.

Levando-se em consideração que, no Brasil, o Distrito Federal e os Municípios também fazem parte da nossa Federação, qual seria o poder que fundamenta a elaboração de uma Lei Orgânica do Distrito Federal e de uma Lei Orgânica de Município brasileiro?

Apesar da controvérsia na doutrina, podemos dizer que a Lei Orgânica do Município é uma manifestação constituída do Poder Legislativo municipal e não é considerada fruto de poder constituinte derivado decorrente. Quanto à Lei Orgânica distrital, o entendimento majoritário tem sido o de a reconhecer como manifestação de poder constituinte derivado decorrente, tendo em vista que retira fundamento

9 Com a ressalva ao texto da EC nº 1/69, fruto do poder reformador.

jurídico de validade diretamente da Constituição da República e que tem força normativa equivalente à da Constituição Estadual (servindo, inclusive, como parâmetro de constitucionalidade estadual).

Não há que se falar em poder constituinte decorrente nos territórios, tendo em vista que são descentralizações políticas administrativas da União Federal e não possuem autonomia.

2.7. CARACTERÍSTICAS DO PODER CONSTITUINTE ORIGINÁRIO

O poder constituinte originário tem como principais características, as de ser:

- **Inicial**
- **Ilimitado**
- **Incondicionado**
- **Permanente**

É inicial, pois inaugura uma nova ordem jurídica, rompendo com o ordenamento jurídico anterior, dando ensejo à importância de se analisar o que acontecerá com o ordenamento anterior constitucional e infraconstitucional, objeto do capítulo seguinte. É ilimitado, pois não está de modo algum limitado pelo direito positivo anterior e, também, incondicionado, pois não tem que se submeter a nenhuma forma prefixada para sua manifestação. Nesse sentido, pode surgir de uma revolução, de um golpe, de um plebiscito ou de um referendo. Seria permanente por continuar existindo mesmo após concluir a sua obra, ou seja, não se esgotaria com a criação da nova Constituição.

Alguns autores ainda acrescentam que é um poder autônomo, por caber apenas ao seu titular a escolha do conteúdo a ser consagrado na Constituição. Nesse contexto, mostra-se relevante a decisão do Supremo Tribunal Federal no bojo da ADI nº 815/DF. No seu julgamento, o tribunal entendeu não existir hierarquia entre as normas constitucionais originárias. Isto é, não seria possível que o STF, na sua tarefa de zelar pela guarda da Constituição Federal, declarasse que determinadas normas promulgadas pelo constituinte originário eram eivadas de inconstitucionalidade, por terem conteúdo incompatível com o das demais normas constitucionais. Deste modo, o controle de constitucionalidade mostra-se possível, tão somente, em face do poder constituinte derivado.[10]

Os adeptos da teoria jusnaturalista afirmam que este poder seria ilimitado pelo direito positivo já que não é necessária a observância de qualquer regra anterior à nova constituinte, entretanto, existiriam limitações instituídas pelo direito natural. Para Manoel Gonçalves Ferreira Filho: *(...) Todas correntes estão de acordo em reconhecer que ele é ilimitado em face do Direito positivo (no caso a Constituição vigente até sua manifestação). A este caráter os positivistas designam soberano, dentro da concepção de*

---

10 STF, ADI nº 815/DF, Plenário, Rel. Min. Moreira Alves, j. 28.03.96, *DJ* 10.05.96.

que, não sendo limitado pelo Direito positivo, o Poder Constituinte não sofre qualquer limitação de direito, visto que para essa escola de Direito somente é Direito quando positivo. Os adeptos do jusnaturalismo o chamam de autônomo, para sublinhar que, não limitado pelo Direito positivo, o Poder Constituinte deve sujeitar-se ao Direito natural.[11]

Nesse mesmo sentido, Jorge Miranda distingue três categorias de limitações materiais (ou substanciais) possíveis: transcendentes, imanentes e heterônomos.[12]

Os limites transcendentes são os que se prendem aos direitos fundamentais, interligados com a dignidade da pessoa humana, advindos do direito natural. Com base nesses limites, é possível se estabelecer o princípio da vedação ao retrocesso ("efeito cliquet"), o qual impede retrocessos na seara de direitos fundamentais já consolidados. Exemplo: instituir na atual Constituição a proibição do voto feminino, presente no constitucionalismo brasileiro desde 1934.

Já os limites imanentes são impostos ao Poder Constituinte no que tange à estrutura principal do Estado, à sua soberania e forma.

Os limites heterônimos estão relacionados com o direito internacional, ou seja, às relações internacionais estabelecidas pelo país, bem como aos princípios, tratados e regras e demais obrigações que devem ser respeitadas.

2.8. CARACTERÍSTICAS DO PODER CONSTITUINTE DERIVADO

O poder constituinte derivado, por sua vez, possui as seguintes características principais:

- **Subordinado**
- **Condicionado**
- **Limitado**

É subordinado, pois as suas manifestações (reformadora e decorrente) encontram fundamento de validade na Constituição Federal e devem respeitá-la, sob pena de declaração de inconstitucionalidade. A exteriorização das espécies normativas baseadas nesse poder (emendas e normas constitucionais estaduais) deve ser realizada, em razão de seu condicionamento, em harmonia com a Constituição Federal e as suas limitações se fazem presentes de acordo com as normas que devem ser obedecidas para sua elaboração, bem como ao conteúdo, que não pode desrespeitar o do texto constitucional principal.

11 FERREIRA FILHO, Manoel Gonçalves. *Curso de Direito Constitucional*. 22. ed. São Paulo: Saraiva, 1995, p. 23.

12 MIRANDA, Jorge. *Manual de Direito Constitucional*. 4. ed. Coimbra: Ed. Coimbra, 2000. t. II.

3

ELEMENTOS DAS CONSTITUIÇÕES

Como as Constituições contemporâneas apresentam-se repletas de normas de naturezas diversas, que tratam desde direitos e garantias fundamentais até a ordem econômica do país, José Afonso da Silva decidiu agrupá-las em cinco categorias de elementos, abaixo listadas:

- Elementos organizacionais ou orgânicos: são as normas que cuidam da estrutura do Estado e as que definem a forma de exercício e aquisição do poder. Na atual Constituição concentram-se, predominantemente, nos Títulos III (Da Organização do Estado) e IV (Da Organização dos Poderes).
- Elementos limitativos: são assim denominados porque restringem a atuação do poder do Estado e fundamentam o próprio Estado Democrático de Direito. Estão representados no Título II, sob a rubrica de Direitos e Garantias Fundamentais, divididos em quatro capítulos (Direitos Individuais e Coletivos, Nacionalidade, Direitos Políticos e Partidos Políticos). O capítulo II (Direitos Sociais) entra na categoria seguinte.
- Elementos socioideológicos: revelam as prestações positivas e o compromisso do Estado com a justiça social. Como exemplos, podemos citar: os Direitos Sociais (capítulo II do Título II); os Títulos VII e VII (respectivamente intitulados de Ordem Econômica e Financeira e a Ordem Social.
- Elementos de estabilização constitucional: estão consagrados nas normas destinadas a assegurar a solução de conflitos constitucionais, a rigidez constitucional e a defesa do Estado e das instituições democráticas. Citamos como exemplos as normas presentes nos artigos: 102, I, a (ação direta de inconstitucionalidade), 34 a 36 (intervenção nos Estados e Municípios), 60 (processo de emendas à Constituição) e o título V, Capítulo I.
- Elementos formais de aplicabilidade: são os que se encontram nas normas que apresentam regras de aplicação das Constituições, como, por exemplo, o Preâmbulo, as disposições constitucionais transitórias e o art. 5°, § 1°, da CRFB/88.

4

CONCEPÇÕES SOBRE A CONSTITUIÇÃO

O verdadeiro sentido ou concepção de uma "Constituição" sempre despertou muitas controvérsias e, na realidade, não temos uma única teoria chave, servindo as premissas a seguir apresentadas como fonte de maior destaque sobre o tema que ainda gera muitos debates.

4.1. SENTIDO SOCIOLÓGICO

Segundo Ferdinand Lassale, a Constituição seria resultado dos fatores reais do poder. Em sua obra *Qué es una Constitución*?, traduzida como *A Essência da Constituição*,[1] Lassale defende que a Constituição é a realidade, o somatório dos fatores econômicos, culturais, sociais e políticos de uma sociedade e se não obedecesse a esses fatores não passaria de uma mera folha de papel.

Com base em seus escritos, poderíamos fazer a seguinte análise: imagine que só há em um país dois textos escritos de uma Constituição, um, na casa do rei; e outro, na biblioteca pública. Num dado momento, a biblioteca pega fogo e a casa do rei inunda. Os textos constitucionais, os únicos naquele país, desaparecem. Bem, se essa Constituição tiver sido formada pelos fatores reais do poder, mesmo na inexistência do texto escrito ela vai ser seguida, porque o que a respalda não é o documento escrito, é a sua motivação popular. Mas se, em contrapartida, essa Constituição for filha da tirania, fruto unilateral apenas de quem estava no poder, com o desaparecimento desses textos escritos haverá uma desordem e ninguém irá cumprir os postulados do texto ilegítimo.

1 LASSALLE, Ferdinand. *A Essência da Constituição*. 6. ed. Rio de Janeiro: Lumen Juris, 2001.

É uma visão mais marxista e social da concepção de Constituição. É como se uma Constituição que não traduzisse exatamente o que está na sociedade, não seria uma Constituição, não passaria de uma mera folha de papel!

4.2. SENTIDO POLÍTICO

De acordo com Carl Schmitt, em sua obra *Teoria de la Constitución*,[2] a Constituição seria uma decisão política fundamental, que comporta matérias como a estrutura e órgãos do Estado, direitos individuais, entre outras. O referido autor distingue Constituição (decisão política fundamental) das leis constitucionais, que seriam os demais dispositivos do texto constitucional não relacionados a esse tema. Com base nesse conceito se visualiza normas materialmente constitucionais e formalmente constitucionais.

As normas materialmente constitucionais seriam aquelas que não poderiam deixar de estar presentes em um texto constitucional (a estrutura principal do país) e as demais seriam intituladas de leis constitucionais. O jurista alemão faz uma separação cartesiana: a Constituição é a norma hierárquica fundamental e as outras leis constitucionais estão subordinadas a ela pela matéria. Se a norma trata de conteúdo político essencial é Constituição, se não, é lei constitucional.

Analisando a Constituição de 1988 pelo prisma de Schmitt, teríamos, por exemplo, dos arts. 1º ao 4º (princípios fundamentais) normas essencialmente (ou materialmente) constitucionais e, por sua vez, o art. 242, § 2º,[3] seria para o pensador, uma lei constitucional, não estando dentro do aparelho que o jurista alemão designava ser uma Constituição.

No Brasil, essa teoria foi acolhida apenas na Constituição de 1824, que, no seu art. 178,[4] fazia distinção entre a natureza das normas constitucionais.

4.3. SENTIDO JURÍDICO-NORMATIVO (POSITIVISTA)

Segundo a teoria positivista de Hans Kelsen, o fundamento do Direito não é transcendental ao homem e à sociedade, mas se encontra no pressuposto lógico (a norma fundamental) de que as leis são válidas e que devem ser obedecidas, quando forem editadas segundo um processo regular (isto é, organizadas por regras aceitas pela

2 SCHMITT, Carl. ***Teoria de la Constitución.*** Madrid: Alianza Editorial, 1992.

3 Art. 242, § 2º, da CF/1988: "O Colégio Pedro II, localizado na cidade do Rio de Janeiro, será mantido na órbita federal".

4 Art. 178 da Constituição de 1824: "É só Constitucional o que diz respeito aos limites, e attribuições respectivas dos Poderes Politicos, e aos Direitos Politicos, e individuaes dos Cidadãos. Tudo, o que não é Constitucional, póde ser alterado sem as formalidades referidas, pelas Legislaturas ordinárias".

comunidade) e pela autoridade competente, legitimada de acordo com princípios também anteriormente estabelecidos e aceitos. É a explicação formal da validade do direito.

No início do século XX, Kelsen relata em sua famosa obra *Teoria Pura do Direito*,[5] uma concepção de ciência jurídica com a qual se pretendia finalmente ter alcançado, no Direito, os ideais de toda a ciência: objetividade e exatidão. Visando alcançar essa finalidade, o eminente jurista propôs como regra metodológica principal a extração de qualquer conteúdo valorativo da norma, com a finalidade de garantir autonomia científica para a disciplina jurídica, que, segundo ele, vinha sendo, ao longo dos anos, deturpada pelos estudos sociológicos, filosóficos e políticos. É o próprio Kelsen que reconhece:

> ***A norma fundamental de uma ordem jurídica não é de forma alguma uma norma de justiça.*** *Por isso, o direito positivo, isto é, uma ordem coativa criada pela via legislativa ou consuetudinária e globalmente eficaz, nunca pode estar em contradição com a sua norma fundamental, ao passo que esta ordem pode muito bem estar em contradição com o direito natural, que se apresenta com a pretensão de ser o direito justo*[6] (grifos nossos).

Essa concepção, que acaba retratando a supremacia formal da Constituição e que sempre foi de extrema importância para a ciência do direito, hoje é analisada à luz da abertura das Constituições pós-guerra aos princípios, pois é inegável que os valores, a moral e a ética são também importantes para a análise e compreensão do Direito.

5 KELSEN, Hans. *Teoria Pura do Direito*. 5. ed. Trad. João Baptista Machado. São Paulo: Martins Fontes, 1996.

6 KELSEN, Hans. *A Justiça e o Direito Natural*. Trad. João Baptista Machado. Coimbra: Arménio Amado, 1963, p. 170.

5

CLASSIFICAÇÃO DA CONSTITUIÇÃO

5.1. A IMPORTÂNCIA DA CLASSIFICAÇÃO

Ao conhecermos um pouco mais das características das normas constitucionais de um país, também aprendemos um pouco mais sobre a história, a cultura, os poderes e as funções estatais e as suas peculiaridades. Podemos adotar com apoio na doutrina prestigiada vários parâmetros classificatórios, mas escolhemos como principais, sem esgotar o tema, os seguintes: forma, origem, modo de elaboração, extensão, alterabilidade, conteúdo, finalidade e quanto à correspondência com a realidade, a seguir expostos.

5.2. QUANTO À FORMA

- **Escritas (instrumentais ou positivas) • Não escritas (costumeiras)**

A forma é a maneira que se exterioriza alguma coisa, o seu próprio estereótipo. Sob esse prisma, as Constituições se dividem em escritas e não escritas. As primeiras estariam inteiramente codificadas e sistematizadas em um documento único intitulado de Constituição. A maior parte dos países que possui organização constitucional traz constituições escritas. As não escritas possuem muitas vezes documentos escritos, mas que não estão codificados e sistematizados em único texto, possuindo como fonte de Constituição os tratados, convenções, usos e costumes. Como exemplo dessas Constituições mais raras, teríamos as da Inglaterra, Israel e Nova Zelândia.

5.3. QUANTO À ORIGEM

- **Promulgadas (democráticas ou populares) • Outorgadas • Cesaristas**

As promulgadas são chamadas de democráticas ou populares, porque advêm da vontade do povo, manifestada diretamente ou indiretamente por uma Assembleia Nacional Constituinte. Essas são Constituições que em nossa opinião seguem exatamente a teoria do Poder Constituinte originário do Abade de Sieyés. As Constituições promulgadas são as verdadeiras Constituições legítimas que expressam a vontade do povo. As Constituições outorgadas, por sua vez, são impostas, autocráticas e frutos de ato unilateral de quem está no poder, sem prévia consulta popular. O Brasil já vivenciou os dois modelos, as Constituições de 1824, 1937, 1967, EC 1/69 foram outorgadas pelos dirigentes à época e os demais textos: 1891, 1934, 1946 e 1988 foram promulgados pelas Assembleias Nacionais Constituintes. José Afonso da Silva ainda destaca a existência de Constituições cesaristas, que não seriam nem propriamente promulgadas e nem outorgadas, pois a participação popular visava apenas ratificar a vontade do detentor do poder. Destaca como exemplos os plebiscitos napoleônicos e ainda o plebiscito de Pinochet, no Chile.

5.4. QUANTO AO MODO DE ELABORAÇÃO

- **Dogmáticas • Históricas**

Quanto ao Modo de Elaboração uma Constituição pode ser: Dogmática ou Histórica (ainda denominada de costumeira ou consuetudinária). A primeira é uma Constituição momentânea, que reflete o máximo de ideais políticos predominantes no momento de sua elaboração. É a Constituição chamada normalmente pela doutrina de momentânea e instável. É a história das Constituições Brasileiras. Normalmente são também escritas. As demais são construídas e sedimentadas ao longo da vida de um país, têm compromisso com as tradições e história de um determinado povo, são mais estáveis e normalmente não escritas (a da Inglaterra, por exemplo).

5.5. QUANTO À EXTENSÃO

- **Analíticas • Sintéticas**

As Constituições mais extensas são consideradas analíticas (prolixas), como é o caso da CRFB/88, que possui 250 (duzentos e cinquenta) artigos no corpo fixo, e ainda 114 (cento e catorze) na parte transitória. A Constituição da Índia também seria um exemplo desse modelo, possuindo 395 (trezentos e noventa e cinco) artigos apenas no seu corpo fixo. Normalmente esses textos extrapolam as matérias consideradas essencialmente constitucionais e versam sobre tantos outros assuntos que entendem relevantes para o país. Em contraposição, as Constituições sintéticas ou breves são mais concisas e tratam, em regra, apenas de matéria essencialmente constitucional, por isso possuem um número reduzido de dispositivos (A Constituição americana de 1787, por exemplo).

5.6. QUANTO AO CONTEÚDO

- **Materiais • Formais**

As Constituições materiais são Constituições que consagram como normas constitucionais todas as leis, tratados, convenções desde que tratem de assunto essencialmente constitucional (ou materialmente constitucionais), estejam ou não consagradas em um documento escrito. A Constituição Inglesa é um exemplo, pois reconhece como fonte constitucional as disposições que versam sobre decisão política fundamental presentes em tratados, usos e costumes. A Constituição da Austrália, apesar de ser uma Constituição escrita, quanto ao conteúdo podemos dizer que é material, porque vários assuntos importantes relativos à nacionalidade, direitos políticos e demais direitos fundamentais estão espalhados nos diversos "Acts". No Brasil, pode-se dizer que a única Constituição material foi a de 1824, de acordo com a separação entre as normas constitucionais feita no já citado art. 178, porque fazia uma clara distinção entre o conteúdo de suas normas e privilegiava e destacava o conteúdo das decisões políticas fundamentais ainda que em detrimento do conteúdo dos demais dispositivos. A partir de 1891 o país passou a adotar Constituições formais, sem divisão entre as suas normas, privilegiando a forma, o estereótipo em privilégio ao conteúdo de seus dispositivos. É claro que se analisa a essência das normas, mas não há distinção hierárquica alguma entre as normas que estão em nossa Constituição. A Constituição é um todo harmônico que não possibilita verdadeiras antinomias entre os seus dispositivos. Em regra, as Constituições escritas são também formais.

5.7. QUANTO À ALTERABILIDADE

- **Imutáveis • Super-Rígidas • Rígidas • Semirrígidas • Flexíveis**

Nesse subitem nós analisaremos qual é o processo de alteração da Constituição, que classicamente promoveu a divisão tripartida: flexíveis, semirrígidas ou rígidas. Se as normas constitucionais puderem ser alteradas pelo procedimento simplificado, por um procedimento legislativo comum ordinário, ela vai ser chamada de flexível. As semirrígidas adotam um modelo híbrido de alteração porque parte do texto, normalmente os dispositivos materialmente constitucionais, só podem ser alterados por um procedimento mais rigoroso e a parte flexível normalmente é formada pelas normas formalmente constitucionais. As Constituições rígidas só podem ser alteradas por um procedimento legislativo mais solene e dificultoso do que o existente para as demais normas jurídicas que se vinculam em regra a Constituições Escritas. A rigidez constitucional está associada à hierarquia das leis, a supremacia formal da Constituição e ao controle de constitucionalidade, como analisaremos em capítulo destinado ao tema. Entretanto, é imperioso não confundir rigidez com estabilidade. A Constituição de 1988 é rígida porque o seu mecanismo de reforma é diferenciado do processo legislativo ordinário, na forma do art. 60, entretanto, até o momento, já sofreu, em sua jovem história, 108 (cento e oito) emendas constitucionais[1] e 6 (seis) emendas de revisão, não podendo ser considerada estável.

1 Até o momento. A EC 108/2020 foi publicada no DOU 27.8.2020.

Normalmente as Constituições flexíveis estão associadas às não escritas e como no Brasil nunca tivemos uma Constituição não escrita, então a rigidez sempre esteve presente em nosso ordenamento jurídico (ainda que a Constituição de 1824 tenha adotado uma semirrigidez, presente no dispositivo supramencionado, art. 178). Alexandre de Morais adota ainda a teoria da super-rigidez constitucional, assim classificando quanto à alterabilidade a CRFB/88 em razão de suas cláusulas pétreas (art. 60, §, 4º). As imutáveis são as Constituições não passíveis de qualquer modificação. Na verdade, poderíamos considerá-las antidireito, pois sem mecanismo de reforma não possuem oxigênio suficiente para acompanhar as diversas mudanças que um país enfrenta ao longo de sua história.

5.8. QUANTO À FINALIDADE

- **Dirigentes (sociais ou programáticas) • Garantias (negativas ou liberais)**

As Constituições dirigentes nascem com a evolução dos Estados Sociais. São textos mais compromissórios e determinam atuação positiva por parte do Estado na concretização das políticas públicas. Em regra, são também analíticas. Por sua vez, as negativas cuidam apenas daquelas normas que não poderiam deixar de estar expressas numa Constituição. Destacam-se no período inicial da consagração dos direitos relativos às liberdades públicas e políticas nos textos constitucionais, já que impunham a omissão ou negativa de ação por parte dos países. São normalmente sintéticas.

5.9. QUANTO À CORRESPONDÊNCIA COM A REALIDADE

- **Normativas • Nominativas • Semânticas**

Segundo o constitucionalista alemão Karl Loewenstein, as Constituições podem ser classificadas ainda de acordo com a sua correspondência ou não com a realidade de um país. As normativas estão em consonância com a vida do Estado e conseguem efetivamente regular a vida política do Estado; as nominativas não conseguem efetivamente cumprir o papel de regular a vida política do Estado, apesar de elaboradas com este intuito e, as semânticas, desde a sua elaboração não têm o objetivo de regular a vida política do Estado, limitando-se apenas em dar legitimidade formal aos atuais detentores do poder. Apesar de certa divergência doutrinária (que sustenta que a Constituição de 1988 seria normativa), entendemos que a nossa Constituição não conseguiu atingir os seus objetivos principais, portanto pode ser considerada nominativa.

5.10. A CLASSIFICAÇÃO DA CONSTITUIÇÃO DE 1988

Com base nas explicações acima desenvolvidas, pode-se classificar a Constituição de 1988 como: escrita, promulgada, dogmática, analítica, formal, rígida (ou super-rígida), dirigente e nominativa (ou para alguns autores, normativa).

6

A "MUDANÇA" NA CONSTITUIÇÃO

6.1. MANIFESTAÇÕES DO PODER CONSTITUINTE DERIVADO REFORMADOR

O Poder Reformador é o responsável pelas alterações formais que a Constituição poderá sofrer ao longo de sua existência. Para substituir, revogar, adicionar ou renumerar dispositivo no texto constitucional será necessária a atuação dessa manifestação derivada de poder.

O núcleo da rigidez constitucional e, ao mesmo tempo, do poder de reforma é o art. 60 da CF/88, no qual se prevê a elaboração de emendas constitucionais para essa finalidade. De acordo com as limitações enfrentadas, diante da sua subordinação à Constituição, a alteração deverá seguir à risca o determinado pelo dispositivo mencionado, sob pena de que a norma constitucional derivada venha a ser declarada inconstitucional.

Além das emendas constitucionais, o art. 3º do ADCT ainda faz menção à outra espécie de norma reformadora, que diante da limitação temporal que lhe foi determinada pelo constituinte originário, não poderá mais promover mudanças na Constituição. Na verdade, emendas constitucionais e emendas de revisão traduzem expressões distintas de um mesmo fenômeno jurídico: a reforma da Constituição.

A seguir, faremos uma análise acerca das duas espécies normativas e das limitações por elas enfrentadas em nome da proteção da rigidez constitucional.

6.1.1. Emendas Constitucionais e Limitações

A emenda constitucional é classicamente a espécie normativa adotada pelo constitucionalismo brasileiro para fins de reforma à Constituição.[1] De acordo com o art. 60 da CF/88, as emendas devem obedecer a uma série de regras especiais para a sua elaboração (art. 60, I, II, III, § 2º, § 3º e § 5º), incluindo limitações circunstanciais (art. 60, § 1º), bem como matérias explícitas (art. 60, § 4º) e implícitas, sob pena de incidirem em violação à Constituição e consequente declaração de inconstitucionalidade.

De acordo com o art. 60 e com apoio na doutrina, é possível se observar, portanto, quatro categorias de limitações principais, a saber: a) de ordem temporal; b) circunstancial; c) formal; e d) material (explícitas e implícitas), que serão a seguir analisadas.

A) Limitação temporal

Por limitação de ordem temporal, devemos compreender a que se relaciona aos dias, meses ou anos durantes os quais a Constituição não poderia ser alterada. Numa análise simples, podemos observar da leitura do art. 60 da CF/88, que inexiste limitação de ordem temporal ao poder reformador, o que permitia a alteração constitucional desde a sua promulgação.[2]

A única Constituição brasileira que efetivamente trouxe limitação de ordem temporal ao Poder Reformador foi a de 1824, que, de acordo com seu art. 174, impedia o processo de reforma antes dos 4 (quatro) anos contados da outorga do texto.

B) Limitação circunstancial (art. 60, § 1º)

§ 1º A Constituição não poderá ser emendada na vigência de intervenção federal, de estado de defesa ou de estado de sítio.

As hipóteses de limitação circunstancial, ainda que em certa medida sejam limitações temporais (haja vista que enquanto perdurarem impedirão a emenda do texto constitucional) devem ser entendidas como determinados eventos que, quando em curso, impedem que seja promovida qualquer reforma à Constituição Federal. Intervenção federal (arts. 34 e 35), estado de defesa e estado de sítio (arts. 136 a 141) configuram a proteção constitucional às situações de crise. Como nessas circunstâncias o Estado está vivendo um momento de exceção, protege-se a Constituição de eventuais golpes que poderiam ser a ela deflagrados com reformas constitucionais descabidas.

---

1 A denominação "emenda", como forma de alterar a Constituição, foi prevista nas Constituições de 1934 (art. 178), 1946 (art. 217) e 1967 (art. 50). A Constituição Imperial se referia à "reforma de artigo constitucional" nos arts. 174 a 178 e o texto republicano previa no art. 90 que a Constituição poderia ser "reformada".

2 Importante destacar que o STF decidiu recentemente que haveria uma limitação temporal ao poder de reforma presente no art. 60, § 5º, da CF/88. A nosso ver, é uma posição equivocada e que contraria a doutrina majoritária sobre o tema. (STF, RE nº 587.008, Plenário, Rel. Min. Dias Toffoli, j. 02.02.11, *DJ* 06.05.11.

Mas será que todos os atos do processo legislativo ficam impedidos de serem praticados durante essas situações de anormalidade? Em princípio, não ofenderia ao art. 60, § 1º, a simples apresentação de uma Proposta de Emenda (PEC), ou até mesmo a sua discussão nas casas do Congresso Nacional, não devendo ocorrer, de fato, a fase da votação (fase constitutiva da norma).

Sobre o tema, importante destacarmos que a promulgação do Decreto 9522/2018 (Tratado de Marraqueche), com status de emenda constitucional, ocorreu em plena vigência de intervenção federal na área da segurança pública do estado do Rio de Janeiro, portanto, podemos extrair desse ato que a promulgação e a publicação também são atos do processo legislativo de produção da emenda que não são atingidos por tal limitação.

c) Limitações de ordem formal, procedimental ou processual (art. 60, I, II, III e § 2º, § 3º e § 5º)

Dizem respeito ao processo legislativo especial previsto na Constituição para elaboração das emendas constitucionais. Podem se dividir entre: i) iniciativa; ii) votação/promulgação; e iii) vedação à reedição, na forma que estudaremos a seguir.

i) iniciativa

Art. 60. A Constituição poderá ser emendada mediante proposta:

I – de um terço, no mínimo, dos membros da Câmara dos Deputados ou do Senado Federal;

II – do Presidente da República;

III – de mais da metade das Assembleias Legislativas das unidades da Federação, manifestando-se, cada uma delas, pela maioria relativa de seus membros.

O art. 60, I, II e III, traz o rol de legitimados ativos que poderão, em conjunto ou separadamente (iniciativa concorrente), apresentar uma PEC ao Congresso Nacional, deflagrando o processo legislativo reformador. Pode-se dizer que o rol é taxativo, não havendo sido prevista pelo constituinte originário a iniciativa popular para o oferecimento da PEC, em que pese parte da doutrina defender essa possibilidade.

Como o art. 32, § 3º, da CF dispõe que à Câmara Legislativa aplica-se o disposto no art. 27, que faz referência à organização das Assembleias Legislativas, podemos concluir que o órgão legislativo do Distrito Federal também poderá participar do processo de reforma, se apresentar uma PEC em conjunto com os demais órgãos legislativos estaduais, na forma do art. 60, III.

ii) votação/promulgação

> § 2º A proposta será discutida e votada em cada Casa do Congresso Nacional, em dois turnos, considerando-se aprovada se obtiver, em ambos, três quintos dos votos dos respectivos membros.
>
> § 3º A emenda à Constituição será promulgada pelas Mesas da Câmara dos Deputados e do Senado Federal, com o respectivo número de ordem.

Em nome da rigidez constitucional, o constituinte estabeleceu um processo mais rigoroso para a votação das PECs no Congresso Nacional, consagrando a sua aprovação apenas após dois turnos positivos de votação em cada Casa do Congresso Nacional e ainda pelo voto de 3/5 dos respectivos membros.

Sobre esse ponto, interessante observar recente decisão do STF relativa ao período de tempo necessário entre os dois turnos de votação. Tendo em vista o silêncio do constituinte acerca dessa questão, os ministros entenderam não ser possível determinar judicialmente qual deve ser o lapso temporal mínimo a ser observado pelos parlamentares, ficando a cargo do Legislativo tal imposição.[3] De acordo com o Regimento Interno do Senado Federal, o interstício entre o primeiro e o segundo turno será de, no mínimo, cinco dias úteis (art. 362).

Normalmente, como ocorre em todo o processo legislativo, as alterações feitas pela segunda Casa serão revistas pela primeira, salvo se forem redacionais: "Não precisa ser reapreciada pela Câmara dos Deputados expressão suprimida pelo Senado Federal em texto de projeto que, na redação remanescente, aprovada de ambas as Casas do Congresso, não perdeu sentido normativo".[4]

Também é importante destacar que o STF entendeu que o processo de reforma das Constituições estaduais deve seguir o modelo federal.[5]

Como na forma do art. 64 da CF/88, a Câmara dos Deputados é, via de regra, a casa iniciadora do processo legislativo, nela deverão ocorrer normalmente os dois primeiros turnos de votação, para, então, ser a PEC encaminhada para mais dois turnos de aprovação no Senado Federal.

CD	(513 membros)	SF	(81 membros)
1º turno:	aprovada 3/5 (308)	1º turno:	aprovada 3/5 (49)
2º turno:	aprovada 3/5 (308)	2º turno:	aprovada 3/5 (49)

Após a sua votação positiva, na forma do art. 60, § 3º, as emendas serão promulgadas pelas duas Mesas do Congresso que trabalharam na sua elaboração, sendo,

3 STF, ADI nº 4.425/DF, Plenário, Rel. Min. Luiz Fux, j. 14.03.13, *DJ* 19.12.13.

4 STF, ADI nº 3.367, Plenário, Rel. Min. Cezar Peluso, j. 13.04.05, *DJ* de 22.09.06.

5 "Processo de reforma da Constituição estadual – Necessária observância dos requisitos estabelecidos na CF (art. 60, § 1º a § 5º) – Impossibilidade constitucional de o Estado-membro, em divergência com o modelo inscrito na Lei Fundamental da República, condicionar a reforma da Constituição estadual à aprovação da respectiva proposta por 4/5 da totalidade dos membros integrantes da Assembleia Legislativa – Exigência que virtualmente esteriliza o exercício da função reformadora pelo Poder Legislativo local – A questão da autonomia dos Estados-membros (CF, art. 25) – Subordinação jurídica do poder constituinte decorrente às limitações que o órgão investido de funções constituintes primárias ou originárias estabeleceu no texto da Constituição da República (...)." (ADI 486, Rel. Min. Celso de Mello, julgamento em 3.4.1997, Plenário, *DJ* de 10.11.2006.)

portanto, possível se concluir que não há sanção ou veto do presidente da República no processo legislativo reformador, restando a sua única participação configurada na faculdade de apresentar uma PEC (art. 60, II).

Registramos que a promulgação é o ato do processo legislativo que certificará a existência da emenda constitucional, comprovando que a norma foi validamente elaborada de acordo com as regras constitucionais vigentes.

Quanto à expressão "com o respectivo número de ordem" significa apenas atenção à sequência obedecida para a numeração das emendas.

iii) vedação à reedição

§ 5º A matéria constante de proposta de emenda rejeitada ou havida por prejudicada não pode ser objeto de nova proposta na mesma sessão legislativa.

Sessão legislativa é o ano integral de trabalho legislativo, que se inicia em 2 de fevereiro, na forma do art. 57 da CF/88. Durante a sessão legislativa, temos as sessões ordinárias (02/02 a 17/07 e 1º/08 a 22/12) e as extraordinárias (convocação durante os períodos de recesso). Portanto, de acordo com o dispositivo em tela, se a matéria da PEC for rejeitada (vício no processo legislativo) ou se tiver sido prejudicada (perda de objeto) em sessão ordinária ou em sessão extraordinária, ela só poderá ser novamente oferecida a partir do início da sessão legislativa seguinte. Esta limitação não se aplica na hipótese de rejeição do substitutivo.[6]

É possível, entretanto, que a matéria da PEC rejeitada (ou prejudicada) seja reapresentada no mesmo ano? Sim, desde que em sessões legislativas distintas (ex.: PEC rejeitada em janeiro de 2013 pode ser reapresentada a partir de 2 de fevereiro do mesmo ano).

d) Limitações de ordem material (explícitas e implícitas)

§ 4º Não será objeto de deliberação a proposta de emenda tendente a abolir:

I – a forma federativa de Estado;

II – o voto direto, secreto, universal e periódico;

III – a separação dos Poderes;

IV – os direitos e garantias individuais.

As limitações materiais expressas do art. 60, § 4º, recebem o nome na doutrina de cláusulas pétreas, mas na verdade, não significa que são dispositivos alheios a qualquer tipo de reforma. Pelo contrário, as emendas mais protetoras são muito bem-vindas.[7] Como as cláusulas pétreas evitam a ruptura com os princípios e estrutura essenciais

6 O que não pode ser votado na mesma sessão legislativa é a emenda rejeitada ou havida por prejudicada, e não o substitutivo, que é uma subespécie do projeto originariamente proposto. (STF, MS nº 22.503/DF, Plenário, Rel. Min. Marco Aurélio, j. 08.05.96, *DJ* 06.06.97).

7 Foi o caso da EC nº 45/2004, que acrescentou ao art. 5º a razoável duração do processo como garantia fundamental (LXXVIII).

da Constituição, o que não se permite é a alteração que vise restringir ou abolir os direitos protegidos pelos dispositivos, que serão a seguir analisados.

De igual forma, como já se manifestou o STF, as limitações materiais ao poder de reforma não importam na intangibilidade literal do que foi consagrado pelo constituinte originário, mas sim na preservação do núcleo essencial dos princípios e institutos protegidos pelo art. 60, § 4º, CF.[8] Assim, o que a Constituição efetivamente veda é a proposta tendente a abolir, isto é, a comprometer o núcleo essencial destas matérias.

I – a forma federativa de Estado

Consagrada como cláusula pétrea desde a Constituição de 1891, a forma federativa de Estado é uma das principais características do Estado brasileiro e representa a divisão geográfica do poder político no território nacional.

São características de destaque das Federações: o sistema de repartição de competências e a autonomia de seus entes federativos, sendo esse, portanto, o núcleo principal da proteção desse dispositivo. Mas será que todas as PECs que visem a modificar uma regra da repartição de competência ofenderão a forma federativa de Estado? A resposta é negativa, desde que a reforma mantenha a autonomia do ente federativo inabalada. Um exemplo é o da EC 69/12, que destinou ao Distrito Federal a responsabilidade pela organização da sua Defensoria Pública, matéria esta até então sob a responsabilidade da União Federal.

Conceituando em que consiste a autonomia dos entes federativos, José dos Santos Carvalho Filho afirma que a autonomia significa ter capacidade de (i) auto-organização, (ii) autogoverno e (iii) autoadministração. A primeira caracteriza-se pela prerrogativa de elaborar sua própria Constituição (no caso dos estados) ou lei orgânica (no caso dos municípios), enquanto a segunda é marcada pela possibilidade de organizar seu governo e eleger seus representantes. Por fim, a terceira representa a capacidade de tais entes para organizar e gerir os serviços públicos de sua competência.[9] Nesse sentido, ademais, a autonomia financeira dos entes se caracteriza como imprescindível para a manutenção do pacto federativo, haja visto que a sua ausência implicaria na incapacidade do ente de se organizar, governar e administrar, criando uma dependência financeira para com outros entes (sobretudo a União).

Poderíamos, em síntese, afirmar que fere cláusula pétrea a PEC que vise a: extinguir o Senado Federal, que é o órgão federativo por excelência; transferir competências de uma esfera da Federação para a outra, sem que se resguarde a autonomia da entidade federativa; violar o princípio da imunidade tributária recíproca entre os entes da Federação,[10] transformar o Brasil em um Estado unitário, instituir a secessão dos entes, entre outras reformas que agridam às características federativas principais.

---

8 STF, ADI nº 2.024/DF, Plenário, Rel. Min. Sepúlveda Pertence, j. 03.05.07, *DJ* 22.06.07.

9 FILHO, José dos Santos Carvalho. ***Manual de direito administrativo***. 29. Ed. São Paulo: Atlas, 2015.

10 STF, ADI nº 939/DF, Plenário, Min. Rel. Sydney Sanches, j. 15.12.1993, *DJ* 18.03.94.

Também nesse sentido de preservação do pacto federativo, o STF decidiu que: "Na espécie, cuida-se da autonomia do Estado, base do princípio federativo amparado pela Constituição, inclusive como cláusula pétrea (art. 60, § 4º, I). Na forma da jurisprudência desta Corte, se a majoração da despesa pública estadual ou municipal, com a retribuição dos seus servidores, fica submetida a procedimentos, índices ou atos administrativos de natureza federal, a ofensa à autonomia do ente federado está configurada" (RE 145.018/RJ, Rel. Min. Moreira Alves; Rp 1.426/RS, Rel.a Min.a Néri da Silveira; AO 258/SC, Rel. Min. Ilmar Galvão, entre outros).

II – o voto direto, secreto, universal e periódico

O voto é uma das expressões mais significativas do direito de participação política (o "sufrágio") e de acordo com a proteção constitucional presente nesse dispositivo, é possível concluir que: em nome do princípio da liberdade de convicção política o voto não pode se tornar aberto, o que facilitaria pressões políticas e econômicas ao eleitor e também não poderia estabelecer discriminações arbitrárias ao exercício desse importante direito político, o que vedaria, por exemplo, em nome do voto universal, fixação de restrições à alistabilidade do analfabeto ou das pessoas mais humildes.

O nosso voto é direto, portanto, qualquer tentativa de inserir na Constituição um Colégio Eleitoral para eleger os nossos representantes não será bem-vinda.[11]

O voto também é periódico, numa estreita vinculação à forma de governo existente no país, pois a República é caracterizada pela temporariedade dos mandatos, consagrada em eleições periódicas. Então, eventual PEC que venha a restringir o voto periódico, estabelecendo, por exemplo, a forma monárquica de governo, não deverá ser aceita.

Será que há impedimento jurídico a que uma proposta de emenda constitucional venha a instituir o voto facultativo no Brasil? Em princípio não, porque a obrigatoriedade formal do comparecimento do eleitor às urnas não é cláusula pétrea, estando presente apenas no art. 14, § 1º, da CF/88.

Também é importante frisar que o voto protegido como cláusula pétrea se refere ao que é realizado pelo eleitor no exercício dos seus direitos políticos. Com isso, a EC 76/2013 que tornou o voto a que se refere o art. 55, p. 2º, da Constituição em aberto, não violou cláusula pétrea.

III – a separação dos Poderes

A teoria da separação dos poderes será analisada em capítulo específico, mas destacaremos nesse ponto a decisão do STF no julgamento da ADI 3.367,[12] no

11 Destacamos que há uma hipótese apenas de votação indireta no país, prevista em caso de vacância nos dois últimos anos do período presidencial, na forma do art. 81, § 1º, da CF/88.

12 STF, ADI nº 3.367/DF, Plenário, Min. Rel. Cezar Peluso, j. 13.04.2005, *DJ* 17.03.2006.

que tange à criação do Conselho Nacional de Justiça (CNJ). A Associação dos Magistrados do Brasil (AMB) ingressou com a ação direta de inconstitucionalidade em destaque, contrariando o art. 103-B, que criou o CNJ, alegando, entre diversos fundamentos, que a composição híbrida do Conselho,[13] com representantes que não pertencem ao Poder Judiciário, feriria a separação e harmonia entre os Poderes. O STF não acolheu o pedido de inconstitucionalidade da norma entendendo que a criação do referido órgão não ofendeu a cláusula pétrea questionada, pois não afetou o núcleo das funções jurisdicionais típicas do Poder Judiciário. Além do que, segundo a Corte, as funções do advogado e do membro do Ministério Público são atividades consagradas em sede constitucional e a sua participação no Conselho só reforça a natureza democrática do instituto.

Como as imunidades parlamentares (arts. 53 a 56 da CF/88) e as prerrogativas do Executivo (art. 86) estão relacionadas ao exercício independente das suas funções constitucionais, podemos concluir que abolir as cláusulas que dispõem sobre esses institutos seria inconstitucional por violar a separação de poderes.

IV – os direitos e garantias individuais

Numa leitura literal e minimalista dos direitos fundamentais tutelados por cláusula pétrea, seria possível afirmar que a extensão dessa tutela se encerraria nos direitos de 1ª geração (liberdades públicas clássicas), cuja titularidade é indubitavelmente do indivíduo. Mas essa visão não é a que predomina na doutrina mais garantista.

Sustentar que apenas as liberdades clássicas estariam protegidas como cláusulas pétreas seria estabelecer primazia não prevista na própria Constituição entre os próprios direitos fundamentais, segundo Ingo Sarlet.[14] Da mesma maneira, não se pode

---

13 Art. 103-B. O Conselho Nacional de Justiça compõe-se de quinze membros com mais de trinta e cinco e menos de sessenta e seis anos de idade, com mandato de dois anos, admitida uma recondução, sendo: (Incluído pela Emenda Constitucional nº 45, de 2004.)I – um Ministro do Supremo Tribunal Federal, indicado pelo respectivo tribunal;II – um Ministro do Superior Tribunal de Justiça, indicado pelo respectivo tribunal;III – um Ministro do Tribunal Superior do Trabalho, indicado pelo respectivo tribunal;IV – um desembargador de Tribunal de Justiça, indicado pelo Supremo Tribunal Federal;V – um juiz estadual, indicado pelo Supremo Tribunal Federal;VI – um juiz de Tribunal Regional Federal, indicado pelo Superior Tribunal de Justiça;VII – um juiz federal, indicado pelo Superior Tribunal de Justiça;VIII – um juiz de Tribunal Regional do Trabalho, indicado pelo Tribunal Superior do Trabalho;IX – um juiz do trabalho, indicado pelo Tribunal Superior do Trabalho;X – um membro do Ministério Público da União, indicado pelo Procurador-Geral da República;XI – um membro do Ministério Público estadual, escolhido pelo Procurador-Geral da República dentre os nomes indicados pelo órgão competente de cada instituição estadual;XII – dois advogados, indicados pelo Conselho Federal da Ordem dos Advogados do Brasil;XIII – dois cidadãos, de notável saber jurídico e reputação ilibada, indicados um pela Câmara dos Deputados e outro pelo Senado Federal.

14 SARLET, Ingo Wolfgang. "Os Direitos Fundamentais Sociais como 'Cláusulas Pétreas'". ***Cadernos de Direito***; Cadernos do Curso de Mestrado em Direito da Universidade Metodista de Piracicaba, v. 3, nº 5, dezembro de 2003, p. 88 a 94.

desconsiderar que os direitos sociais pertencem de início ao indivíduo e não à coletividade, como o direito à saúde, por exemplo.

Sobre a saúde, apesar de ser importante analisá-la sob o prisma coletivo, principalmente com o desenvolvimento de políticas públicas para a construção de hospitais, contratação de médicos e enfermeiros especializados, não podemos deixar de destacar que saúde é antes de tudo vida, individualmente considerada. Como podemos negar a natureza de cláusula pétrea ao direito à saúde? Se emendas constitucionais fossem apresentadas no sentido de diminuir os limites orçamentários para os gastos com a saúde, ou mesmo desobrigando o Estado da função de protegê-la, seriam essas reformas válidas?

O assunto é tão polêmico que, em âmbito judicial,[15] ainda não há uma posição uniforme sobre a proteção dos direitos sociais como cláusulas pétreas, simplesmente pela análise restrita da expressão *direitos e garantias individuais* (típicos de primeira geração). Sem falar que os Estados, em suas defesas nos diversos litígios que envolvem a prestação dos medicamentos gratuitos, aproveitam-se da suposta natureza unicamente coletiva do direito à saúde, para se eximirem da prestação dos serviços públicos essenciais garantidos pela Constituição.[16]

Nesse ponto, importante destacar que, uma vez que os direitos sociais guardam relação com os próprios indivíduos (eis que, ao fim e ao cabo, são por eles exercidos e de forma individual), a proteção de tais direitos culminaria, afinal, na proteção de direitos individuais. Em outro sentido, caso se entendesse que os direitos sociais não configurariam cláusulas pétreas, correr-se-ia o risco de que emenda constitucional que os abolisse refletisse tal prejuízo exatamente em um direito individual. Seria o caso, por exemplo, de emenda que, ao revogar o direito à saúde, colocasse em risco o próprio direito à vida.

Em razão disso, como consta do Ementário nº 1730-10/STF, o ministro Celso de Mello ressalta que, uma vez que os direitos e garantias expressos no texto constitucional não se limitam àqueles previstos no art. 5º (conforme o § 2º do mesmo artigo), tem-se que mesmo os direitos sociais revelam-se cláusulas pétreas, eis que advindos de direitos individuais.

---

15 O STF indicou tendência à proteção dos direitos sociais como cláusulas pétreas no julgamento da ADI 1.946/DF, Min. Rel. Sydney Sanches, Plenário. j. 03.04.2003; *DJ* 16.05.2003, quando defendeu que o direito à licença-maternidade (art. 7º, XVIII, CF) é protegido pela imutabilidade.

16 STF, SS 3.205/AM. j. 31.05.2007; Decisão da Presidência, Ministra Ellen Gracie, decisão publicada no *DJU* em 08.06.2007. Vale a pena ler trecho da defesa do Estado do Amazonas na Suspensão de Segurança sob comento: (...) ao ser compelido a adquirir medicamentos fora de sua atribuições como elemento de um sistema único, objeto da Lei nº 8.080/90, toda a coletividade será prejudicada, pois, valendo-se do exemplo do caso concreto, estar-se-ia atendendo uma necessidade **individual** em detrimento do equilíbrio financeiro do sistema em relação à **coletividade** (fls. 10-11), sendo certo que essa foi a conclusão das decisões proferidas nas mencionadas STA 91/AL e SS 3.073/RN; b.2) **o art. 196 da Constituição da República, ao assegurar o direito à saúde, se refere, em princípio, à efetivação de políticas públicas que alcancem a população como um todo, não garantindo situações individualizadas, como o fornecimento de remédios excepcionais e de alto custo que estão fora da lista do Sistema Único de Saúde – SUS (grifos nossos)**.

Quanto à proteção dos direitos individuais se esgotarem ou não nas disposições do art. 5º da CF/88, doutrina e jurisprudência convergem para o entendimento de que todos os dispositivos constitucionais que tratam desses direitos configuram cláusulas pétreas, como na decisão[17] do STF, que consagrou o princípio da anterioridade em matéria tributária (art. 150, III, "b") como cláusula pétrea.

Na interpretação da CF/88 é possível se identificar institutos e direitos importantes que não foram consagrados como cláusulas pétreas expressas, mas que diante de sua relevância também deveriam receber um tratamento especial pelo constitucionalismo pátrio. É a doutrina das limitações materiais implícitas.

Para Nelson de Souza Sampaio seriam exemplos de tais limitações: a) a titularidade do poder constituinte; b) as relativas ao titular do poder de reforma e, ainda, c) ao processo da própria emenda.[18]

Manoel Jorge e Silva Neto indica que todo o núcleo dos princípios fundamentais do Título I da Constituição (arts. 1º a 4º) são limitações implícitas, levando-se em consideração que fariam parte da própria razão ontológica da unidade estatal brasileira.[19]

Guilherme Peña de Moraes destaca que são exemplos de cláusulas tácitas a forma e o sistema de governo, que não poderiam ser modificadas por uma reforma constitucional após o resultado do plebiscito de 21 de abril de 1993, quando o povo confirmou a vontade de viver em uma república-presidencialista.[20]

Ressaltando a limitação implícita que veda a alteração do próprio art. 60, com o intuito de facilitar o processo de reforma, nasce a vedação à dupla reforma ou à dupla revisão. Tal instituto significaria, em sentido simples, realizar, por meio de duas emendas constitucionais, o que não seria possível de se conseguir com uma só. Exemplificando: se a EC X pudesse retirar o § 1º do art. 60, a EC Y poderia livremente ser promulgada durante a intervenção federal, hipótese esta não desejada pelo constituinte por colocar em risco a própria Constituição; ou então, se a EC W pudesse retirar o § 4º do art. 60, a EC J poderia estabelecer pena de morte para crimes hediondos, situação também não defendida pelo constituinte originário.

Manoel Gonçalves Ferreira Filho, em sentido contrário, defende a possibilidade da dupla revisão, tendo em vista a inexistência de vedação constitucional expressa que a proíba.[21]

---

17 STF, ADI nº 939/DF, Plenário, Min. Rel. Sydney Sanches, j. 15.12.93, *DJ* 18.03.94.

18 SAMPAIO, Nelson de Souza. ***O poder de reforma constitucional***. Salvador: Livraria Progresso, 1954, p. 93 e ss.

19 SILVA NETO, Manoel Jorge e. ***Curso de Direito Constitucional***. 3. ed. Rio de Janeiro: Lumen Juris, 2008, p. 22.

20 PEÑA DE MORAES, Guilherme. ***Curso de Direito Constitucional***. 2. ed., rev. e atual. Rio de Janeiro: Impetus, 2008, p. 34-35.

21 FERREIRA FILHO, Manoel Gonçalves. "Significação e Alcance das Cláusulas Pétreas". ***Revista de Direito Administrativo***, nº 202, 1995, p. 17.

6.1.2. Emendas de Revisão

As emendas de revisão, trazidas casuisticamente[22] pelo constituinte originário com inspiração no direito português,[23] na forma do art. 3º do ADCT, possuem um mecanismo próprio de elaboração, mais simplificado do que o previsto para a criação das emendas constitucionais, ainda que, como iremos constatar, estivessem subordinados ao "núcleo do poder reformador" do art. 60.

CORRENTES SOBRE A REVISÃO CONSTITUCIONAL E LIMITAÇÕES

Em razão da discussão acerca da vinculação ou não da revisão constitucional ao resultado do plebiscito de 1993, em que o povo confirmou a vontade do constituinte originário com a forma de governo republicana e o sistema de governo presidencialista, o governador do estado do Paraná ajuizou ação direta de inconstitucionalidade[24] em face da Resolução nº 01/93 (de 18.11.1993) do Congresso Nacional, que determinava a abertura dos trabalhos da revisão constitucional, entendendo que os arts. 2º e 3º do ADCT estariam juridicamente atrelados, e como o plebiscito não alterou a vontade do constituinte, não haveria então mais possibilidade de reforma por meio do mecanismo simplificado destinado às emendas de revisão. No julgamento da referida ação, pode-se observar, nos votos dos ministros, o nascimento de duas posições:

- **Restritiva**
- **Moderada**

A primeira, defendida por Geraldo Ataliba e Paulo Bonavides, entendia que os dois dispositivos sob comento do ADCT estariam atrelados e, com isso, em razão do resultado do plebiscito, não haveria mais possibilidade de alteração da Constituição por meio das emendas revisionais.

A segunda tese, defendida por Raul Machado Horta[25] e acolhida pelo STF,[26] defendia a desvinculação dos dois dispositivos, diante da normatividade própria de cada um. Entretanto, em razão da escassez do texto do art. 3º acerca do processo e limites sobre a revisão constitucional, esta deveria respeitar o núcleo das cláusulas pétreas e demais aplicações subsidiárias com esteio no art. 60 da CF/88.

22 Para serem elaboradas após o resultado do plebiscito, sobre forma e sistemas de governo do art. 2º do ADCT.

23 De acordo com o art. 284 da Constituição portuguesa de 1976: "A Assembleia da República pode rever a Constituição decorridos cinco anos sobre a data da publicação da última lei de revisão ordinária".

24 STF, ADIN 981/PR MC, Plenário, Min. Rel. Néri da Silveira, j. 17.12.93, *DJ* 05.08.94.

25 MACHADO HORTA, Raul. "Permanência e Mudança na Constituição." *Revista Brasileira de Estudos Políticos*, vol. 74/74, janeiro/julho de 1992, p. 260 a 262.

26 STF, ADIN 981/PR MC, Plenário, Min. Rel. Néri da Silveira, j. 17.12.93, *DJ* 05.08.94.

Podemos, com base na corrente vencedora, estabelecer as seguintes limitações para as emendas de revisão: a) de ordem temporal, tendo em vista que só poderiam ser instituídas após 5 (cinco) anos contados da promulgação da CF/88; b) restrições de ordem formal, que, com base no art. 3º do ADCT, seriam: exigência de maioria absoluta e observância ao princípio do unicameralismo; promulgação pela Mesa do Congresso Nacional e, com espeque no art. 60, obediência ao rol taxativo de legitimados ativos dos incisos I, II e III; c) de ordem circunstancial, com a impossibilidade de revisão na vigência de intervenção federal, estado de defesa ou estado de sítio, com aplicação subsidiária do art. 60, § 1º; e d) de ordem material, com o respeito às cláusulas pétreas do art. 60, § 4º, além das limitações implícitas de criação doutrinária.

QUADRO COMPARATIVO ENTRE AS EMENDAS CONSTITUCIONAIS E AS EMENDAS DE REVISÃO

Em face das limitações enfrentadas pelas emendas constitucionais e também pelas emendas de revisão, em nome da rigidez constitucional é possível se traçar um paralelo entre as duas espécies normativas, como podemos verificar do quadro abaixo.

PODER REFORMADOR (art. 60, CF/88)		
Limitações	**Emenda Constitucional (art. 60 da CF)**	**Emenda de Revisão (art. 3º do ADCT)**
Temporais	Não	5 (cinco) anos, contados da promulgação da CF
Circunstanciais	Art. 60, § 1º	Art. 60, § 1º
Formais	Art. 60, I, II e III,	Art. 60, I, II e III
(processo legislativo)	§ 2º, § 3º, § 5º	Votação em sessão unicameral por maioria absoluta dos membros do CN; Promulgação – Mesa do Congresso Nacional. Não se aplica o disposto no § 5º do art. 60
Materiais (conteúdo)	Expressas: art. 60, § 4º. Implícitas	Expressas: art. 60, § 4º. Implícitas

6.2. MUTAÇÃO CONSTITUCIONAL

6.2.1. Conceito. Definições

Ao lado do processo formal de mudança da Constituição, que hoje consiste na elaboração das emendas constitucionais com espeque no art. 60 ora analisado, a mutação constitucional vai dar oxigênio ao texto constitucional, permitindo a sua releitura à luz da sociedade atual, dos fatos econômicos, históricos e políticos, existentes no momento da interpretação da Constituição. A mutação não realiza mudanças formais na Constituição, por isso se diz que seria uma reanálise do sentido e alcance das normas constitucionais, sem mudança de texto. Pode ainda ser denominada, segundo a doutrina, transição constitucional, manifestação de poder constituinte difuso e, mudança constitucional silenciosa.

Com bem salienta Uadi Lammêgo Bulos, o caráter dinâmico e prospectivo da ordem jurídica propicia o redimensionamento da realidade normativa, onde as Constituições, sem revisões ou emendas, assumem significados novos, caracterizados por um renovar-se, um refazer-se de soluções que, muitas vezes, não promanam de reformas constitucionais, e sim, de mudanças informais.[27]

Com base nas lições de George Burdeau, haveria um poder constituinte difuso que, por não ser registrado pelos mecanismos constitucionais, seria realizado por meios difusos, ou seja, não seguem formalidades ou procedimentos expressos.[28]

Para o Min. Gilmar Mendes, as mutações constitucionais nada mais seriam do que as alterações semânticas dos preceitos da Constituição, em decorrência de modificações no prisma histórico-social ou fático-axiológico em que se concretiza a sua aplicação. Segundo o autor, as palavras das leis conservam-se imutáveis, mas a sua acepção sofre um processo de erosão ou, ao contrário, de enriquecimento, em virtude da transferência de fatores diversos que vêm amoldar a letra da lei a um novo espírito, a uma imprevista *ratio juris*, que atribui nova direção aos enunciados jurídicos.[29]

Anna Cândida da Cunha Ferraz define a mutação como: "um processo indireto, processos não formais ou processos informais, para designar todo e qualquer meio de mudança constitucional não produzida pelas modalidades organizadas de exercício do Poder Constituinte Derivado".[30]

6.2.2. Manifestações

A mutação pode ser fruto de novos usos ou costumes, de atuações administrativas ou legislativas, e ainda, como é mais comum no Brasil, manifestar-se por meio de novas interpretações judiciais acerca do texto constitucional, ou seja, verdadeiras "viradas jurisprudenciais".

Consoante o ensinamento de Anna Cândida da Cunha Ferraz, em obra específica sobre o assunto,[31] a mutação constitucional por via interpretativa é claramente perceptível numa das situações seguintes: a) quando há um alargamento do sentido

27 BULOS, Uadi Lammêgo. ***Constituição Federal Anotada***. 8. ed., rev. e atual. São Paulo: Saraiva, 2008, p. 53-55.

28 BURDEAU, George. ***Droit constitutionnel et institutions politiques***. 16. ed. Paris: LGDJ, 1974.

29 MENDES, Gilmar Ferreira; COELHO, Inocêncio Mártires e BRANCO, Paulo Gustavo Gonet. ***Curso de Direito Constitucional***. 2. ed. São Paulo: Saraiva, 2008.

30 FERRAZ, Anna Cândida da Cunha. ***Processos Informais de Mudança da Constituição:*** Mutações Constitucionais e Mutações Inconstitucionais. São Paulo: Max Limonad, 1986.

31 FERRAZ, Anna Cândida da Cunha. ***Processos Informais de Mudança da Constituição***: Mutações Constitucionais e Mutações Inconstitucionais. São Paulo: Max Limonad, 1986.

do texto constitucional, aumentando-se-lhe, assim, a abrangência para que passe a alcançar novas realidades; b) quando se imprime sentido determinado e concreto ao texto constitucional; c) quando se modifica interpretação anterior e se lhe imprime novo sentido, atendendo à evolução da realidade constitucional;[32] d) quando há adaptação do texto constitucional à nova realidade social, não prevista no momento da elaboração da Constituição; e) quando se preenche, por via interpretativa, lacunas do texto constitucional.[33]

6.2.3. Exemplos do Fenômeno

Como exemplos de mutações constitucionais, de acordo com a jurisprudência do STF, podemos citar:

a) A decisão da Corte no MS 26.603-1, que reconheceu a fidelidade partidária no país, realizando uma releitura dos arts. 14, § 3º, e 55 da CF/88;

b) O entendimento sobre a prisão civil do depositário infiel (art. 5º, LXVII), representado pela Súmula Vinculante nº 25;

c) A decisão do STF acerca da relação homoafetiva e da entidade familiar em que considerou cabível o mecanismo da integração analógica para que sejam aplicadas às uniões homoafetivas as prescrições legais relativas às uniões estáveis heterossexuais, excluídas aquelas que exijam a diversidade de sexo para o seu exercício, até que o Congresso Nacional lhe dê tratamento legislativo (releitura do art. 226, § 3º, da CF/88).[34]

d) A redefinição do papel do AGU no controle concentrado de constitucionalidade – ADI 3.916/DF. O Tribunal, por maioria de votos, entendeu que o art. 103, § 3º, da CF/88 deve ser alvo de uma interpretação sistemática, pois o que o referido dispositivo pretende garantir é que o AGU emita seu parecer e não estabelecer obrigatoriedade deste em defender o ato normativo impugnado;[35]

e) O cancelamento da Súmula nº 394 do STF, que previa a prorrogação de sua competência para processar ex-parlamentares;

---

32 Em nossa opinião, o julgamento do STF sobre a fidelidade partidária dos candidatos eleitos pelo sistema eleitoral proporcional manifesta uma mutação constitucional por meio de releitura dos arts. 1º, II e V, 14, § 3º e 45 da CF/88, modificando a interpretação anterior dos mesmos dispositivos que não resultavam na tal fidelidade. Cf. STF, MS nº 26.603/DF, Rel. Min. Celso de Mello, Plenário, j. 04.10.07, *DJ* 19.12.08.

33 Seria o caso do cancelamento da Súmula nº 394 do STF, que previa a prorrogação de competência da Corte para julgamento criminal de ex-parlamentares, na interpretação do art. 53, § 1º, da CF/88.

34 STF, ADI nº 4.277/DF, Plenário, Rel. Min. Ayres Britto, j. 05.05.11, *DJ* 14.10.11 e STF, ADPF nº 132/RJ, Plenário, Rel. Min. Ayres Britto, j. 05.05.11, *DJ* 14.10.11.

35 Anteriormente, inclusive, o STF já havia relativizado o dever de atuação do AGU quando do julgamento da ADI 1.616/PE, Plenário, Rel. Min. Maurício Corrêa, j. 24.05.01, *DJ* 24.08.01. Nela, o Supremo entendeu que quando já houver reiterada jurisprudência da Corte no sentido de reconhecer a inconstitucionalidade do ato normativo impugnado, não é necessária a sua defesa por parte do AGU.

f) A criação da Súmula Vinculante nº 13 que, ao vedar o nepotismo, fez uma sadia releitura dos princípios da Administração Pública previstos no art. 37, *caput*, da CF/88.

g) A decisão do STF que entendeu que o art. 86, caput da CF/88, no que tange ao juízo de admissibilidade das acusações contra o Presidente da República, não se aplica mais a Governadores nem a Prefeitos.[36]

6.3. HERMENÊUTICA

A interpretação faz parte da realidade de cada um de nós desde o nascer do sol até o momento do descanso. Interpretamos símbolos relativamente fáceis, como os sinais e placas de trânsito, ou ainda, a forma e cor dos objetos.

A tarefa de interpretar a Constituição, entretanto, é muito diferente e mais complexa.

Os métodos clássicos de interpretação jurídica podem ser imputados a Savigny, fundador da Escola Clássica do Direito em 1840, e podem ser sintetizados em métodos: gramatical (ou literal), sistemático, histórico e teleológico, que serão a seguir analisados.

Segundo a análise gramatical, a norma significaria justamente o que nela está escrito, a sua própria literalidade. Aqui se faz imperiosa a distinção entre dispositivo ou texto e a própria norma. O dispositivo é o significante ou o enunciado que expressa o comando, de onde o mesmo é extraído, e a norma é a regra de conduta que se extrai do dispositivo, sendo, portanto, inconfundíveis. Os dispositivos traçam o roteiro para compreensão das normas.

A interpretação gramatical seria o ponto de partida, sendo a guia inicial da tarefa do intérprete, mas não é normalmente o seu ponto de chegada, diante da pluralidade de normas que podem ser extraídas do mesmo dispositivo.

O método sistemático verifica a Constituição como um todo, realizando uma verificação completa do sistema constitucional para melhor compreensão de seus institutos. Analisando a proteção constitucional ao meio ambiente, que ganhou um papel de destaque na Constituição de 1988, é possível relacionar uma série de dispositivos que destacam o compromisso do país e da sociedade com a sua preservação, a saber: art. 5o, LXXIII (ação popular na defesa do meio ambiente); art. 186 (descumpre a função social da propriedade aquele que atentar contra o meio ambiente); art. 129, III (ação civil pública pode ser proposta em sua defesa); art. 23 (é matéria de competência comum da União, Estados, do Distrito Federal e dos Municípios, ou seja, cada ente da Federação é responsável pela preservação do meio ambiente); e ainda, o art. 225, quando afirma o compromisso na preservação do meio ambiente para as futuras gerações.

36 Inq 4.483 AgR e Inq 4.327 AgR-segundo, rel. min. Edson Fachin, j. 19-12-2017, P, *Informativo* 888.

O método histórico remonta à constituinte, à origem da nossa Constituição, e, sem dúvida, é um método importante, principalmente para uma Constituição jovem como a nossa, a qual surgiu da influência de vários movimentos sociais e políticos, que combateram a ditadura militar.

Importante destacar que o constituinte originário não pode aprisionar as futuras gerações, pois de fato o que é mais importante não é a occasio legis (a ocasião da elaboração da Constituição), e sim a ratio legis, ou seja, é o fundamento racional que vai acompanhar aquele texto constitucional ao longo da produção dos seus efeitos jurídicos, porque a Constituição é maleável. O processo histórico deve ser analisado sobre o prisma mais evolutivo, não descuidando da atualidade.

A teleologia é o estudo filosófico dos fins, isto é, do propósito, objetivo ou finalidade dos institutos. O método teleológico, então, reconhece que o Direito não é um fim em si mesmo e que os meios são indispensáveis para a busca da justiça. Com isso, determina ao intérprete que analise mais a fundo as normas legais, sempre em busca da sua essência e verdadeiro ideal. Como exemplo de aplicação do referido método podemos citar a decisão do TSE que reconheceu a inelegibilidade reflexa (art. 14, § 7º, da CRFB/88) numa relação homoafetiva, em que pese a Constituição até o momento não referendar expressamente essa forma de união estável.

6.3.1. OS PRINCIPAIS PRINCÍPIOS DE INTERPRETAÇÃO CONSTITUCIONAL

Princípio da Supremacia da Constituição

Esse princípio deverá ser considerado como premissa para a interpretação constitucional, tendo em vista que não se admite nenhum tipo de interpretação que coloque em risco a supremacia formal e material do texto constitucional.

Princípio da Unidade da Constituição

Segundo esse princípio, a Constituição formaria um sistema equilibrado de regras e princípios, não colidentes entre si, e o intérprete deveria observar essa unidade constitucional na hora de interpretá-la. Nesse diapasão, pode-se dizer que a posição já assentada pela jurisprudência do STF é a de que não há hierarquia entre as normas constitucionais, competindo à Corte a defesa dessas normas, e não a fiscalização do poder constituinte originário.

Princípio da Concordância Prática (ou da Harmonização)

A concordância prática ou princípio da harmonização deriva do princípio da unidade e recomenda ao intérprete que, ao se deparar com situações concretas de concorrência entre bens constitucionalmente protegidos, adote a solução para otimizar a realização de todos, mas sem negar completamente um direito ou um princípio. Ex.: prisões processuais x princípio da presunção da inocência; ou ainda, liberdade de informação x proteção à vida privada.

Princípio do Efeito Integrador (ou da Eficácia Integradora)

Esse princípio reforça a importância da integração política e social e conduz a decisões judiciais pluralisticamente integradoras. Não é utilizado em todos os casos de interpretação, mas concebe a Constituição como elemento inafastável de integração comunitária.

Princípio da Justeza (ou da Conformidade Funcional)

O Poder Judiciário não poderá interpretar a Constituição subvertendo o esquema organizatório-funcional nela estabelecido. Com isso, o significado das normas constitucionais não pode ser deturpado, sob pena de se colocar em risco o próprio Estado Democrático de Direito.

Princípio da Interpretação Conforme a Constituição

A interpretação conforme a Constituição não é apenas um princípio de interpretação constitucional, mas também uma técnica de decisão em controle concentrado de constitucionalidade, na forma do art. 28, parágrafo único, da Lei no 9.868/99. Em nome da presunção de constitucionalidade das leis, se a norma em questionamento permitir plúrimas interpretações, umas incompatíveis e pelo menos uma compatível com a Constituição, o intérprete poderá afastar as contradições, mantendo a norma no sistema jurídico desde que interpretada em conformidade com a Constituição.

Princípios da Razoabilidade e da Proporcionalidade

A noção de razoabilidade guarda afinidade com a ideia de equilíbrio, moderação e harmonia. Busca aquilo que atende ao senso comum, aos valores vigentes em dado momento, em última análise, pretende alcançar a justiça. Carrega, portanto, forte elemento subjetivo e abstrato.

O princípio da proporcionalidade, por sua vez, é posterior à razoabilidade norte-americana e foi desenvolvido a partir da década de 1950, pelo Tribunal Constitucional Alemão. A Corte o desenhou como um método de interpretação e aplicação dos direitos fundamentais, empregado particularmente nos casos em que um ato estatal, destinado a promover a realização de um direito fundamental ou de um interesse coletivo, implica a restrição de um direito fundamental. É na Alemanha que o princípio da proporcionalidade ganha raízes mais profundas.

De acordo com a doutrina alemã defendida por Robert Alexy, o princípio seria composto por três sub-regras: a adequação, a necessidade e a proporcionalidade em sentido estrito. Adequada seria a medida capaz de fomentar e não obrigatoriamente atingir determinado fim; necessária, aquela que, quando comparada a outras tão eficazes quanto restringisse em menor escala o direito fundamental violado; e proporcional em sentido estrito à medida que promovesse a realização de um direito fundamental mais importante do que o que com ele colide.

É possível se verificar no art. 5°, LIV e LV, da Constituição brasileira, a previsão do princípio da razoabilidade do direito norte-americano é disposta expressamente. Com a cláusula do due process of law, entendida no seu duplo aspecto – material e processual – encontramos um decisivo obstáculo à edição de atos normativos revestidos de conteúdo arbitrário ou irrazoável e um importante fundamento para a ponderação dos conflitos de interesses. Com isso, podemos concluir que os dois princípios, apesar de não estarem positivados na Constituição, são extraídos implicitamente do devido processo legal substantivo.

7

DIREITOS INDIVIDUAIS E COLETIVOS. ANÁLISE DE ALGUNS INCISOS DO ART. 5º DA CRFB/88

7.1. PRINCÍPIO DA IGUALDADE

I – homens e mulheres são iguais em direitos e obrigações, nos termos desta Constituição.

O constituinte originário expressou nesse dispositivo as lutas históricas travadas contra a discriminação do sexo feminino. Assim, homens e mulheres que se encontrarem em situação idêntica não poderão sofrer qualquer cerceamento em suas prerrogativas e nos seus deveres. As discriminações são toleradas apenas quando a finalidade pretendida for a diminuição dos desníveis entre homem e mulher, ou entre as pessoas em geral, tendo em vista as diferenças de idade, sexo, capacidade econômica etc. Como as pessoas não são iguais, o respeito à diferença e às necessidades de cada um é um dos pilares mais importantes do conceito. Deve haver uma relação direta entre a desigualdade e a diferença observada, para que esta relação tenha pertinência.

A isonomia pode ser formal ou material:

A) Isonomia formal: fica proibida a discriminação arbitrária;

B) Isonomia material: do Poder Público é exigido que tome providências concretas que diminuam a desigualdade.

Chama-se "política de ação afirmativa ou discriminação positiva" a providência que leve à diminuição da desigualdade. É atingida quando o Estado edita normas que privilegiam os desfavorecidos da sociedade e estas se tornam efetivas. Além disso, a

Constituição determina de forma expressa a igualdade perante a lei e de forma implícita a igualdade na lei. Significam:

A) Igualdade perante a lei: é um comando que se dirige a todos: legislador, juiz, administrador público na aplicação da norma jurídica ao caso concreto, para que esta seja aplicada de modo igual àqueles que se encontrem em posições idênticas ou substancialmente semelhantes;

B) Igualdade na lei: é o comando que se dirige especialmente ao legislador, no sentido de que ele tem que cuidar para que não se estabeleça, na lei, comportamentos abusivos, ilícitos, arbitrários, contrários à igualdade, diferenciando pessoas que se encontram em situações idênticas, salvo motivo razoável. Ainda podem ser consideradas as dimensões subjetiva e objetiva dos direitos fundamentais.

7.2. PRINCÍPIO DA LEGALIDADE

II – ninguém será obrigado a fazer ou deixar de fazer alguma coisa senão em virtude de lei.

O Estado Democrático de Direito (art. 1 o , caput) repousa sob o signo da legalidade, exposto no dispositivo sob comento em seu sentido material ou amplo. O princípio da legalidade, portanto, expressa a sujeição ou subordinação das pessoas, órgãos ou entidades às prescrições emanadas do Legislativo, Executivo e Judiciário. Para o particular, ninguém é obrigado a fazer ou deixar de fazer algo, senão em virtude de lei (produzida pelo Legislativo e pelo Executivo), diante da sua autonomia da vontade. Já quanto ao administrador, deverá ser adotado o princípio da legalidade em sentido estrito, pois só é possível fazer o que a lei autoriza ou determina.

Desse dispositivo também deriva o princípio da reserva legal que determina que algumas matérias sejam regulamentadas exclusivamente por lei formal, ou seja, lei oriunda do processo legislativo constitucional, como é o exemplo das matérias penais, que não podem ser tratadas por medida provisória (editada por ato unilateral do chefe do Executivo), por expressa vedação constitucional (art. 62, § 1 o , I, "b").

Súmula vinculante 44: Só por lei se pode sujeitar a exame psicotécnico a habilitação de candidato a cargo público.

7.3. MANIFESTAÇÃO DE EXPRESSÃO RESPONSÁVEL

IV – é livre a manifestação do pensamento, sendo vedado o anonimato;

V – é assegurado o direito de resposta, proporcional ao agravo, além da indenização por dano material, moral ou à imagem.

A manifestação do pensamento é um dos atributos da liberdade de expressão, entretanto deverá ser realizada de maneira responsável. A identificação da autoria da manifestação (seja em cartas, e-mails, artigos nos jornais) é indispensável para tentar coibir as manifestações que tenham como intuito apenas o prejuízo da moral ou do bom nome alheio. Aquele que se sentir agredido pela expressão do pensamento do outro tem direito de resposta, que será proporcional ao agravo. O direito fundamenta-se, entre outros, no princípio da paridade de armas, como instrumento indispensável para reequilibrar a relação entre os cidadãos e os meios de comunicação.

A Constituição também assegura a ampla reparabilidade pelos prejuízos sofridos, sejam de natureza material (pecuniária), moral (que tenha ofendido a honra subjetiva) ou à imagem (que tenham ofendido a honra objetiva).

7.4. LIBERDADE RELIGIOSA

VI – é inviolável a liberdade de consciência e de crença, sendo assegurado o livre exercício dos cultos religiosos e garantida, na forma da lei, a proteção aos locais de culto e a suas liturgias;

VII – é assegurada, nos termos da lei, a prestação de assistência religiosa nas entidades civis e militares de internação coletiva;

VIII – ninguém será privado de direitos por motivo de crença religiosa ou de convicção filosófica ou política, salvo se as invocar para eximir-se de obrigação legal a todos imposta e recusar-se a cumprir prestação alternativa, fixada em lei.

A liberdade de religião exterioriza-se pela manifestação de pensamento e pode ser apresentada sob duas formas: a) liberdade de consciência e de crença: é a liberdade de foro íntimo. Ninguém pode obrigar ninguém a pensar deste ou daquele modo ou a acreditar nisto ou naquilo. Ambas as liberdades situam-se no recanto mais profundo da alma humana e são invioláveis; b) liberdade de culto religioso: protege o conjunto de manifestações que levam o crente a expressar sua religião (ritos, cerimônias, cultos, manifestações, reuniões, hábitos, tradições etc.).

O Estado também incentiva a busca do amparo espiritual ao isentar de pagamentos de impostos os templos de qualquer culto (art. 150, VI, "b"). Importante ressaltar, em apertada síntese, que o estado laico (leigo ou não confessional) é aquele que adota uma posição neutra no que tange ao campo religioso, defendendo a liberdade religiosa a todos os cidadãos, enquanto o estado confessional reconhece uma religião oficialmente.

7.5. PROTEÇÃO À INTIMIDADE E À VIDA PRIVADA

XI – a casa é asilo inviolável do indivíduo, ninguém nela podendo penetrar sem consentimento do morador, salvo em caso de flagrante delito ou desastre, ou para prestar socorro, ou, durante o dia, por determinação judicial.

Esse dispositivo consagra mais um desdobramento da vida privada, a inviolabilidade da "casa". Em regra geral, as pessoas só podem entrar nas casas alheias mediante permissão. Com consentimento válido, não há limite de hora para que alguém adentre em residência alheia. Sem consentimento, em regra geral, a casa não pode ser violada.

Entretanto, como não há inviolabilidade absoluta, essa fórmula cede espaço em algumas hipóteses. Nas situações de urgência, como flagrante delito, socorro ou desastre, é possível entrar na casa de alguém sem consentimento do morador, a qualquer hora do dia ou da noite, tendo em vista que a vida das pessoas está em risco.

A inviolabilidade domiciliar está protegida pelo princípio da reserva de jurisdição, ou seja, salvo nas hipóteses excepcionais (que se exigissem a ordem judicial seria cometer a maior das injustiças), somente o juiz poderá determinar a restrição desse direito fundamental.

Importante ressaltar que o significado da palavra "casa" sofreu muitas mutações ao longo do tempo. A atual jurisprudência do STF, influenciada pelos novos fatos sociais, considera "casa", para efeito da proteção do dispositivo em comento, os locais de trabalho onde as pessoas exercem profissão ou atividade privada (escritórios de advocacia, consultórios médicos etc.).

7.6. DIREITO DE REUNIÃO

XVI – todos podem reunir-se pacificamente, sem armas, em locais abertos ao público, independentemente de autorização, desde que não frustrem outra reunião anteriormente convocada para o mesmo local, sendo apenas exigido prévio aviso à autoridade competente.

A liberdade de reunião é um direito coletivo, se analisado em seu exercício conjunto, ou ainda um direito individual de expressão coletiva. Para a manifestação desse importante direito num país democrático, a Constituição apenas exige que a autoridade competente seja comunicada previamente sobre o dia, horário e local da reunião, a fim de que possa tomar providências necessárias à sua realização, que a reunião não frustre outra convocada para o mesmo local, e, ainda, que os manifestantes não estejam armados. Observe-se que não há necessidade de autorização e sim de aviso.

Também é importante destacar que a referida liberdade pode sofrer restrições nos casos excepcionais do Estado de Defesa e de Sítio, conforme prevê os arts. 136, § 1°, I, a e 139, IV, respectivamente.

O dispositivo fala em reunião pacífica e sem armas. No caso de reuniões não pacíficas a polícia deverá analisar o caso concreto, pois o direito de reunião pode ser ponderado com a garantia da segurança pública. O que não se pode fazer é impedir de antemão uma reunião sobre o argumento de que aquele grupo não é pacífico. O fato de existir um participante armado não é motivo suficiente para obstruir o direito de reunião.

O cerceamento da liberdade de reunião dá ensejo à impetração do mandado de segurança, na forma do art. 5º, LXIX, e não do habeas corpus, tendo em vista que o direito líquido e certo prejudicado se refere à liberdade de manifestação de expressão e não à de locomoção.

7.7. DIREITO DE ASSOCIAÇÃO

XVII – é plena a liberdade de associação para fins lícitos, vedada a de caráter paramilitar;

XVIII – a criação de associações e, na forma da lei, a de cooperativas independem de autorização;

XIX – as associações só poderão ser compulsoriamente dissolvidas ou ter suas atividades suspensas por decisão judicial, exigindo-se, no primeiro caso, o trânsito em julgado;

XX – ninguém poderá ser compelido a associar-se ou a permanecer associado;

XXI – as entidades associativas, quando expressamente autorizadas, têm legitimidade para representar seus filiados judicial ou extrajudicialmente.

A liberdade de associação é outro direito coletivo, ou individual de expressão coletiva, que deve ser exercido de maneira plena, desde que tenha fins lícitos, vedada a organização de caráter paramilitar, que seriam aquelas que se apresentam com características típicas de instituições oficiais, fardadas ou não, com organização hierárquica própria e ideologia contrária à ordem do Estado.

Importante assinalar que a liberdade de associação tem uma dimensão positiva, pois assegura a qualquer pessoa (natural ou jurídica) o direito de associar-se e de formar associações e também possui uma dimensão negativa, pois garante, a qualquer pessoa, o direito de não se associar, nem de ser compelida a filiar-se ou a desfiliar-se de determinada entidade.

Em nome da preservação dessa importante liberdade, o constituinte determinou que tanto para a suspensão das atividades da associação, quanto para a sua dissolução será necessário ordem judicial, em nome do princípio da reserva de jurisdição. No caso da dissolução, ainda se exige que a decisão tenha transitado em julgado.

8

NACIONALIDADE

8.1. CONCEITO

A nacionalidade é o vínculo jurídico que liga o indivíduo a um Estado, tornando-o nacional, componente do povo e titular de direitos e obrigações. Relaciona-se diretamente com a própria identidade da pessoa humana, direito assegurado inclusive pela Declaração Universal dos Direitos Humanos de 1948.

O conceito de nacionalidade no Brasil não se confunde com o de cidadania, que recebeu do constituinte originário sentido restrito e vinculado ao exercício de direitos políticos por meio do título de eleitor. O conjunto dos nacionais é muito maior que o conjunto de cidadãos, quando se vincula a cidadania strictu sensu ao pleno gozo dos direitos eleitorais políticos.

Com isso, pode-se concluir que o cidadão deverá ser nacional (salvo a situação peculiar do português equiparado), mas nem todo nacional é cidadão (crianças brasileiras, por exemplo).

São conceitos relacionados à nacionalidade:

Polipátrida: aquele que tem mais de uma nacionalidade (um conflito positivo, que gera a multinacionalidade).

Apátrida ou heimatlos: aquele que não tem nacionalidade (um conflito negativo, que gera dificuldades ao indivíduo em razão das restrições jurídicas que poderá sofrer em alguns países).

A Lei de Migração (Lei 13.445/17), em seu art. 1º, § 1o, VI, conceituou o apátrida como a pessoa que não seja considerada como nacional por nenhum Estado, segundo a sua legislação, nos termos da Convenção sobre o Estatuto dos Apátridas, de 1954, promulgada pelo Decreto nº 4.246, de 22 de maio de 2002, ou assim reconhecida pelo Estado brasileiro.

No que tange a entrada e saída de estrangeiros no território nacional, importante diferenciar, ainda que sucintamente, os seguintes conceitos:

Extradição: É a medida de cooperação internacional entre o Estado brasileiro e outro Estado pela qual se concede ou solicita a entrega de pessoa sobre quem recaia condenação criminal definitiva ou para fins de instrução de processo penal em curso, na forma do art. 81 da Lei 13.445/17.

Vale ressaltar que o art. 5°, LII da CRFB/88 veda a extradição de brasileiros e estrangeiros por crime político e de opinião, e que há proteção absoluta ao brasileiro nato contra a extradição, inclusive ao que possui dupla nacionalidade, de acordo com o art. 5°, LI da CRFB/88.

Expulsão: Consiste em medida administrativa de retirada compulsória de migrante ou visitante do território nacional, conjugada com o impedimento de reingresso por prazo determinado, na forma do art. 54 da Lei 13.445/17.

Deportação: É a medida decorrente de procedimento administrativo que consiste na retirada compulsória de pessoa que se encontre em situação migratória irregular em território nacional, na forma do art. 50 da Lei 13.445/17.

Importante destacar que não há expulsão ou deportação de brasileiros do território nacional.

8.2. ESPÉCIES DE NACIONALIDADE

Nacionalidade Originária ou Primária

A nacionalidade originária resulta do nascimento, sendo estabelecida por critérios sanguíneos, territoriais ou mistos. É também conhecida como involuntária e deve ser decidida de acordo com as normas previstas no Direito interno de cada país, de acordo com a sua soberania. No Brasil, os nacionais originários são denominados brasileiros natos.

Nacionalidade Derivada ou Secundária

A nacionalidade derivada é aquela que decorre da manifestação de vontade do indivíduo, e, em regra, é adquirida por meio do processo de naturalização. Em nosso país, os nacionais derivados são chamados brasileiros naturalizados.

8.3. CRITÉRIOS DE ATRIBUIÇÃO DE NACIONALIDADE ORIGINÁRIA

Os critérios principais de aquisição de nacionalidade originária, a seguir analisados, são:

A) critério sanguíneo ou ius sanguinis; b) critério territorial ou ius soli; e o c) critério misto.

De acordo com o critério estabelecido pelo ius sanguinis, será nacional todo o descendente de nacionais, independentemente do local de nascimento. É adotado, em regra, pelos países do "Velho Mundo" (África, Europa e Ásia), países de emigração, sendo normalmente ambilinear, ou seja, pai ou mãe podem transferir a nacionalidade a seus filhos.

Por meio do critério territorial, ius soli, será nacional o nascido no território do Estado, independentemente da nacionalidade de sua ascendência. É o critério predominante nos países do "Novo Mundo" (as Américas e a Oceania), conhecidos como países de imigração.

No entanto, vários países adotam hoje em dia um critério misto, numa combinação entre o ius soli e o ius sanguinis. No Brasil, o critério de atribuição de nacionalidade originária predominante é o da origem territorial, ainda que se reconheça em algumas situações a origem sanguínea, pode-se dizer que temos um sistema de ius soli relativo ou misto.

Atenção! Não se revela possível, em nosso sistema jurídico-constitucional, a aquisição da nacionalidade brasileira jure matrimonii, vale dizer, como efeito direto e imediato resultante do casamento civil. [Ext 1.121, rel. min. Celso de Mello, j. 18-12-2009, P, DJE de 25-6-2010.]

8.4. AQUISIÇÃO DE NACIONALIDADE ORIGINÁRIA

O art. 12, I, e suas alíneas "a", "b" e "c", da CF/1988, encerram as únicas formas de aquisição de nacionalidade originária brasileira, não podendo a legislação infraconstitucional ampliá-las, segundo entendimento do próprio Supremo Tribunal Federal.

No texto do art. 12, I, "a", a Constituição apresenta o critério de maior destaque da nacionalidade primária no país, ou seja, a origem territorial. De acordo com o referido dispositivo, serão brasileiros natos: os nascidos na República Federativa do Brasil, ainda que de pais estrangeiros, desde que estes não estejam a serviço de seu país. Daí se infere que, em regra geral, quem nasce no Brasil, será brasileiro nato, a não ser que seja filho de pai e mãe estrangeiros (não importa de qual nacionalidade) e ainda que um deles esteja a serviço oficial de seu país de origem (assim reconhecido pelo país que lhe encaminhou ao Brasil). Pode-se concluir que filho de brasileiro (pai ou mãe), seja nato ou naturalizado, nascido em nosso país, será sempre brasileiro nato.

Na alínea seguinte temos a combinação entre o critério sanguíneo, associado à questão funcional, senão vejamos: serão também brasileiros natos: os nascidos no estrangeiro, de pai brasileiro ou mãe brasileira, desde que qualquer deles esteja a serviço da República Federativa do Brasil. Da mesma maneira que não se impõe a nacionalidade brasileira ao filho de um estrangeiro, que está a serviço de seu país em território brasileiro, aqui nascido, a Constituição determina que o brasileiro a serviço do Brasil no exterior também possa transferir a nacionalidade brasileira a seu filho, mesmo tendo este nascido fora do território nacional. Ressalte-se que "a serviço" do país deve englobar a Administração Pública direta ou indireta de quaisquer das esferas da Federação.

O art. 12, I, "c", último critério a ser analisado, já sofreu duas reformas no texto de sua redação originária. Vejamo-lo com detalhes:

Serão brasileiros natos:

- Em 1988: os nascidos no estrangeiro, de pai brasileiro ou mãe brasileira, desde que sejam registrados em repartição brasileira competente ou venham a residir na República Federativa do Brasil antes da maioridade e, alcançada esta, optem em qualquer tempo pela nacionalidade brasileira.
- Com a redação da ER nº 3/1994: os nascidos no estrangeiro, de pai brasileiro ou mãe brasileira, desde que venham a residir na República Federativa do Brasil e optem, em qualquer tempo, pela nacionalidade brasileira.
- Atualmente, com a redação dada pela EC no 54/2007: c) os nascidos no estrangeiro de pai brasileiro ou de mãe brasileira, desde que sejam registrados em repartição brasileira competente ou venham a residir na República Federativa do Brasil e optem, em qualquer tempo, depois de atingida a maioridade, pela nacionalidade brasileira.

Com a supressão da possibilidade de registro em consulado brasileiro no exterior para fins de aquisição de nacionalidade brasileira, pela ER no 03/94, muitos brasileiros que moram no exterior (alguns em países de ius sanguinis e com isso seus filhos se tornavam apátridas ao nascerem) fizeram campanhas para o retorno do registro, o que aconteceu apenas em 2007.

É possível observarmos, então, que a atual redação é mais benéfica ao brasileiro do que se comparada à redação posterior à ER no 03/94, levando-se em consideração que nela havia a previsão de residência no país e ainda manifestação perante a Justiça Federal brasileira.

Na redação atual, os filhos de brasileiros podem ser registrados em Consulados (ou nas seções consulares das Embaixadas), sem a necessidade de vir ao país e proceder à opção. Os que não forem registrados no exterior ainda podem vir residir a qualquer tempo no Brasil e manifestar a opção após atingida a maioridade. Essa opção, apesar de potestativa, é feita na forma do art. 109, X, da CF/88 perante a Justiça Federal, em um processo de jurisdição voluntária.

Como nacionalidade é um direito fundamental personalíssimo, podem surgir duas hipóteses oriundas da citada alínea c: 1) o nascido no estrangeiro, filho de pai brasileiro ou mãe brasileira, que vem morar no Brasil antes de atingida a maioridade; e 2) o nascido no estrangeiro, filho de pai ou mãe brasileira, que vem morar no Brasil depois de atingir a maioridade.

Na primeira situação, como a opção perante a Justiça Federal só pode ser feita após atingida a maioridade, o filho de brasileiro ainda menor, ao vir residir no Brasil, será reconhecido como brasileiro nato em caráter provisório, até que se ultime a manifestação de vontade. Nesse sentido, o STF assim decidiu: "Vindo o nascido no estrangeiro, de pai brasileiro ou de mãe brasileira, a residir no Brasil, ainda menor, passa a ser considerado brasileiro nato, sujeita essa nacionalidade à manifestação da vontade do interessado, mediante a opção, depois de atingida a maioridade. Atingida a maioridade, enquanto não manifestada a opção, esta passa a constituir-se em condição suspensiva da nacionalidade brasileira".

Na segunda hipótese, como já é maior de idade, o filho de brasileiro pode se manifestar diretamente perante a Justiça Federal para exercer a opção confirmativa, entretanto, não há prazo para essa manifestação no ordenamento jurídico.

Ademais disso, a EC nº 54/2007 ainda acrescentou ao ADCT o art. 95, em atenção aos nascidos justamente depois da supressão do registro em consulado e antes da nova redação dada ao dispositivo.

Ressalte-se que a alínea "c" também, à semelhança da "b", excepciona o critério territorial, para aplicar o critério sanguíneo em conjunto com outros elementos, nesse caso: registro consular (na primeira parte) ou residência e opção (na segunda parte).

8.5. AQUISIÇÃO DE NACIONALIDADE DERIVADA

A naturalização permite ao estrangeiro que detém outra nacionalidade, ou ao apátrida (que não tem nenhuma), a aquisição da nacionalidade brasileira, na forma do art. 12, II, "a" e "b" e ainda de acordo com a Lei de Migração (Lei 13.445/17)*. Pode-se dizer, com isso, que as hipóteses de aquisição de nacionalidade secundária não se esgotam completamente na Constituição Federal. Como a naturalização no Brasil decorre de uma manifestação da vontade, podemos dizer que hoje não há naturalização tácita ou por decurso de prazo.

A naturalização tácita ou por decurso de prazo já foi adotada no país na Constituição de 1891, cujo art. 69, item 4, considerava cidadãos brasileiros "os estrangeiros, que achando-se no Brasil aos 15 de novembro de 1889, não declararem, dentro em seis meses depois de entrar em vigor a Constituição, o ânimo de conservar a nacionalidade de origem". Para alguns, essa naturalização ficou conhecida como "a grande naturalização".

Em sede constitucional, encontramos duas situações de aquisição de nacionalidade derivada:

Art. 12. São brasileiros:

II – Naturalizados:

A) os que, na forma da lei, adquiram a nacionalidade brasileira, exigidas aos originários de países de língua portuguesa apenas residência por um ano ininterrupto e idoneidade moral;

B) os estrangeiros de qualquer nacionalidade, residentes na República Federativa do Brasil há mais de quinze anos ininterruptos e sem condenação penal, desde que requeiram a nacionalidade brasileira.

C) Naturalização ordinária: para os originários de países da língua portuguesa (Angola, Açores, Portugal, Cabo Verde, Moçambique etc.), de acordo com o art. 12, II, "a", é exigida a residência por um ano ininterrupto no Brasil e idoneidade moral e, para os demais estrangeiros, as exigências estão na Lei de Migração, arts. 65 e 66 (ou, como diz o texto, na "forma da lei"). Apesar dos requisitos necessários para a aquisição da nacionalidade brasileira dos originários de países de língua portuguesa serem fixados pela Constituição, a natureza do ato administrativo de concessão do pedido é discricionário do Poder Executivo federal.

D) Naturalização extraordinária ou quinzenária: na forma do art. 12, II, "b", serão também brasileiros naturalizados: "os estrangeiros de qualquer nacionalidade, residentes na República Federativa do Brasil há mais de quinze anos ininterruptos e sem condenação penal, desde que requeiram a nacionalidade brasileira". Originariamente o prazo de residência exigido era de 30 (trinta) anos, e foi reduzido pela metade com a ER no 03/94. Nesse caso, o Ministro da Justiça não pode fazer um juízo de conveniência e oportunidade sobre o deferimento da naturalização extraordinária. Preenchidos os requisitos acima mencionados, surge o direito público subjetivo à naturalização, sendo, portanto, um ato vinculado.

A Lei de Migração trouxe a naturalização extraordinária em seu art. 67, dispondo que: "A naturalização extraordinária será concedida a pessoa de qualquer nacionalidade fixada no Brasil há mais de 15 (quinze) anos ininterruptos e sem condenação penal, desde que requeira a nacionalidade brasileira."

Além das duas situações de aquisição de nacionalidade derivada elencadas pela Constituição Federal e também pela Lei de Migração, acima vistas, passaremos a analisar mais duas hipóteses contempladas apenas pela última. Quais sejam: a naturalização especial e a naturalização provisória.

A) Naturalização especial: na forma do art. 68 da Lei de Migração, tal espécie de naturalização poderá ser concedida ao estrangeiro que seja cônjuge ou companheiro, há mais de 5 (cinco) anos, de integrante do Serviço Exterior Brasileiro em atividade ou de pessoa a serviço do Estado brasileiro no exterior, ou que seja ou tenha sido empregado em missão diplomática ou em repartição consular do Brasil por mais de 10 (dez) anos ininterruptos. Para que seja concedida a naturalização é necessário o cumprimento dos requisitos elencados no art. 69 da citada lei. (São requisitos para a concessão da naturalização especial: I - ter capacidade civil, segundo a lei brasileira; II - comunicar-se em língua portuguesa, consideradas as condições do naturalizando; e III - não possuir condenação penal ou estiver reabilitado, nos termos da lei).

B) Naturalização provisória: de acordo com o art. 70 da Lei de Migração, a naturalização provisória poderá ser concedida ao migrante criança ou adolescente que tenha fixado residência em território nacional antes de completar 10 (dez) anos de idade e deverá ser requerida por intermédio de seu representante legal, podendo vir a ser convertida em definitiva se o naturalizando expressamente assim o requerer no prazo de 2 (dois) anos após atingir a maioridade. Os arts. 71 e 72 da referida lei tratam do pedido de naturalização provisória e demais providências.

8.6. TRATAMENTO DIFERENCIADO ENTRE BRASILEIROS

Como já vimos, os nossos nacionais originários são os brasileiros natos e os nacionais derivados são chamados brasileiros naturalizados. Saliente-se, entretanto, que quando a CF/88 dispõe sobre um direito ou um dever dos "brasileiros", está se referindo tanto aos natos quanto aos naturalizados, e essa é a regra geral, em nome do princípio da igualdade e da não discriminação. Os nossos brasileiros, seja em razão de vínculo originário ou de vínculo secundário, são nacionais, e em direitos e obrigações devem ser tratados da forma mais equânime possível.

Na forma do art. 12, § 2o, em nome do princípio da igualdade, somente a Constituição pode estabelecer tratamento diferenciado entre seus brasileiros, como o faz em alguns dispositivos legais, a seguir relembrados.

a) Quanto aos cargos

Na forma do art. 12, § 3°:

São privativos de brasileiros natos os cargos:

I – de Presidente e Vice-Presidente da República;

II – de Presidente da Câmara dos Deputados;

III – de Presidente do Senado Federal;

IV – de Ministro do Supremo Tribunal Federal;

V – da carreira diplomática;

VI – de oficial das Forças Armadas;

VII – de Ministro de Estado da Defesa.

Como esse rol é taxativo, nada impede, portanto, que um brasileiro naturalizado concorra a cargo na Câmara dos Deputados ou no Senado Federal, não podendo apenas ser eleito Presidente das duas Casas. Da mesma maneira, Governadores de Estado e Prefeitos podem ser brasileiros naturalizados, por inexistir proibição constitucional que os impeça de exercer tais cargos.

b) Quanto à composição no Conselho da República, na vaga de cidadão

De acordo com o art. 89, VII, a representação direta do povo no Conselho da República também é privativa de brasileiros natos:

VII - seis cidadãos brasileiros natos, com mais de trinta e cinco anos de idade, sendo dois nomeados pelo Presidente da República, dois eleitos pelo Senado Federal e dois eleitos pela Câmara dos Deputados, todos com mandato de três anos, vedada a recondução.

Ressalte-se que nem todo membro do Conselho da República é brasileiro nato (líderes da maioria e da minoria das Casas Legislativas, por exemplo), mas, na forma do dispositivo citado, a participação do povo no Conselho só pode ser preenchida por brasileiro nato.

c) Quanto à extradição

Nos termos do art. 5º, LI, não haverá extradição passiva de brasileiro nato:

LI - nenhum brasileiro será extraditado, salvo o naturalizado, em caso de crime comum, praticado antes da naturalização, ou de comprovado envolvimento em tráfico ilícito de entorpecentes e drogas afins, na forma da lei.

Conforme orientação do STF, o brasileiro nato que possui dupla nacionalidade também não poderá ser extraditado.

Importante destacar que se o brasileiro nato vem a perder a sua nacionalidade originária por ter adquirido voluntariamente, por meio de processo de naturalização, outra nacionalidade (hipótese em que não incide o disposto no art. 12, § 4º, II, alienas "a" e "b" da CRFB/88), poderá vir a sofrer extradição, pois terá havido a renúncia à nacionalidade brasileira diante da adoção de outra cidadania, hipótese autorizadora da decisão pela extradição.

Por fim, de acordo com o entendimento do STF na Súmula no 421, não impede a extradição a circunstância de ser o extraditado casado com brasileira ou ter filho brasileiro.

d) Quanto à propriedade

Ainda na forma do art. 222:

"a propriedade de empresa jornalística e de radiodifusão sonora e de sons e imagens é privativa de brasileiros natos ou naturalizados há mais de dez anos, ou de pessoas jurídicas constituídas sob as leis brasileiras e que tenham sede no País".

De acordo com o dispositivo acima, a Constituição de 1988 apresenta uma clara preocupação com a influência da mídia como formadora de opinião e exige que os nacionais derivados comprovem pelo menos dez anos de naturalização.

8.7. PERDA DA NACIONALIDADE

De acordo com a orientação jurisprudencial, as hipóteses de perda da nacionalidade estão taxativamente previstas na Constituição Federal, não podendo, portanto, a legislação infraconstitucional ampliar as hipóteses de restrição ao importante direito fundamental à nacionalidade.

Ressalta-se que o texto constitucional não consagra a possibilidade de renúncia à nacionalidade brasileira, não sendo, portanto, a mesma admitida.

Assim dispõe o art. 12, § 4°:

Será declarada a perda da nacionalidade do brasileiro que:

I – tiver cancelada sua naturalização, por sentença judicial, em virtude de atividade nociva ao interesse nacional;

II – adquirir outra nacionalidade, salvo nos casos:

A) de reconhecimento de nacionalidade originária pela lei estrangeira;

B) de imposição de naturalização, pela norma estrangeira, ao brasileiro residente em estado estrangeiro, como condição para permanência em seu território ou para o exercício de direitos civis.

Perda-sanção ou Punição: Brasileiros Naturalizados

O art. 12, § 4o, I, destaca que o brasileiro naturalizado, depois de enfrentar uma ação de cancelamento de naturalização transitada em julgado, terá declarada judicialmente a perda de sua nacionalidade brasileira. Como a perda ocorreu em razão da prática de ato nocivo ao interesse nacional, pode ser denominada perda-sanção, ou perda-punição.

A ação de cancelamento de naturalização é ajuizada pelo Ministério Público Federal perante a Justiça Federal, na forma do art. 109, X, da CRFB/88, garantidas a ampla defesa e o contraditório. Após declarada a perda, o ex-brasileiro não poderá enfrentar novo processo administrativo para aquisição de nacionalidade brasileira. É possível, entretanto, que o cancelamento da naturalização seja desfeito via ação rescisória.

Perda-mudança: Brasileiros Natos e Naturalizados

O art. 12, § 4°, II, traz a hipótese de perda de nacionalidade administrativa para o brasileiro nato ou naturalizado que optar pela aquisição voluntária de outra nacionalidade, como reconhecido pelo STF e já citado em tópico acima. A doutrina entende que o dispositivo trata de uma perda-mudança, porque não há punição ao brasileiro.

A Constituição consagra ainda a possibilidade de dupla nacionalidade, em que não haverá perda de nacionalidade do brasileiro, nos casos de

A) reconhecimento de nacionalidade originária pela lei estrangeira; ou b) imposição de naturalização, pela norma estrangeira, ao brasileiro residente em estado estrangeiro, como condição para permanência em seu território ou para o exercício de direitos civis.

A primeira situação é muito comum num país que recebeu tantos imigrantes como o nosso. Por meio desta exceção, filhos ou netos (dependendo da legislação estrangeira) de estrangeiros, nascidos no Brasil, serão brasileiros natos, ainda que possuam o reconhecimento de sua nacionalidade originária por outro país. Na segunda situação, brasileiros que sejam obrigados a se naturalizar, por força de casamento, trabalho, herança, ou como condição de permanência, manterão intacta a nacionalidade brasileira. É o que frequentemente ocorre com os jogadores de futebol, que, para jogarem nos clubes europeus, têm de se naturalizar no país dos clubes.

Segundo José Afonso da Silva, em caso de reaquisição de nacionalidade brasileira, mediante processo administrativo, o readquirente recupera a condição que perdera: se era brasileiro nato, voltará a ser brasileiro nato; se naturalizado, retomará essa qualidade.

O art. 76 da Lei de Migração preceitua que o brasileiro que houver perdido a nacionalidade nos termos do art. 12, § 4°, II da CRFB/88, uma vez cessada a causa, poderá readquiri-la ou ter o ato que declarou a perda revogado, na forma definida pelo órgão competente do Poder Executivo.

9

DIREITOS POLÍTICOS

9.1. FUNDAMENTO CONSTITUCIONAL

Do art. 1°, parágrafo único, da CRFB/88 extraímos que a soberania é popular, ou seja, o titular do Poder Constituinte é o povo, e é ele que deve exercer a sua vontade política, diretamente ou indiretamente, de acordo com o modelo de democracia participativa ou semidireta adotado pelo Brasil.

A democracia direta se realiza quando o cidadão, em pleno gozo de seus direitos políticos, participa de referendos, plebiscitos, quando ajuíza ação popular, dentre outras manifestações. Indiretamente, a democracia se manifesta quando os atos principais da vida política do país são realizados por nossos representantes eleitos para essa finalidade.

O art. 14 da CRFB/88 reitera o teor do artigo supracitado, dispondo que a soberania popular será exercida pelo sufrágio universal e pelo voto direto e secreto na forma da lei.

9.2. O "SUFRÁGIO"

O que é o sufrágio? Confunde-se com o voto? O sufrágio é a essência dos direitos políticos, o próprio direito público subjetivo político de poder participar da vida política do país. O sufrágio não se esgota e nem se confunde com o direito de votar ou de ser votado, pois envolve outras manifestações políticas. Pode ser definido como a reunião dos direitos políticos ativos (conquistados com o alistamento eleitoral) e passivos (relativos à capacidade eleitoral passiva), que são manifestações de direitos políticos positivos.

O sufrágio no Brasil, que hoje é universal, já foi censitário e capacitário, senão vejamos:

- Censitário – "renda"

O sufrágio censitário condiciona o exercício da vida política aos que possuam renda. Durante a vigência da Constituição de 1824, somente os que possuíssem comprovação de renda mínima poderiam votar e serem votados para certos cargos eletivos no país. Em 1891, a Constituição não permitia também que os mendigos participassem da vida política brasileira, pois não tinham condição econômica que justificasse a sua participação.

- Capacitário – "capacidade intelectual"

Essa manifestação de sufrágio baseia-se em capacitações especiais, notadamente de natureza intelectual. Permite-se, assim, o direito de voto apenas àqueles que possuem certo grau de instrução. A exigência de que o eleitor fosse alfabetizado, constituiu um mínimo de sufrágio capacitório, que foi eliminado pela EC no 25/85 que reformou a Constituição revogada.

- Universal – "discriminações positivas e toleradas"

O sufrágio universal foi trazido originariamente pela Constituição de 1988, quando foram abolidas as discriminações negativas presentes nas Constituições anteriores. A natureza universal do atual sufrágio não significa inexistência de discriminações, e sim, ausência de discriminações de índole negativa.

A Constituição ainda permite ponderações quanto ao exercício do sufrágio, como por exemplo: apesar de possuir alistabilidade, o analfabeto não possui elegibilidade; ou ainda, aos 18 (dezoito) anos é possível se candidatar ao cargo de vereador, mas não de deputado federal (somente permitido aos vinte e um anos). E assim, a existência de tais ponderações não retira o caráter universal do sufrágio.

9.3. AQUISIÇÃO DE DIREITOS POLÍTICOS: ALISTAMENTO ELEITORAL

Ao se alistar perante a Justiça Eleitoral, o cidadão adquire os seus direitos políticos ativos, recebendo autorização constitucional para atuar na formação da vontade política do país. Em regra geral, o cidadão é o brasileiro nato ou naturalizado em pleno gozo de seus direitos políticos.

De acordo com o art. 14, § 1° da CRFB/88 o alistamento eleitoral é obrigatório para os maiores de dezoito anos e facultativo para os analfabetos, os maiores de setenta anos e os maiores de dezesseis e menores de dezoito anos.

Pode-se concluir, então, que o alistamento eleitoral é obrigatório para os brasileiros alfabetizados, com mais de dezoito e menos de setenta anos de idade.

Os direitos políticos positivos se classificam em: ativos e passivos, que serão analisados a seguir.

9.4. DIREITOS POLÍTICOS ATIVOS

A) Alistabilidade – capacidade eleitoral ativa:

A alistabilidade é adquirida mediante o processo de aquisição de direitos políticos perante a Justiça eleitoral. Com o título de eleitor em mãos, nós adquirimos o direito de poder votar, de participar de referendos, plebiscito, de propor ação popular, de apresentar projeto de lei popular. São, intervenções ativas diretas do cidadão na vida política do país.

B) Plebiscito e Referendo:

A Constituição prevê que uma das formas de exercício da soberania popular será por meio de consultas populares, realizadas mediante plebiscitos e referendos. O plebiscito é uma consulta prévia que se faz aos cidadãos no gozo de seus direitos políticos, sobre determinada matéria a ser, posteriormente, discutida pelo Poder Público. O referendo consiste na consulta posterior sobre determinado ato governamental para ratificá-lo, ou no sentido de conceder-lhe eficácia (condição suspensiva), ou, ainda para retirar-lhe a eficácia (condição resolutiva). Ressalte-se que por se tratar de exercício da soberania, somente as pessoas que tiverem capacidade eleitoral ativa é que poderão participar de ambas as consultas. O art. 49 da CRFB/88, destinou ao Congresso Nacional a competência exclusiva para autorizar referendo e convocar plebiscito e o assunto foi regulamentado pela Lei nº 9.709/98.

C) Ação Popular:

A ação popular é ao mesmo tempo um remédio constitucional e um exercício de direito político ativo, pois, na forma do art. 5, LXVIII da CRFB/88 e da Lei 4.717/65, só poderá ser proposta pelo cidadão.

D) Iniciativa popular de apresentação de projetos de lei:

Os cidadãos, por força do art. 61, §2ºda CRFB/88 também poderão deflagrar o processo legislativo brasileiro apresentando projetos de lei complementar e ordinária, desde que satisfaçam os seguintes requisitos constitucionais: o projeto deve ser subscrito por, no mínimo, um por cento do eleitorado nacional + esses eleitores devem estar distribuídos pelo menos por cinco Estados brasileiros + e em cada um desses Estados, o número de eleitores não pode ser inferior a três décimos por cento dos eleitores locais. Os arts. 27, § 4º e 29, XIII da CRFB/88 cuidam da iniciativa popular de apresentação de projetos de leis estaduais e municipais.

E) O "Voto":

São características constitucionais do voto: pessoal, há obrigatoriedade formal do comparecimento; Livre; Sigiloso; Direto; Periódico; Com valor igual para todos. Pode-se dizer que o voto possui natureza híbrida, pois é, ao mesmo tempo: direito público subjetivo, uma função social (função da soberania popular no regime democrático adotado pelo Brasil), um dever sócio-político (na eleição dos governantes) e um dever jurídico, pois o seu descumprimento gera sanções jurídicas no país.

9.5. DIREITOS POLÍTICOS PASSIVOS

- Elegibilidade – capacidade eleitoral passiva:

A elegibilidade identifica a capacidade eleitoral passiva. Nem todos que possuem capacidade eleitoral ativa possuem necessariamente capacidade eleitoral passiva (os analfabetos, por exemplo), ou ainda, nem todos que podem votar podem ser votados. Por sua vez: todos que possuem capacidade eleitoral passiva possuem capacidade eleitoral ativa, ou seja, para ser votado, precisa poder votar, como na forma do art. 14, § 3ºda CRFB/88 que traz as condições de elegibilidade.

São condições genéricas cumulativas de elegibilidade, com base no art. 14 §3ºda CRFB/88:

> I - a nacionalidade brasileira (a nacionalidade originária só é exigida para os cargos do art. 12,§3ºda CRFB/88); II - o pleno exercício dos direitos políticos (não pode estar sofrendo nenhuma das restrições do art. 15da CRFB/88); III - o alistamento eleitoral (que gera a capacidade eleitoral ativa); IV - o domicílio eleitoral na circunscrição; V - a filiação partidária (pois não se admite candidatura avulsa no país); VI - a idade mínima de: a) trinta e cinco anos para Presidente e Vice-Presidente da República e Senador; b) trinta anos para Governador e Vice-Governador de Estado e do Distrito Federal; c) vinte e um anos para Deputado Federal, Deputado Estadual ou Distrital, Prefeito, Vice-Prefeito e juiz de paz; d) dezoito anos para Vereador.

9.6. OS DIREITOS POLÍTICOS NEGATIVOS

Em contraposição aos direitos políticos positivos, os direitos políticos negativos configuram situações em que o indivíduo não poderá participar da vida política ativa ou passiva do país e dividem-se em dois principais núcleos: as inelegibilidades (art. 14 da CRFB/88) e a perda e suspensão de direitos políticos, que serão a seguir analisados.

a) **As inelegibilidades**

As inelegibilidades afetam a capacidade eleitoral passiva do indivíduo, ora completamente (absolutas), ou ainda parcialmente (relativas):

As inelegibilidades absolutas: na forma do art. 14, §4°da CRFB/88, não podem concorrer a nenhum pleito eleitoral no país: os inalistáveis (estrangeiros e conscritos) e os analfabetos (que possuem capacidade eleitoral ativa, mas não capacidade eleitoral passiva). Essas situações são taxativas, ou seja, não pode a legislação infraconstitucional ampliar as hipóteses de inelegibilidades absolutas.

Inelegibilidades relativas: são restrições existentes para certos pleitos eleitorais e determinados mandatos, cujo núcleo principal está presente no art. 14, §5º da CRFB/88(reeleição), no §6º (desincompatibilização) e §7º (inelegibilidade reflexa).

Na forma do art. 14, §9ºda CRFB/88, lei complementar poderá ampliar esse tipo de inelegibilidade (LC 64/90).

- **A Reeleição.** Art. 14 § 5ºda CRFB/88. O Presidente da República, os Governadores de Estado e do Distrito Federal, os Prefeitos e quem os houver sucedido, ou substituído no curso dos mandatos poderão ser reeleitos para um único período subsequente.

Essa não é a redação originária da Constituição. Em 1988, o mandato para os titulares do Executivo era de cinco anos, sem reeleição. Por meio da ER nº 5/94, o mandato foi reduzido para quatro anos, ainda sem reeleição. Somente pela EC nº 16/97 é que a recondução para um mandato consecutivo foi inserida no texto constitucional. De acordo com a norma em referência, são permitidos apenas dois mandatos consecutivos no mesmo cargo e, desde que respeitada essa disposição, não há número máximo de mandatos. Ao interpretar o dispositivo ora analisado, o STF proibiu a figura do "Prefeito itinerante" ou "Prefeito profissional", muito comum no país e tolerada durante muito tempo pelo próprio TSE. Hoje, o prefeito reeleito não pode se candidatar ao terceiro mandato consecutivo de Prefeito nem para o mesmo Município, tampouco para um Município próximo.

- **A Desincompatibilização.** Art. 14, § 6º da CRFB/88. Para concorrerem a outros cargos, o Presidente da República, os Governadores de Estado e do Distrito Federal e os Prefeitos devem renunciar aos respectivos mandatos até seis meses antes do pleito.

O dispositivo traz a hipótese de desincompatibilização, que significa a necessidade de renúncia (o desfazimento do vínculo) do cargo do Executivo para quem pretende se candidatar a outro cargo eletivo, pelo menos 6 (seis) meses antes do pleito eleitoral. A regra se aplica aos titulares dos cargos no Executivo. Ressalte-se que a Constituição não faz menção à necessidade de desincompatibilização para quem pretende se reeleger (recondução para o mesmo cargo). Não há desincompatibilização para os ocupantes de cargos do Legislativo.

- **A Inelegibilidade reflexa.** Art. 14, § 7º da CRFB/88. São inelegíveis, no território de jurisdição do titular, o cônjuge e os parentes consanguíneos ou afins, até o segundo grau ou por adoção, do Presidente da República, de Governador de Estado ou Território, do Distrito Federal, de Prefeito ou de quem os haja substituído dentro dos seis meses anteriores ao pleito, salvo se já titular de mandato eletivo e candidato à reeleição.

Para evitar o continuísmo familiar no poder, prática infelizmente muito comum no Brasil, a Constituição estabeleceu a inelegibilidade chamada de reflexa porque seus efeitos não atingem o titular do cargo do executivo, mas os seus familiares.

Vale destacar que o comando constitucional torna inelegível a "família" do titular (como exemplo: cônjuge, companheiro, pai/mãe, avô/avó, filhos, netos, irmãos, sogros, genros, noras, cunhados) para quaisquer cargos eletivos no território da circunscrição sob seu comando, salvo se o familiar já é titular de cargo eletivo e candidato à reeleição. Ainda sobre o tema, será que a inelegibilidade será mantida para o ex-cônjuge com a separação ou o divórcio do casal? No primeiro caso, não há dúvidas que sim, pois não há um desfazimento definitivo do vínculo matrimonial. Quanto à segunda hipótese, o STF criou a Súmula Vinculante 18: "A dissolução da sociedade ou do vínculo conjugal, no curso do mandato, não afasta a inelegibilidade prevista no §7º do art. 14 da Constituição Federal."

Feitas essas considerações, é possível destacar que:

- A "família" do Prefeito não pode se candidatar aos cargos de: Vereador, Prefeito e Vice-Prefeito pelo mesmo Município;
- A "família" do Governador de Estado não pode se candidatar aos cargos de: Vereador, Prefeito e Vice-Prefeito pelos municípios localizados no mesmo Estado e também aos cargos de: Deputado Estadual, Deputado Federal, Senador, Governador e Vice-Governador do mesmo Estado;
- A "família" do Presidente da República não poderá se candidatar a nenhum cargo eletivo no país.

A renúncia é um mecanismo utilizado para afastar a inelegibilidade reflexa, para a qual deve ser obedecida a seguinte regra:

- Se o titular do Poder Executivo estiver no primeiro mandato e renunciar até seis meses antes do pleito eleitoral, ficará afastada a inelegibilidade reflexa e seus familiares podem concorrer a qualquer pleito eleitoral, inclusive ao cargo antes ocupado pelo renunciante. Neste último caso, entretanto, o familiar eventualmente eleito não poderá pleitear a reeleição, pois isso caracterizaria um terceiro mandato na mesma família, o que acarretaria um esvaziamento do comando constitucional;
- Se o titular do Poder Executivo estiver no segundo mandato e renunciar até seis meses antes do pleito eleitoral, ficará afastada a inelegibilidade reflexa para os demais cargos. Entretanto, seus familiares não podem concorrer ao cargo antes por ele ocupado, pois também acarretaria três mandatos consecutivos na mesma família.

b) **Perda e Suspensão de Direitos Políticos**

A perda ou suspensão dos direitos políticos constituem exceção à plenitude dos direitos de votar e ser votado. A perda é a privação definitiva dos direitos políticos positivos, e a suspensão é a privação temporária dos respectivos direitos. Ressalte-se que a cassação – ato arbitrário de retirada de direitos políticos – é vedada pela Constituição. São privações dos direitos políticos, conforme o art. 15 da CRFB/88:

- cancelamento da naturalização por sentença transitada em julgado – hipótese de perda;
- incapacidade civil absoluta – hipótese de suspensão de direitos políticos. Com a mudança no Código Civil feita pelo Estatuto da Pessoa com Deficiência (Lei

13.146/2015), esse dispositivo foi esvaziado, pois o menor de 16 anos não pode sequer se alistar;

- condenação criminal transitada em julgado – a suspensão dos direitos políticos persistirá enquanto durarem as sanções impostas ao condenado;
- recusa de cumprir obrigação a todos imposta ou prestação alternativa, nos termos do art. 5º, VIII, da CRFB/88 – para a doutrina majoritária, seguindo a tradição das Constituições pretéritas, esta seria mais uma hipótese de perda de direitos políticos, entretanto, o assunto não é pacífico, em parte, face ao disposto no art. 4, § 2º, da Lei 8.239/91, que cuida do serviço alternativo ao serviço militar, que assim afirma: "(...) o certificado só será emitido após a decretação, pela autoridade competente, da suspensão dos direitos políticos do inadimplente, que poderá, a qualquer tempo, regularizar sua situação mediante cumprimento das obrigações devidas". Esta hipótese de restrição de direitos políticos não tem sido cobrada em prova objetiva tendo em vista a controvérsia apresentada;
- improbidade administrativa – os atos de improbidade administrativa importarão a suspensão dos direitos políticos, na forma do art. 37, § 4ºda CRFB/88.

10

PARTIDOS POLÍTICOS

10.1. CONCEITO

Os partidos políticos são associações de pessoas com ideologias ou interesses comuns, que mediante uma organização estável, influenciam a orientação política de um país. Segundo definição legal o partido é pessoa jurídica de direito privado (art. 17, § 2º, da CF/88 e artigos 1º e 7º, caput, da Lei nº 9.096/95).

A Constituição Federal assegura aos partidos políticos no seu art. 17 autonomia para definir sua estrutura interna e estabelecer regras sobre escolha, formação e duração de seus órgãos permanentes e provisórios e sobre sua organização e funcionamento e para adotar os critérios de escolha e o regime de suas coligações nas eleições majoritárias, vedada a sua celebração nas eleições proporcionais, sem obrigatoriedade de vinculação entre as candidaturas em âmbito nacional, estadual, distrital ou municipal, devendo seus estatutos estabelecer normas de disciplina e fidelidade partidária. Importante ressaltar que essa liberdade de organização partidária não é absoluta, pois devem ser resguardados a soberania nacional, o regime democrático, o pluripartidarismo, os direitos fundamentais da pessoa humana e observados os preceitos a seguir apresentados, de acordo com o art. 17, I a IV, da CF/88.

10.2. PRECEITOS FUNDAMENTAIS

A) caráter nacional: somente será reconhecido como partido político aquele que tiver repercussão no país inteiro, protegendo o Estado Democrático de Direito, com isso, partido de caráter estadual ou municipal não será aceito;

B) proibição de recebimento de recursos financeiros de entidades ou governo estrangeiros ou de subordinação a estes: este preceito visa proteger a soberania popular. O partido que receber tais recursos terá o seu registro cassado;

C) prestação de contas à Justiça Eleitoral: é uma espécie de controle ou fiscalização financeira que se justifica em face da moralidade pública;

D) funcionamento parlamentar de acordo com a lei: derivado do princípio da legalidade.

10.3. O FIM DAS COLIGAÇÕES NAS ELEIÇÕES PROPORCIONAIS E A CLÁUSULA DE BARREIRA

A Emenda Constitucional nº 97 de 2017 alterou a Constituição Federal para vedar as coligações partidárias nas eleições proporcionais, estabelecer normas sobre acesso dos partidos políticos aos recursos do fundo partidário e ao tempo de propaganda gratuito no rádio e na televisão e dispor sobre regras de transição.

Tal alteração, no direito constitucional, merece atenção no que tange a vedação de coligações partidárias nas eleições proporcionais, pois o art. 17, § 1º da CRFB/88, ficou com a seguinte redação:

"É assegurada aos partidos políticos autonomia para definir sua estrutura interna e estabelecer regras sobre escolha, formação e duração de seus órgãos permanentes e provisórios e sobre sua organização e funcionamento e para adotar os critérios de escolha e o regime de suas coligações nas eleições majoritárias, vedada a sua celebração nas eleições proporcionais, sem obrigatoriedade de vinculação entre as candidaturas em âmbito nacional, estadual, distrital ou municipal, devendo seus estatutos estabelecer normas de disciplina e fidelidade partidária."

Dessa forma, nas eleições que adotam o sistema proporcional (Vereador, Deputado Estadual e Deputado Federal) não é mais possível formar coligações partidárias, ou seja, criar alianças entre dois ou mais partidos para trabalharem juntos em determinada eleição apresentando o mesmo candidato, o que só é possível, após a citada Emenda Constitucional, nas eleições pelo sistema majoritário (Prefeito, Governador, Senador e Presidente da República).

Importante ressaltar que a vedação à celebração de coligações nas eleições proporcionais, aplicar-se-á a partir das eleições de 2020, conforme estabelece o art. 2º da Emenda Constitucional 97 de 2017.

Sobre o acesso dos partidos políticos aos recursos do fundo partidário e ao tempo de propaganda gratuito no rádio e na televisão, a emenda trouxe regramento específico no art. 17 da CRFB/88, dispondo que:

"§ 3º Somente terão direito a recursos do fundo partidário e acesso gratuito ao rádio e à televisão, na forma da lei, os partidos políticos que alternativamente: I - obtiverem, nas eleições para a Câmara dos Deputados, no mínimo, 3% (três por cento) dos votos válidos, distribuídos em pelo menos um terço das unidades da Federação, com um mínimo de 2% (dois por cento) dos votos válidos em cada uma delas; ou II – tiverem elegido pelo menos quinze Deputados Federais distribuídos em pelo menos um terço das unidades da Federação (...).

§ 5º Ao eleito por partido que não preencher os requisitos previstos no § 3º deste artigo é assegurado o mandato e facultada a filiação, sem perda do mandato, a outro partido que os tenha atingido, não sendo essa filiação considerada para fins de distribuição dos recursos do fundo partidário e de acesso gratuito ao tempo de rádio e de televisão."

Podemos sustentar, da análise dos dispositivos supra descritos, que a Emenda trouxe uma cláusula de barreira ou de desempenho, ao estabelecer que os partidos políticos só terão acesso aos recursos do fundo partidário e ao tempo de propaganda gratuita no rádio e na televisão se atingirem um patamar mínimo de candidatos eleitos, cuja aplicabilidade depende das normas de transição previstas no texto da própria EC 97/2017.

11

DIREITOS SOCIAIS

11.1. CONCEITO E DESAFIOS

Quanto à sua natureza jurídica, os direitos sociais são qualificados como direitos fundamentais do indivíduo, garantidos pelo art. 25 da Declaração Universal dos Direitos do Homem de 1948, da seguinte forma:

> Toda pessoa tem direito a um padrão de vida capaz de assegurar a si e a sua família saúde e bem estar, inclusive alimentação, vestuário, habitação, cuidados médicos e os serviços sociais indispensáveis, e direito à segurança em caso de desemprego, doença, invalidez, viuvez, velhice ou outros casos de perda dos meios de subsistência fora de seu controle.

Classicamente, esses importantes direitos estão incluídos na denominada segunda geração de direitos fundamentais, que protege os direitos sociais, econômicos e culturais, onde do Estado não mais se exige uma abstenção, mas, ao contrário, impõe-se a sua intervenção, visto que a liberdade do homem sem a sua participação não é protegida integralmente. Essa necessidade de prestação positiva do Estado corresponderia aos chamados direitos sociais dos cidadãos, direitos que transcendem a individualidade e alcançam um caráter econômico e social visando a atingir a justiça social.

Como já estudamos, os direitos sociais se apresentam na virada do Estado Liberal para o Estado Social e visam à concretização de uma igualdade material, efetiva e real, determinando que a Constituição se comprometa com a melhoria de condições de vida dos hipossuficientes, que dependem de uma política estatal séria para que a justiça social seja verdadeiramente alcançada. São direitos jovens, como bem assevera Christian Courtis,[1] se comparados aos direitos privados, conhecidos como de

---

1 COURTIS, Christian. "Los derechos sociales en perspectiva: la cara jurídica de la política social". In: CARBONELL, Miguel (Ed). *Teoría del neoconstitucionalismo*. Madrid: Trotta. 2007, p. 185-209.

primeira geração e possuem tradicionalmente valor mais declarativo do que mecanismo concreto de garantias. Além do que, se desenvolveram a partir da noção de trabalho com vínculo fixo que está em crise tanto na Europa quanto na América Latina.

11.2. Classificação dos direitos sociais na Constituição brasileira

A Constituição de 1988 consagra como um dos fundamentos do Estado Democrático de Direito o amparo aos menos favorecidos, proporcionando-lhes condições de vida mais decente e em harmonia com a igualdade real, na forma do art. 1º, IV.

O capítulo II do Título II tutela os direitos sociais que engloba o art. 6º, garantindo a todos, na forma da Constituição, os seguintes direitos sociais: a educação, a saúde, a alimentação (EC 64/2010), o trabalho, a moradia (EC 26/2000), o transporte (EC 90/2015), o lazer, a segurança, a previdência social, a proteção à maternidade e à infância, a assistência aos desamparados, e os arts. 7º a 11 que cuidam dos direitos dos trabalhadores.

Ao longo do texto constitucional encontramos uma série de categorias de direitos sociais, senão vejamo-las:

- **da seguridade social** – saúde, previdência e assistência social (arts. 194 a 204);
- **da educação, cultura e desporto** (arts. 205 a 217);
- **da ciência, tecnologia e comunicação social** (arts. 218 a 224);
- **do meio ambiente** (art. 225);
- **da família, da criança, do adolescente e do idoso** (arts. 226 a 230);
- **dos índios** (art. 231).

12

TEORIA GERAL DO CONTROLE DE CONSTITUCIONALIDADE

12.1. INTRODUÇÃO

A Constituição escrita de um país não representa uma simples lei, de força cogente, dotada de impessoalidade e abstração, é a própria face do Estado, ou como já dissemos, o coração do ordenamento jurídico, cujas bases jurídicas fundamentam a validade das demais normas existentes no país.

Com isso, todos os atos estatais que contrariem diretamente ou indiretamente os dispositivos constitucionais devem ser objeto de fiscalização, cujo desiderato maior é retirar-lhes de circulação com a sua declaração de invalidade, em nome da supremacia constitucional.

A Constituição não pode se submeter aos caprichos dos poderes constituídos e nem ao império dos fatos e das circunstâncias, portanto, protegê-la em face dos eventuais abusos é defender o próprio Estado, a unidade do ordenamento jurídico e os direitos fundamentais do seu povo.

12.2. PRINCÍPIOS NORTEADORES

O controle de constitucionalidade encontra alicerce em três principais princípios, a seguir expostos:

12.2.1. Princípio da Rigidez Constitucional

Como já visto, a Constituição rígida é aquela que só pode ser alterada por um processo legislativo mais solene e dificultoso do que o existente para a elaboração das demais normas jurídicas e encontra seu núcleo no art. 60 da CF/88. Dessa rigidez é possível se observar a existência de uma verdadeira hierarquia entre as normas jurídicas, tendo em vista que as normas infraconstitucionais não podem alterar o texto da Constituição, justamente porque buscam fundamento jurídico de validade em seus postulados.

Com isso, é possível se observar uma clara distinção entre a obra do Constituinte e a do Legislador, tendo em vista que a segunda encontra o seu parâmetro de validade na primeira e não pode com isso ignorá-la, contrariando os seus fundamentos.

Clèmerson Merlin Clève pontua que não seria impensável, contudo, o controle de constitucionalidade nos Estados de organização constitucional flexível, no que tange ao processo legislativo de elaboração das demais normas jurídicas. Segundo o autor, uma vez estabelecido pela Constituição despida de rigidez, procedimento de criação das leis, qualquer violação desse procedimento consistirá em inconstitucionalidade.[1]

12.2.2. Princípio da Supremacia Constitucional

A supremacia material, de essência, ou conteúdo, está presente em qualquer tipo de ordenamento constitucional, flexível ou rígido, tendo em vista que a Constituição é a lei fundamental de um país e deve ser protegida para a própria manutenção das instituições. Entretanto, a supremacia formal, de estereótipo, a posição no topo da hierarquia das leis, está relacionada intimamente à rigidez constitucional, sendo um princípio importante para nortear a realização da fiscalização de constitucionalidade das normas infraconstitucionais.

12.2.3. Princípio da Presunção de Constitucionalidade das Leis

A "lei", produto do poder político estatal, goza de presunção relativa de que é constitucional, ou seja, de que respeitou completamente à Constituição nos seus aspectos formais e materiais, até que venha a ser declarada inconstitucional.

De acordo com a orientação jurisprudencial,[2] as únicas normas que gozam de presunção absoluta de constitucionalidade no Brasil (e com isso não podem sofrer declaração de inconstitucionalidade) são as constitucionais originárias, nascidas do Poder

---

1 MERLIN CLÈVE, Clèmerson. *A Fiscalização Abstrata de Constitucionalidade no Direito Brasileiro*. São Paulo: Revista dos Tribunais, 1995, p. 26.

2 STF, ADI 815/DF, Plenário, Min. Rel. Moreira Alves, j. 28.03.96, *DJ* 10.05.96.

Constituinte Originário. Sobre esse tema, claras são as palavras de Jorge Miranda: *No interior da mesma Constituição originária, obra do mesmo poder constituinte (originário) não divisamos como possam surgir normas inconstitucionais. Nem vemos como órgãos de fiscalização instituídos por esse poder seriam competentes para apreciar e não aplicar, com base na Constituição, qualquer das suas normas. É um princípio de identidade ou de não contradição que o impede. Pode haver inconstitucionalidade por oposição entre normas constitucionais preexistentes e normas constitucionais supervenientes, na medida em que a validade destas decorre daquelas; não por oposição entre normas feitas ao mesmo tempo pela mesma autoridade jurídica. Pode haver inconstitucionalidade da revisão constitucional, porque a revisão funda-se, formal e materialmente, na Constituição; não pode haver inconstitucionalidade da Constituição.*[3]

No julgamento da ADI 815, o STF ainda afirmou que não adota a posição do jurista alemão Otto Bachof, para quem as normas constitucionais originárias poderiam ser declaradas inconstitucionais por violação ao direito natural.

12.3. CONCEITO

Controlar a constitucionalidade das leis consiste na verificação de sua compatibilidade material e formal para com a Constituição Federal. É pelo controle de constitucionalidade que se avalia se o conteúdo, a essência da norma (compatibilidade material) e/ou se o processo legislativo realizado para a sua elaboração (compatibilidade formal) está de acordo com o que determina a Constituição.

12.4. TIPOS DE INCONSTITUCIONALIDADE

Podemos relacionar várias manifestações de inconstitucionalidades abaixo organizadas em grupos e desenvolvidas em seguida.

- **inconstitucionalidade material (ou nomoestática);**
- **inconstitucionalidade formal (ou nomodinâmica);**
- **inconstitucionalidade total;**
- **inconstitucionalidade parcial;**
- **inconstitucionalidade originária;**
- **inconstitucionalidade superveniente;**
- **inconstitucionalidade por ação;**
- **inconstitucionalidade por omissão.**

3 Miranda, Jorge. *Manual de Direito Constitucional*. 2. ed. Coimbra: Editora Limitada, 1983. II, nº 72, p. 291.

a) **Material:** quando a espécie normativa, no todo ou em parte, contraria o conteúdo da Constituição, ofendendo-lhe princípios (explícitos ou implícitos) ou regras (ex.: lei ordinária federal determina que todos os concursos públicos no Brasil durante dez anos só poderão ser realizados pelas mulheres; ofensa ao princípio da igualdade, prescrito no art. 5º, I). A doutrina ainda a denomina nomoestática pois o vício é de conteúdo e não envolve o dinamismo que existe no processo de elaboração das leis.

b) **Formal:** é a inconstitucionalidade observada no processo legislativo. Também é conhecida como nomodinâmica tendo em vista o processo complexo e dinâmico de criação de uma lei. Para parte da doutrina, divide-se em i) objetiva ou procedimental: também conhecida como vício de rito ou de procedimento. Caracteriza-se por uma desobediência do rito legislativo constitucional (ex.: projeto de lei complementar é aprovado com maioria simples, contrariando o disposto no art. 69); ii) subjetiva: também chamada vício de iniciativa ou de competência, quando um dos dois é desrespeitado (ex.: projeto de lei sobre criação de órgão público federal é apresentado pelo Supremo Tribunal Federal, em ofensa ao art. 61, § 1º, que afirma que a iniciativa é privativa do Presidente da República). Ou então, o Estado-membro cria um novo tipo penal, contrariando a competência da União prevista no art. 22, I, da CF/88. Segundo Luís Roberto Barroso,[4] a inconstitucionalidade formal pode ser dividida em i) orgânica: quando há vício de competência para elaboração da lei, por exemplo, lei estadual versa sobre matéria trabalhista ou penal violando assim o art. 22, I, da CF/88, e em ii) propriamente dita: quando houver ofensa nos atos que compõem o processo legislativo em si, incluindo a iniciativa.

Insta ressaltar que o STF em reiteradas decisões tem confirmado que a sanção do Chefe do Executivo não supre o vício de iniciativa no oferecimento do projeto de lei.[5]

c) **Total:** o vício diz respeito a todo o ato normativo. Normalmente a inconstitucionalidade formal implica na declaração de inconstitucionalidade completa da norma, entretanto é possível se observar que o vício de forma pode eventualmente gerar uma inconstitucionalidade parcial, como por exemplo, um projeto de lei ordinária com trinta artigos, vinte e nove que tratam de matéria a ela destinada, mas um deles versa sobre assunto relativo à lei complementar.

d) **Parcial:** o vício refere-se a parte do ato normativo. Diante do princípio da parcelaridade, se apenas um trecho da norma estiver maculado pela inconstitucionalidade (formal ou material), apenas este deverá ser declarado inválido[6]. Com isso, podem ocorrer duas situações: i) nulidade parcial: se a

---

4 Barroso, Luís Roberto. ***O Controle de Constitucionalidade no Direito Brasileiro***. 4. ed. São Paulo: Saraiva, 2009, p. 27.

5 STF, AI 348800, Min. Rel, Celso de Mello, 05.10. 2009, ***DJE*** 19.10.2009.

6 Esse princípio foi consagrado na Questão de Ordem à ADI 319 QO/DF, Plenário, j. 03.03.93, DJ 30.04.93 (Rel. Min. Moreira Alves) trazendo os seguintes esclarecimentos: "(...) Ação que se julga procedente em parte,

parte que resta da norma for autônoma da parte impugnada, persistirá sua validade e se anulará apenas a parte impugnada; ii) nulidade total: se o restante da norma não for considerado inconstitucional em si, mas depender da parte inválida, toda a norma será considerada inválida.

e) **Originária:** a inconstitucionalidade é originária se o vício está presente em norma editada quando vigente a Constituição com a qual estará sendo controlada, ou seja, a origem do vício é contemporâneo à Constituição em face da qual o controle é exercido.

f) **Superveniente:** nessa situação, a norma nasce válida, mas se torna inválida supervenientemente à sua criação pela alteração da Constituição. No Brasil, a incompatibilidade da norma anterior com a chegada da nova Constituição pode ser resolvida pelo fenômeno da recepção/não recepção, em sede de controle de constitucionalidade difuso ou pela ação denominada arguição de descumprimento de preceito fundamental, que será objeto de análise posterior.

g) **Por ação**: isso ocorre quando o legislador elabora uma lei em desacordo com a Constituição. Neste caso, teremos a inconstitucionalidade por ação. O legislador deveria editar lei válida e elabora lei inválida, maculada por vício formal e/ou material.

h) **Por omissão:** aqui ocorre justamente o contrário da inconstitucionalidade por ação, o Poder Público, ao se manter silente face aos comandos positivos previstos na Constituição para a concretização de algumas de suas normas (de eficácia limitada dependentes de regulamentação), ocasiona uma inércia inconstitucional. Sobre o assunto, Canotilho ensina que: *o conceito de omissão legislativa não é um conceito naturalístico, reconduzível a um simples não fazer, a um simples conceito de negação. Omissão, em sentido jurídico-constitucional, significa não fazer aquilo a que, de forma concreta, se estava constitucionalmente obrigado.*[7] Destaque-se que a omissão pode ser total ou parcial. No primeiro caso, o dever constitucional de legislar não foi satisfeito de modo integral e na segunda hipótese, apenas parte da vontade constitucional fora satisfeita, ainda permanecendo a lacuna inconstitucional (ex.: art. 7º, IV, quando o texto destaca que o salário mínimo deverá ser fixado em lei, e capaz de atender as necessidades do trabalhador e de sua família – em que pese a edição da lei, o valor fixado para o salário mínimo não consegue atender à sua importante missão constitucional).

para declarar a inconstitucionalidade da expressão 'marco' contida no § 5. do art. 2. da Lei nº 8.039/90, e, parcialmente, o ***caput*** e o § 2º do art. 2º, bem como o art. 4º os três em todos os sentidos que não aquele segundo o qual de sua aplicação estão ressalvadas as hipóteses em que, no caso concreto, ocorra direito adquirido, ato jurídico perfeito e coisa julgada".

7 CANOTILHO, José Joaquim Gomes. ***Direito Constitucional***. 5. ed. Coimbra: Almedina, p. 1.100.

Barroso ainda destaca que a inconstitucionalidade parcial comporta a divisão em duas espécies: omissão relativa e a omissão parcial propriamente dita[8]. No primeiro caso, o autor faz referência à lei que exclui do seu âmbito de incidência determinada categoria que nele deveria estar abrigada, privando-a de um benefício, violando assim o princípio da igualdade. Na segunda hipótese o legislador atua de forma insuficiente, não atendendo por completo o comando constitucional (como exemplo, o salário mínimo).

12.5. MANIFESTAÇÕES DO CONTROLE DE CONSTITUCIONALIDADE

O controle de constitucionalidade pode ser observado sob diversos aspectos, a seguir analisados.

12.5.1. Com Relação ao Momento

a) **Preventivo (ou *a priori*)**: quando exercido sobre a norma durante o seu processo de elaboração com o intuito de evitar que entre em vigor norma violadora da Constituição. O objeto do controle é o "projeto de lei" ou a "proposta de emenda".

b) **Repressivo (ou *a posteriori*)**: quando exercido sobre a norma pronta, acabada, e visa à paralisação de sua eficácia. Seu objeto, por conseguinte, é a "lei" ou a "emenda", já promulgadas.

12.5.2. Quanto ao Órgão

a) **Político**: quando realizado por órgãos políticos como o Poder Legislativo e o Poder Executivo, em regra.

b) **Jurisdicional**: quando realizado apenas por quem presta jurisdição: só por juízes ou órgãos do Poder Judiciário.

Nesse ponto, é possível se observar com os exemplos a seguir apresentados, que o controle preventivo de constitucionalidade no Brasil é, em regra geral, político (realizado por quem participa do processo legislativo) e que o controle repressivo é também normalmente judicial (realizado pelo aplicador da lei). Senão vejamos:

- controle preventivo político realizado pela Comissão de Constituição e Justiça (CCJ) das Casas Legislativas. Todo projeto de lei passa pela CCJ antes de

8 Barroso, Luís Roberto. *O Controle de Constitucionalidade no Direito Brasileiro*. 4. ed. São Paulo: Saraiva, 2009, p. 37.

chegar a plenário para deliberação. Esta Comissão tem por função verificar a compatibilidade do projeto de lei para com a Constituição. Visa a corrigir ou a impedir a continuidade da tramitação de um projeto viciado, realizando, portanto, um controle preventivo;

- controle preventivo político exercido sobre o veto aposto a um projeto de lei pelo presidente da República. Se a motivação do veto for a indicação de uma inconstitucionalidade no projeto de lei, o presidente estará realizando um controle preventivo de constitucionalidade.

Entretanto, o STF vem permitindo controle preventivo judicial de constitucionalidade por meio de mandado de segurança impetrado por parlamentar em face de um processo legislativo que contrarie a CF/88.[9]

Ademais, apesar de o controle repressivo ser normalmente judicial e realizado por meio dos sistemas difuso e concentrado, a própria Constituição e a jurisprudência nos trazem exemplos de controle repressivo político, como nos casos a seguir expostos:

- a disposição do art. 49, V, que permite ao Congresso Nacional sustar os atos normativos do Poder Executivo que exorbitem do poder regulamentar ou dos limites de delegação legislativa;
- o art. 62, § 5º c/c § 9º, que determina a análise dos pressupostos constitucionais da medida provisória por uma comissão mista de deputados e senadores, antes que se inicie o processo de sua conversão em lei ordinária;
- o teor da Súmula nº 473 do STF, que dispõe que a Administração Pública pode anular seus próprios atos, quando eivados de vícios que os tornem ilegais, porque deles não se originam direitos; ou revogá-los por motivo de conveniência ou oportunidade (...);
- segundo a jurisprudência,[10] também é possível que o chefe do Executivo deixe de aplicar uma lei que entenda ser inconstitucional no ambiente da Administração Pública sobre o seu comando, sob a sua própria responsabilidade.

Também podemos citar como exemplo o controle realizado pelo Tribunal de Contas respaldado na Súmula nº 347 do STF: *O Tribunal de Contas, no exercício de suas atribuições, pode apreciar a constitucionalidade das leis e dos atos do Poder Público.*

9 "O parlamentar tem legitimidade ativa para impetrar mandado de segurança com a finalidade de coibir atos praticados no processo de aprovação de leis e emendas constitucionais que não se compatibilizam com o processo legislativo constitucional. Legitimidade ativa do parlamentar, apenas. Precedentes do STF: MS 20.257/DF, Min. Moreira Alves (*leading case*), *RTJ* 99/1031; MS 21.642/ DF, Min. Celso de Mello, *RDA* 191/200; MS 21.303-AgR/DF, Min. Octavio Gallotti, *RTJ* 139/783; MS 24.356/DF, Min. Carlos Velloso, *DJ* 12.09.2003" (STF, MS 24.642/DF, Plenário, Rel. Min. Carlos Velloso, j. 18.02.2004, *DJ* 18.06.2004).

10 "Lei inconstitucional. Poder Executivo. Negativa de eficácia. O Poder Executivo deve negar execução a ato normativo que lhe pareça inconstitucional" (STJ, Resp 23.221. Rel. Min. Humberto Gomes de Barros, *DJ* 08.08.93).

12.6. NÃO HÁ DECLARAÇÃO DE INCONSTITUCIONALIDADE POR DERIVAÇÃO/ POR VIA REFLEXA /POR VIA OBLÍQUA/ OU INDIRETA

As normas infraconstitucionais primárias retiram seu fundamento jurídico de validade diretamente da Constituição (leis ordinárias, leis complementares, medidas provisórias etc.) e os atos normativos secundários buscam os seus fundamentos nos atos normativos primários, como, por exemplo, os decretos que visam regulamentar as leis, na forma do art. 84, IV, da CF/88. Entre esse decreto regulamentar e a Constituição existe a lei. É o exemplo dos atos administrativos *lato sensu*, como instruções normativas, portarias, circulares, que buscam a fonte principal nos atos normativos primários.

No ordenamento jurídico brasileiro, a norma que pode ser declarada inconstitucional ao contrariar à Constituição é a norma primária. O STF não permite que os atos normativos secundários sejam objeto de uma ação direta de inconstitucionalidade, porque não ofendem diretamente a Constituição.[11] Então, o juízo que deverá ser feito sobre eles é o de legalidade. E se uma portaria contrariar a CF? Há duas alternativas: ou a portaria contraria o ato primário, e ela será ilegal, ou o ato primário contrariou a Constituição. Daí, com a declaração de inconstitucionalidade do ato primário, o ato secundário será arrastado junto com a sua norma criadora, deixando assim de produzir efeitos jurídicos.

12.7. O CONTROLE DE CONSTITUCIONALIDADE JUDICIAL

O controle de constitucionalidade é obrigatoriamente exercido pelo Poder Judiciário. Isto porque, ao interpretar uma norma para aplicá-la a um caso concreto, o juiz deverá analisá-la, observando o princípio da supremacia constitucional. Isso significa que a cada interpretação de uma lei o juiz deve fazer o exame de sua compatibilidade para com a Constituição, pois só deverá aplicar uma norma válida.

---

11 "O Tribunal não conheceu de ação direta de inconstitucionalidade proposta pelo Partido Liberal contra o Provimento 758/2001, do Conselho Superior da Magistratura do Tribunal de Justiça de São Paulo, que autoriza o juiz de direito, responsável pelas atividades do Juizado a tomar conhecimento dos termos circunstanciados elaborados pelos policiais militares, desde que assinados concomitantemente por oficial da Polícia Militar, e da Resolução SSP 403/2001, prorrogada pela Resolução nº 517/2002, ambas do Secretário de Segurança Pública do Estado de São Paulo, que estabelece que, nas áreas que elenca, o termo circunstanciado de que trata o art. 69 da Lei nº 9.099/95, será elaborado pelo policial civil ou militar que primeiro tomar conhecimento da ocorrência, e exige que os termos circunstanciados feitos pela Polícia Militar sejam assinados também por oficial da Corporação. Entendeu-se que os atos normativos impugnados seriam atos secundários que se prestariam a interpretar norma contida no art. 69 da Lei nº 9.099/95" (STF, ADI 2862/SP, Plenário, *DJE* 09.05.2008, Rel.a Min.a Cármen Lúcia, 26.03.2008, ***Informativo*** 499).E ainda:"(...) Preliminarmente, não conheço da ação relativamente à Portaria nº 503, de 28.12.99, do Ministro das Minas e Energia. É que tem-se, no caso, ato normativo secundário, ato regulamentar, que, se vai além do conteúdo da lei, ou se afasta dos limites que esta lhe traça, incorre em ilegalidade e não em inconstitucionalidade, pelo que não está sujeito à jurisdição constitucional. É em tal sentido a jurisprudência do Supremo Tribunal Federal..." (STF, ADI 2586/DF; Plenário, Rel. Min. Carlos Velloso, j. 16.05.2002, *DJ* 01.08.2003).

O controle de constitucionalidade realizado por órgãos jurisdicionais é, via de regra, repressivo, e pode ser classificado:

12.7.1. Com Relação ao Órgão Competente para o Exercício

- **difuso ou aberto**: é aquele exercido por qualquer órgão jurisdicional. Todo e qualquer juiz exerce controle de constitucionalidade difuso. É chamado de difuso porque seu exercício ocorre de forma dispersa entre os órgãos do Poder Judiciário;
- **concentrado, reservado ou fechado**: é exercido por apenas um órgão jurisdicional. Chama-se concentrado porque não está disponível ao exercício por qualquer juiz. Se o parâmetro para o controle é a Constituição Federal, apenas o STF o exerce, caso o parâmetro seja a Constituição Estadual, apenas o TJ deverá realizá-lo.

12.7.2. Com Relação ao Modo de Exercício

- **incidental (de exceção ou de defesa):** o controle de constitucionalidade é incidental quando exercido no bojo da solução de um conflito de interesses, onde o que mais importa para as partes na relação jurídica é a sua composição. A discussão da inconstitucionalidade de uma lei ou ato normativo se desenvolverá perifericamente à questão principal da causa. Por isso diz-se que este controle ocorre incidentalmente, sendo arguida como questão prejudicial ao mérito;
- **principal (de ação ou direta)**: o que se pretende desde logo, é o exame de validade de uma norma. O autor da ação invocará o controle de constitucionalidade como a questão principal a ser decidida pelo Poder Judiciário. Desenvolve-se, em ambiente federal, por meio das ações propostas originariamente perante o Supremo Tribunal Federal.

No Brasil, a fiscalização difusa é suscitada incidentalmente e a concentrada é provocada, normalmente, por via de ação. Entretanto, de acordo com as lições de Clèmerson Merlin Clève,[12] não há correspondência necessária entre a via incidental e a fiscalização difusa, ou entre a via de ação e a fiscalização concentrada em outros sistemas de controle de constitucionalidade. Na Áustria e na Alemanha, por exemplo, a questão de inconstitucionalidade suscitada por via incidental conduz a uma fiscalização concentrada pelas respectivas Cortes Constitucionais.

12 MERLIN CLÈVE, Clèmerson. *A Fiscalização Abstrata de Constitucionalidade no Direito Brasileiro*. 1. ed. São Paulo: Revista dos Tribunais, 1995, p. 61.

12.8. A EVOLUÇÃO DO CONTROLE DE CONSTITUCIONALIDADE NO BRASIL

12.8.1. A Constituição de 1824

Não há registro no texto imperial brasileiro de controle de constitucionalidade jurisdicional, em decorrência da própria soberania do Parlamento e do papel constitucional atribuído ao Poder Moderador, que destinava ao Imperador o papel de solucionar os conflitos envolvendo os Poderes, e não ao Judiciário.[13]

12.8.2. A Constituição de 1891

Sob a influência do Direito norte-americano inaugurou-se o controle de constitucionalidade concreto-difuso no Brasil com a atribuição ao STF de preservação da Constituição Federal.[14]

Esse modelo ganhou reforço com a Lei Federal nº 221, de 20.11.1894, que organizou a Justiça Federal, e em seu art. 13, § 10, preceituava: "Os juízes e tribunais apreciarão a validade das leis e regulamentos e deixarão de aplicar aos casos ocorrentes as leis manifestamente inconstitucionais e os regulamentos manifestamente incompatíveis com as leis ou com a Constituição".

12.8.3. A Constituição de 1934

O texto constitucional de 1934 apresentou importantes inovações no controle de constitucionalidade brasileiro. Senão vejamos:

a) estabeleceu, na forma do art. 179[15] o princípio da reserva de plenário, determinando que a decisão de inconstitucionalidade somente pudesse ser declarada por decisão da maioria absoluta dos membros do tribunal;

b) atribuiu ao Senado Federal, na forma dos arts. 91, IV e 96,[16] a competência para suspender a execução de lei declarada inconstitucional pelo Poder Judiciário;

---

13 MERLIN CLÈVE, Clèmerson. *A Fiscalização Abstrata de Constitucionalidade no Direito Brasileiro*. 1. ed. São Paulo: Revista dos Tribunais, 1995, p. 64.

14 Constituição de 1891: "Art. 59. Ao Supremo Tribunal Federal compete:(...)§ 1º Das sentenças das Justiças dos Estados, em última instância, haverá recurso para o Supremo Tribunal Federal:(...) B) quando se contestar a validade de leis ou de atos dos Governos dos Estados em face da Constituição, ou das leis federais, e a decisão do Tribunal do Estado considerar válidos esses atos, ou essas leis impugnadas".

15 Art 179 da Constituição de 1934: "Só por maioria absoluta de votos da totalidade dos seus Juízes, poderão os Tribunais declarar a inconstitucionalidade de lei ou ato do Poder Público".

16 Art. 91, IV, da Constituição de 1934: "Compete ao Senado Federal: IV – suspender a execução, no todo ou em parte, de qualquer lei ou ato, deliberação ou regulamento, quando hajam sido declarados inconstitucionais

c) e ainda instituiu a Representação Interventiva, privativa do procurador-geral da República e sujeita à competência originária do STF, na forma do art. 12, § 2º.[17]

12.8.4. A Constituição de 1937

Não identificamos avanços no controle de constitucionalidade na Constituição autoritária de 1937, mantendo-se o modelo de controle concreto-difuso presente na Constituição de 1891. Reproduziu, igualmente, a exigência do princípio da reserva de plenário, já presente na Constituição de 1934, mas não cuidou da Representação Interventiva, tampouco da participação do Senado no processo de suspensão da eficácia da lei declarada inconstitucional pelo Poder Judiciário.

Em face do autoritarismo do regime, é possível identificarmos certa diminuição da participação do Poder Judiciário no controle de constitucionalidade, de acordo com o art. 96, parágrafo único, que assim dispõe: "No caso de ser declarada a inconstitucionalidade de uma lei que, a juízo do Presidente da República, seja necessária ao bem-estar do povo, à promoção ou defesa de interesse nacional de alta monta, poderá o Presidente da República submetê-la novamente ao exame do Parlamento: se este a confirmar por dois terços de votos em cada uma das Câmaras, ficará sem efeito a decisão do Tribunal".

12.8.5. A Constituição de 1946

Em face do "reencontro" com a democracia, o texto constitucional de 1946 extinguiu a disposição do art. 96 da Constituição anterior; manteve o modelo de controle da Constituição de 1891 e também recuperou as novidades trazidas pela Constituição de 1934, não previstas na Carta de 1937.

12.8.6. A Emenda Constitucional nº 16/65

A reforma constitucional de 1965 marcou o nascimento no Brasil da fiscalização abstrata de constitucionalidade de atos normativos federais e estaduais, com a

pelo Poder Judiciário". E ainda nesse sentido, assim dispõe o art. 96: "Quando a Corte Suprema declarar inconstitucional qualquer dispositivo de lei ou ato governamental, o Procurado Geral da República comunicará a decisão ao Senado Federal para os fins do art. 91, nº IV, e bem assim à autoridade legislativa ou executiva, de que tenha emanado a lei ou o ato".

17 Art 12. da Constituição de 1934: "A União não intervirá em negócios peculiares aos Estados, salvo:(...) V – para assegurar a observância dos princípios constitucionais especificados nas letras *a* a *h*, do art. 7º, nº I, e a execução das leis federais;(...) § 2º Ocorrendo o primeiro caso do nº V, a intervenção só se efetuará depois que a Corte Suprema, mediante provocação do Procurador-Geral da República, tomar conhecimento da lei que a tenha decretado e lhe declarar a constitucionalidade".

instituição da Representação de Inconstitucionalidade, encaminhada pelo procurador-geral da República ao Supremo Tribunal Federal, de acordo com a alteração feita ao art. 101, I, "k", do texto da Constituição de 1946.

De acordo com Clèmerson Merlin Clève, a Representação Interventiva realizava uma fiscalização concreta (solução de um conflito federativo) de constitucionalidade, embora exercida por via de ação direta; enquanto que a Representação de Inconstitucionalidade trouxe a fiscalização abstrata de constitucionalidade das leis, porque nesse caso, a análise principal está centralizada na compatibilidade da norma objeto do controle com a Constituição Federal.[18]

12.8.7. A Constituição de 1967

O texto de 1967 deu guarida constitucional originária à Representação de Inconstitucionalidade, mantendo o sistema difuso de 1891, com as inovações trazidas pelos textos constitucionais que a substituíram.

12.8.8. A Constituição de 1988

O controle de constitucionalidade no Brasil ganhou inegável reforço na Constituição de 1988. O sistema difuso se associa a um sistema de controle concentrado de constitucionalidade que recebeu nesse texto constitucional mais três importantes ações, a saber: ação direta de inconstitucionalidade por omissão (art.103, § 2º); ação declaratória de constitucionalidade (art. 102, I, "a", introduzida por meio da EC nº 3/93) e a arguição de descumprimento de preceito fundamental (art. 102, § 1º), que, em conjunto com a ação direta de inconstitucionalidade (presente no ordenamento jurídico desde a EC nº 16/65), formam o arcabouço principal de proteção constitucional no controle abstrato das leis e asseguram a supremacia da Constituição.

Ressalte-se ainda que a Constituição de 1988 ampliou significativamente o rol dos legitimados ativos para a propositura das ações diretas, em que pese a autorrestrição do STF na exigência de pertinência temática para os legitimados ativos que não são considerados "universais" (os do art. 103, IV, V e IX). Além do que, a EC nº 45/2004 atribuiu efeitos vinculantes às decisões de mérito da ação direta de inconstitucionalidade (art. 102, § 2º).

O controle de constitucionalidade sob a perspectiva da Constituição de 1988 será objeto da nossa atenção nos capítulos seguintes.

---

18 MERLIN CLÈVE, Clèmerson. *A Fiscalização Abstrata de Constitucionalidade no Direito Brasileiro*. 1. ed. São Paulo: Revista dos Tribunais, 1995, p. 71.

13

CONTROLE DE CONSTITUCIONALIDADE DIFUSO

13.1. DESENVOLVIMENTO DO CONTROLE DIFUSO DE CONSTITUCIONALIDADE

O controle incidental pode ser provocado por qualquer pessoa, no bojo de qualquer ação (em regra), perante qualquer juízo. Daí possuir a característica de ser difuso, ou seja, pode ser proposto perante qualquer órgão jurisdicional. Também pode ser realizado de ofício pelo julgador, posto que antes de aplicar uma norma para solucionar um caso concreto, deve-se examiná-la antes, à luz do princípio da supremacia constitucional. Ressalte-se, como já analisado, que é o sistema mais antigo de controle de constitucionalidade no Brasil, presente no ordenamento pátrio desde a Constituição de 1891.

Na relação jurídica submetida ao juízo competente, pode estar sendo invocada a aplicação de uma norma violadora da Constituição, hipótese em que o julgador, antes de dizer qual o melhor direito naquele processo, terá que passar necessariamente pelo exame de constitucionalidade da norma aplicável ao caso. Daí que o exame de validade da norma será feito antes da decisão final que será proferida no julgamento do caso concreto, tendo em vista que o controle de constitucionalidade pode interferir diretamente na decisão dessa causa.

Importante destacar que o controle de constitucionalidade nas ações coletivas deve ser feito de forma incidental, ou seja, não como pedido da causa, sob pena de usurpação de competência do Supremo Tribunal Federal (102, I, *a*).

Quando se diz que o controle cabe perante qualquer juízo, deve ser levada em conta a regra de competência para a propositura da ação. Destarte, pode ser proposta perante juízo singular ou coletivo, criminal ou cível, ou seja, perante o juízo competente para o julgamento daquela causa onde o exame de validade da norma poderá ser invocado em qualquer fase do processo.

Além disso, a discussão da validade da norma pode ser suscitada por qualquer pessoa que figure ou interfira na relação jurídica, seja em que qualidade for: autor, réu, terceiro interessado, membro do Ministério Público, que atue como fiscal da lei naquela causa ou como autor da ação. O juiz também pode, de ofício, reconhecer a inconstitucionalidade da lei nas causas oferecidas para seu julgamento, salvo o STF, em sede de recurso extraordinário, tendo em vista a necessidade de prequestionamento como requisito de admissibilidade do recurso.

13.2. O PRINCÍPIO DA RESERVA DE PLENÁRIO (OU DO *FULL BENCH*)

De acordo com o art. 97 da CF/88, uma norma só pode ser declarada inconstitucional pela maioria absoluta dos membros do tribunal ou de seu órgão especial. Eis o seu texto: "Somente pelo voto da maioria absoluta de seus membros ou dos membros do respectivo órgão especial poderão os tribunais declarar a inconstitucionalidade de lei ou ato normativo do Poder Público".

Esse dispositivo atende ao princípio da presunção de constitucionalidade das leis que deve orientar o intérprete, pois toda norma deve ser interpretada de forma a se respeitar a vontade de seu criador (o Poder Legislativo). Assim, para que uma lei seja declarada inválida em decisão de órgão colegiado, a Constituição exige que a questão seja examinada por um grupo de juízes. Há presunção de que uma decisão tomada pela maioria estará menos exposta a erros.

Por maioria absoluta entende-se o primeiro número inteiro após a metade dos integrantes do órgão julgador. No caso, pode ser a maioria dos integrantes do Tribunal ou de seu órgão especial. O art. 93, XI, da CF/88, autoriza que sejam criados órgãos especiais nos tribunais cuja composição ultrapasse vinte e cinco julgadores. Os órgãos especiais, quando criados, exercerão a competência do órgão pleno, de acordo com a previsão nos regimentos internos dos respectivos Tribunais.

O princípio da reserva de plenário deve ser respeitado tanto no controle difuso quanto no concentrado, entretanto, é importante destacarmos decisão do STF relativizando o referido princípio ao atuar em recurso extraordinário: ***(...) 4. O STF exerce, por excelência, o controle difuso de constitucionalidade quando do julgamento do recurso extraordinário, tendo os seus colegiados fracionários competência regimental para fazê-lo sem ofensa ao art. 97 da Constituição Federal. (...)(RE 361829 ED, Relatora Min. Ellen Gracie, Segunda Turma, julgado em 02/03/2010).***

A observância da cláusula da reserva de plenário não é necessária na hipótese de reconhecimento da constitucionalidade (princípio da presunção de constitucionalidade das leis), inclusive em se tratando de interpretação conforme, e não se aplica às decisões de juízes singulares, das turmas recursais dos juizados especiais (que não possuem status de Tribunal), na análise de ilegalidade de norma secundária, nem ao caso de não recepção de normas anteriores à Constituição.

RESERVA DE PLENÁRIO NOS TRIBUNAIS (ARTS. 948 A 950 DO CPC)

Quando a discussão da inconstitucionalidade da lei é colocada para exame de órgão fracionário do Tribunal (turmas ou câmaras, por exemplo), deve-se observar os arts. 948 a 950 do CPC, quando três caminhos podem se abrir:

a) se o órgão fracionário entender que a norma questionada é válida, prossegue no julgamento do mérito da causa, conforme dispõe o art. 949, I do CPC;

b) se o órgão fracionário concordar com a inconstitucionalidade suscitada não pode declará-la (em princípio). Deve promover a cisão do julgamento e remeter ao órgão pleno ou ao órgão especial do tribunal o exame da inconstitucionalidade. Nessa hipótese, o órgão pleno ou especial do tribunal examina tão somente se existe a inconstitucionalidade alegada e, lavrando acórdão, devolve-o ao órgão fracionário para a continuidade do julgamento, com a apreciação do mérito;

c) se o órgão fracionário entender que a norma invocada para a solução do caso concreto é inválida e se esta invalidade já tiver sido declarada pelo órgão pleno ou especial daquele tribunal ou pelo órgão pleno do STF em outra causa, pode aplicar o entendimento de qualquer destas Cortes e julgar imediatamente o mérito da causa. Ou seja, por medida de economia e celeridade processuais, pode ocorrer de o órgão fracionário julgar diretamente o mérito da causa fundado em decisão anterior de inconstitucionalidade daquela mesma norma. É o que autoriza o art. 949, parágrafo único, do CPC.

Podemos concluir que o órgão fracionário não pode examinar e declarar a inconstitucionalidade de uma norma que ainda não tenha sido submetida ao órgão pleno ou ao órgão especial do tribunal ou do STF (princípio da reserva de plenário), sob pena de ofensa ao art. 97 da CF/88.

Para evitar a burla ao princípio de reserva de plenário pelos órgãos fracionários (decisão "escamoteada" de inconstitucionalidade da lei), o STF editou a Súmula Vinculante nº 10, que assim afirma: Viola a cláusula de reserva de plenário (CF, art. 97) a decisão de órgão fracionário de tribunal que, embora não declare expressamente a inconstitucionalidade de lei ou ato normativo do Poder Público, afasta sua incidência, no todo ou em parte. Entretanto, a referida súmula não se aplica em caso de análise de leis de efeitos concretos e também na hipótese de o juízo afastar a norma por entender que ela não se aplica ao caso em si.

14

VISÃO GERAL DO CONTROLE DE CONSTITUCIONALIDADE CONCENTRADO

14.1. INTRODUÇÃO

Esse controle[1] é realizado pela via de ação direta porque as ações são propostas diretamente para exame da constitucionalidade da norma, diferente do controle incidental, em que a inconstitucionalidade é analisada como questão acessória ao mérito. Tomando-se por parâmetro a Constituição Federal, somente um órgão jurisdicional pode exercê-lo: o Supremo Tribunal Federal. Daí ser chamado de controle concentrado (fechado ou reservado). Se o parâmetro para o controle é a Constituição Estadual (ou a Lei Orgânica do Distrito Federal), o órgão jurisdicional que irá exercê-lo é o Tribunal de Justiça local.

14.2. CARACTERÍSTICAS DO CONTROLE CONCENTRADO

- **É abstrato**: enfoca a norma do modo como está prevista, ou seja, em abstrato (em tese), não considerada dentro de um caso concreto (com a ressalva da ADI Interventiva Federal e da ADPF incidental).
- **É principal**, ou seja, o controle de constitucionalidade está no pedido da causa e não como questão prejudicial.

1 A ADI interventiva federal será analisada no capítulo 27, por possuir natureza distinta das demais ações do controle concentrado de constitucionalidade brasileiro.

- **É direto**, posto que o que se pretende, diretamente, é o exame da constitucionalidade da norma.
- **É concentrado** porque apenas um órgão jurisdicional o exerce.
- **É objetivo**, porque não discute direito subjetivo violado, caso concreto ou lide. Não há partes diretamente interessadas no resultado da ação, e sim autores meramente formais, que ocupam o polo ativo da relação jurídica que se formará em face da norma, em tese, violadora da Constituição, posto que a jurisdição constitucional tem que ser provocada. Também não há possibilidade de desistência da ação e de intervenção de terceiros.

14.3. ESPÉCIES DE AÇÕES DA VIA DIRETA

- **Ação Direta de Inconstitucionalidade - ADI** (art. 102, I, *a*, da CF/88 e Lei nº 9.868/99).
- **Ação Declaratória de Constitucionalidade - ADC** (art. 102, I, *a*, da CF/88 e Lei nº 9.868/99).
- **Ação Direta de Inconstitucionalidade por Omissão - ADO** (art. 103, § 2º, da CF/88 e Lei nº 9.868/99).
- **Arguição de Descumprimento de Preceito Fundamental - ADPF** (art. 102, § 1º, da CF/88 e Lei nº 9.882/99).

14.4. ATO NORMATIVO PASSÍVEL DE CONTROLE ABSTRATO DE CONSTITUCIONALIDADE VIA ADI E ADC

Quais são as espécies de leis ou atos normativos que se submetem ao controle de constitucionalidade pela via de ação direta? O ato normativo deve gozar das seguintes características:

- **generalidade**;
- **abstração**;
- **primariedade ou autonomia**;
- **ser oriundo do Poder Público**.

Ser genérico significa estar passível de aplicação a todos, indistintamente. A norma que não é genérica é singular. Exemplo: a norma que define crime de responsabilidade do Presidente da República é singular, pois apenas quem estiver investido neste cargo será alcançado.

A norma é abstrata quando estabelecida para regular situações que não estão concebidas ainda. Ao contrário disso, a norma é concreta quando possui finalidade claramente indicada no sentido de regular um caso, uma hipótese, como por exemplo, uma lei que cria uma empresa pública.

Importante destacar que a lei orçamentária, reconhecida como de efeitos concretos, vem sendo analisada pelo STF, como presente na Ementa abaixo:

Controle abstrato de constitucionalidade de normas orçamentárias. ***Revisão de jurisprudência.*** *O Supremo Tribunal Federal deve exercer sua função precípua de fiscalização da constitucionalidade das leis e dos atos normativos quando houver um tema ou uma controvérsia constitucional suscitada em abstrato, independente do caráter geral ou específico, concreto ou abstrato de seu objeto. Possibilidade de submissão das normas orçamentárias ao controle abstrato de constitucionalidade.*[2] (grifamos)

A norma é primária ou autônoma quando retira seu fundamento de validade da Constituição, ou seja, é norma que se encontra imediatamente abaixo da Constituição. Em outras palavras, pode-se dizer que não há uma interposta norma entre esta que sofre controle e a Constituição. Um decreto regulamentar, por exemplo, não é ato primário, é ato secundário, pois deve observar a lei. Esta, por sua vez, deve guardar respeito à Constituição. No caso, o decreto é secundário porque seu fundamento de validade é a lei e a lei é primária porque seu fundamento de validade é a Constituição.

14.5. LEGITIMAÇÃO ATIVA PARA A PROPOSITURA DAS AÇÕES

Com o advento da Emenda Constitucional nº 45/2004, as regras da legitimação ativa para a propositura da ADI, ADC, ADO e ADPF passaram a ser idênticas. Houve alteração do art. 103 para incluir a possibilidade de provocação do STF pelos órgãos do Distrito Federal, conforme já era previsto na Lei nº 9.868/99. Em relação à ADPF, a Lei nº 9.882/99 dispõe que são seus autores os mesmos legitimados para a ADI. Portanto, de acordo com o novo texto do art. 103 da CF/88 e art. 2º, I, da Lei nº 9.882/99, podem propor a ação direta de inconstitucionalidade (que pode ser por ação ou por omissão), a ação declaratória de constitucionalidade e a arguição de descumprimento de preceito fundamental, os seguintes órgãos, entidades ou pessoas:

I – o Presidente da República;

II – a Mesa do Senado Federal;

III – a Mesa da Câmara dos Deputados;

IV – a Mesa de Assembleia Legislativa ou da Câmara Legislativa;

V – o Governador de Estado ou do Distrito Federal;

VI – o Procurador-Geral da República;

VII – o Conselho Federal da Ordem dos Advogados do Brasil;

VIII – partido político com representação no Congresso Nacional;

IX – confederação sindical ou entidade de classe de âmbito nacional.

2 STF, ADI 4048 MC/DF, Plenário, Rel. Min. Gilmar Mendes, j. 14.05.2008.

Tais legitimados ativos são capazes de provocar a jurisdição constitucional em seus próprios nomes, porém para defender interesse que é de todos, qual seja, a proteção da Constituição da República Federativa do Brasil. É a chamada legitimação extraordinária, apresentada em rol taxativo no art. 103, I a IX, da CF/88.[3]

Tão logo foi promulgada a Constituição de 1988, a Suprema Corte brasileira passou a fazer interpretação restritiva da legitimação para agir, procedendo a uma classificação dos autores destas ações em dois grupos, o dos **legitimados universais e o dos legitimados especiais**, exigindo destes últimos demonstração do interesse de agir.

Do primeiro grupo, denominado de universal, não se exige a demonstração do interesse de agir ou a pertinência temática (relação de adequação que deve existir entre o ato normativo impugnado e os interesses defendidos pelo legitimado), posto que do exercício de suas próprias competências decorre a responsabilidade pela preservação da Constituição. Isso significa que eles podem propor ação para exame da constitucionalidade de qualquer lei ou ato normativo. São eles:

- o Presidente da República;
- a Mesa do Senado Federal;
- a Mesa da Câmara dos Deputados;
- o Procurador-Geral da República;
- o Conselho Federal da Ordem dos Advogados do Brasil;
- partido político com representação no Congresso Nacional (desde que tenha representação em pelo menos uma das Casas legislativas e que a ação seja proposta por seu Diretório Nacional).

Segundo o STF, a perda da representatividade do partido no curso do julgamento, não prejudica o prosseguimento da ação, tendo em vista que o momento de aferição sobre a existência ou não da representação é quando da propositura da ação. Ademais as ações do controle versam sobre matéria de ordem pública e interesse não disponível.

Do segundo grupo – os especiais – é exigida a pertinência temática. De acordo com a jurisprudência do STF,[4] precisam demonstrar interesse de agir para que a ação seja conhecida, os legitimados do art. 103, IV, V e IX, da CF/88. Em outras palavras,

---

3 "Os legitimados para propor arguição de descumprimento de preceito fundamental se encontram definidos, em ***numerus clausus***, no art. 103 da Constituição da República, nos termos do disposto no art. 2º, I, da Lei nº 9.882/1999. Impossibilidade de ampliação do rol exaustivo inscrito na CF. Idoneidade da decisão de não conhecimento da ADPF" (ADPF 75-AgR, Rel. Min. Ricardo Lewandowski, j. 03.05.2006, Plenário, *DJ* 02.06.2006.)

4 "(...) A jurisprudência do STF erigiu o vínculo da pertinência temática à condição objetiva de requisito qualificador da própria legitimidade ativa ***ad causam*** do Autor, somente naquelas hipóteses de ação direta ajuizada por confederações sindicais, por entidades de classe no âmbito nacional, por Mesas das Assembleias Legislativas estaduais ou da Câmara Legislativa do Distrito Federal, e, finalmente, por Governadores dos Estados-membros e do Distrito Federal"(...) (STF, ADI 1096 MC/RS, Plenário, Rel. Min. Celso de Mello, j. 16.03.95, *DJ* 22.09.95).

somente poderão ser autores destas ações se comprovarem que a norma impugnada interfere de alguma forma nos interesses da unidade federativa à qual pertençam ou do grupo de pessoas que representam. Assim, para que o Governador do Estado da Bahia, por exemplo, possa ser legitimado para uma ADI proposta contra ato normativo editado pelo Estado do Rio de Janeiro terá que comprovar a influência desta norma fluminense sobre os interesses baianos, sob pena de a ação não ser conhecida.

São legitimados especiais:

- a Mesa de Assembleia Legislativa e a Câmara Legislativa do Distrito Federal;
- o Governador de Estado e do Distrito Federal;
- confederação sindical[5] ou entidades de classe de âmbito nacional.[6]

As Confederações Sindicais devem ser formadas de acordo com o art. 535, da CLT: "As Confederações organizar-se-ão com o mínimo de 3 (três) federações e terão sede na Capital da República".

Já as entidades de classe de âmbito nacional devem ser criadas de acordo com o art. 8º, da Lei nº 9.096/95, ou seja, devem ter representantes em pelo menos nove estados da Federação. Em jurisprudência clássica, o STF havia firmado entendimento no sentido de que essas organizações coletivas precisavam ter na sua base de composição apenas pessoas naturais, mas em decisão plenária mais recente[7] a Corte decidiu

---

5 "O Supremo Tribunal Federal, em inúmeros julgamentos, tem entendido que apenas as confederações sindicais têm legitimidade ativa para requerer ação direta de inconstitucionalidade (CF, art. 103, IX), excluídas as federações sindicais e os sindicatos nacionais" (ADI 1.599-MC, Rel. Min. Maurício Corrêa, j. 26.02.1998, *DJ* 18.05.2001) "Preliminarmente, não tenho como legitimadas à ação as Federações sindicais autoras (Federação Nacional dos Estivadores, Federação Nacional dos Conferentes e Consertadores de Carga e Descarga Vigias Portuários – Trabalhadores de Bloco e Arrumadores, e Federação dos Portuários). Cuida-se de entidades sindicais que não atendem ao requisito do inciso IX do art. 103 da Constituição, porque seu nível não é de Confederação sindical. São entidades sindicais de segundo grau. Nesse sentido, as decisões do Plenário nas ADINs n°s 433-DF, 853-6-DF, 868-4-DF (...)" (ADI 929-MC/DF, Min. Rel. Néri da Silveira, Plenário, j. 13.10.93, *DJ* 20.06.97).

6 "ADIn: legitimidade ativa: 'entidade de classe de âmbito nacional' (art. 103, IX, CF): compreensão da 'associação de associações' de classe. Ao julgar, a ADIn 3153-AgR, 12.08.2004, o plenário do Supremo Tribunal abandonou o entendimento que excluía as entidades de classe de segundo grau – as chamadas 'associações de associações' – do rol dos legitimados à ação direta. ADIn: pertinência temática. Presença da relação de pertinência temática, pois o pagamento da contribuição criada pela norma impugnada incide sobre as empresas cujos interesses, a teor do seu ato constitutivo, a requerente se destina a defender" (ADI 15/DF, Plenário, Rel. Min. Sepúlveda Pertence, j. 14.06.2007, *DJ* 31.08.2007).

7 "Ação direta de inconstitucionalidade: legitimação ativa: 'entidade de classe de âmbito nacional': compreensão da 'associação de associações' de classe: revisão da jurisprudência do Supremo Tribunal. O conceito de entidade de classe é dado pelo objetivo institucional classista, pouco importando que a eles diretamente se filiem os membros da respectiva categoria social ou agremiações que os congreguem, com a mesma finalidade, em âmbito territorial mais restrito. É entidade de classe de âmbito nacional – como tal legitimada à propositura da ação direta de inconstitucionalidade (CF, art. 103, IX) – aquela na qual se congregam associações regionais correspondentes a cada unidade da Federação, a fim de perseguirem, em todo o País, o mesmo objetivo institucional de defesa dos interesses de uma determinada classe. Nesse sentido, altera o Supremo Tribunal sua jurisprudência, de modo a admitir a legitimação das 'associações de associações de classe', de âmbito nacional, para a ação direta de inconstitucionalidade" (ADI 3.153-AgR, Rel. Min. Sepúlveda Pertence,

que as "associações de associações" (ou associações de segundo grau, formadas por pessoas jurídicas) de âmbito nacional possuem legitimidade para propor ação direta de inconstitucionalidade, desde que os interesses que unem os seus componentes (pessoas naturais ou jurídicas) sejam homogêneos, ou seja, de uma classe ou categoria específica.[8]

14.5.1. Capacidade Postulatória

Não se exige de todos os legitimados ativos que constituam advogados para a propositura das ações do sistema concentrado. O STF entende que a capacidade postulatória já foi conferida aos mesmos pela própria Constituição,[9] exceto no caso dos partidos políticos, das confederações sindicais e das entidades de classe. Estes têm que estar representados por procuradores devidamente constituídos nos autos, na forma do art. 3º, parágrafo único, da Lei nº 9.868/99.

14.5.2. O Procurador-geral da República

Na forma do art. 103, § 1º, da CF/88: "O Procurador-Geral da República deverá ser previamente ouvido nas ações de inconstitucionalidade e em todos os processos de competência do Supremo Tribunal Federal".

Quando atua na qualidade de fiscal na ação em que ele mesmo tenha sido o autor, o procurador-geral da República não tem vínculo com a postura inicialmente tomada quando da propositura da ação. Ele pode, inclusive, no curso da ação, mudar de opinião e pugnar pela improcedência de seu pedido.

---

j. 12.08.2004, Plenário, *DJ* 09.09.2005.) No mesmo sentido: ADI 2.797/DF; Plenário e ADI 2.860, Rel. Min. Sepúlveda Pertence, j. 15.09.2005, Plenário, *DJ* 19.12.2006.

8 Daí porque a CUT não está legitimada para o ajuizamento da ação: "Central Única dos Trabalhadores (CUT). Falta de legitimação ativa. Sendo que a autora constituída por pessoas jurídicas de natureza vária, e que representam categorias profissionais diversas, não se enquadra ela na expressão – entidade de classe de âmbito nacional –, a que alude o art. 103 da Constituição, contrapondo-se às confederações sindicais, porquanto não é uma entidade que congregue os integrantes de uma determinada atividade ou categoria profissional ou econômica, e que, portanto, represente, em âmbito nacional, uma classe. Por outro lado, não é a autora – e nem ela própria se enquadra nesta qualificação – uma confederação sindical, tipo de associação sindical de grau superior devidamente previsto em lei (CLT arts. 533 e 535), o qual ocupa o cimo da hierarquia de nossa estrutura sindical e ao qual inequivocamente alude a primeira parte do inciso IX do art. 103 da Constituição" (ADI 271, Rel. Min. Moreira Alves, *DJ* 06.09.2001). No mesmo sentido: ADI 1.442, Rel. Min. Celso de Mello, j. 03.11.2004, Plenário, *DJ* 29.04.2005.

9 "(...) O Governador de Estado e as demais autoridades e entidades referidas no art. 103, incisos I a VII, da Constituição Federal, além de ativamente legitimados à instauração do controle concentrado de constitucionalidade das leis e atos normativos federais e estaduais, mediante ajuizamento da ação direta perante o Supremo Tribunal Federal, possuem capacidade processual plena e dispõem *ex vi*, da própria norma constitucional, de capacidade postulatória (...)" (STF, ADI 127 MC QO/AL, Plenário, Min. Rel. Celso de Mello, j. 20.11.89, *DJ* 04.12.92).

14.5.3. O Advogado-geral da União

No controle de constitucionalidade abstrato, o AGU exerce função atípica. De acordo com os art. 103, § 3º, da CF/88, ele tem a missão de fazer a defesa da norma impugnada: "Quando o Supremo Tribunal Federal apreciar a inconstitucionalidade, em tese, de norma legal ou ato normativo, citará, previamente, o Advogado-Geral da União, que defenderá o ato ou texto impugnado".

Nessa função atua como curador da presunção de constitucionalidade da norma. Este papel conferido ao AGU é novidade da Constituição de 1988 e teve por fim trazer equilíbrio para a relação jurídica estabelecida no controle abstrato das normas, uma vez que não se fala em réu ou em contestação neste processo, classificado de objetivo. Assim, não cabe ao AGU optar entre fazer ou não a defesa da norma. Ele cumpre tarefa indeclinável.[10]

Segundo a jurisprudência tradicional do STF,[11] só existiria uma única oportunidade em que o AGU não teria que fazer a defesa da norma impugnada: é o caso de a lei impugnada pelo sistema concentrado já ter sido declarada inconstitucional pelo STF reiteradas vezes pela via incidental. Nesta hipótese, não se justifica que a ação seja remetida ao AGU para fazer a defesa da norma, posto que o STF já terá pronunciamento a respeito.

Em caso recente, o STF relativizou ainda mais a interpretação acerca da atuação do AGU, no sentido de que o § 3º do art. 103 da CF concede à AGU o direito de manifestação, haja vista que exigir dela defesa em favor do ato impugnado em alguns casos em que o interesse da União coincide com o interesse do autor, implicaria retirar-lhe sua função primordial que é a defender os interesses da União (CF, art. 131). Além disso, a Corte destacou que há um problema de ordem prática, qual seja, a falta de competência do órgão para impor-lhe qualquer sanção quando assim não procedesse, em razão da inexistência de previsão constitucional para tanto.[12]

O AGU não atuará na ADC, pois o autor da ação já fará a defesa da norma e pedirá a declaração de sua compatibilidade com a Constituição e poderá atuar na ADO, de acordo com o art.12-E, § 2º, da Lei nº 9.868/99. Na ADPF ele poderá atuar dependendo da hipótese: se o objeto da ação for ato normativo e seu julgamento puder

---

10 "Ação direta de inconstitucionalidade. Preliminar: exigência de defesa do ato ou texto impugnado pelo Advogado Geral da União. (...) A Constituição exige que o Advogado Geral da União, ou quem desempenha tais funções, faça a defesa do ato impugnado em ação direta de inconstitucionalidade. Inadmissibilidade de ataque à norma por quem está no exercício das funções previstas no § 3º do art. 103" (STF, ADI 242/RJ, Plenário, j. 20.10.1994, Rel. Min. Paulo Brossard, *DJ* 23.03.2001).

11 "O *munus* a que se refere o imperativo constitucional (CF, art. 103, § 3º) deve ser entendido com temperamentos. O Advogado-Geral da União não está obrigado a defender tese jurídica se sobre ela esta Corte já fixou entendimento pela sua inconstitucionalidade" (STF, ADI 1.616/PE, Plenário, Rel. Min. Maurício Corrêa, j. 24.05.2001, *DJ* 24.08.2001).

12 STF, ADI 3.916/DF, Rel. Min. Eros Grau, j. 07.10.2009.

resultar em declaração de inconstitucionalidade, o AGU será chamado a intervir, observadas, nos mais, a relativização da sua atuação exposta acima.

14.5.4. O Amicus Curiae

A palavra em latim *amicus* significa *amigo*, enquanto *amici* representa o plural. Portanto, *amici* são as várias entidades representativas dos interesses da sociedade que em nome desta se manifestam num feito judicial, e *amicus curiae* na tradução literal da expressão denota *amigo da corte*.

O a*micus curiae* está previsto no art. 7º, § 2º, da Lei nº 9.868/99 e no art. 6º da Lei nº 9.882/99 e tem função importante no controle concentrado: a de levar ao conhecimento do STF informações que a sociedade possui sobre a norma que está sofrendo controle e suas repercussões práticas. Trata-se de instrumento de democratização da jurisdição constitucional, uma vez que o cidadão comum não goza de legitimidade para a propositura das ações do sistema concentrado. O instituto, de origem norte-americana (onde é denominado de *friend of the court*), é um colaborador da justiça, que poderá levar ao juiz argumentos, pontos de vista e informações técnicas, contribuindo na formação do convencimento da Corte sobre a constitucionalidade/inconstitucionalidade de uma lei.

Em regra, o pedido de "colaboração" é feito por órgãos ou entidades representativas da sociedade que tenham interesse na decisão judicial e formulado, nos termos da lei, diretamente ao relator da ação, no prazo de 30 dias previsto no art. 6º, parágrafo único, da Lei nº 9.868/99.[13] Entretanto, o STF firmou entendimento que a possibilidade de apresentação do pedido de intervenção do *amicus curiae* está limitada à data da remessa dos autos à mesa para julgamento.[14]

Para Gustavo Binenbojm, a decisão de admitir ou não o *amicus curiae* é da competência do relator, a quem caberá aquilatar, de um lado, a relevância da matéria em discussão, e, de outro lado, a representatividade dos postulantes, para admitir ou não a manifestação do órgão ou entidade postulante. Na análise do binômio relevância-representatividade, deverá levar em conta a magnitude dos efeitos da decisão a ser proferida nos setores diretamente afetados ou para a sociedade como um todo, bem como se o órgão ou entidade postulante congrega dentre seus afiliados porção significativa (quantitativa ou qualitativamente) dos membros do(s) grupo(s) social(is) afetado(s).[15]

---

13 "(...) No entanto, especialmente diante da relevância do caso ou, ainda, em face da notória contribuição que a manifestação possa trazer para o julgamento da causa, é possível cogitar de hipóteses de admissão de ***amicus curiae***, ainda que fora desse prazo. Necessário é ressaltar, contudo, que essa possibilidade não é unânime na jurisprudência do STF (...)" (STF, ADI 2548/PR, Plenário, essa ADI não trata do ***Amicus Curiae***. Rel. Min. Gilmar Mendes, j. 10.11.2006, ***DJ*** 15.06.2007).

14 STF, ADI 4071 AgR/DF, Rel. Min. Menezes Direito, j. 22.04.2009.

15 BINENBOJM, Gustavo. "A Dimensão do ***Amicus Curiae*** no Processo Constitucional Brasileiro: Requisitos, poderes processuais e aplicabilidade no âmbito estadual." Disponível em: <http://www.egov.ufsc.br/portal/sites/default/files/anexos/15196-15197-1-PB.pdf>. Acesso em: 8 dez. 2010.

As organizações coletivas, desde que autorizadas pelo relator, poderão oferecer memorandos, perícias, pesquisas técnicas e sustentação oral para a defesa de suas opiniões. É, sem dúvida, uma bela fonte de democratização das decisões judiciais e o STF tem permitido a participação de vários colaboradores em processos distintos. Não cabe recurso da decisão que aceita a sua atuação, mas é possível a interposição de agravo regimental da que nega a sua participação.

O Supremo entende que não são cabíveis embargos de declaração interpostos por terceiros estranhos à relação processual nos processos objetivos de controle de constitucionalidade, nesses incluídos os que ingressam no feito na qualidade de *amicus curiae.*[16]

Importante lembrarmos que o atual CPC fez uma nova leitura sobre o papel do "amigo da Corte", expandindo a sua atuação sem limitar exatamente o tipo de ação em que ele pode atuar. Dentre as novidades, podemos destacar, de acordo com o art. 138, do CPC: a) o amicus curiae foi incluído no título III do Código, reservado à intervenção de terceiros; b) pessoas naturais podem ser admitidas como "amigas da Corte"; c) O amicus curiae poderá opor embargos de declaração.

16 STF, ADI 3615 ED/ PB, Rel.a Min.a Cármen Lúcia, 17.03.2008.

15

AS AÇÕES DO CONTROLE CONCENTRADO

15.1. AÇÃO DIRETA DE INCONSTITUCIONALIDADE GENÉRICA (ADI)

15.1.1. Competência

Se o conflito tem como objeto lei ou ato normativo federal ou estadual que contraria a CF/88, a competência é do STF, conforme previsão no art. 102, I, "a". Se o conflito é sobre a constitucionalidade de uma lei ou de ato normativo estadual ou municipal frente a uma Constituição Estadual, cabe ao Tribunal de Justiça de cada Estado, na forma do art. 125, § 2º. Em ambos os casos deve ser respeitado o princípio da reserva de plenário do art. 97 da CF/88.

15.1.2. Objeto

Segundo Clèmerson Merlin Clève,[1] podem ser objeto de uma ação direta de inconstitucionalidade: as emendas constitucionais, atos normativos formalmente legislativos (leis complementares, leis ordinárias, medidas provisórias, leis delegadas, decretos legislativos etc.), tratados internacionais, desde que integrem o ordenamento jurídico atual, leis distritais que tenham como tema matéria de competência estadual. Ressalte-se que não cabe ADI de lei ou ato normativo anterior à CF/88, nem de lei ou ato municipal em face da CF/88.

1 CLÈVE, Clèmerson Merlin. *A fiscalização Abstrata da Constitucionalidade no Direito Brasileiro*. 2. ed. São Paulo: Revista dos Tribunais, 2000.

Enunciados de súmulas,[2] que expressam apenas a consolidação dos julgamentos uniformes dos tribunais, desprovidos de força normativa, também não podem ser objeto da ação.

Atos normativos privados, como convenções de condomínios, ou ainda convenções coletivas de trabalho, igualmente, não são dotados de generalidade e abstratividade para ser objeto da ADI.

As leis de efeitos concretos, apesar de serem leis em sentido formal, tendo em vista que são aprovadas por autoridades competentes, não são leis em sentido material, pois possuem destinatários específicos e por isso, de acordo com a jurisprudência clássica do STF, não podem ser questionadas em sede de ADI, salvo, de acordo com jurisprudência já destacada, as leis orçamentárias[3] e também as leis estaduais que criam Municípios.

Como a ação realiza controle repressivo de constitucionalidade, projetos de leis e propostas de emendas não podem ser objeto da ADI.

15.1.3. Legitimidade Ativa

Como já tratamos, na forma do art. 103, I a IX, da CF, temos os legitimados universais (art. 103, I, II, III, VI, VII, VIII), que pela posição institucional que ocupam não precisam comprovar outro interesse além da confirmação da constitucionalidade ou inconstitucionalidade da norma, e os legitimados especiais (art. 103, IV, V, IX), aos quais se faz necessária a demonstração da relação entre o objeto da ação e o interesse que representam, ou seja, deve haver pertinência temática.

15.1.4. Concessão de Medidas Cautelares

Na forma do art. 11 da Lei nº 9.868/99 é possível a concessão de medidas liminares, de eficácia geral, produzindo, via de regra, efeitos temporais *ex nunc* (ultrativos)

2 Em nossa opinião, nem as súmulas vinculantes poderiam ser objeto da ação, tendo em vista receberem mecanismo próprio de revisão e cancelamento previsto no art. 103-A da CF/88.

3 "Leis com efeitos concretos, assim atos administrativos em sentido material: não se admite o seu controle em abstrato, ou no controle concentrado de constitucionalidade. II. – Lei de diretrizes orçamentárias, que tem objeto determinado e destinatários certos, assim sem generalidade abstrata, é lei de efeitos concretos, que não está sujeita à fiscalização jurisdicional no controle concentrado. III. – Precedentes do Supremo Tribunal Federal. IV. – Ação direta de inconstitucionalidade não conhecida" (STF, ADI-MC 2484, Min. Rel. Carlos Velloso, j. 19.12.2001, *DJ* 14.11.2003).Em julgado recente, a Corte se manifestou em sentido oposto:"Controle abstrato de constitucionalidade de normas orçamentárias. Revisão de jurisprudência. O Supremo Tribunal Federal deve exercer sua função precípua de fiscalização da constitucionalidade das leis e dos atos normativos quando houver um tema ou uma controvérsia constitucional suscitada em abstrato, independente do caráter geral ou específico, concreto ou abstrato de seu objeto. Possibilidade de submissão das normas orçamentárias ao controle abstrato de constitucionalidade. (...) Medida cautelar deferida. Suspensão da vigência da Lei nº 11.658/2008, desde a sua publicação, ocorrida em 22 de abril de 2008" (STF, ADI 4.048-MC, Rel. Min. Gilmar Mendes, j. 14.05.2008, *DJE* 22.08.2008).

e excepcionalmente *ex tunc* (retroativos). O dispositivo em análise também prevê a possibilidade do efeito repristinatório, a saber: se a lei cuja suspensão se pede em caráter liminar for revogadora de outra, a concessão da cautelar opera a retomada da eficácia daquela que, em tese, havia sido revogada. Esse fenômeno acontece automaticamente, exceto se o tribunal quiser excluir o efeito repristinatório da lei revogada pela suspensão liminar da norma revogadora, de acordo com o art. 11, § 2º, da Lei nº 9.868/99.

Exemplo: a lei X foi revogada pela lei Y. A lei Y está sofrendo ADI e o autor da ação requer a concessão da suspensão de sua eficácia em caráter liminar. Se o STF defere esse pedido e suspende a lei Y até o julgamento final dessa ação, a lei X, que havia sido revogada, volta a produzir efeitos. Isto porque, a rigor, se a decisão liminar for confirmada no julgamento definitivo da ADI onde se declare, *ex tunc*, a inconstitucionalidade da lei Y, resultará que a lei X nunca fora efetivamente revogada. Daí que ela volta a produzir seus efeitos.

15.1.5. Eficácia da Decisão Definitiva

A publicação da decisão já faz com que a norma inconstitucional perca a sua força sem a participação do Senado Federal, que só se faz presente no controle difuso. Com a nova redação dada pela Emenda nº 45/2004 ao art. 102, § 2º, as decisões definitivas de mérito proferidas pelo STF terão efeito vinculante aos demais órgãos do Poder Judiciário e à Administração Pública, direta ou indireta, das esferas federal, estadual, distrital e municipal. Ressalte-se que os efeitos vinculantes não atingem a atividade típica legislativa, em nome da separação entre os poderes.

Quanto aos efeitos temporais, em regra geral, a decretação de nulidade tem efeitos *ex tunc* (retroativos), entretanto, o art. 27 da Lei nº 9.868/99 prevê que o STF poderá decidir que a norma deixará de produzir efeitos jurídicos: a partir do trânsito em julgado da decisão (efeito *ex nunc*) ou posteriormente ao acórdão (eficácia *pro futuro* ou prospectivos). Para que isso ocorra, são necessários os seguintes requisitos; a) razões de segurança jurídica ou relevante interesse social; b) deliberação pela maioria de 2/3 dos membros do STF. É a chamada modulação temporal dos efeitos da sentença.

Ademais, a decisão de inconstitucionalidade faz coisa julgada material impedindo que seja feita qualquer nova análise acerca da lei objeto da ação.

Como já dissemos, não cabe recurso contra as decisões de mérito em sede de controle concentrado, mas os embargos declaratórios são permitidos, mas, não para fins de modulação de efeitos, sem que tenha havido pedido nesse sentido antes do julgamento da ação.

Entretanto, em caso recente, a Corte relativizou a sua jurisprudência, permitindo os embargos para a finalidade acima, em razão da segurança jurídica e do interesse público que se apresentou no caso analisado.[4]

4 "Em conclusão de julgamento, o Tribunal, por maioria, acolheu embargos de declaração para modular os efeitos de decisão proferida em ação direta de inconstitucionalidade. Esclareceu-se que o acórdão em-

15.1.6. Modulação de Efeitos e Suspensão de Julgamento

Segundo nova construção jurisprudencial do STF, é possível falarmos em suspensão de julgamento para fins de obtenção do quórum necessário para a modulação temporal quando este não for obtido no julgamento do mérito da ação. Senão, vejamos:

> *Em seguida, deliberou-se sobre o pleito de aplicação do art. 27 da Lei nº 9.868/99 formulado pelo requerente. Ressaltou-se que o sistema pátrio comporta a modulação de efeitos, sem que isso signifique violação ao texto constitucional. Asseverou-se que a sua adoção decorreria da ponderação entre o Estado de Direito na sua expressão legalidade e na sua vertente segurança jurídica.* ***Aduziu-se que o procedimento da modulação seria bifásico, escalonado e progressivo: o julgamento que se faz sobre o mérito da constitucionalidade e aquele referente à modulação de efeitos. Explicitou-se, nesse sentido, que ocorreriam duas apreciações autônomas e distintas, sendo que a segunda – a qual envolveria a questão da modulação – tem como pressuposto a declaração prévia de inconstitucionalidade. Assim, reafirmou-se a possibilidade da suspensão de julgamento para se colher os votos de Ministros ausentes, quando não alcançado, na assentada, o quórum a que alude o referido art. 27 da Lei nº 9.868/99.*** *Divergiu, no ponto, o Min. Marco Aurélio. Entretanto, no caso dos autos, em razão de também terem votado contra a incidência do referido dispositivo legal os Ministros Joaquim Barbosa e Cezar Peluso, Presidente, constatou-se a inviabilidade da modulação, ante a ausência de quórum. ADI 3.462/PA, Rel.a Min.a Cármen Lúcia, 15.09.2010.* (Grifamos)

15.1.7. Da Ambivalência da ADI e da ADC

Vale lembrar que a ADI e a ADC possuem caráter dúplice ou fungível, conforme dispõem os arts. 23 e 24 da Lei nº 9.868/99:

> Art. 23. Efetuado o julgamento, proclamar-se-á a constitucionalidade ou a inconstitucionalidade da disposição ou da norma impugnada se num ou noutro sentido

---

bargado tem eficácia a partir da data de sua publicação (21.08.2009). Na espécie, o Supremo declarara a inconstitucionalidade da Lei distrital nº 3.642/2005, que dispõe sobre a Comissão Permanente de Disciplina da Polícia Civil do Distrito Federal – v. *Informativos* 542 e 591. Reconheceu-se, de início, a jurisprudência da Corte, no sentido de inadmitir embargos de declaração Entendeu-se que, no caso, entretanto, a declaração não deveria ser retroativa, por estarem configurados os requisitos exigidos pela Lei nº 9.868/99 para a modulação temporal dos efeitos da declaração de inconstitucionalidade, tendo em conta a necessidade de preservação de situações jurídicas formadas com base na lei distrital. Mencionou-se, no ponto, que a declaração de inconstitucionalidade com efeitos *ex tunc* acarretaria, dentre outros, a nulidade de todos os atos praticados pela Comissão Permanente de Disciplina da Polícia Civil do Distrito Federal, durante os quatro anos de aplicação da lei declarada inconstitucional, possibilitando que policiais civis que cometeram infrações gravíssimas, puníveis inclusive com a demissão, fossem reintegrados. Vencidos os Ministros Marco Aurélio e Celso de Mello que não acolhiam os declaratórios, por não vislumbrar os pressupostos de embargabilidade, e rejeitavam a modulação dos efeitos. ADI 3601 ED/DF, Rel. Min. Dias Toffoli, 09.09.2010 (ADI-3601)."

> se tiverem manifestado pelo menos seis Ministros, quer se trate de ação direta de inconstitucionalidade ou de ação declaratória de constitucionalidade.
>
> Parágrafo único. Se não for alcançada a maioria necessária à declaração de constitucionalidade ou de inconstitucionalidade, estando ausentes Ministros em número que possa influir no julgamento, este será suspenso a fim de aguardar-se o comparecimento dos Ministros ausentes, até que se atinja o número necessário para prolação da decisão num ou noutro sentido.
>
> Art. 24. Proclamada a constitucionalidade, julgar-se-á improcedente a ação direta ou procedente eventual ação declaratória; e, proclamada a inconstitucionalidade, julgar-se-á procedente a ação direta ou improcedente eventual ação declaratória.

A ambivalência (ou, ainda, a natureza fungível ou dúplice) traduz-se na possibilidade de, em sede de ADI, o STF julgar improcedente o pedido e declarar a constitucionalidade da norma, sem que tal tenha sido requerido pelo autor da ação. No sentido oposto, o STF pode julgar improcedente o pedido na ADC e declarar a inconstitucionalidade da norma. Ou seja, se um autor está propondo uma ADI pedindo que a lei seja declarada inconstitucional e o STF discordar entendendo que a lei é válida, nesta mesma ação ele julga improcedente o pedido de inconstitucionalidade e declara a lei constitucional. Esse é o caráter dúplice que a lei conferiu às duas ações, aliás, em atenção à jurisprudência do STF (é a chamada legalização da jurisprudência), por medida de economia processual.

15.1.8. Modalidades de Decisão na ADI e na ADC

Quanto às modalidades e aos efeitos da decisão, o capítulo IV da Lei nº 9.868/99 reuniu as principais decisões do julgamento das duas ações, que podem ser assim destacadas:

- **declaração de inconstitucionalidade;**
- **declaração de constitucionalidade;**
- **interpretação conforme a Constituição;**
- **decisão parcial de Inconstitucionalidade sem redução de texto.**

Inicialmente, deve ser relembrado que, nem sempre o texto da norma traduz de forma completa o seu conteúdo e que o exame de sua validade pode ser feito sem que o seu texto seja atingido. Como regra, quando uma lei é declarada inconstitucional, seu texto é afetado, pois ficará paralisado quanto à produção de efeitos. Entretanto, pode ocorrer de o controle de constitucionalidade resolver a compatibilidade da norma para com a Constituição sem que tenha que paralisar a eficácia da norma ou mesmo atingir o seu texto, em nome do princípio da presunção de constitucionalidade das leis.

As decisões referentes à constitucionalidade ou à inconstitucionalidade das leis já foram analisadas quando tratamos da natureza ambivalente das duas ações.

Na forma do art. 28, parágrafo único, da Lei nº 9.868/99, é possível se extrair ainda as duas modalidades de decisões acima mencionadas: "A declaração de constitucionalidade ou de inconstitucionalidade, inclusive **a interpretação conforme a Constituição** e a **declaração parcial de inconstitucionalidade sem redução de texto**, têm eficácia contra todos e efeito vinculante em relação aos órgãos do Poder Judiciário e à Administração Pública federal, estadual e municipal" (grifamos).

15.1.8.1. A interpretação conforme à Constituição

Como um mesmo texto comporta, muitas vezes, plúrimas interpretações, se dentre elas houver pelo menos uma que esteja em conformidade com a Constituição, o STF deverá afastar as interpretações que não se compatibilizam com a Carta Magna e declarar qual a correta interpretação da norma.[5]

Nessa hipótese, o STF estará buscando resguardar a eficácia da norma em respeito ao princípio da legitimidade democrática do legislador e da presunção de constitucionalidade da lei. A decisão da Corte aproveita a lei e o seu texto não é afetado, sendo a interpretação do texto vinculado ao entendimento dos ministros. Se o fato acontecer em sede de ADI, a ação será julgada improcedente. Se o caso é de ADC, a ação será julgada procedente com a delimitação da interpretação possível, ou seja, o ato normativo será constitucional desde que interpretado da forma declarada conforme à Constituição.

Como não há declaração de inconstitucionalidade da lei, o princípio da reserva de plenário não precisa ser observado.

15.1.8.2. A declaração parcial de inconstitucionalidade sem redução de texto

Pode acontecer de uma lei ser incompatível com a Constituição se aplicada a uma determinada hipótese. Fora desta hipótese, a lei é válida. Neste caso, a interpretação da lei é única. Não existem diversas possibilidades de interpretação para a norma como na modalidade de decisão acima comentada.[6]

---

5 "Em matéria de inconstitucionalidade de lei ou de ato normativo, admite-se, para resguardar, dos sentidos que eles podem ter por via de interpretação, o que for constitucionalmente legitimo – é a denominada interpretação conforme a Constituição" (STF, ADI 221-MC/DF, Plenário, voto do Min. Moreira Alves, j. 29.03.90, *DJ* 22.10.93). ADI 1344 MC/ES, Plenário.

6 "Mostra-se, pois, cabível, a todas as luzes, a declaração de inconstitucionalidade parcial ou sem redução de texto, por meio da qual o Supremo Tribunal Federal tem excluído expressamente determinadas hipóteses de aplicação da norma sem alteração expressa do texto de lei, como ocorreu nas ADINs 491 (*RTJ* 137/90), 393 (*DJ* 18.03.94, p. 5.165-6); 111 (*DJ* 06.05.94, p. 10.485) e 1.089. Tanto é assim que, conforme observa Gilmar Ferreira Mendes (***Jurisdição Constitucional***, Saraiva, 1996, p. 276-277), a declaração parcial de inconstitucionalidade sem redução de texto, assemelhada, em sede de controle concentrado, à interpretação conforme a Constituição, acabou por ganhar autonomia como técnica de decisão, no âmbito da jurisprudência do

Na declaração de inconstitucionalidade sem redução de texto, o STF examinará as diversas hipóteses em que a lei admite aplicação e declarará a sua nulidade se aplicada naquela onde ocorra a violação da Constituição. No caso, não existe dúvida quanto à correta interpretação da norma. O que ocorre é que esta mesma interpretação exercida sobre uma determinada situação pode acarretar a violação da Constituição.

Desse modo, o STF declara nula a aplicação da norma naquela hipótese em que haveria a ofensa à Constituição, mas não afasta a continuidade da sua aplicação nas demais hipóteses. O texto da norma não é atingido. Há necessidade de observância do princípio da reserva do plenário.

Na modalidade de "interpretação conforme" o controle se esgota na verificação, em abstrato, das interpretações possíveis para a lei e termina por indicar a única capaz de salvá-la, ou a única capaz de mantê-la compatível com a Constituição. Na declaração parcial de nulidade sem redução de texto, a inconstitucionalidade só existe parcialmente, isto é, somente naquela hipótese de aplicação apontada pelo STF. O controle permanece sendo exercido em abstrato, porém a operação mental que se faz avança para além da interpretação para ensejar o exame da norma numa eventual aplicação prática. Isso significa que a decisão do STF não modificará o texto da norma (por isso é chamada "sem redução de texto"), o que será afetada é uma de suas aplicações. Tal modalidade redunda na procedência da arguição de inconstitucionalidade, diferente da outra situação.

15.2. AÇÃO DIRETA DE INCONSTITUCIONALIDADE POR OMISSÃO (ADO)

15.2.1. Introdução

Algumas normas presentes no texto da CF/88 são classificadas como normas de eficácia limitada e dependem de regulamentação futura para que possam produzir seus efeitos jurídicos máximos.

A existência de normas dependentes de regulamentação não é uma peculiaridade da atual Constituição. É sabido que todos os textos constitucionais anteriores foram revogados completamente antes que efetivamente tivessem produzido seus efeitos completos e não se desejava o mesmo fim para a Constituição cidadã.

Supremo Tribunal Federal: 'Assim, se se pretende realçar que determinada aplicação do texto normativo é inconstitucional, dispõe o Tribunal da declaração de inconstitucionalidade sem redução de texto, que, além de mostrar-se tecnicamente adequada para essas situações, tem a virtude de ser dotada de maior clareza e segurança jurídica expressa na parte dispositiva da decisão (a lei X é inconstitucional se aplicável a tal hipótese; a lei Y é inconstitucional se autorizativa da cobrança do tributo em determinado exercício financeiro)" (STF, ADI 1.600-MC/UF, Plenário, Rel. Min. Sydney Sanches, j. 27.08.97, *DJ* 06.02.98).

Diante dessa realidade, o constituinte de 1988 buscou inspiração na Carta portuguesa de 1976 para introduzir na realidade nacional a ação direta de inconstitucionalidade por omissão, consagrando que não é inconstitucional apenas a norma que contraria o texto da Constituição, mas também, a inexistência da norma anunciada para que a Constituição possa se tornar real para o seu povo.[7]

15.2.2. Competência

O sistema concentrado, como o próprio nome diz, "concentra" a competência em um órgão jurisdicional apenas. No caso, o Supremo Tribunal Federal, que é o guardião da Constituição, possui atribuição exclusiva para, no plano federal, processar e julgar a ADO.

15.2.3. Objeto

O fundamento da impugnação em sede de ADO, de acordo com o art. 103, § 2º, é o comportamento omissivo por parte do Poder Público. Pressupõe:

1. não cumprimento, pelo Poder Público competente para legislar naquele caso, da determinação de editar certa e determinada norma. Sendo assim, há o descumprimento de uma **ordem constitucional específica**;
2. a norma constitucional a ser regulamentada ter **eficácia limitada**.

Ressalte-se que na hipótese da Constituição atribuir mera faculdade de editar a norma ao legislador, ou determinar a realização de uma política pública específica, não cabe qualquer controle judicial por meio de ADO.

15.2.4. Legitimação Ativa

Os mesmos da ADI genérica, ou seja, os relacionados no art. 103, I a IX, aplicando-se, inclusive, as mesmas considerações tecidas sobre os legitimados universais e especiais.

---

7 Sobre o assunto, lúcidas são as palavras do Ministro Celso de Mello:"O desrespeito à Constituição tanto pode ocorrer mediante ação estatal quanto mediante inércia governamental. A situação de inconstitucionalidade pode derivar de um comportamento ativo do Poder Público, que age ou edita normas em desacordo com o que dispõe a Constituição, ofendendo-lhe, assim, os preceitos e os princípios que nela se acham consignados. Essa conduta estatal, que importa em um *facere* (atuação positiva), gera a inconstitucionalidade por ação. Se o Estado deixar de adotar as medidas necessárias à realização concreta dos preceitos da Constituição, em ordem a torná-los efetivos, operantes e exequíveis, abstendo-se, em consequência, de cumprir o dever de prestação que a Constituição lhe impôs, incidirá em violação negativa do texto constitucional. Desse *non facere* ou *non praestare*, resultará a inconstitucionalidade por omissão, que pode ser total, quando é nenhuma a providência adotada, ou parcial, quando é insuficiente a medida efetivada pelo Poder Público" (STF, ADI 1.458 MC/DF, Plenário, *DJ* 20.09.1996, Rel. Min. Celso de Mello, j. 23.05.96, *DJ* 29.09.96).

15.2.5. Concessão de Medidas Cautelares

Não se admitia a concessão de medidas liminares em sede de ADO, haja vista que o STF, de acordo com a posição clássica, não pode atuar como legislador positivo.[8]

Entretanto, com a nova previsão da Lei nº 9.868/99, é pacífica a possibilidade de concessão de cautelar (muito embora não temos exemplos de decisões cautelares para relacionar), senão vejamos nos dispositivos abaixo transcritos:

> Art. 12-F. Em caso de excepcional urgência e relevância da matéria, o Tribunal, por decisão da maioria absoluta de seus membros, observado o disposto no art. 22, poderá conceder medida cautelar, após a audiência dos órgãos ou autoridades responsáveis pela omissão inconstitucional, que deverão pronunciar-se no prazo de 5 (cinco) dias.
>
> § 1º A medida cautelar poderá consistir na suspensão da aplicação da lei ou do ato normativo questionado, no caso de omissão parcial, bem como na suspensão de processos judiciais ou de procedimentos administrativos, ou ainda em outra providência a ser fixada pelo Tribunal.
>
> § 2º O relator, julgando indispensável, ouvirá o Procurador-Geral da República, no prazo de 3 (três) dias.
>
> § 3º No julgamento do pedido de medida cautelar, será facultada sustentação oral aos representantes judiciais do requerente e das autoridades ou órgãos responsáveis pela omissão inconstitucional, na forma estabelecida no Regimento do Tribunal.
>
> Art.12-G. Concedida a medida cautelar, o Supremo Tribunal Federal fará publicar, em seção especial do Diário Oficial da União e do Diário da Justiça da União, a parte dispositiva da decisão no prazo de 10 (dez) dias, devendo solicitar as informações à autoridade ou ao órgão responsável pela omissão inconstitucional, observando-se, no que couber, o procedimento estabelecido na Seção I do Capítulo II desta Lei.

---

8 "Desrespeito à Constituição. Modalidades de comportamentos inconstitucionais do Poder Público. (...) Salário-mínimo. Satisfação das necessidades vitais básicas. Garantia de preservação de seu poder aquisitivo. (...) Salário-mínimo. Valor insuficiente. Situação de inconstitucionalidade por omissão parcial. **(...) Inconstitucionalidade por omissão. Descabimento de medida cautelar. A jurisprudência do Supremo Tribunal Federal firmou-se no sentido de proclamar incabível a medida liminar nos casos de ação direta de inconstitucionalidade por omissão (*RTJ* 133/569, Rel. Min. Marco Aurélio; ADIn 267-DF, Rel. Min. Celso de Mello), eis que não se pode pretender que mero provimento cautelar antecipe efeitos positivos inalcançáveis pela própria decisão final emanada do STF**. A procedência da ação direta de inconstitucionalidade por omissão, importando em reconhecimento judicial do estado de inércia do Poder Público, confere ao Supremo Tribunal Federal, unicamente, o poder de cientificar o legislador inadimplente, para que este adote as medidas necessárias à concretização do texto constitucional. Não assiste ao Supremo Tribunal Federal, contudo, em face dos próprios limites fixados pela Carta Política em tema de inconstitucionalidade por omissão (CF, art. 103, § 2º), a prerrogativa de expedir provimentos normativos com o objetivo de suprir a inatividade do órgão legislativo inadimplente. Impossibilidade de conversão da ação direta de inconstitucionalidade, por violação positiva da Constituição, em ação de inconstitucionalidade por omissão (violação negativa da Constituição)" (STF, ADI 1.439/DF, Plenário, Rel. Min. Celso de Mello, j. 22.05.96, *DJ* 30.05.2003) (grifamos).

15.2.6. Omissão Total e Omissão Parcial

O descumprimento do dever de agir para emprestar eficácia à norma constitucional pode ser absoluto ou relativo (total ou parcial). A omissão pode se apresentar em graus distintos. Às vezes a atuação do responsável pelo suprimento da omissão pode ser insuficiente ao atendimento da finalidade constitucional. Pode o legislador excluir do âmbito de incidência da norma uma determinada categoria ou situação fática.

Exemplo de omissão total: o art. 192, § 3º, da CF/88 exigia a edição de lei que fixasse a taxa real de juros não superiores a 12% ao ano. Esta lei nunca foi editada e o dispositivo foi revogado por uma emenda constitucional.

Também é exemplo de omissão total a não edição, até os dias atuais, de norma que regulamente o exercício do direito de greve do servidor público previsto no art. 37, VII, da CF/88.

Podemos citar como exemplo de omissão parcial: a lei que define o valor do salário mínimo que, como se sabe, não atende, integralmente, ao que dispõe o art. 7º, IV, da CF/88. Embora o legislador tenha atuado positivamente e elaborado a lei, esta não define o valor do salário mínimo em montante que permita ao trabalhador o acesso às necessidades básicas relacionadas no dispositivo constitucional. O valor definido está aquém do devido. A omissão é parcial e pode ser discutida em sede de controle abstrato.

15.2.7. Efeitos da Decisão Definitiva

A omissão inconstitucional pode recair sobre normas de conteúdo legislativo e normas tipicamente regulamentares de elaboração administrativa.

No primeiro caso, o STF deverá dar ciência ao Poder omisso para editar a norma faltante e se a omissão for administrativa, o órgão administrativo deverá adotar as medidas cabíveis no prazo de 30 dias.

Importante observarmos que apesar de adotar posição clássica de emissão de provimento declaratório de inconstitucionalidade por omissão, em nome da separação de poderes, o STF se manifestou recentemente por meio de decisão mais concretista, que diante de sua importância, merece a transcrição longa a seguir: *"O Plenário, em conclusão, julgou procedente ação direta de inconstitucionalidade por omissão ajuizada em face de alegada lacuna legislativa, no tocante à edição, pelo Congresso Nacional, da lei complementar prevista no art. 91 do ADCT, incluído pela Emenda Constitucional 42/2003 ("Art. 91. A União entregará aos Estados e ao Distrito Federal o montante definido em lei complementar, de acordo com critérios, prazos e condições nela determinados, podendo considerar as exportações para o exterior de produtos primários e semi-elaborados, a relação entre as exportações e as importações, os créditos decorrentes de aquisições destinadas ao ativo permanente e a efetiva manutenção e aproveitamento do crédito do imposto a que se refere o art. 155, § 2º, X, 'a'") – v. Informativo 848. O Colegiado* *declarou haver mora, por parte do Congresso Nacional, em editar a aludida lei complementar. Fixou, por maioria, o prazo de doze meses para que seja sanada a omissão. No ponto, ficou vencido o ministro Marco Aurélio, que não determinava prazo. O Tribunal estabeleceu, também por decisão majoritária, que, na hipótese de o mencionado prazo transcorrer "in albis", caberá ao Tribunal de Contas da União (TCU): a) fixar o valor total a ser transferido anualmente aos Estados-Membros e ao Distrito Federal, considerando os critérios dispostos no art. 91 do ADCT, a saber, as exportações para o exterior de produtos primários e semielaborados, a relação entre as exportações e as importações, os créditos decorrentes de aquisições destinadas ao ativo permanente e a efetiva manutenção e aproveitamento do crédito do imposto a que se refere o art. 155, § 2º, X, "a", do texto constitucional; b) calcular o valor das quotas a que cada um fará jus, levando em conta os entendimentos entre os Estados-Membros e o Distrito Federal realizados no âmbito do Conselho Nacional de Política Fazendária (Confaz). Determinou, ainda, que se comunique ao TCU, ao Ministério da Fazenda, para os fins do disposto no § 4º do art. 91 do ADCT, e ao Ministério do Planejamento, Desenvolvimento e Gestão, para adoção dos procedimentos orçamentários necessários ao cumprimento da presente decisão, notadamente no que se refere à oportuna inclusão dos montantes definidos pelo TCU na proposta de lei orçamentária anual da União. Vencidos, no particular, os ministros Marco Aurélio, Teori Zavascki e Cármen Lúcia (Presidente), que não subscreviam as determinações dirigidas ao TCU... (*ADO 25/DF, rel. Min. Gilmar Mendes, julgamento em 30.11.2016).

15.3. AÇÃO DECLARATÓRIA DE CONSTITUCIONALIDADE (ADC)

15.3.1. Introdução

A ação declaratória de constitucionalidade surgiu com a promulgação da EC nº 03/93, que alterou a redação do então art. 102, I, *a*, contemplando-a ao lado da ação direta de inconstitucionalidade, com propósito contrário ao dela e com o objeto mais restrito.

A finalidade da ação é a de obter do STF uma decisão de cunho declaratório, quanto à constitucionalidade de determinada lei ou ato normativo federal sobre o qual existiam sérias divergências jurisprudenciais,[9] de acordo com o art. 14, III, da Lei nº

9 "O ajuizamento da ação declaratória de constitucionalidade, que faz instaurar processo objetivo de controle normativo abstrato, supõe a existência de efetiva controvérsia judicial em torno da legitimidade constitucional de determinada lei ou ato normativo federal. Sem a observância desse pressuposto de admissibilidade, torna-se inviável a instauração do processo de fiscalização normativa ***in abstracto***, pois a inexistência de pronunciamentos judiciais antagônicos culminaria por converter, a ação declaratória de constitucionalidade, em um inadmissível instrumento de consulta sobre a validade constitucional de determinada lei ou ato normativo federal, descaracterizando, por completo, a própria natureza jurisdicional que qualifica a atividade desenvolvida pelo Supremo Tribunal Federal. O Supremo Tribunal Federal firmou orientação que exige a comprovação liminar, pelo autor da ação declaratória de constitucionalidade, da ocorrência, 'em proporções relevantes', de dissídio judicial, cuja existência – precisamente em função do antagonismo interpretativo que

9.868/99, afastando-se, dessa maneira, a insegurança jurídica gerada pela emissão de decisões judiciais contraditórias a respeito de lei ou ato normativo federal, que têm a seu favor a "presunção de constitucionalidade".

Não tem, portanto, como propósito, transformar a presunção relativa de constitucionalidade em absoluta, haja vista que mudanças substanciais na ordem jurídica ou social podem levar o STF a declarar a inconstitucionalidade de lei confirmada constitucional em sede de ADC.

15.3.2. Competência

Cabe apenas ao Supremo Tribunal Federal, dentro de sua competência originária (art. 102, I, *a*, última parte), processá-la e julgá-la.

15.3.3. Legitimação Ativa

A legitimação ativa inicial da ADC permitia apenas que o Presidente da República, o Procurador-Geral da República, A Mesa da Câmara dos Deputados e a Mesa do Senado Federal pudessem ajuizar a ação. Com a redação dada pela Emenda nº 45/2004 se tornou mais abrangente e, desde então, os legitimados são os mesmos da ADI genérica, ou seja, os relacionados no art. 103, I a IX, aplicando-se, inclusive, as mesmas considerações tecidas sobre os legitimados universais e especiais.

15.3.4. Objeto

O objeto da ADC é lei ou ato normativo primário federal, que pode ser também analisado em sede de ADI, excluídos os de âmbito estadual. Destarte, indispensável a demonstração do interesse de agir por meio de decisões que apresentem as controvérsias judiciais acerca da constitucionalidade da norma.

15.3.5. Concessão de Medidas Cautelares

Na forma do art. 21 da Lei nº 9.868/99, é admissível, em sede de ADC, a concessão de liminares, dotadas de efeitos vinculantes. A concessão de liminar pode levar à suspensão do julgamento dos processos que tratem da norma objeto da ação até o

---

dele resulta – faça instaurar, ante a elevada incidência de decisões que consagram teses conflitantes, verdadeiro estado de insegurança jurídica, capaz de gerar um cenário de perplexidade social e de provocar grave incerteza quanto à validade constitucional de determinada lei ou ato normativo federal" (STF, ADC 8-MC/DF, Plenário, Rel. Min. Celso de Mello, j. 13.10.99, *DJ* 04.04.2003).

julgamento definitivo da ADC. Caso este não ocorra em até 180 dias, cessarão os efeitos da liminar.

15.3.6. Efeitos da Decisão Definitiva

Diante da natureza jurídica ambivalente da ADC e da ADI, os efeitos jurídicos da decisão definitiva da ADC são muito parecidos com os produzidos pela sentença da ADI. Sobre a possibilidade da modulação temporal na decisão que declara a inconstitucionalidade da lei, aplicamos as mesmas regras já analisadas na ADI. Quanto a modulação em caso de decisão que confirma a constitucionalidade da lei, entendemos que eventuais razões de segurança jurídica e interesse público também podem autorizar a realização da modulação, embora, via de regra, não seja adotada em razão do princípio da presunção de constitucionalidade das leis.

15.4. ARGUIÇÃO DE DESCUMPRIMENTO DE PRECEITO FUNDAMENTAL (ADPF)

15.4.1. Introdução

Segundo Gilmar Ferreira Mendes, as mudanças ocorridas com o controle de constitucionalidade brasileiro com o advento da nova Constituição não conseguiram suprir algumas lacunas ainda existentes quanto à análise: do direito pré-constitucional, da controvérsia constitucional sobre normas revogadas e ainda, sobre o controle de constitucionalidade do direito municipal face à Constituição Federal.[10]

Dentro desse panorama, nasceu a arguição de descumprimento de preceito fundamental (ADPF), prevista no art. 102, § 1º, da CF/88. O referido dispositivo, entretanto, determinava a elaboração de uma norma regulamentando a nova ação, o que só foi feito em 1999, com a edição da Lei nº 9.882. Com isso, a ADPF ficou no completo "limbo jurídico" durante praticamente 11 anos!

15.4.2. ADPF Preventiva e Repressiva

De acordo com o art. 1º, *caput*, da Lei nº 9.882/99, a ADPF tem por objetivo **evitar** ou **reparar** lesão a preceito fundamental, resultante de ato do poder público, nascendo assim as modalidades "preventiva" e "repressiva" de arguição. Seu objeto não pode ser, entretanto, projetos de leis, tampouco, propostas de emenda, tendo em vista que é ação do controle repressivo de constitucionalidade.

10 MENDES, Gilmar Ferreira; COELHO, Inocêncio Mártires; BRANCO, Paulo Gustavo Gonet. *Curso de Direito Constitucional*. 5. ed., rev. e atual., São Paulo: Saraiva, 2010, p. 1.305.

15.4.3. Arguição Direta (Autônoma) e Arguição Indireta (Incidental)

Conforme dispõe a dicção do art. 1º, *caput*, da Lei nº 9.882/99, a ADPF pode ser proposta diretamente ao STF, numa manifestação do controle concentrado abstrato, tal como ocorre na ADI. Mas, consoante o art. 1º, inciso I, é possível se deduzir uma arguição incidental, no corpo de um processo subjetivo, formando um controle concentrado-concreto de constitucionalidade. Nessa última hipótese, verificamos uma cisão funcional de competência, entre a questão constitucional e o mérito, que serão resolvidas por órgãos judiciais de instâncias diferentes.

A grande problemática que envolve a ADPF incidental é a ausência de legitimidade popular para o seu ajuizamento, ou seja os legitimados ativos do art. 103, I a IX, podem ajuizar tanto a principal quanto a incidental e normalmente preferem o ajuizamento da primeira que é dirigida diretamente ao STF.

15.4.4. Que é Preceito Fundamental?

O parâmetro de proteção da ADPF, ao contrário da ADI é mais restrito, afinal é uma arguição de descumprimento de uma porção constitucional limitada: os preceitos fundamentais. Ainda que a Lei nº 9.882/99 não tenha definido exatamente o conceito de preceito fundamental, de acordo com o STF,[11] configuraria o rol não exaustivo de preceitos fundamentais: os direitos e garantias fundamentais (art. 5º a 17), as cláusulas pétreas (art. 60, § 4º) e os princípios constitucionais sensíveis (art. 34, VII). Uadi Lammêgo Bulos[12] ainda acrescenta ao rol já exposto de preceitos fundamentais os relativos aos princípios fundamentais (arts. 1º e 2º) e os que regem a Administração Pública (art. 37, *caput*).

15.4.5. Competência

Cabe apenas ao Supremo Tribunal Federal, dentro de sua competência originária no art. 102, § 1º, da CF/88, processá-la e julgá-la.

15.4.6. Cláusula de Subsidiariedade

O art. 4º, § 1º, da Lei nº 9.882/99 apresenta o caráter residual da ADPF quando afirma que só será admitida quando inexistir outro meio eficaz para sanar a lesão a preceito fundamental.

---

11 ADPF 33/PA, Plenário. Min. Rel. Gilmar Mendes, j. 07.12.2005, *DJ* 27.10.2006.

12 LAMMÊGO BULOS, Uadi. ***Constituição Federal Anotada***. 8. ed., rev. e atual. São Paulo: Saraiva, 2008, p. 1.030.

Sobre o assunto, assim se manifestou o STF: *À primeira vista, poderia parecer que somente na hipótese de absoluta inexistência de qualquer outro meio eficaz para afastar a eventual lesão poder-se-ia manejar, de forma útil, a arguição de descumprimento de preceito fundamental. É fácil ver que uma leitura excessivamente literal dessa disposição, que tenta introduzir entre nós o princípio da subsidiariedade vigente no direito alemão (recurso constitucional) e no direito espanhol (recurso de amparo), acabaria por retirar desse instituto qualquer significado prático. De uma perspectiva estritamente subjetiva, a ação somente poderia ser proposta se já se tivesse verificado a exaustão de todos os meios eficazes de afastar a lesão no âmbito judicial.* ***Uma leitura mais cuidadosa há de revelar, porém, que na análise sobre a eficácia da proteção de preceito fundamental nesse processo deve predominar um enfoque objetivo ou de proteção da ordem constitucional objetiva. Em outros termos, o princípio da subsidiariedade – inexistência de outro meio eficaz de sanar a lesão –, contido no § 1º do art. 4º da Lei nº 9.882/99, há de ser compreendido no contexto da ordem constitucional global.***[13]

Com isso, podemos concluir que quando couber alguma das ações do controle concentrado federal para afastar a lesividade (ADI, por exemplo), não caberá ADPF.

Em reforço ao caráter subsidiário da ação, o STF decidiu que se lei municipal violar ao mesmo tempo norma da Constituição Federal e da Constituição do Estado (norma de observância obrigatória), a lei deverá ser objeto de uma Representação de Inconstitucionalidade, com base no art. 125, § 2º, e não da ADPF. [14]

15.4.7. Objeto

Podem ser questionados em sede de ADPF, de acordo com o art. 1º da Lei nº 9.882/99: leis ou atos normativos, primários ou secundários, das esferas federal, estadual, distrital e municipal, direito pré-constitucional e ainda "atos do Poder Público não normativos", estes últimos ainda pendentes de definição na própria jurisprudência do STF.[15]

Se analisarmos a natureza residual da ação, descartamos do seu objeto leis ou atos normativos primários federais e estaduais pois estes serão objeto de uma ADI caso violem preceitos fundamentais e não de ADPF. Fazem parte do rol principal de objetos da ADPF: leis municipais, leis distritais de natureza municipal, normas pré-constitucionais e atos normativos secundários.

13 STF, ADPF 76/TO, Decisão monocrática, j. 13.02.2006; DJ 20.02.2006, Min. Rel. Gilmar Mendes, decisão publicada no *DJU* 13.02.2006. Ver *Informativo* 417.

14 STF, ADPF 100, Min. Rel. Celso de Mello, *Inf.* 532.

15 Apesar de não existir uma definição exata acerca do rol de atos que podem ser questionados por meio da ADPF, é possível extrair as seguintes conclusões: Os Enunciados das Súmulas do Supremo não podem ser concebidos como atos do Poder Público lesivos a preceito fundamental (ver ADPF 80, Rel. Min. Eros Grau, 12.6.2006, *Informativo* 431) e, ainda, que o veto do Presidente da República pode ser apreciado em sede de ADPF (ver ADPF 45 MC/DF, *DJ* 04.05.2004; *Info* 345, Rel. Min. Celso de Mello, 29.04.2004, *Informativo* 345).

Além disso, a ADPF pode ser utilizada no controle dos atos concretos ou individuais do Estado e da Administração Pública, incluindo os atos e contratos administrativos, além de abranger, outrossim, até as decisões judiciais (desde que não tenham transitado em julgado), os atos políticos e as omissões na prática destes atos, quando violem preceitos constitucionais fundamentais.

15.4.8. Legitimidade Ativa

De acordo com o art. 103, I a IX, da CF c/c art. 2º da Lei nº 9.882/99, os legitimados para a propositura da ADPF são os mesmos que podem ajuizar as demais ações do controle concentrado abstrato federal, vedada a propositura por cidadão, de acordo com o entendimento do STF.[16]

15.4.9. Concessão de Medidas Cautelares

Conforme dispõe o art. 5º da Lei nº 9.882/99, o STF, por decisão da maioria absoluta de seus membros, poderá deferir pedido de medida liminar na arguição de descumprimento de preceito fundamental. E ainda acrescenta o § 3º (cuja constitucionalidade está sendo questionada pela ADI nº 2.231), "a liminar poderá consistir na determinação de que juízes e tribunais suspendam o andamento de processo ou os efeitos de decisões judiciais, ou de qualquer outra medida que apresente relação com a matéria objeto da arguição de descumprimento de preceito fundamental, salvo se decorrentes da coisa julgada".

15.4.10. Efeitos da Decisão Definitiva

A decisão definitiva da ADPF, na forma dos art. 10 e 11 da Lei nº 9.882/99 produz efeitos subjetivos *erga omnes* e efeitos vinculantes aos demais órgãos do Poder Público. Quanto aos efeitos temporais, em regra geral, as decisões determinam a produção de efeitos retroativos (*ex tunc*), sendo que, na forma do art. 11, o STF pode, por motivos de segurança jurídica ou de excepcional interesse social, por maioria de 2/3 de seus membros, restringir os efeitos da declaração de inconstitucionalidade de lei ou ato normativo em processo de ADPF ou decidir que esta decisão só tenha eficácia a partir do seu trânsito em julgado ou em qualquer outro momento futuro. É a chamada modulação temporal dos efeitos da sentença, já analisada na ADI.

---

16 "Ação proposta por particular. Ausência de legitimidade. Somente podem propor ADPF os legitimados para a ação direta de inconstitucionalidade (art. 2º, I, da Lei nº 9.882/99)" (STF, ADPF 11, Rel. Min. Sydney Sanches, *DJ* 05.08.2005).

15.5. COLETÂNEA DE JURISPRUDÊNCIA SOBRE ALGUNS TEMAS DO CONTROLE DE CONSTITUCIONALIDADE

A QUESTÃO DA "LEI AINDA CONSTITUCIONAL" (STF, INF. 272)

> *...enquanto o Estado de São Paulo não instituir e organizar a Defensoria Pública local, tal como previsto na Constituição da República (art. 134), subsistirá, íntegra, na condição de norma ainda constitucional – que configura um transitório estágio intermediário, situado "entre os estados de plena constitucionalidade ou de absoluta inconstitucionalidade", a regra inscrita no art. 68 do CPP, mesmo que sujeita, em face de modificações supervenientes das circunstâncias de fato, a um processo de progressiva inconstitucionalização... ("Transcrições", RE 341.717-SP).*

O julgado acima analisa a possibilidade de reconhecimento de um estágio transitório entre a constitucionalidade e a inconstitucionalidade de uma lei. O caso em destaque trata da possibilidade de propositura da Ação Civil *Ex Delicto* pelo Ministério Público, de acordo com o art. 68 do CPP, enquanto não houver a criação e a instituição da Defensoria Pública local.

INCONSTITUCIONALIDADE POR ARRASTAMENTO OU POR ATRAÇÃO, SEQUENCIAL OU POR REVERBERAÇÃO NORMATIVA

*O Tribunal iniciou julgamento de ação direta de inconstitucionalidade ajuizada pelo Governador do Distrito Federal contra a Lei distrital 3.228/2003, que obriga as distribuidoras de combustíveis locais a colocar lacres eletrônicos nos tanques dos postos de combustíveis que exibam sua marca e dá outras providências. A Min.*a *Cármen Lúcia, relatora, julgou procedente o pedido, registrando que as normas dos arts. 1º e 2º determinam a declaração de inconstitucionalidade das demais por arrastamento, por se tornarem ineficazes, quando não inexequíveis, sem aqueles dispositivos, no que foi acompanhada pelos Ministros Ricardo Lewandowski e Joaquim Barbosa* (STF, ADI 3.236/DF, Rel.a Min.a Cármen Lúcia, 17.09.2007, *Inf.* 480).

Em conclusão, o Tribunal conheceu em parte de ação direta ajuizada pelo Procurador-Geral da República e, na parte conhecida, julgou procedente o pedido formulado para declarar a inconstitucionalidade do inciso II do § 1º do art. 82, do ADCT da Constituição do Estado de Minas Gerais, bem como, por arrastamento, dos §§ 4º, 5º e 6º do mesmo art. 82, os quais foram acrescentados pela Emenda Constitucional estadual 70/2005. Os dispositivos impugnados criaram a Universidade do Estado de Minas Gerais e estabeleceram outras providências (ADCT da Constituição do Estado de Minas Gerais: art. 81. Fica criada a Universidade do Estado de Minas Gerais, sob a forma de autarquia, que terá sua reitoria na Capital e suas unidades localizadas nas diversas regiões do Estado. V. Informativo 268.[17]

Nestas decisões, há uma relação de dependência, um liame, uma conexão, que faz com que dispositivos, além dos originariamente imputados inconstitucionais, sejam declarados incompatíveis com a Constituição, configurando uma exceção ao princípio da congruência ou da adstrição em sede de processo civil.

Também é possível se observar a inconstitucionalidade por arrastamento ou por atração quando a lei objeto do controle concentrado fundamenta a validade de uma série de atos secundários, como os decretos, por exemplo. Nesses casos, ao declarar a inconstitucionalidade da lei, a Corte pode reconhecer, "por arrastamento", a invalidade das normas que dela se originavam.

A INCONSTITUCIONALIDADE "CHAPADA"

Esta expressão vem sendo utilizada pelos Ministros quando se referem a uma inconstitucionalidade mais do que evidente, flagrante, não existindo nenhuma dúvida sobre o vício, seja ele formal ou material. Podemos observar a expressão na transcrição abaixo: ... *Em voto-vista proferido em 2 de fevereiro deste ano (2007), Eros Grau entendeu que a lei impugnada padece de "**inconstitucionalidade chapada**", acentuando a violação à regra da licitação e ao princípio da igualdade...*[18]

A "FOSSILIZAÇÃO DA CONSTITUIÇÃO"

Como já foi explicado, a declaração de constitucionalidade ou de inconstitucionalidade, inclusive a interpretação conforme a Constituição e a declaração parcial de inconstitucionalidade sem redução de texto, têm eficácia contra todos e efeito vinculante em relação aos órgãos do Poder Judiciário e à Administração Pública federal, estadual e municipal. Está visto, pois, que nosso ordenamento não estendeu ao legislador os efeitos vinculantes da decisão de inconstitucionalidade, sob pena de uma verdadeira fossilização da Constituição, conforme o STF manifestou de acordo com a transcrição abaixo:

... *Já se demonstrou alhures, com abundância de argumentos, que, como fruto de exegese de textos similares ou análogos, a proibição de reprodução de norma idêntica à que foi declarada inconstitucional não pode inspirar-se nalgum princípio processual geral que iniba renovação do comportamento subjacente a ato concreto anulado ou tido por ilegal, o que, sob a autoridade da res iudicata, conviria apenas a processos de índole subjetiva. Ademais, o postulado da segurança jurídica acabaria, contra uma correta interpretação constitucional sistemático-teleológica, sacrificando, em relação às leis*

17 STF, ADI 2501/MG, Rel. Min. Joaquim Barbosa, 04.09.2008, *Inf.* 518.

18 STF, RE 461.366, Min. Rel. Marco Aurélio, *DJE* 29.08.2008.

futuras, a própria justiça da decisão. Por outro lado, tal concepção comprometeria a relação de equilíbrio entre o tribunal constitucional e o legislador, reduzindo este a papel subalterno perante o poder incontrolável daquele, com evidente prejuízo do espaço democrático-representativo da legitimidade política do órgão legislativo. E, como razão de não menor tomo, a proibição erigiria mais um fator de resistência conducente ao inconcebível **fenômeno da fossilização da Constituição**: *"A consequência é particularmente grave: as Constituições, enquanto planos normativos voltados para o futuro, não podem de maneira nenhuma perder a sua flexibilidade e abertura. Naturalmente e na medida do possível, convém salvaguardar a continuidade dos* standards *jurisprudenciais: alterações de rota, decisões* overruling *demasiado repentinas e brutais contrastam com a própria noção de jurisdição. A percepção da continuidade como um valor não deve, porém, significar uma visão petrificada da jurisprudência..."* (grifamos).[19]

IMPEDIMENTO E SUSPEIÇÃO DE MINISTRO

Não há impedimento, nem suspeição de ministro, nos julgamentos de ações de controle concentrado, exceto se o próprio ministro firmar, por razões de foro íntimo, a sua não participação.

STF. Plenário. ADI 6362/DF, Rel. Min. Ricardo Lewandowski, julgado em 2/9/2020 (Info 989).

PESSOA FÍSICA

A pessoa física não tem representatividade adequada para intervir na qualidade de amigo da Corte em ação direta.

STF. Plenário. ADI 3396 AgR/DF, Rel. Min. Celso de Mello, julgado em 6/8/2020 (Info 985).

AMICUS CURIAE

O amicus curiae não tem legitimidade para propor ação direta; logo, também não possui legitimidade para pleitear medida cautelar.

Assim, a entidade que foi admitida como amicus curiae em ADPF não tem legitimidade para, no curso do processo, formular pedido para a concessão de medida cautelar.

STF. Plenário. ADPF 347 TPI-Ref/DF, rel. orig. Min. Marco Aurélio, red. p/ o ac. Min. Alexandre de Moraes, julgado em 18/3/2020 (Info 970).

19 STF, Rcl 2617, Min. Rel, Cezar Peluso, DJ 17.06.2004.

AMPLIAÇÃO DO OBJETO DA AÇÃO

A decisão do Ministro Relator que, de ofício, na ADPF que trata sobre o Estado de Coisas Inconstitucional no sistema prisional, determina medidas para proteger os presos do Covid-19 amplia indevidamente o objeto da ação.

É certo que no controle abstrato de constitucionalidade, a causa de pedir é aberta. No entanto, o pedido é específico.

Nenhum dos pedidos da ADPF 347 está relacionado com as questões inerentes à prevenção do Covid-19 nos presídios.

Não é possível, portanto, a ampliação do pedido cautelar já apreciado anteriormente. A Corte está limitada ao pedido. Aceitar a sua ampliação equivale a agir de ofício, sem observar a legitimidade constitucional para propositura da ação.

Ademais, em que pese a preocupação de todos em relação ao Covid-19 nas penitenciárias, a medida cautelar, ao conclamar os juízes de execução, determina, fora do objeto da ADPF, a realização de megaoperação para analisar detalhadamente, em um único momento, todas essas possibilidades e não caso a caso, como recomenda o Conselho Nacional de Justiça.

O STF entendeu que, neste momento, o Poder Judiciário deve seguir as recomendações sobre a questão emitidas pelo Conselho Nacional de Justiça CNJ e por portaria conjunta dos Ministérios da Saúde e da Justiça.

Para evitar a disseminação do novo coronavírus nas prisões, o CNJ recomendou a análise de situações de risco caso a caso.

A Recomendação 62/2020 do CNJ traz orientações aos Tribunais e aos magistrados quanto à adoção de medidas preventivas contra a propagação do Covid-19 no âmbito dos sistemas de justiça penal e socioeducativo.

STF. Plenário. ADPF 347 TPI-Ref/DF, rel. orig. Min. Marco Aurélio, red. p/ o ac. Min. Alexandre de Moraes, julgado em 18/3/2020 (Info 970).

16

O PODER LEGISLATIVO

O Poder Legislativo exerce a atividade legislativa do Estado e também é responsável pela função fiscalizadora. Nesse sistema de freios e contrapesos adotado pelo país, também exerce atividades atípicas, como por exemplo: abre concurso público para os seus servidores e licencia os seus membros (exemplos de atividades administrativas); e, também, atua como órgão julgador quando julga o Presidente da República por crime de responsabilidade, na forma do art. 52, parágrafo único, da CF/88. Tendo em vista que a forma de Estado é federativa, todos os entes revelam a sua autonomia também por meio do seu Legislativo próprio. Por isso, temos os órgãos legislativos da União (Congresso Nacional), dos Estados (Assembleia Legislativa), do Distrito Federal (Câmara Legislativa) e dos Municípios (Câmara Municipal).

16.1. AS COMISSÕES PARLAMENTARES DE INQUÉRITO

16.1.1. Histórico e Origem no Brasil

As Comissões Parlamentares de Inquérito originaram-se na Inglaterra, no século XVII, sendo adotadas em seguida pela França, pelos Estados Unidos, pela Alemanha e, posteriormente, pelo Brasil. A primeira Constituição brasileira a incluí-la em seu texto foi a de 1934 e, com a exceção do texto autoritário de 1937, as demais Constituições também a adotaram. Entretanto, em 1988, de acordo com o art. 58, § 3º, a CPI recebeu poderes até então não previstos em outras Constituições: poderes de investigação equivalentes aos das autoridades judiciais, que também são reforçados pela previsão na Lei nº 1.579/52. Em que pese a equiparação feita pela CRFB/88, na verdade a CPI não exerce função jurisdicional e sim fiscalizadora, portanto, típica do Poder Legislativo, devendo apurar fatos relevantes que envolvam bens, valores, dinheiro, patrimônio ou interesse da União e servir como mais uma fonte de investigação em nome da moralidade e transparência administrativa. Se for o caso, as conclusões da Comissão serão encaminhadas ao Ministério Público e, este sim, deverá promover a consequente responsabilidade civil ou criminal dos infratores. As Comissões Parlamentares são temporárias e podem ser mistas ou abertas em cada uma das Casas legislativas.

16.1.2. Requisitos Constitucionais

Art. 58, § 3º As comissões parlamentares de inquérito, que terão poderes de investigação próprios das autoridades judiciais, além de outros previstos nos regimentos das respectivas Casas, serão criadas pela Câmara dos Deputados e pelo Senado Federal, em conjunto ou separadamente, mediante requerimento de um terço de seus membros, para a apuração de fato determinado e por prazo certo, sendo suas conclusões, se for o caso, encaminhadas ao Ministério Público, para que promova a responsabilidade civil ou criminal dos infratores.

De acordo com o art. 58, § 3º, os requisitos constitucionais necessários para a abertura da CPI são: 1) requerimento de um terço dos membros da Câmara dos Deputados (171) e/ou um terço das assinaturas de Senadores (27); podendo ser a CPI instaurada em uma das Casas ou nas duas, desde que o requerimento seja subscrito por Deputados e Senadores; 2) apuração de fato determinado, ou seja, direcionado para alguma situação específica; nada impede, entretanto, que os fatos surgidos no decorrer das investigações que tenham pertinência com o fato principal também sejam apurados; 3) prazo certo, que segundo orientação do STF permite prorrogações sucessivas do prazo inicialmente fixado, desde que dentro do período correspondente à legislatura em que se iniciou.

16.1.3. CPI nos Estados, Distrito Federal e Municípios

É possível a criação de CPIs estaduais, distritais e municipais desde que haja previsão nas respectivas Constituições Estaduais e Leis Orgânicas. Imperioso destacar que as referidas Comissões devem obedecer ao princípio da simetria e devem ser abertas para apurar fatos relacionados ao Estado, ao Distrito Federal ou ao Município, conforme o caso, em nome da preservação do pacto federativo. O STF também decidiu que as assinaturas para a abertura da CPI não se submetem à votação dos plenários das Casas em nome do direito das minorias parlamentares.

16.1.4. "Poderes" das CPIs

A CPI possui alguns dos poderes que os magistrados possuem na condução de uma instrução processual penal, desde que não estejam protegidos pela reserva de jurisdição. Suas decisões devem ser motivadas, além de realizar a indicação concreta de fatos específicos e a necessidade de adoção dessa medida excepcional. Ademais, devem obedecer ao princípio da colegialidade, ou seja, devem se submeter a deliberação coletiva. De acordo com a jurisprudência do STF, pode-se dizer que estão situadas no âmbito das atribuições das Comissões, a possibilidade de:

A) colher depoimentos, ouvir indiciados e inquirir testemunhas;

B) autorizar quebra de sigilo de dados bancário, telefônico e fiscal dos investigados, desde que haja fundamentação, comprovando a existência de causa provável que indique a necessidade da quebra do sigilo;

C) requisitar aos órgãos públicos documentos e informações necessárias à investigação;

D) promover a pertinente investigação, ainda que os atos investigatórios possam incidir, eventualmente, sobre aspectos referentes a acontecimentos sujeitos a inquéritos policiais ou a processos judiciais que guardem conexão com o evento principal objeto da apuração congressual;

E) transportar-se aos lugares aonde for preciso e requisitar ao Tribunal de Contas da União a realização de inspeções e auditorias;

F) determinar a realização de perícias técnicas. Importante ressaltar que a Lei 13.367/2016, que alterou dispositivos da Lei 1.579/1952, que dispõe sobre as Comissões Parlamentares de Inquérito, trouxe a necessidade de solicitação ao juiz criminal caso seja necessária a intimação de testemunha que não tenha comparecido sem motivo justificado para inquirição, em homenagem ao princípio da reserva de jurisdição, afastando, portanto, a possibilidade de condução coercitiva de testemunha por determinação da própria comissão.

16.1.5. Vedações às CPIs

Em nome do princípio da separação de poderes a CPI não poderá praticar atos protegidos pela reserva de jurisdição, tais como:

A) proibir alguém de se ausentar de determinada localidade ou de sair do país;

B) expedir decreto de indisponibilidade de bens de particular;

C) determinar a interceptação telefônica, por expressa vedação do art. 5º, XII;

D) realizar busca e apreensão domiciliar de documentos e demais objetos de interesses da investigação, tendo em vista o que dispõe o art. 5º, XI;

E) expedir mandado de prisão (a prisão que pode ocorrer em sede de CPI é a prisão em flagrante); As medidas cautelares necessárias, diante da existência de indícios veementes da proveniência ilícita de bens, podem ser solicitadas pelo Presidente da CPI ao juiz criminal competente, em qualquer fase da investigação, de acordo com a Lei 13.367/2016.

16.1.6. Ciência ao Ministério Público, a Advocacia-Geral da União ou outros órgãos

A Constituição Federal, no § 3º do seu art. 58, dispõe que as conclusões da CPI, "se for o caso", serão encaminhadas ao Ministério Público para que promova a responsabilidade civil e criminal dos infratores. Com isso, o STF entendeu que somente a comissão poderá decidir se se verifica, ou não, a hipótese do referido encaminhamento das conclusões, o que não implica, necessariamente, que sejam elas acompanhadas dos documentos sigilosos. A Lei 13.367/2016 estabeleceu a possibilidade de encaminhamento do relatório circunstanciado elaborado pela CPI ser encaminhado a outros órgãos, além do Ministério Público, para que venham a promover a responsabilidade civil ou criminal por infrações apuradas, podendo adotar outras medidas decorrentes de suas funções institucionais.

16.1.7. Quórum para Deliberação

Segundo orientação jurisprudencial, a observância do quórum previsto regimentalmente para deliberação – maioria absoluta dos membros que integram a comissão – é formalidade essencial à validade das decisões da Comissão, presente ato de constrição a alcançar terceiro.

16.2. ESTATUTO DOS CONGRESSISTAS

Segundo José Afonso da Silva, o Estatuto dos Congressistas pode ser considerado o conjunto de imunidades, incompatibilidades, prerrogativas e impedimentos que cercam a função do parlamentar no exercício de sua função pública. Funcionam como garantias de independência de exercício funcional e são irrenunciáveis, vez que pertencem ao cargo e não ao parlamentar. Na Constituição de 1988 estão previstas entres os arts. 53 e 56.

16.2.1. As Imunidades Materiais ou Inviolabilidades Parlamentares

Art. 53. Os Deputados e Senadores são invioláveis, civil e penalmente, por quaisquer de suas opiniões, palavras e votos.

Na forma do art. 53, caput, alterado pela EC nº 35/2001, a imunidade material implica subtração da responsabilidade penal e civil do parlamentar, por suas opiniões, palavras e votos. Trata-se de cláusula de irresponsabilidade geral de Direito Constitucional material e garante que o congressista exerça a sua atividade com a mais ampla liberdade de manifestação. A isenção de responsabilidade é total, não podendo o parlamentar responder por qualquer dos chamados delitos contra a honra (calúnia, injúria, difamação etc.). Refere-se somente a atos funcionais, ainda que não exercidos exclusivamente no âmbito do Congresso Nacional. Segundo orientação jurisprudencial, pronunciamentos feitos à rede televisiva, aos jornais e revistas estão protegidos por esta imunidade, desde que relacionados à função parlamentar.

16.2.2. Prerrogativa de Foro

Art. 53. (...) § 1º Os Deputados e Senadores, desde a expedição do diploma, serão submetidos a julgamento perante o Supremo Tribunal Federal.

O mais recente entendimento do Supremo Tribunal Federal sobre o tema, que na Ação Penal 937, por maioria de votos, decidiu que o foro por prerrogativa de função conferido aos Deputados Federais e Senadores se aplica apenas aos crimes cometidos durante o exercício do cargo e em razão das funções a ele relacionadas. Diante do atual entendimento da Corte, podemos observar quatro situações: a) se o parlamentar houver cometido o crime antes da diplomação (ato que comprova a realização de uma eleição válida e é anterior à posse), esse processo tramitará perante a justiça comum, não havendo prerrogativa de foro perante o STF, nem mesmo após a sua diplomação; b) a prática de crime pelo parlamentar após a diplomação, mas sem qualquer relação com as funções relacionadas ao cargo, leva-o a julgamento perante a justiça comum;

c) se o parlamentar cometer crime durante o exercício do cargo e em razão das funções a ele relacionadas, será levado a julgamento direto perante a Corte; d) se o crime for cometido após o fim do mandato, não há prerrogativa.

É importante destacar que a regra da atualidade do mandato é excepcionada em caso de abuso de direito, como por exemplo: se o parlamentar renunciar às vésperas do julgamento, com o objetivo claro de procrastinar a decisão final, o STF já decidiu que a sua competência prorrogar-se-á e que a Corte julgará o ex- membro do Parlamento.

Além de tal hipótese, também foi firmado pelo Supremo Tribunal Federal, na citada Ação Penal 937, o entendimento segundo o qual após o final da instrução processual pela Corte, com a publicação do despacho de intimação para apresentação de alegações finais, a competência para processar e julgar as ações penais não será mais afetada em razão de o agente público vir a ocupar outro cargo ou deixar o cargo que ocupava, qualquer que seja o motivo, havendo a perpetuação do foro perante o STF. Ainda segundo entendimento do STF, o parlamentar licenciado na forma do art. 56, I, terá as suas imunidades suspensas, entretanto, será mantida a prerrogativa de foro funcional, tendo em vista que o seu cargo de parlamentar foi mantido.

Imunidades Formais

As imunidades formais se relacionam a regras sobre a prisão do parlamentar e sobre a sustação de processos criminais (imunidade processual), que serão a seguir analisadas.

A) Quanto à prisão

Art. 53. (...) § 2º Desde a expedição do diploma, os membros do Congresso Nacional não poderão ser presos, salvo em flagrante de crime inafiançável. Nesse caso, os autos serão remetidos dentro de vinte e quatro horas à Casa respectiva, para que, pelo voto da maioria de seus membros, resolva sobre a prisão.

Desde a sua diplomação, conforme dispõe o parágrafo em referência, os parlamentares não serão presos, salvo em flagrante de crime inafiançável, e ainda, nesse caso, os autos da prisão serão remetidos em vinte e quatro horas à Casa a qual ele pertence para deliberação pela maioria de seus membros sobre o relaxamento ou não da prisão.

O parlamentar ainda pode ser preso em virtude de sentença judicial transitada em julgado, segundo jurisprudência do STF.

B) Quanto ao processo

Art. 53. (...)

§ 3º Recebida a denúncia contra o Senador ou Deputado, por crime ocorrido após a diplomação, o Supremo Tribunal Federal dará ciência à Casa respectiva, que, por iniciativa de partido político nela representado e pelo voto da maioria de seus membros, poderá, até a decisão final, sustar o andamento da ação.

§ 4º O pedido de sustação será apreciado pela Casa respectiva no prazo improrrogável de quarenta e cinco dias do seu recebimento pela Mesa Diretora.

§ 5º A sustação do processo suspende a prescrição, enquanto durar o mandato.

Sobre as regras relativas ao processo, a EC nº 35/2001 alterou substancialmente o instituto da imunidade formal. Antes da reforma, para que os parlamentares fossem processados durante os seus mandatos, era necessária licença da Casa Legislativa à qual pertenciam. Diante dos insucessos das autorizações, transformando-se imunidade em impunidade, a reforma constitucional dispensou a licença legislativa.

Desde então, o STF tem competência para dar início ao processo contra o parlamentar, devendo apenas dar ciência à Casa à qual o parlamentar pertence. Entretanto, com relação aos crimes cometidos após a diplomação, qualquer partido político com representação na Casa (seja ou não do partido do parlamentar), poderá, até o julgamento final da ação, oferecer pedido de sustação, que deve ser apreciado obrigatoriamente pela Casa respectiva no prazo de 45 dias a contar do recebimento da solicitação pela Mesa Diretora. Se, pela maioria dos votos dos membros da Casa, houver deliberação a favor da suspensão, o processo ficará paralisado até o final do mandato do parlamentar, com a consequente suspensão do prazo prescricional.

Ressalte-se que quanto aos crimes cometidos antes da diplomação não há imunidade formal processual, ainda que a questão criminal, em razão da prerrogativa de foro, seja levada à julgamento pela Corte, por ocasião de sua diplomação.

17

PROCESSO LEGISLATIVO

É o conjunto de atos realizados pelos órgãos legislativos visando à formação das espécies normativas, previstas no art. 59 da CRFB/88. O desrespeito às normas do processo legislativo previstas na CRFB/88 terá por consequência a declaração de sua inconstitucionalidade formal, apreciada tanto no controle difuso quanto pelo método concentrado.

17.1. INTRODUÇÃO

Há hierarquia entre LO e LC? Ambas são atos normativos primários, porque extraem seu fundamento jurídico de validade diretamente da CRFB/88. Se a norma que serve de fundamento da validade é a mesma, não existe hierarquia entre essas duas espécies normativas. Não há grau de subordinação jurídica entre elas.

Diferenças entre LO e LC:

A LC é exigida para algumas matérias específicas.

A CRFB/88 deve indicar expressamente quais matérias somente podem ser disciplinadas por LC. Ex: art. 22, parágrafo único e art. 7º, I, da CRFB/88.

Quando a CRFB/88 não diz expressamente que deve ser LC, a matéria poderá ser disciplinada por LO. Ex: art. 5º, XXXII da CRFB/88. Também há distinção formal com relação ao quórum, que será abaixo tratada.

Atenção! Lei ordinária pode revogar ou alterar lei complementar que seja formalmente complementar, mas materialmente ordinária, ou seja, que não verse sobre assunto reservado à lei complementar (matérias relativas a direito civil, por exemplo).

17.2. FASES DO PROCESSO LEGISLATIVO DE ELABORAÇÃO DA LEI ORDINÁRIA E COMPLEMENTAR

A) Fase iniciadora – composta pelo ato de Iniciativa, que pode ser:

- Extraparlamentar;
- Parlamentar;
- Privativa/Reservada (art. 61 § 1º e art. 93 caput da CRFB/88);
- Concorrente (art. 61, caput da CRFB/88);
- Popular (art. 61 § 2º da CRFB/88).

B) Fase constitutiva

Deliberação parlamentar – composta pelos seguintes atos: i. Discussão e Emendas – CCJs (art. 63, I e II, da CRFB/88)

ii. Votação • LO → Maioria simples/relativa • LC → Maioria absoluta Deliberação executiva – composta pelos seguintes atos: iii. Sanção e Veto c) Fase complementar i. Promulgação e Publicação Iniciativa Privativa.

A Constituição Federal exige que algumas matérias somente possam ser reguladas por meio de leis de iniciativa privativa de certas autoridades ou órgãos. Somente a pessoa legitimada poderá propor projeto de lei sobre aquela matéria específica. Pelo princípio da simetria ou paralelismo das formas, se no plano federal cabe ao Presidente oferecer projeto de lei sobre criação de órgão público, no plano estadual a atribuição será do Governador, e, no âmbito municipal, do Prefeito. A sanção do chefe do Executivo NÃO convalida o vício de iniciativa.

O rol de iniciativas privativas não se exaure no art. 61, § 1º da CRFB/88, mas é o mais cobrado em provas: § 1º – São de iniciativa privativa do Presidente da República as leis que: I – fixem ou modifiquem os efetivos das Forças Armadas; II – disponham sobre: a) criação de cargos, funções ou empregos públicos na administração direta e autárquica ou aumento de sua remuneração; b) organização administrativa e judiciária, matéria tributária e orçamentária, serviços públicos e pessoal da administração dos Territórios; c) servidores públicos da União e Territórios, seu regime jurídico, provimento de cargos, estabilidade e aposentadoria; d) organização do Ministério Público e da Defensoria Pública da União, bem como normas gerais para a organização do Ministério Público e da Defensoria Pública dos Estados, do Distrito Federal e dos Territórios; e) criação e extinção de Ministérios e órgãos da administração pública, observado o disposto no art. 84, VI; f) militares das Forças Armadas, seu regime jurídico, provimento de cargos, promoções, estabilidade, remuneração, reforma e transferência para a reserva.

Iniciativa popular

O art. 61, § 2º da CRFB/88 prevê que o projeto de lei popular depende do preenchimento de três requisitos cumulativos:

- Assinatura de 1% dos eleitores do país (equivale a aproximadamente 1 milhão e 500 mil eleitores);
- Assinaturas divididas entre 5 Estados;
- Em cada Estado, essas assinaturas devem representar 0,3% do eleitorado local.

Atenção! A iniciativa popular está limitada à LO e LC; o povo não tem legitimidade para apresentar Proposta de Emenda à Constituição. Em regra, a casa iniciadora da votação é a Câmara dos Deputados (art. 64 da CRFB/88), que é representante do povo. Mas se a iniciativa do projeto for do Senado, haverá inversão na ordem de votação entre as casas e o Senado ficará com o papel de casa iniciadora.

Discussão e Emendas Existe no Congresso inúmeras Comissões temáticas, mas destaca-se a CCJ (Comissão de Constituição e Justiça), que faz o controle preventivo político de constitucionalidade dos projetos de leis apresentados.

Na fase constitutiva há deliberação sobre o projeto e apresentação de emendas. As emendas são as alterações feitas ao projeto.

Quanto ao tema, é importante destacar o art. 63, inciso I da CRFB/88, que prevê:

Art. 63. Não será admitido aumento da despesa prevista: I – nos projetos de iniciativa exclusiva do Presidente da República, ressalvado o disposto no art. 166, § 3º e § 4º; Em princípio, projetos de lei de iniciativa privativa do Presidente podem sofrer alterações durante a tramitação, desde que:

1) Não sejam alterações substanciais;

2) Não haja aumento de despesas, ressalvado o disposto no art. 166, §§ 3º e 4º:

Votação

Art. 47. Salvo disposição constitucional em contrário, as deliberações de cada Casa e de suas Comissões serão tomadas por maioria dos votos, presente a maioria absoluta de seus membros.

Art. 69. As leis complementares serão aprovadas por maioria absoluta.

Para a aprovação da Lei Complementar, a referência de cálculo é a totalidade dos membros da Casa Legislativa (CD: 513, SF: 81). O quórum de instauração da sessão é a maioria absoluta dos membros (CD: 257, SF: 41) e para a sua aprovação também se exige a maioria absoluta dos membros.

Para a instauração da sessão de aprovação da Lei Ordinária, a referência para é a maioria absoluta (ou mais) dos membros da Casa Legislativa, mas para a aprovação, é suficiente a maioria dos presentes.

Sanção e Veto

São atos exclusivos do Chefe do Executivo, e devem ser realizados no prazo de 15 dias úteis contados do recebimento do projeto de lei. A sanção pode ser tácita ou expressa, **mas o veto somente pode ser expresso**. O transcurso do prazo de 15 dias úteis sem manifestação expressa do Presidente implica na sanção tácita. Na forma do art. 66 da CRFB/88, são características constitucionais do veto:

- irretratável;
- superável pela derrubada do Congresso Nacional;
- pode ser total ou parcial. No caso de ser parcial, não pode ser de palavra ou expressão, pois deve abranger texto integral de artigo, inciso, alínea ou parágrafo;
- O veto pode ser material/político ou formal/jurídico. Na primeira hipótese, o Presidente veta projeto contrário ao interesse público, e no segundo caso, contrário à CRFB/88, realizando assim controle preventivo político de constitucionalidade.

Promulgação e Publicação

São atos do processo legislativo que recaem sobre a lei e não mais sobre o projeto. A promulgação certifica formalmente a existência da norma, confirmando seu plano de validade. A publicação dá notoriedade à lei, com a sua inserção no Diário Oficial. Não são atos exclusivos do Chefe do Executivo.

Atenção!

Na forma do art. 64, § 1° da CRFB/88, com relação aos projetos de iniciativa do Presidente da República, em caso de solicitação por ele de urgência para a sua apreciação, o processo será realizado com prazos menos dilatados do que os existentes para a deliberação no processo ordinário. É o chamado processo legislativo sumário.

> Atenção! A Constituição não exige que a matéria seja de iniciativa privativa do Presidente (art. 61, §1° da CRFB/88), mas que o projeto seja por ele apresentado.

Nesse caso, se a Câmara dos Deputados e o Senado Federal não se manifestarem sobre a proposição, cada qual sucessivamente, em até quarenta e cinco dias, sobrestar-se-ão todas as demais deliberações legislativas da respectiva Casa, com exceção das que tenham prazo constitucional determinado, até que se ultime a votação do projeto (art. 64, § 2° da CRFB/88).

Somando-se ao prazo de 90 dias, os 10 dias para apreciação das emendas feitas pelas Casas, o processo deverá se encerrar em 100 dias.

Assevere-se que, na forma do art. 64 § 4° da CRFB/88, o referido prazo não corre nos períodos de recesso do Congresso Nacional, nem se aplica aos projetos de Código.

17.3. LEI DELEGADA

A) Natureza jurídica – É ato normativo primário, que pode ser objeto tanto do controle difuso quanto do concentrado.

B) Base Legal – art. 68 da CRFB/88: *As leis delegadas serão elaboradas pelo Presidente da República, que deverá solicitar a delegação ao Congresso Nacional.*

C) Limitações materiais expressas – art. 68, § 1º da CRFB/88.

Art. 68, § 1º - Não serão objeto de delegação os atos de competência exclusiva do Congresso Nacional, os de competência privativa da Câmara dos Deputados ou do Senado Federal, a matéria reservada à lei complementar, nem a legislação sobre:

I - organização do Poder Judiciário e do Ministério Público, a carreira e a garantia de seus membros; II - nacionalidade, cidadania, direitos individuais, políticos e eleitorais; III - planos plurianuais, diretrizes orçamentárias e orçamentos.

D) Espécies de delegação Ao autorizar o Presidente a elaborar a lei, o Congresso tem duas opções:

- imprópria, atípica ou impura – Exige que o Presidente submeta o projeto de lei à apreciação do Congresso. Se o Congresso não aprovar o projeto apresentado, não haverá lei delegada. É uma hipótese extraída do art. 68 § 3º da CRFB/88.
- própria, típica ou pura – o Congresso neste caso não exige que seja submetido o projeto para apreciação antes da edição da lei.

E) Autorização por meio de Resolução. Na forma do art. 68, § 2º da CRFB/88, a delegação ao Presidente da República terá a forma de resolução do Congresso Nacional, que especificará seu conteúdo e os termos de seu exercício.

F) Controle repressivo político. Na forma do art. 49, V, da CRFB/88, é da competência do Congresso Nacional: sustar os atos normativos do Poder Executivo que exorbitem do poder regulamentar ou dos limites de delegação legislativa. Esse é um exemplo típico de controle repressivo político de constitucionalidade.

17.4. RESOLUÇÃO E DECRETO LEGISLATIVO

Normalmente as resoluções são elaboradas quando as Casas do Congresso estão trabalhando separadamente, para tratar das matérias indicadas nos artigos 51 e 52 da CRFB/88.

Já o Congresso, quando atua em conjunto (art. 49 da CRFB/88), geralmente edita decreto legislativo.

Mas a Constituição poderá determinar que o Congresso edite resolução, como na hipótese do art. 68 § 2º da CRFB/88.

Entretanto, para sustar os efeitos da lei delegada que exorbite os limites o Congresso irá editar decreto legislativo (art. 49, V da CRFB/88). Em nome da separação de poderes, não há sanção ou veto do Presidente da República no processo de elaboração de decretos legislativos e de resoluções.

17.5. MEDIDA PROVISÓRIA

17.5.1. Natureza jurídica e base legal

A medida provisória (MP) é uma espécie normativa primária, com "força" de lei ordinária, pois encontra seu fundamento de validade na própria Constituição Federal. Contudo, é também norma precária, pois se não for convertida em lei pelo Congresso Nacional, deixará de produzir os seus efeitos jurídicos. Encontra proteção constitucional no art. 62, que sofreu profunda reforma pela EC no 32/2001 (promulgada em 11.09.2001). Ressalte-se que essa espécie normativa estreou no constitucionalismo pátrio em 1988, para substituir o antigo decreto-lei, que inexiste perante a atual ordem jurídica.

17.5.2. Os antigos decretos-leis. Características principais

Sob a égide das Constituições anteriores, a espécie normativa adotada pelo Executivo era denominada decreto-lei, que poderia ser editado em razão de urgência ou de interesse público relevante. Em caso de ausência de manifestação do Congresso Nacional, o Decreto era aprovado tacitamente por decurso de prazo. A sua rejeição não acarretava a nulidade dos atos praticados durante a sua vigência e a norma somente podia ser aprovada ou rejeitada em sua totalidade, não permitindo, portanto, alterações pelos parlamentares.

17.5.3. Autoridade competente

Em caso de "relevância e urgência" somente o Presidente da República no âmbito federal, poderá editar a MP, devendo submetê-la de imediato ao Congresso Nacional.

17.5.4. Medidas provisórias nos Estados e Municípios

Em nome da autonomia, nada impede que os Estados adotem as suas próprias medidas provisórias, de acordo com a jurisprudência dominante, desde que haja previsão nas respectivas Constituições estaduais. Com relação ao assunto, o próprio texto constitucional dá ensejo a essa possibilidade, na forma do art. 25, §°2, a saber: "Cabe aos Estados explorar diretamente, ou mediante concessão, os serviços locais de gás canalizado, na forma da lei, vedada a edição de medida provisória para a sua regulamentação". Não há empecilho constitucional à adoção das MPs pelos Municípios, desde que haja disposição na Constituição do Estado e em sua Lei orgânica nesse sentido.

17.5.5. Pressupostos constitucionais

De acordo com o art. 62, as MPs devem ser editadas em razão de relevância e urgência, que não configuram conceitos jurídicos indeterminados, pois estão sujeitos, ainda que excepcionalmente, ao controle do Poder Judiciário, tendo em vista que compõem a própria estrutura constitucional que disciplina as medidas provisórias, qualificando-se como requisitos legitimadores e juridicamente condicionantes do exercício, pelo Chefe do Poder Executivo, da competência normativa primária que lhe foi outorgada, extraordinariamente, pela Constituição da República. Esse entendimento objetiva evitar os abusos institucionais, que infelizmente estão presentes em nosso país, dado o número avassalador de medidas provisórias editadas pelos Presidentes da República desde 1988.

17.5.6. Limitações materiais explícitas

As medidas provisórias não podem tratar da matéria relacionada nos arts. 62, § 1°, 246, 73 (do ADCT) e 25, §2°.

Com base no art. 62, §1°, é vedada a edição de medida provisória sobre matéria relativa à: a) nacionalidade, cidadania, direitos políticos, partidos políticos e direito eleitoral; b) direito penal, processual penal e processual civil; c) organização do Poder Judiciário e do Ministério Público, a carreira e a garantia de seus membros; d) planos plurianuais, diretrizes orçamentárias, orçamento e créditos adicionais e suplementares, ressalvado o previsto no art. 167, § 3°, II, (que trata das hipóteses de calamidade pública); e) que vise à detenção ou sequestro de bens, de poupança popular ou qualquer outro ativo financeiro; f) reservada à lei complementar; g) já disciplinada em projeto de lei aprovado pelo Congresso Nacional e pendente de sanção ou veto do Presidente da República.

De acordo com o art. 73 do ADCT também não é possível a edição de medidas provisórias acerca do Fundo Social de Emergência, tampouco com relação a artigo da Constituição Federal cuja redação tenha sido alterada mediante emenda constitucional promulgada entre 1o de janeiro de 1995 até a data da promulgação da EC no 32/2001, que ocorreu no dia 11 de setembro (art. 246).

Segundo prevê o art. 25, §2°, a medida provisória estadual também não pode dispor sobre serviços locais de gás canalizado.

17.5.7. Limitações materiais implícitas

Em nome da separação e harmonia entre os poderes, também não se permite a edição de medidas provisórias acerca de matéria de competência exclusiva do Congresso Nacional (art. 49), privativa da Câmara dos Deputados (art. 51), tampouco privativa do Senado Federal (art. 52).

17.5.8. Medidas provisórias e matéria tributária

De acordo com o art. 62, § 2 o , da CRFB/88 é permitida a edição de medida provisória sobre matéria tributária, sendo que as que impliquem instituição ou majoração de impostos só produzirão efeitos no exercício financeiro seguinte se houverem sido convertidas em lei até o último dia daquele em que foi editada. Os impostos previstos nos arts. 153, I, II, IV, V, e 154, II, quais sejam: importação de produtos estrangeiros; exportação, para o exterior, de produtos nacionais ou nacionalizados; produtos industrializados; operações de crédito, câmbio e seguro, ou relativas a títulos ou valores mobiliários; ou ainda na iminência ou no caso de guerra externa, os chamados de impostos extraordinários, não precisam obedecer à regra acima.

17.5.9. Casa iniciadora do processo de conversão e prazo de vigência

A Câmara dos Deputados, na forma do art. 62, § 8 o , será a Casa Legislativa a primeiro deliberar sobres as MPs, obedecendo à regra geral do processo legislativo ordinário. Importante destacar que o art. 62 não cuidou minuciosamente do processo de conversão da MP em lei ordinária, por ser desnecessário, haja vista se assemelhar com o próprio trâmite de formação da lei ordinária.

Ressalta-se ainda que antes do início do processo de conversão da MP pelas Casas Legislativas, na forma do art. 62, § 5° e § 9°, haverá juízo prévio sobre o atendimento de seus pressupostos constitucionais, que será realizado por uma comissão mista de deputados e senadores. Podemos concluir, então, que há um controle político repressivo de constitucionalidade da medida provisória.

Quanto ao prazo de vigência da MP, se fizermos uma leitura do art. 62, §3° e § 7°, podemos deduzir que ela produzirá efeitos jurídicos inicialmente por 60 dias, e se nesse período ela não for objeto de deliberação, será prorrogada automaticamente por igual período. Entretanto, o prazo máximo de produção de efeitos jurídicos não é de 120 dias, isto porque, por exemplo, o art. 62, §4°, afirma que o prazo dos referidos parágrafos não conta durante o recesso parlamentar, restando a sua contagem suspensa durante esse período.

17.5.10. Trancamento de pauta

A Constituição trata, no art. 62, §6°, de um verdadeiro controle político no processo de deliberação da MP. Se a MP não for examinada dentro de 45 dias contados da sua edição, entrará em regime de urgência, "trancando" a pauta da Casa Legislativa onde estiver tramitando. Com isso, os membros do Congresso Nacional são pressionados para deliberar rapidamente sobre o assunto, em prevalência a qualquer outra matéria ordinária.

Importante destacar que os 45 dias são contados uma única vez. Caso o prazo tenha se esgotado na Câmara, que é a casa iniciadora, a MP aprovada pelos Deputados já entra trancando a pauta dos Senadores e, se precisar retornar à Casa iniciadora, também a pauta desta Casa ficará, por sua vez, trancada.

Por maioria, o Plenário do STF concluiu, em junho de 2017, o julgamento do Mandado de Segurança 27.931, relatado pelo ministro Celso de Mello, e decidiu que o trancamento da pauta da Câmara dos Deputados por conta de medidas provisórias não analisadas no prazo de 45 dias, contados de sua publicação, refere-se apenas às matérias que se mostrem passíveis de regramento por medida provisória, excluídas, em consequência do bloqueio, as propostas de emenda à Constituição, os projetos de lei complementar, de decreto legislativo, de resolução e até mesmo os projetos de lei ordinária que veiculem temas pré-excluídos do âmbito de incidência das medidas provisórias.

O Tribunal adotou no julgamento a técnica da interpretação conforme à Constituição e realizou uma verdadeira mutação constitucional ao realizar a releitura do art. 62, § 6°. Em seu voto, o ministro Luís Roberto Barroso destacou que subordinar quase integralmente a agenda de deliberação do Poder Legislativo às medidas provisórias editadas pelo presidente da República vulneraria o núcleo essencial da separação de Poderes e importaria na paralisação do funcionamento do Congresso Nacional.

17.5.11. Conversão de medida provisória em lei ordinária, com ou sem alterações

De acordo com o art. 62, § 12, aprovado projeto de lei de conversão alterando o texto original da medida provisória, esta manter-se-á integralmente em vigor até que seja sancionado ou vetado o projeto. Desse dispositivo, é possível extrair que se o projeto sofrer alterações, será remetido ao Presidente para que tome ciência das mesmas e manifeste-se a favor ou contra. Se, entretanto, não houver alterações, desnecessária se torna a sua manifestação, tendo que vista que já conhece o teor integral do texto da lei ordinária, fruto da medida provisória de sua autoria.

Observa-se, também, que não há possibilidade de "retirada" da MP pelo Presidente da República, da apreciação do Congresso Nacional, sendo passível, entretanto, de ab-rogação mediante diploma de igual ou superior hierarquia. Com isso, a revogação da MP por outra MP apenas suspende a eficácia da norma ab-rogada, que voltará a vigorar pelo tempo que lhe reste para apreciação, caso caduque, ou seja rejeitada a MP ab-rogante. Consequentemente, o ato revocatório não subtrai do Congresso Nacional o exame da matéria contida na MP revogada.

17.5.12. Rejeição tácita (ou por decurso de prazo) ou expressa

Nenhuma medida provisória será convertida em lei ordinária em razão do decurso de prazo. Ela poderá ser rejeitada expressamente, por qualquer uma das Casas, ou ainda, após findo o prazo de produção de seus efeitos jurídicos, sem que haja deliberação expressa, favorável ou contrária a ela, a MP será, também, considerada rejeitada.

17.5.13. Reedição

Com base no art. 62, § 10, da CRFB/88 é vedada a reedição, na mesma sessão legislativa, de medida provisória que tenha sido rejeitada ou que tenha perdido sua eficácia por decurso de prazo. Daí se insere que o art. 67, que permite eventual reapresentação de projeto de lei rejeitado na mesma sessão legislativa, não se aplica no caso de rejeição de MP.

17.5.14. MP e decreto legislativo

O que acontece com as relações jurídicas formadas durante a produção de efeitos jurídicos da MP com a sua rejeição? Sobre o assunto, da exegese constitucional é possível se extrair duas conclusões:

A) Se o Congresso Nacional editar o decreto legislativo anunciado no art. 62, § 3°, dentro dos 60 (sessenta) dias seguintes contados da rejeição, a MP perde os seus efeitos desde a origem (ex tunc) e o decreto tratará das relações jurídicas, como se a MP jamais tivesse existido.

B) Se o Congresso Nacional não editar o referido decreto no prazo acima, as relações jurídicas constituídas e decorrentes de atos praticados durante a vigência da MP conservar-se-ão por ela regidas (art. 62, § 11). Daí pode-se dizer que a rejeição produziu efeitos ultrativos (ex nunc).

17.5.15. Medida provisória e controle de constitucionalidade

É possível que uma medida provisória seja objeto tanto de controle difuso, quanto de controle concentrado de constitucionalidade? Sim, porque é um ato normativo primário e deve obediência aos limites determinados pela Constituição. De acordo com a orientação jurisprudencial, algumas conclusões podem ser feitas sobre as ações de controle concentrado e a MP:

A) se, no curso de uma ADI ou ADC, a MP é convertida em lei ordinária com alterações substanciais ou é rejeitada por uma das Casas do Congresso Nacional, a ação perde o objeto e a sentença determina a extinção de julgamento da ação sem resolução do mérito;

B) se, entretanto, no curso das referidas ações, a MP é convertida em lei ordinária sem alterações ou com alterações não substanciais, será necessário apenas o aditamento à peça inicial, sem prejuízo do regular prosseguimento da ação.

18

O PODER EXECUTIVO

18.1. FORMA E SISTEMA DE GOVERNO

Antes de analisarmos a estrutura do Poder Executivo brasileiro, é importante relembrarmos a classificação sobre forma e sistema de governo, que influenciarão as características do Executivo nacional.

18.1.1. Formas de Governo

A forma de governo pretende analisar de que maneira se dá a instituição do exercício do poder na sociedade e a verdadeira relação entre governantes e governados. Divide-se, em regra geral, na forma republicana e na monárquica.

A) República: a instituição do poder se dá por meio de eleições e por um período certo de tempo. O Governo representa seu povo e tem o dever de prestar contas. Ex.: Brasil, Estados Unidos, Argentina e Alemanha.

B) Monarquia: nesta forma de governo a instituição do poder se dá pela hereditariedade, o mandato é vitalício e o monarca não representa o povo (e sim a linhagem de alguma família). Não há necessidade de prestar contas. Ex.: Inglaterra, Bélgica, Holanda e Espanha.

18.1.2. Sistemas de Governo

O sistema de governo pretende analisar como se opera o relacionamento entre os Poderes, especialmente o Legislativo e o Executivo, no exercício das funções governamentais. Manifesta-se, via de regra, pelos sistemas presidencialista, parlamentarista e semipresidencialista.

A) Presidencialista: o Presidente exerce o Poder Executivo em toda sua inteireza, acumulando as funções de Chefe de Estado e de Chefe de Governo. Nestes sistemas, o órgão do Legislativo não está sujeito à dissolução, eis que os seus membros são eleitos pelo povo para um mandato fixo (é o sistema típico das Repúblicas).

B) Parlamentarismo: há uma dualidade no Poder Executivo: a chefia de Estado é exercida pelo monarca ou pelo Presidente e a chefia de Governo é exercida, em regra, pelo Primeiro Ministro, que governa com a confiança do Legislativo (é o sistema típico das monarquias, embora atualmente seja muito adotado nas Repúblicas da Europa).

C) Semipresidencialismo: o Executivo é dualista, exercido pelo Presidente e pelo Primeiro-Ministro. São características do semipresidencialismo: a independência entre o Presidente e o Legislativo; a interdependência entre o Primeiro-Ministro e o Legislativo (este, como verdadeiro Parlamento, aprova moções de confiança ou de censura ao Ministério); a eleição direta do presidente da República, ao qual a Constituição reserva atribuições menores do que as dos presidentes nos regimes presidencialistas, mas muito maiores do que as dos presidentes nos regimes parlamentaristas. Nesse sistema de governo, três órgãos políticos se destacam: o Primeiro-Ministro, o Parlamento e o Presidente da República. É o sistema hoje adotado pela França.

18.2. ESTRUTURA DO PODER EXECUTIVO FEDERAL. CHEFIA DE ESTADO E DE GOVERNO

De acordo com o art. 76 da CRFB/88, o Poder Executivo Federal é exercido pelo Presidente da República, auxiliado pelos Ministros de Estado, uma opção clara pelo sistema presidencialista de governo. No país, a chefia de Estado e a de Governo clássicas estão reunidas no executivo monocrático, ou seja, nas mãos presidenciais.

Segundo Manoel Gonçalves Filho[1] por chefia de Estado entende-se, em última análise, a representação tanto externa quanto interna da unidade do Estado. O titular dessa chefia é quem simboliza, aos olhos do estrangeiro, o Estado, aos olhos do cidadão, a unidade nacional, o passado, o presente e o futuro comuns. Personalizando a permanência e a integridade do Estado, é o guardião dos interesses perenes, dos valores tradicionais.

Por chefia do Governo entende-se a liderança na política nacional, pela orientação das decisões gerais e pela direção da máquina administrativa. É o chefe do Governo o guia da nação em busca de um alto destino, como protetor de sua estrutura política. A ele compete a primeira palavra na determinação e na condução da política nacional.

1 FERREIRA FILHO, Manoel Gonçalves. *Curso de Direito Constitucional*. 34. ed., rev. e atual. São Paulo: Saraiva, 2008, p. 224-225.

18.2.1. Atribuições do Chefe do Executivo Federal

O art. 84 da CRFB/88 traz o quadro exemplificativo de atribuições do Chefe do Executivo Federal, as quais dividimos em cinco categorias, de acordo com as lições de Uadi Lammmêgo Bulos:[2]

- **chefia de Estado:** art. 84, VII, VIII, XIV, XV, XVI, primeira parte, XVIII, segunda parte, XIX, XX, XXI, XXII;
- **chefia de Governo:** art. 84, I, III, IV, V, IX, X, XI, XII, XIII, XVIII, primeira parte, XXIII, XXIV e XXVII;
- **chefia da Administração Federal:** art. 84, II, VI, XVI, segunda parte, XXIV e XXV;
- **delegação de atribuições constitucionais:** parágrafo único do art. 84.

18.3. REQUISITOS PARA A PRESIDÊNCIA E VICE-PRESIDÊNCIA DA REPÚBLICA

Para que alguém possa ser eleito para a Presidência, devem ser preenchidos os requisitos de elegibilidade do art. 14, § 3º da CRFB/88 quais sejam: a) a nacionalidade brasileira originária (art. 12, § 3º da CRFB/88); b) o pleno exercício dos direitos políticos; c) o alistamento eleitoral; d) o domicílio eleitoral na circunscrição (esse requisito é satisfeito se o candidato comprovar residir em qualquer local do país por pelo menos um ano antes das eleições; e) a filiação partidária; f) a idade mínima de trinta e cinco anos.

18.4. AS ELEIÇÕES PRESIDENCIAIS

O Presidente da República e o Vice-Presidente são eleitos conjuntamente, em mesma chapa (pois não se permite candidatura autônoma no país), através do sufrágio universal e pelo voto direto e secreto. A eleição, de acordo com o art. 77 da CRFB/88, obedece ao princípio majoritário de maioria absoluta ou de dois turnos, não se computando os votos em branco e os nulos, em razão de haver a possibilidade de realização de dois turnos de votação, se nenhum candidato alcançar a maioria absoluta no primeiro turno. De acordo com o art. 77, § 1º da CRFB/88, a eleição do Presidente da República importará a do Vice-Presidente com ele registrado.

Se entre o primeiro turno e o segundo turno ocorrer morte, desistência ou impedimento legal de candidato, convocar-se-á, entre os remanescentes, o de maior votação (art. 77, § 4º da CRFB/88). Em caso de empate, a idade será o critério de desempate, privilegiando-se o mais "experiente", na forma do art. 77, § 5º da CRFB/88.

---

2 BULOS, Uadi Lammêgo. *Constituição Federal Anotada*. 8. ed., rev. e atual. São Paulo: Saraiva, 2008, p. 906.

18.4.1. As Eleições para o Executivo Estadual, Distrital e Municipal

As regras acima mencionadas do art. 77 da CRFB/88 se aplicam na inteireza para as eleições de governadores de Estados e do Distrito Federal. Entretanto, quanto às eleições para o Executivo municipal, na forma do art. 29, II da CRFB/88 extraímos as seguintes regras: a) prefeitos de Municípios com mais de 200 mil eleitores obedecem às mesmas regras do art. 77 da CRFB/88enquanto que; b) prefeitos de Municípios com 200 mil eleitores ou número inferior são eleitos pelo sistema eleitoral majoritário simples ou comum, ou seja, não há segundo turno.

18.5. A POSSE DO PRESIDENTE E DO VICE

De acordo com o art. 78 da CRFB/88, o Presidente e o Vice-presidente da República tomarão posse em sessão do Congresso Nacional (no dia 1º de janeiro), prestando o compromisso de manter, defender e cumprir a Constituição, observar as leis, promover o bem geral do povo brasileiro, sustentar a União, a integridade e a independência do Brasil. De acordo com o parágrafo único do referido dispositivo, se, entretanto, decorridos dez dias da data fixada para a posse, o Presidente ou o Vice-presidente, salvo motivo de força maior, não tiver assumido o cargo, este será declarado vago, configurando-se uma das hipóteses de perda de cargo.

18.6. REELEIÇÃO, DESINCOMPATIBILIZAÇÃO E INELEGIBILIDADE REFLEXA

É permitida uma reeleição para o titular do Executivo (art. 14, § 5º da CRFB/88), desnecessária a desincompatibilização nesse caso (art. 14, § 6º da CRFB/88), e a família do titular do Executivo não podem se eleger no território sob a sua direção (art. 14, § 7º da CRFB/88), que é, para o Executivo federal, o país inteiro.

18.7. IMPEDIMENTO E VACÂNCIA DO PRESIDENTE E DO VICE-PRESIDENTE

No caso de impedimento do Presidente da República, serão chamados sucessivamente para ocupar, **temporariamente**, o exercício da Presidência da República: o Vice-Presidente, o Presidente da Câmara dos Deputados, o Presidente do Senado Federal e o Presidente do Supremo Tribunal Federal, nessa ordem, de acordo com o art. 80, da CRFB/88.

Em caso de vacância (definitivo) do cargo de Presidente da República, caberá ao Vice suceder-lhe, assumindo o mandato no restante do tempo para o seu término.

Com isso, podemos concluir que há rol de substitutos do Presidente, mas não de sucessores.

Entretanto, de acordo com o art. 81 da CRFB/88, vagando os cargos de Presidente e de Vice, deverão ser realizadas novas eleições, obedecidos os prazos e requisitos abaixo listados:

- **eleição direta**: no prazo de noventa dias de aberta a última vaga, quando a vacância se der nos dois primeiros anos do mandato presidencial;
- **eleição Indireta**: pelo Congresso Nacional, no prazo de trinta dias de aberta a última vaga, quando a vacância se der nos dois últimos anos do mandato presidencial.

Ressalte-se que, em ambos os casos, os recém-eleitos assumirão o cargo apenas para cumprir o tempo que restou do mandato de seus antecessores, na forma do art. 81, § 2º da CRFB/88.

18.8. PERDA DE CARGO

Torna-se vaga a presidência: a) por ocasião da morte; b) por incapacidade civil absoluta de seu titular; c) pela decisão que condenar o Presidente da República nos processos por crime comum ou de responsabilidade; d) pela ausência do País por mais de quinze dias, sem permissão do Congresso (na forma do art. 83 da CRFB/88); e) por não haver, salvo força maior, dentro de dez dias da data fixada para a posse, assumido cargo (de acordo com o art. 78, parágrafo único da CRFB/88); f) por renúncia.

18.9. PRERROGATIVAS E RESPONSABILIDADES DO PRESIDENTE DA REPÚBLICA

18.9.1. Imunidades Formais

As imunidades formais se dividem entre a prisão e o processo, senão vejamos:

a) quanto à prisão, o art. 86, § 3º da CRFB/88 afirma que enquanto não sobrevier sentença condenatória, nas infrações comuns, o Presidente da República não estará sujeito a prisão. Ressalte-se que esse dispositivo constitucional não trata de qualquer prisão, mas apenas da prisão penal. Então, podemos extrair deste artigo a seguinte regra geral: não haverá prisão **criminal** (cautelar) do Presidente da República, não existindo empecilho jurídico, portanto, para a realização de prisão civil;

b) quanto ao processo, o art. 86, *caput* da CRFB/88 dispõe que compete à Câmara dos Deputados a realização de juízo de admissibilidade das acusações criminais e políticas contra o Presidente da República, considerando-se aprovadas por pelo menos 2/3 dos votos favoráveis dos Deputados. Essa imunidade configura uma blindagem contra o processo, seja criminal ou político do Presidente da República.

18.9.2. Prerrogativa de Foro

Em razão de crime de responsabilidade, quem efetua o *impeachment* do Presidente da República é o Senado Federal, na forma do art. 52, I, e parágrafo único da CRFB/88. Em razão de crime comum, o julgamento será realizado pelo STF, com base no art. 102, I, *b* da CRFB/88. Ressaltemos, entretanto, que nem o Senado e nem o STF têm autorização para iniciar o julgamento contra o Presidente da República se não houver o juízo de admissibilidade da Câmara dos Deputados favorável ao referido julgamento.

Observe-se que a prerrogativa de foro prevista em nossa Constituição é apenas política e criminal. Não há prerrogativas de foro para o julgamento em sede de ação trabalhista, divórcio, adoção etc.

18.9.3. Os Crimes de Responsabilidade

De acordo com o rol exemplificativo do art. 85 da CRFB/88 de eventuais infrações político-administrativas que podem ser cometidas pelo Presidente da República, levando-o ao *impeachment* pelo Senado Federal, temos as que atentam contra a Constituição Federal e, especialmente, contra:

I – a existência da União; II – o livre-exercício do Poder Legislativo, do Poder Judiciário, do Ministério Público e dos Poderes constitucionais das unidades da Federação; III – o exercício dos direitos políticos, individuais e sociais; IV – a segurança interna do País; V – a probidade na administração; VI – a lei orçamentária; VII – o cumprimento das leis e das decisões judiciais. A Lei nº 1.079/50 ainda acrescenta alguns tipos de infrações político-administrativas e de acordo com a Súmula Vinculante 46: *A definição dos crimes de responsabilidade e o estabelecimento das respectivas normas de processo e julgamento são da competência legislativa privativa da União.*

No recente caso de Impeachment vivenciado pelo país, algumas regras novas sobre o procedimento foram estabelecidas pelo STF no julgamento da ADPF 378, ajuizada pelo Partido Comunista do Brasil (art. 103, VIII da CRFB/88), cujo principal aspecto segue abaixo:

No que diz respeito ao papel da Câmara no processo de impeachment, a sua atuação [... deve ser entendida como parte de um momento pré-processual, isto é, anterior à instauração do processo pelo Senado. Segundo o Min. Barroso: "a Câmara apenas autoriza a instauração do processo: não o instaura por si própria, muito menos determina que o Senado o faça. Dessa forma, os arts. 23, §§ 1º e 5º; 80 e 81, da Lei nº 1.079/50 não foram recepcionados por serem incompatíveis com os arts. 51, I; 52, I; e 86, § 1º, II, da CRFB/88.

Dessa forma, ao Senado compete decidir (por maioria simples) se deve receber ou não a denúncia cujo prosseguimento foi autorizado pela Câmara. Se a rejeitar, haverá o arquivamento do pedido; se a receber, será iniciado o impeachment propriamente dito (fase processual), com a produção de provas e, ao final, o Senado votará pela absolvição ou condenação do Presidente (na forma do art. 52, parágrafo único, da CRFB/88).

Obs.: Apesar de o art. 52, p. único da CRFB/88 estabelecer que, se condenado, o Presidente, perderá o cargo e ficará inabilitado ao exercício de cargo, emprego e função pública por 8 (oito) anos, no caso da Ex-Presidente Dilma, o Senado decidiu que as penas não são cumulativas e apesar de condená-la a perda do cargo, manteve os seus direitos políticos, seguindo o disposto no art. 68, da Lei 1079/50 (que em nossa opinião não foi recepcionado pela Constituição de 1988).

18.9.4. Suspensão das Funções

De acordo com o art. 86, § 1º e § 2º da CRFB/88, o Presidente ficará suspenso de suas funções: nas infrações penais comuns, se recebida a denúncia ou queixa-crime pelo Supremo Tribunal Federal; nos crimes de responsabilidade, após a instauração do processo pelo Senado Federal. Se decorrido o prazo de cento e oitenta dias e o julgamento não estiver concluído, cessará o afastamento do Presidente, sem prejuízo do regular prosseguimento do processo.

18.9.5. Cláusula de Irresponsabilidade Penal Relativa

> Art. 86. (...)
>
> § 4º O Presidente da República, na vigência de seu mandato, não pode ser responsabilizado por atos estranhos ao exercício de suas funções.

Qual o alcance dessa denominada cláusula de irresponsabilidade penal relativa? Primeiramente, só se aplica a situações penais e deve ser analisada de forma restrita. De acordo com o art. 86, § 4º da CRFB/88 o STF só poderá julgar o Presidente da República por crime relacionado ao exercício das funções presidenciais. Com isso, não haverá processo criminal contra o Presidente da República durante o seu mandato por crime ocorrido antes da diplomação ou durante o mandato, mas sem relação com as funções presidenciais.

Pode-se concluir que o Chefe do Executivo da União não dispõe de imunidade, quer em face de ações judiciais que visem a definir-lhe a responsabilidade civil, quer, ainda, em virtude de procedimentos destinados a apurar a sua responsabilidade tributária.

18.9.6. Prerrogativas de Governadores e Prefeitos

Segundo a jurisprudência do STF, a imunidade formal quanto à prisão e ao processo e à cláusula de irresponsabilidade penal relativa são **exclusivas** do chefe de Estado, que é o Presidente da República. Ademais, o princípio republicano determina a responsabilidade do agente político.

Ressalve-se que por crime comum os Governadores são julgados perante o STJ, na forma do art. 105, I, *a*, da CRFB/88, e os prefeitos pelos Tribunais de Justiça, de acordo com o art. 29, X, da CRFB/88 (aplicando a eles a Súmula 702, do STF - A competência do Tribunal de Justiça para julgar prefeitos restringe-se aos crimes de competência da Justiça comum estadual; nos demais casos, a competência originária caberá ao respectivo tribunal de segundo grau).

Em decisão recente, proferida em junho de 2018, o STJ decidiu (APn 856 e APn 866, STJ) que o foro por prerrogativa de função no caso de governadores e conselheiros de tribunais de contas ficará restrito a fatos ocorridos durante o exercício do cargo e em razão deste.

19

A REFORMA DO PODER JUDICIÁRIO. ALGUMAS ALTERAÇÕES

19.1. EMENDA CONSTITUCIONAL Nº 45/2004

Listamos abaixo alguns dos principais destaques relacionados à Reforma do Judiciário, instituída pela EC nº 45/2004, cuja leitura é fundamental para a preparação para o certame:

A) inclusão, no art. 5º, do princípio da razoável duração do processo, no âmbito judicial e administrativo como garantia fundamental (art. 5º, LXXVIII);

B) a possibilidade de se criarem varas especializadas para a solução das questões agrárias (art. 126);

C) a "constitucionalização" dos tratados e convenções internacionais sobre direitos humanos desde que aprovados pelo quórum qualificado das emendas constitucionais (art. 5º, § 3º);

D) a submissão do Brasil à jurisdição do Tribunal Penal Internacional a cuja criação tenha manifestado adesão (art. 5º, § 4º);

E) a federalização de crimes contra direitos humanos, objetivando o deslocamento de competência para a Justiça Federal (art. 109, V-A e § 5º);

F) previsão do controle externo da Magistratura por meio do Conselho Nacional de Justiça (art. 92, I-A § 1º);

G) previsão do controle externo do Ministério Público por meio do Conselho Nacional do Ministério Público (art. 130-A);

H) ampliação de algumas regras mínimas a serem observadas na elaboração do Estatuto da Magistratura, todas no sentido de se dar maior produtividade e transparência à prestação jurisdicional, na busca da efetividade do processo (art. 93);

I) ampliação da garantia de imparcialidade dos órgãos jurisdicionais (art. 95, parágrafo único, IV e V);

J) a extinção dos Tribunais de Alçada, passando os seus membros a integrar os TJs dos respectivos Estados e uniformizando assim a nossa Justiça (art. 4º da EC nº 45/2004);

K) transferência de competência do STF para o STJ no tocante à homologação de sentenças estrangeiras e à concessão do exequatur às cartas rogatórias (art. 102, I, "h" (revogada); 105, I, "i");

L) criação da Súmula Vinculante do STF (art. 103-A);

M) a aprovação da nomeação de Ministro do STJ pelo quórum de maioria absoluta dos membros do Senado Federal (art. 104, parágrafo único);

N) ampliação da garantia de imparcialidade dos membros do MP (art. 128);

O) criação da repercussão geral em recurso extraordinário, na forma do art. 102, § 3º.

20

ORGANIZAÇÃO DO ESTADO E DA FEDERAÇÃO

O federalismo Brasileiro é atípico, pela presença de Municípios (não há no direito comparado municípios como entes federativos) e do DF. Podese dizer que se trata de um federalismo tricotômico, pois engloba:

União – Poder Central;

Estados – Poder Regional;

Distrito Federal – Poder regional e local;

Municípios – Poder Local.

> Obs.: Os Territórios não são entidades federativas.

O art. 19 da CRFB/88 prevê condutas vedadas aos entes federativos, com o objetivo de manter o **equilíbrio federativo.** São princípios decorrentes das vedações do art. 19:

- **Princípio da laicidade** – Preâmbulo; art. 5º, VI a VIII CRFB/88. A CRFB/88 está repleta de sentimento religioso, o que não existe é religião oficial. O que o Estado Laico impede é que sejam tomadas decisões preconceituosas com base na religião A, B ou C. Aplicase a todos os entes da federação (U, E, DF e M).
- **Princípio da presunção de veracidade dos documentos públicos**, inclusive entre os entes Federativos. Ou seja, União não pode rejeitar documento público emitido pelo Município ou Estado.
- **Princípio da isonomia entre brasileiros natos e naturalizados e entre os entes da federação.**

20.1. DA UNIÃO

A União é pessoa jurídica de direito público com capacidade política, que ora se manifesta em nome próprio, ora se manifesta em nome da Federação. Possui uma visão interna (relativa aos demais entes federados) e uma visão externa (relativa aos demais Estados estrangeiros).

Os demais países não reconhecem nos Estados-membros e nos Municípios personalidades de Direito Internacional, pois eles são apenas pessoas jurídicas de direito público do Brasil (internas). No âmbito interno, a União atua como uma das pessoas jurídicas de direito público que compõem a Federação, ou seja, exerce, em nome próprio, a parcela de competência que lhe é atribuída pela Constituição.

20.2. DOS ESTADOS FEDERADOS

Os Estados-membros são as organizações jurídicas das coletividades regionais para o exercício, em caráter autônomo, das competências que lhes são deferidas pela Constituição Federal. Não são soberanos, e sim autônomos. Entre Estados e União não há hierarquia, convivendo todos em um mesmo nível jurídico, razão pela qual a União não pode interferir nos assuntos que a Constituição reserva aos Estados.

A) **Características da autonomia estadual**:

Autogoverno – Os Estados possuem os poderes legislativo (art. 27, CRFB/88), executivo (art. 28, CRFB/88) e judiciário (art. 125, CRFB/88);

Auto-organização – Por meio de seu poder constituinte decorrente elaboram as suas constituições (art. 25, CRFB/88);

Autolegislação – Capacidade de elaborar leis próprias (art. 25, CRFB/88);

Autoadministração – É a existência de órgãos e servidores próprios, formadores da administração pública estadual;

Autonomia tributária, financeira e orçamentária – Há atividade financeira, tributos (art. 155, CRFB/88) e orçamento próprios dos Estados-membros.

B) **Bens dos Estados**: Os bens que se incluem no patrimônio do Estado estão previstos no art. 26, CRFB/88.

C) **Criação de Estados e Territórios** – art. 18 § 3º da CRFB/88.

O art. 18 § 3º prevê os requisitos para criação de novos Estados e Territórios. Territórios não têm autonomia; são apenas descentralização político-administrativa da União. Por isso não têm *status* de ente federativo. Mas a CRFB/88 não veda a criação de novos territórios.

Não é permitido o direito de secessão. O pacto federativo é indissolúvel. Não se admite que um Estado forme um novo país. Mas permitese criação de novos Estados, fusão e desmembramento de Estados.

São requisitos para criação, fusão e desmembramento de Estados:

Plebiscito da população diretamente interessada.

Lei complementar do Congresso Nacional.

A Lei 9709/98 prevê que a expressão "população diretamente interessada" refere-se à população de todo o Estado, e não somente da parte do Estado que se pretende desmembrar. Em nome do princípio da unidade socioeconômica e cultural, toda a população do Estado precisa ser consultada. A constitucionalidade deste dispositivo foi confirmada na ADI 2650 (Inf. 637).

Após o plebiscito favorável, deve ser elaborada LC do Congresso Nacional. É uma lei em sentido formal, mas é de efeitos concretos. Essa lei de efeitos concretos já foi admitida pelo STF como objeto do controle concentrado (ver ADI 2240 e 3682).

Considerando a soberania popular, uma vez aprovada a criação por meio do plebiscito, seria possível defender a obrigatoriedade de edição da lei. No entanto, não há prazo para edição desta lei. Se não foi editada em prazo razoável, seria possível o ajuizamento de ADO. Ocorre que, na prática, a menos que fosse adotada uma posição concretista em ADO (que não encontra precedentes, exceto na ADI 3682), não haveria como compelir o Legislativo a editar a lei.

20.3. DOS MUNICÍPIOS

A Constituição Federal de 1988 inovou ao considerar os Municípios como componentes da estrutura federativa, ratificando esta inovação em dois momentos: artigos 1º e 18, CRFB/88. Segundo o Professor Robério Nunes dos Anjos Filhos, diante desta inclusão, a federação brasileira adquiriu uma peculiaridade, fugindo do dualismo clássico, configurando realmente três esferas governamentais: a União (governo federal), os Estados-membros (e o Distrito Federal, governos estaduais e distritais) e os municípios (governos municipais).

A) Capacidades dos municípios:

Capacidade de autogoverno – elegem os seus prefeitos e os seus vereadores, não havendo, no entanto, Poder Judiciário próprio;

Capacidade de auto-organização – Lei orgânica própria (art. 29, CRFB/88). O STF entende que as leis orgânicas dos Municípios não são manifestações de poder constituinte decorrente, e assim não é possível que sejam parâmetros para controle de constitucionalidade.

Capacidade de autolegislação – elaboração de leis municipais sobre áreas que são reservadas à sua competência exclusiva e suplementar;

Capacidade de autoadministração – existência de uma Administração Pública municipal própria, para manter e prestar os serviços de interesse local;

Capacidade de autonomia tributária e financeira – instituição de tributos próprios para aplicação de suas rendas.

B) Criação de novos Municípios – art. 18 § 4º da CRFB/88

A criação de novos Municípios tem amparo no art. 18 § 4º da CRFB/88. De acordo com o texto constitucional, são requisitos para criação de novos Municípios:

Estudo de viabilidade;

Plebiscito;

Lei ordinária estadual;

Lei complementar federal.

A exigência de lei complementar é fruto da EC15/96, com o objetivo de frear a criação de Municípios. No entanto, até a presente data não foi editada a lei complementar exigida pelo Constituinte originário, o que fez com que todo Município criado por meio de lei estadual a partir da EC 15/96 tivesse sua constitucionalidade questionada. O STF, na ADI 2240, declarou a inconstitucionalidade da norma, mas sem pronunciar a nulidade. Fixou prazo de 24 meses para regularização de um determinado Município. Só que durante este prazo de 24 meses veio a EC 57/08, alterando o art. 96 do ADCT, regularizando a situação de todos os Municípios criados sem amparo da lei complementar federal.

Hoje a criação de Municípios é inconstitucional, tendo em vista a falta da lei complementar federal.

20.4. DO DISTRITO FEDERAL

A Constituição de 1988 atribuiu ao Distrito Federal o status de pessoa política, integrante da Federação, possuindo competências próprias, que serão desempenhadas pela Câmara Legislativa, a quem caberá votar, inclusive, a própria Lei Orgânica do Distrito Federal (art. 32, CRFB/88).

O Poder Judiciário do DF, bem como os órgãos essenciais à Administração da Justiça, deverá ser organizado através de lei de competência do Congresso Nacional (art. 48, IX, CRFB/88).

A sua autonomia sofre algumas restrições, tais como as que estão previstas no art. 21, XIII e XIV, CRFB/88. A competência legislativa do DF compreende as que são atribuídas aos Estados e aos Municípios. O Poder Executivo é exercido pelo Governador e o Poder Judiciário, na verdade, não é dele, e sim da União (art. 21, XIII, e art. 98, CRFB/88).

Portanto, o DF tem Legislativo próprio (Câmara Legislativa), na forma do art. 32, tem Executivo próprio, mas não tem Judiciário próprio. O Judiciário do DF é organizado e mantido pela União.

20.5. DOS TERRITÓRIOS

Os territórios não são pessoas políticas e possuem mera capacidade administrativa. Isso significa que não legislam. **Não são entes federativos** e por isso não integram a Federação. A criação, a transformação em Estado ou a reintegração a este dependerão de lei complementar. O Governador é escolhido pelo Presidente da República.

Alguns doutrinadores entendem que os territórios são descentralizações políticas da própria União Federal e que possuem status de autarquia.

20.6. INTERVENÇÃO

A) **Histórico** – Nasceu com o próprio pacto federativo, como exceção. A intervenção afeta a autonomia do ente federativo. É possível que a intervenção recaia sobre qualquer forma de expressão de autonomia do ente legislativo (Legislativo, Judiciário, autoadministração, etc.).

A intervenção é procedimento político administrativo que pretende, de forma excepcional e temporária, restringir a autonomia do ente federativo em prol do equilíbrio da federação. A intervenção não recai sobre o Estado como instituição, mas sim sobre uma das suas manifestações de autonomia, ou seja, é possível a intervenção no Judiciário, no Legislativo ou no próprio Executivo. As hipóteses materiais de intervenção estão taxativamente indicadas nos art. 34 e 35 da CRFB/88 e não podem ser ampliadas no âmbito infraconstitucional.

B) **Princípios Norteadores:**

Não intervenção: Previsto no *caput* do art. 34 – "A União não intervirá nos Estados..."

Necessidade: Princípio elencado por José Afonso da Silva. Há necessidade de atendimento dos pressupostos materiais que justificam a medida interventiva.

Temporariedade: Estado de exceção permanente é contra o direito. Toda medida excepcional deve ser temporária. Não há prazo específico, mas todo decreto interventivo deve prever prazo, sob pena de ser inconstitucional. Obs.: Não pode ser genérico "até que cesse o motivo da intervenção". Deve ser fixado prazo certo.

Proporcionalidade: As medidas devem ser proporcionais entre os fatos e a reação do Estado.

C) **Decreto Interventivo.**

O decreto interventivo é tarefa exclusiva do Presidente da República (art. 84, X, da CRFB/88), e não pode ser delegada. O art. 36 § 1º da CRFB/88 prevê que o decreto de intervenção deve especificar a amplitude, prazo e condições de execução. Em nome dos freios e contrapesos, na forma do art. 49, IV da CRFB/88, o Congresso atuará de forma repressiva e concomitante, podendo a qualquer tempo suspender o decreto interventivo.

É possível que haja intervenção sem interventor. Por exemplo, a intervenção no Legislativo do Estado pode destinar a Presidência da Assembleia Legislativa, temporariamente, ao comando do Governador do Estado. Para Humberto Peña, quando a intervenção ocorre no Executivo, há necessidade de interventor.

D) Intervenção na Constituição

Somente há previsão de intervenção da União em Estados e Municípios de Territórios e intervenção do Estado em seus municípios. **Não há previsão de intervenção da União diretamente em Municípios de Estados.** Além disso, admitir que o Município pudesse sofrer intervenção da União e Estados seria diminuir sensivelmente sua autonomia.

Território não sofre intervenção, porque não tem autonomia.

Território não pode intervir em seus municípios.

DF não intervém em outro ente, porque não há municípios em seu território.

Municípios não podem intervir em outros entes federativos, porque não há intervenção "de baixo para cima".

E) Modalidades de Intervenção

A doutrina divide a intervenção em ESPONTÂNEA e PROVOCADA. Na **Intervenção Espontânea,** o Presidente atua sem a provocação de nenhuma autoridade. São as hipóteses listadas no art. 34, incisos I a III e V da CRFB/88. Na **Intervenção Provocada**, para que seja possível decretar a intervenção, é necessário provocação de autoridades diversas. São as hipóteses do art. 34, IV, VI e VII da CRFB/88.

Na intervenção provocada, deve ser feita a correlação com os artigos que tratam dos pressupostos formais - autoridades que devem requerer a intervenção.

F) Controle Político – feito pelo Congresso Nacional ou Assembleia Legislativa, para deliberar sobre o decreto de intervenção, editado pelo Presidente. Ocorre após a edição do decreto de intervenção.

G) Controle Judicial – Feito pelo Judiciário, antes da edição do decreto. Ocorre quando cabe a órgão do Judiciário requisitar ao Presidente a intervenção, após analisar a presença dos requisitos. Também poderá ser feito a qualquer momento após a edição do decreto de intervenção, dada a inafastabilidade do controle judicial.

20.7. REPARTIÇÃO DE COMPETÊNCIAS

O Professor José Afonso da Silva define competência como "a faculdade juridicamente atribuída a uma entidade ou a um órgão ou agente do Poder Público para tomar decisões". Segundo ele, o princípio geral que norteia a repartição de competência entre as entidades federativas é o da predominância de interesses, pelo qual cabe à União as matérias e questões de predominante interesse geral, nacional; aos Estados cabem as matérias e assuntos de predominante interesse regional; e aos municípios concernem os assuntos de interesse local.

A) A repartição de competências e o princípio da predominância de interesses

Uma das características principais da federação é a repartição de competências que exterioriza justamente qual é a parcela de poder interno que possui para a tomada das decisões políticas. Cada país tem o seu próprio modelo federativo de repartir o poder internamente, uns mais descentralizados como é o caso dos Estados Unidos, outros, como o Brasil, possuem uma forte concentração de poderes na União, deixando poderes remanescentes para os Estados.

A divisão das competências internas deve seguir o princípio da predominância de interesse (apesar de não ser de simples identificação). Com isso, as matérias que sejam de interesse nacional, ou geral, devem ser tratadas pela União Federal; os assuntos relativos às regiões aos Estados e de predominância local, aos Municípios. Na prática, alguns assuntos se confundem, como por exemplo, a seca do Nordeste, apesar de preocupação efetiva dos estados dessa região, não deixa de ser também de interesse nacional.

As competências podem ser divididas genericamente como legislativas (que determinam uma divisão de poder legiferante entre os entes); administrativas (delimitam decisões políticas) e tributárias.

B) A competência legislativa

As competências legiferantes dos entes federativos, de acordo com a Constituição, podem ser:

A) Privativas da União Federal, quanto aos assuntos de interesse nacional, na forma do art. 22 da CRFB/88, podem ser objeto de delegação com relação a matérias específicas, por meio de lei complementar aos Estados e Distrito Federal (art. 22, parágrafo único). Há rica jurisprudência do STF sobre a invasão da competência privativa dos entes federativos às matérias atinentes à União Federal;

B) Concorrentes entre União, Estados e Distrito Federal, na forma do art. 24 da CRFB/88. Nessa situação, os entes da federação citados legislam em colaboração, tendo em vista que os assuntos relacionados no dispositivo dizem respeito ao interesse também regional. Dos parágrafos do artigo em análise se extrai ainda: a competência da União em editar normas gerais (art. 24, § 1º), a competência suplementar dos Estados e Distrito Federal para adaptarem as normas gerais às suas próprias realidades (art. 24, § 2º), a competência legislativa plena dos Estados e Distrito Federal para atender às suas peculiares (art. 24, § 3º), sendo que com a superveniência da lei federal, suspenderseá a legislação distrital ou estadual no que forem contrárias à nova legislação.

C) Enumeradas ou expressas dos Municípios e do Distrito Federal, de acordo com o art. 30, I da CRFB/88, para legislar sobre assuntos de interesse local;

D) Suplementar dos Municípios, na forma do art. 30, II da CRFB/88, quando suplementar a legislação federal e estadual, no que couber (sobre as matérias do art. 24);

E) Residual, remanescente ou reservada aos Estados, na forma do art. 25, § 1º. De acordo com os poderes remanescentes, os Estados poderão legislar sobre assuntos que não foram destinados expressamente à União Federal nem aos Municípios. Como a Constituição destinou muitas competências legislativas aos demais entes, o poder remanescente estadual ficou esvaziado, diante de ser praticamente inexistente legislar sobre assuntos não destinados aos demais entes;

F) Enumeradas ou expressas dos Estados, na forma do art. 25, § 2º e § 3º da CRFB/88. Esses dispositivos apresentam raras competências legislativas reservadas aos Estados expressamente pela Constituição, a saber: "*§ 2º - Cabe aos Estados explorar diretamente, ou mediante concessão, os serviços locais de gás canalizado, na forma da lei, vedada a edição de medida provisória para a sua regulamentação*" e, ainda, § 3º. "*Os Estados poderão, mediante lei complementar, instituir regiões metropolitanas, aglomerações urbanas e microrregiões, constituídas por agrupamentos de municípios limítrofes, para integrar a organização, o planejamento e a execução de funções públicas de interesse comum*".

C) A competência administrativa

As competências de natureza político-administrativas, ainda chamadas de materiais, podem ser:

A) Exclusivas da União Federal, na forma do art. 21 da CRFB/88. Ressaltese que não há possibilidade de delegação, tendo em vista que tratam de assuntos que concernem, em sua maioria, ao interesse nacional;

B) Comuns, cumulativas ou paralelas da União, dos Estados, do Distrito Federal e Municípios, que atuam administrativamente no sentido de preservar todas as matérias presentes no art. 23 da CRFB/88;

C) Expressas ou enumeradas dos Municípios e do Distrito Federal, na forma do art. 30, III a IX da CRFB/88, pois tratam de assuntos de interesse local;

D) Residual, remanescente ou reservada aos Estados, na forma do art. 25, § 1º da CRFB/88. Como já tratamos, de acordo com os poderes remanescentes, os Estados poderão cuidar dos assuntos que não foram destinados expressamente à União Federal nem aos Municípios. Mais uma vez, podemos reforçar que como a Constituição destinou muitas competências administrativas aos demais entes, o poder remanescente estadual ficou prejudicado.

20.8. ENUNCIADOS IMPORTANTES!

SÚMULA VINCULANTE 2. É INCONSTITUCIONAL A LEI OU ATO NORMATIVO ESTADUAL OU DISTRITAL QUE DISPONHA SOBRE SISTEMAS DE CONSÓRCIOS E SORTEIOS, INCLUSIVE BINGOS E LOTERIAS.

SÚMULA VINCULANTE 38. É COMPETENTE O MUNICÍPIO PARA FIXAR O HORÁRIO DE FUNCIONAMENTO DE ESTABELECIMENTO COMERCIAL.

SÚMULA VINCULANTE 39. COMPETE PRIVATIVAMENTE À UNIÃO LEGISLAR SOBRE VENCIMENTOS DOS MEMBROS DAS POLÍCIAS CIVIL E MILITAR E DO CORPO DE BOMBEIROS MILITAR DO DISTRITO FEDERAL.

SÚMULA VINCULANTE 46. A DEFINIÇÃO DOS CRIMES DE RESPONSABILIDADE E O ESTABELECIMENTO DAS RESPECTIVAS NORMAS DE PROCESSO E JULGAMENTO SÃO DA COMPETÊNCIA LEGISLATIVA PRIVATIVA DA UNIÃO.

SÚMULA VINCULANTE 49. OFENDE O PRINCÍPIO DA LIVRE CONCORRÊNCIA LEI MUNICIPAL QUE IMPEDE A INSTALAÇÃO DE ESTABELECIMENTOS COMERCIAIS DO MESMO RAMO EM DETERMINADA ÁREA.

20.9. DECRETOS INTERVENTIVOS

Abaixo destacamos os Decretos Interventivos de 2018:

DECRETO Nº 9.288, DE 16 DE FEVEREIRO DE 2018

Decreta intervenção federal no Estado do Rio de Janeiro com o objetivo de pôr termo ao grave comprometimento da ordem pública.

O PRESIDENTE DA REPÚBLICA, no uso da atribuição que lhe confere o art. 84, *caput*, inciso X, da Constituição,

DECRETA:

Art. 1º Fica decretada intervenção federal no Estado do Rio de Janeiro até 31 de dezembro de 2018.

§ 1º A intervenção de que trata o *caput* se limita à área de segurança pública, conforme o disposto no Capítulo III do Título V da Constituição e no Título V da Constituição do Estado do Rio de Janeiro.

§ 2º O objetivo da intervenção é pôr termo a grave comprometimento da ordem pública no Estado do Rio de Janeiro.

Art. 2º Fica nomeado para o cargo de Interventor o General de Exército Walter Souza Braga Netto.

Parágrafo único. O cargo de Interventor é de natureza militar.

Art. 3º As atribuições do Interventor são aquelas previstas no art. 145 da Constituição do Estado do Rio de Janeiro necessárias às ações de segurança pública, previstas no Título V da Constituição do Estado do Rio de Janeiro.

§ 1º O Interventor fica subordinado ao Presidente da República e não está sujeito às normas estaduais que conflitarem com as medidas necessárias à execução da intervenção.

§ 2º O Interventor poderá requisitar, se necessário, os recursos financeiros, tecnológicos, estruturais e humanos do Estado do Rio de Janeiro afetos ao objeto e necessários à consecução do objetivo da intervenção.

§ 3º O Interventor poderá requisitar a quaisquer órgãos, civis e militares, da administração pública federal, os meios necessários para consecução do objetivo da intervenção.

§ 4º As atribuições previstas no art. 145 da Constituição do Estado do Rio de Janeiro que não tiverem relação direta ou indireta com a segurança pública permanecerão sob a titularidade do Governador do Estado do Rio de Janeiro.

§ 5º O Interventor, no âmbito do Estado do Rio de Janeiro, exercerá o controle operacional de todos os órgãos estaduais de segurança pública previstos no art. 144 da Constituição e no Título V da Constituição do Estado do Rio de Janeiro.

Art. 4º Poderão ser requisitados, durante o período da intervenção, os bens, serviços e servidores afetos às áreas da Secretaria de Estado de Segurança do Estado do Rio de Janeiro, da Secretaria de Administração Penitenciária do Estado do Rio de Janeiro e do Corpo de Bombeiros Militar do Estado do Rio de Janeiro, para emprego nas ações de segurança pública determinadas pelo Interventor.

Art. 5º Este Decreto entra em vigor na data de sua publicação.

Brasília, 16 de fevereiro de 2018; 197º da Independência e 130º da República.

DECRETO Nº 9.602, DE 8 DE DEZEMBRO DE 2018

	Decreta intervenção federal no Estado de Roraima com o objetivo de pôr termo a grave comprometimento da ordem pública.

O PRESIDENTE DA REPÚBLICA, no uso da atribuição que lhe confere o art. 84, caput, inciso X, da Constituição,

DECRETA:

Art. 1º É decretada intervenção federal no Estado de Roraima até 31 de dezembro de 2018, para, nos termos do art. 34, caput, inciso III, da Constituição, pôr termo a grave comprometimento da ordem pública.

Parágrafo único. A intervenção de que trata o caput abrange todo o Poder Executivo do Estado de Roraima.

Art. 2º É nomeado para o cargo de Interventor AntonioOliverio Garcia de Almeida, mais conhecido como AntonioDenarium.

Art. 3º As atribuições do Interventor são aquelas previstas para o Governador do Estado de Roraima.

§ 1º O Interventor fica subordinado ao Presidente da República e não está sujeito às normas estaduais que conflitarem com as medidas necessárias à execução da intervenção.

§ 2º O Interventor poderá requisitar a quaisquer órgãos, civis e militares, da administração pública federal, os meios necessários para consecução do objetivo da intervenção, ressalvada a competência do Presidente da República para o emprego das Forças Armadas prevista no art. 15 da Lei Complementar nº 97, de 9 de junho de 1999.

§ 3º Não se aplica ao Interventor sanção por não pagamento ou não repasse de recursos pelo Poder Executivo do Estado de Roraima oriunda de decisão ou fato anterior à intervenção.

Art. 4º Este Decreto entra em vigor na data de sua publicação.

Brasília, 8 de dezembro de 2018; 197º da Independência e 130º da República.

21

DO SISTEMA CONSTITUCIONAL DAS CRISES

A democracia é o equilíbrio mais estável entre os grupos do poder. Segundo José Afonso da Silva,[1] fora desses parâmetros democráticos, as competições pelo poder geram uma situação de crise, que poderá assumir as características de crise constitucional e, esta, se não for convenientemente administrada, governada, poderá provocar o rompimento do equilíbrio constitucional e, por conseguinte, pôr em risco as instituições democráticas. O sistema constitucional das crises foi definido pelo autor como o conjunto ordenado de normas constitucionais que, informadas pelos princípios da necessidade, da proporcionalidade e da temporariedade, têm por objeto as situações de crise e por finalidade o restabelecimento da normalidade constitucional. As crises podem ser resolvidas com a decretação do estado de exceção (de legalidade extraordinária) que deve cessar, tão logo as situações motivadoras da situação de anormalidade sejam extintas.

O estado de sítio foi realmente o tipo de estado de exceção que tradicionalmente vigorou no Brasil, presente na história do constitucionalismo desde 1934.[2] Em 13 de dezembro de 1968, o povo brasileiro vivenciou, perplexo, um estado de legalidade extraordinária permanente com a decretação do Ato Institucional nº 5, sendo este, exemplo moderno de situação de "emergência" do país.

---

1 AFONSO DA SILVA, José. *Curso de DireitoConstitucionalPositivo*. 23. ed. São Paulo: Malheiros, 2004, p. 741-742.

2 A título de exemplo: na CF/34, art. 175 – Estado de Sítio; no texto de CF/37, art. 166 – Estado de emergência e em caso de invasão armada, estado de guerra; em 1946, art. 206 – Estado de Sítio; na CF/67, art. 152 – Estado de Sítio; na EC nº 1/69, art. 155 – Estado de Sítio.

O aparato constitucional de 1988 para as situações de crise está centralizado nos arts. 136 a 141, que tratam do estado de defesa e do estado de sítio, que serão brevemente analisados a seguir.

21.1. PRINCÍPIOS INFORMADORES DO ESTADO DE DEFESA E DO ESTADO DE SÍTIO

- **necessidade:** que significa a justificativa imperiosa das medidas; caso contrário, estaria configurado um golpe de Estado, simples arbítrio;
- **temporariedade:** é necessário que se fixe um tempo limitado para a vigência da legalidade extraordinária;
- **proporcionalidade**: as medidas devem ser proporcionais aos fatos que justificaram a sua adoção.

21.2. REQUISITOS PARA O ESTADO DE DEFESA

São requisitos para o estado de defesa, na forma do art. 136:

a) existência de grave perturbação da ordem pública ou da paz social, ou ainda, manifestação de calamidade de grandes proporções na natureza que atinja a mesma ordem pública ou a paz social;

b) impossibilidade de restabelecer, pelas vias de normalidade, a ordem pública e a paz social;

c) consulta prévia ao Conselho da República e da Defesa Nacional;

d) determinação, no decreto do Presidente da República, do tempo de sua duração, que não poderá ser superior a 30 (trinta) dias, prorrogáveis por apenas uma vez, por igual período (ou inferior, evidentemente), se persistirem as razões que justificaram a sua decretação;

e) o ato deverá ser apresentado ao Congresso Nacional em vinte e quatro horas, para que aprecie o decreto. Caso negue, o estado de defesa será extinto. Se o Congresso Nacional estiver em recesso, será convocado, extraordinariamente, no prazo de cinco dias;

f) localidade determinada, diferente do estado de sítio, que poderá ser decretado em todo território nacional.

21.2.1. Medidas Coercitivas que Podem Vigorar Durante o Estado de Defesa

De acordo com o art. 136, § 1º, I e II, podem ser determinadas as seguintes restrições (em rol taxativo) aos direitos fundamentais:

a) de reunião, ainda que exercida no seio das associações;

b) sigilo das correspondências;

c) sigilo de comunicação telegráfica e telefônica;

d) ocupação e uso temporário de bens e serviços, na hipótese de calamidade pública, respondendo a União pelos danos e custos decorrentes;

e) prisão por crime contra o Estado, pelo executor da medida, que deverá comunicá-la, com declaração do estado físico ou mental do detido, ao juiz competente (que deverá ser imediatamente comunicado e relaxará a prisão se esta não for legal). Sendo que a prisão ou detenção de qualquer pessoa não poderá ser superior a 10 dias, salvo quando autorizada pelo Poder Judiciário. Ressalte-se que o preso não pode ficar incomunicável.

21.3. REQUISITOS PARA O ESTADO DE SÍTIO

Na forma dos arts. 137, I e II, e 138, são requisitos para a decretação do estado de sítio:

a) comoção grave de repercussão nacional ou ocorrência de fatos que comprovem a ineficácia de medida tomada durante o estado de defesa (137, I); ou ainda, declaração de estado de guerra ou resposta à agressão armada estrangeira (137, II);

b) consulta prévia ao Conselho da República e da Defesa Nacional;

c) autorização, por parte da maioria absoluta do Congresso Nacional, para que seja decretado, em atendimento a solicitação fundamentada do Presidente da República. Solicitada autorização para decretar o estado de sítio durante o recesso parlamentar, o presidente do Senado Federal, de imediato, convocará extraordinariamente o Congresso Nacional para se reunir dentro de cinco dias, a fim de apreciar o ato;

d) prazo, no caso do art. 137, I, de 30 dias, não prorrogado, de cada vez por prazo superior (o que se permite mais de uma prorrogação) e na hipótese do art. 137, II, poderá ser mantido por todo o tempo que perdurar a guerra ou a agressão armada estrangeira;

e) pode ser decretado em todo o território nacional.

21.3.1. Medidas que Podem Vigorar Durante o Estado de Sítio

Na vigência do estado de sítio com fundamento no art. 137, I, só poderão ser tomadas contra as pessoas as seguintes medidas coercitivas:

a) obrigação de permanência em localidade determinada;

b) detenção em edifício não destinado a acusados ou condenados por crimes comuns, o que acaba por deter as pessoas em prisão dos quartéis da Marinha, do Exército ou da Aeronáutica;

c) restrições relativas à inviolabilidade da correspondência, ao sigilo das comunicações, à prestação de informações e à liberdade de imprensa, radiodifusão e televisão, na forma da lei (o que significa necessidade de elaboração de uma lei que preveja a possibilidade e limites dessas restrições, que, como se nota, importam em interceptação e censura aos meios de comunicação em geral; mas não se inclui, nessas restrições, a difusão de pronunciamento de parlamentares efetuados em suas Casas Legislativas, desde que liberada pela respectiva Mesa);

d) suspensão da liberdade de reunião;

e) busca e apreensão em domicílio, o que é uma derrogação da inviolabilidade do domicílio prevista no art. 5º, XI;

f) intervenção nas empresas de serviços públicos (empresas de telecomunicações, de transportes, de fornecimento de água etc.);

g) requisição de bens.

Quanto ao estado de sítio com fundamento no art. 137, II, não há previsão constitucional expressa sobre as restrições aos direitos fundamentais, mas é sabido que as medidas devem respeitar aos princípios informadores do estado de legalidade extraordinário: necessidade, temporariedade e proporcionalidade.

21.4. CONTROLE POLÍTICO E CONTROLE JURISDICIONAL

Importante destacar que o estado de sítio e o estado de defesa não podem configurar situações de arbítrio, porque são medidas constitucionalmente regradas. Ambas estão sujeitas ao controle político e ao controle jurisdicional. Qualquer pessoa prejudicada por medidas ou providências do Presidente da República ou de seus delegados, executores ou agentes, com inobservância das prescrições constitucionais não excepcionadas e das constantes dos arts. 136 a 139, tem o direito de recorrer ao Poder Judiciário para responsabilizá-lo e pedir a reparação do dano que lhe tenha sido causado.

22

A SEGURANÇA PÚBLICA

Segundo o Professor Uadi Lammêgo Bulos, como a convivência harmônica reclama a preservação dos direitos e garantias fundamentais, é necessário existir uma atividade constante de vigilância, prevenção e repressão de condutas delituosas. Daí a razão de ser a Segurança Pública do Estado, isto é, manter a paz dentro da adversidade, pois é dentro do embate de interesses antagônicos que emerge o seu papel fundamental, qual seja, o de procurar manter o equilíbrio nas relações sociais.

A Segurança Pública não se resume a uma questão de Polícia, tanto que no caput do art. 144, CF, está enunciado que ela é dever do Estado, direito e responsabilidade de todos: a segurança pública, dever do Estado, direito e responsabilidade de todos, é exercida para a preservação da ordem pública e da incolumidade das pessoas e do patrimônio, através dos seguintes órgãos (que estão apresentados em rol taxativo, segundo o STF):

I - polícia federal;

II - polícia rodoviária federal;

III - polícia ferroviária federal;

IV - polícias civis;

V - polícias militares e corpos de bombeiros militares.

VI - polícias penais federal, estaduais e distrital. (Redação dada pela Emenda Constitucional nº 104, de 2019)

22.1. DAS POLÍCIAS FEDERAIS

Todas as três polícias federais (art. 144, I a III, CF) são organizadas e mantidas pela União Federal (art. 21, XIV, CF), que também organiza e mantém a polícia civil, a polícia penal, a polícia militar e o corpo de bombeiros militar do Distrito Federal, bem como presta assistência financeira ao Distrito Federal para a execução de serviços públicos, por meio de fundo próprio. Todas elas hão de ser instituídas em lei, como órgãos permanentes estruturados em carreira.

A Polícia Federal destina-se: a) a apurar infrações penais contra a ordem política e social ou em detrimento de bens, serviços e interesses da União ou de suas entidades autárquicas e empresas públicas, assim como outras infrações cuja prática tenha repercussão interestadual ou internacional e exija repressão uniforme, segundo se dispuser em lei; b) a prevenir e reprimir o tráfico ilícito de entorpecentes e drogas afins, o contrabando e o descaminho, sem prejuízo da ação fazendária e de outros órgãos públicos nas respectivas áreas de competência; c) exercer as funções de polícia marítima, aérea e de fronteiras; d) exercer, com exclusividade, as funções de polícia judiciária da União. A polícia rodoviária federal e a polícia ferroviária federal destinam-se, na forma da lei, ao patrulhamento ostensivo, respectivamente das rodovias e das ferrovias federais. Só das federais, porque o patrulhamento das rodovias e ferrovias estaduais é matéria de competência das polícias dos Estados.

22.2. DAS POLÍCIAS ESTADUAIS

As polícias estaduais são responsáveis pelo exercício das funções de segurança e de polícia judiciária, e se dividem em: a Polícia Civil, a Polícia Militar e o Corpo de Bombeiros Militar. À Polícia Civil cabem as funções de apuração de infrações penais, exceto: as de competência da Polícia Federal no âmbito restrito acima mencionado e as militares. À Polícia Militar, em cada Estado, cabem a polícia ostensiva e a preservação da ordem pública, enquanto ao Corpo de Bombeiros de cada Estado compete, além de outras definidas em lei, como a de prevenção e debelação de incêndios, a execução de atividades de defesa civil. Essas polícias militarizadas dos Estados são consideradas forças auxiliares e reserva do Exército subordinam-se, juntamente com as polícias civis e as polícias penais estaduais e distrital, aos Governadores dos Estados, do Distrito Federal e dos Territórios.

22.3. DAS POLÍCIAS PENAIS

Até o advento da EC 104/2019, os estabelecimentos penais contavam com agentes públicos muitas vezes chamados de agentes penitenciários, sem garantia de devida remuneração, segurança e estrutura de carreira adequada. Pensando nisso, foi criada a figura das "polícias penais", responsáveis pela segurança nos estabelecimentos penais, conforme estabelece o § 5º-A do art. 144: Às polícias penais, vinculadas ao órgão administrador do sistema penal da unidade federativa a que pertencem, cabe a segurança dos estabelecimentos penais. A polícia penal pode ser federal, estadual ou distrital. Sobre a polícia distrital, a responsabilidade pela sua organização e manutenção, à semelhança do que ocorre com as demais polícias, é da União, na forma do art. 21, XIV, que também foi objeto de reforma. A despeito disso, a polícia penal distrital está subordinada ao Governador do Distrito Federal; e pode ser utilizada pelo Governo do Distrito Federal, na forma da lei federal.

Já a Polícia Penal estadual pode estar vinculada à Secretaria de Administração Penitenciária, à Secretaria de Justiça ou até mesmo à Secretaria de Segurança Pública. Isso irá depender da Secretaria (ou outro órgão estadual) que for responsável por administrar o sistema penal naquele Estado. Por sua vez, a Polícia Penal federal, estará vinculada ao Departamento Penitenciário Nacional (DEPEN), que é o órgão executivo responsável pelo Sistema Penitenciário Federal. Na forma do Art. 4º da EC 104/2019, o preenchimento do quadro de servidores das polícias penais será feito, exclusivamente, por meio de concurso público e por meio da transformação dos cargos isolados, dos cargos de carreira dos atuais agentes penitenciários e dos cargos públicos equivalentes.

EDITORA
JusPODIVM
www.editorajuspodivm.com.br

Impresso por:

Docuprint
Dek Comércio e Serviços LTDA.
CNPJ 01.036.332/0001-99